2025年全国监理工程师(交通运输工程)职业资格考试参考用书

Jiaotong Yunshu Gongcheng Mubiao Kongzhi
交通运输工程目标控制

(Jichu Zhishi Pian)

(基础知识篇)

交通运输部职业资格中心　组织编写

人民交通出版社

北京

内 容 提 要

交通运输工程目标控制(基础知识篇)》为2025年全国监理工程师(交通运输工程专业)职业资格考试参考用书之一。本书主要介绍了公路水运工程项目管理目标体系和基本原理、工程项目的建设程序及内容、目标控制的基本原理;重点介绍了公路水运工程质量、进度、费用、安全生产管理和环境保护监理目标控制的基础知识以及监理要求等内容。

本书可供参加全国监理工程师(交通运输工程专业)职业资格考试的人员复习参考,也可作为建设、施工和项目管理(监理咨询)单位以及大中专院校师生的学习参考书。

图书在版编目(CIP)数据

交通运输工程目标控制. 基础知识篇 / 交通运输部职业资格中心组织编写. — 北京:人民交通出版社股份有限公司, 2025. 1. — ISBN 978-7-114-20123-3

Ⅰ. U

中国国家版本馆 CIP 数据核字第 20252ZL839 号

2025 年全国监理工程师(交通运输工程)职业资格考试参考用书

书　　名:	交通运输工程目标控制(基础知识篇)
著 作 者:	交通运输部职业资格中心
责任编辑:	黎小东　王海南
责任校对:	赵媛媛　魏佳宁
责任印制:	刘高彤
出版发行:	人民交通出版社
地　　址:	(100011)北京市朝阳区安定门外外馆斜街 3 号
网　　址:	http://www.ccpcl.com.cn
销售电话:	(010)85285857
总 经 销:	人民交通出版社发行部
经　　销:	各地新华书店
印　　刷:	北京市密东印刷有限公司
开　　本:	787×1092　1/16
印　　张:	24.75
字　　数:	600 千
版　　次:	2025 年 1 月　第 1 版
印　　次:	2025 年 1 月　第 1 次印刷
书　　号:	ISBN 978-7-114-20123-3
定　　价:	100.00 元

(有印刷、装订质量问题的图书,由本社负责调换)

2025年全国监理工程师（交通运输工程）职业资格考试参考用书

《交通运输工程目标控制（基础知识篇）》

编 写 人 员

主　编　章剑青　周　河
副主编　杨玉胜　文　韬　陈班雄
成　员　苑芳圻　秦志斌　黄汉昌　张友利
　　　　陈海燕　张瑞坤

审 定 人 员

主　审　李明华
副主审　荆　雷
成　员　罗　娜　王　婧　邢　波　徐建军
　　　　于　凯　习明星　韩道森　黄崇葵
　　　　张　毅

前言

为满足广大工程技术人员复习参加监理工程师(交通运输工程专业)职业资格考试的需求,交通运输部职业资格中心依据《全国监理工程师职业资格考试交通运输工程专业科目考试大纲(2024年修订版)》,组织有关院校和企事业单位的资深专家,编写了这套全国监理工程师(交通运输工程专业)职业资格考试参考用书。全书共六册,包括《交通运输工程目标控制(基础知识篇)》《交通运输工程目标控制(公路工程专业知识篇)》《交通运输工程目标控制(水运工程专业知识篇)》《交通运输工程监理案例分析(公路工程专业篇)》《交通运输工程监理案例分析(水运工程专业篇)》《交通运输工程监理相关法规文件汇编(公路工程专业篇)》。本套参考用书由章剑青(江苏华宁工程咨询有限公司总经理、教授)和周河(广西交航工程技术有限公司董事长、高级工程师)主编,由李明华(中国交通建设监理协会名誉理事长)主审,由陈班雄(交通运输部职业资格中心公路处副处长)统筹组织编写和审定。

《交通运输工程目标控制(基础知识篇)》分为六章。其中,第一章由周河、章剑青编写;第二章由张友利、苑芳圻编写;第三章由杨玉胜、文韬编写;第四章由苑芳圻、陈海燕编写;第五章由秦志斌、章剑青编写;第六章由黄汉昌、周河编写。

本书审定时,李明华、荆雷、罗娜、王婧、邢波、徐建军、于凯、习明星、韩道森、黄崇葵、张毅等专家学者提出了宝贵意见和建议,在此表示感谢!

本书在修订过程中,虽经反复推敲,仍难免纰漏,敬请广大读者批评指正。

交通运输部职业资格中心
2025年1月

目录

第一章　概述 ··· 1
- 第一节　工程项目的概念和特点 ··· 1
- 第二节　工程项目管理目标体系、基本原理和管理模式 ··· 2
- 第三节　工程项目建设程序 ··· 5
- 第四节　工程目标控制的概念和控制方式 ··· 9
- 第五节　交通强国建设和质量强国建设 ··· 16
- 第六节　平安百年品质工程建设 ··· 20

第二章　工程质量监理 ··· 31
- 第一节　ISO 9000 质量管理体系 ··· 31
- 第二节　工程质量的概念和特点 ··· 35
- 第三节　标准和强制性标准 ··· 37
- 第四节　工程质量责任体系和参建方的责任义务 ··· 40
- 第五节　首件工程制 ··· 44
- 第六节　工程质量的试验检测方法 ··· 48
- 第七节　工程质量的数据统计分析 ··· 65
- 第八节　工程质量事故等级划分和事故报告、调查处理 ··· 90
- 第九节　工程质量控制的监理工作 ··· 92

第三章　工程进度监理 ··· 97
- 第一节　施工进度图表概述 ··· 97
- 第二节　施工过程的组成和施工作业方式的分类及应用 ··· 103
- 第三节　流水施工进度图 ··· 106
- 第四节　双代号网络图 ··· 113
- 第五节　时间坐标网络图 ··· 133
- 第六节　单代号网络图 ··· 137
- 第七节　工程进度控制的监理工作 ··· 142

第四章　工程费用监理 ··· 157
- 第一节　资金的时间价值 ··· 157

第二节	经济分析评价方法	162
第三节	不确定性分析方法	168
第四节	价值工程方法及其应用	177
第五节	项目资本金制度和投融资模式	186
第六节	合同计价方式和工程量清单	190
第七节	招标方式和招标控制价	194
第八节	工程计量	202
第九节	费用支付	208
第十节	工程费用控制的监理工作	261

第五章 安全生产管理的监理工作 270

第一节	安全生产管理的法律法规、规范性文件的主要条款	270
第二节	公路水运工程安全生产条件通用要求	280
第三节	平安工地建设	292
第四节	危险源辨识	295
第五节	工程施工安全风险评估	300
第六节	安全风险管控和隐患排查、重大事故隐患判定	310
第七节	淘汰危及生产安全的施工工艺、设备和材料	317
第八节	危大工程专项施工方案	322
第九节	生产安全事故应急预案	330
第十节	生产安全事故等级划分和事故报告、调查处理	338
第十一节	安全生产管理的监理工作	341

第六章 环境保护管理的监理工作 363

第一节	环境保护管理的法律、法规和管理办法的主要条款	363
第二节	环境影响评价和水土保持	366
第三节	绿色交通建设	371
第四节	突发环境事件分级标准和事件报告、应急管理	376
第五节	环境保护管理的监理工作	380

编后记 384

第一章 概述

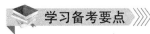

1. 工程项目的概念和特点。
2. 工程项目管理目标体系、基本原理和管理模式。
3. 工程项目建设程序项目建议书、可行性研究报告、初步设计文件、施工图设计文件的主要内容等。
4. 工程目标控制的概念和控制方式(控制的概念和分类,控制方式及其应用,控制方式与监理工作方式之间的归属关系等)。
5. 交通强国建设、质量强国建设。
6. 平安百年品质工程建设。

第一节 工程项目的概念和特点

一、工程项目的概念

工程项目是以工程建设为载体的项目,是作为被管理对象的一次性工程建设任务。它以建筑物或构筑物为目标产出物,需要支付一定的费用,按照一定的程序,在一定的时间内完成,并应符合质量要求。按照运输方式的不同,交通运输建设工程项目一般分为四大类,分别为公路工程、水运工程、铁路工程和航空工程。

二、工程项目的特点

1. 一次性

工程项目具有一次性,区别于周而复始的重复性活动。一个工程项目完成后,不会再安排实施与之具有完全相同开发目的、条件和最终成果的项目。工程项目作为一次性任务,不同于现代工业化的大批量生产,其成果具有明显的单件性。工程项目实施过程的一次性和成果的单件性,都会给项目管理带来较大的风险。因此,为了避免失误,就要靠科学的管理手段和方法,以保证工程项目一次性成功。

2. 目标性

任何一个工程项目都必须有明确的特定目标。工程项目目标包括两个方面：一是工程项目工作本身的目标，是工程项目实施的过程；二是工程项目产出物的目标，是工程项目实施的结果。例如，对一个交通工程建设项目而言，工程项目工作的目标包括项目工期、造价、质量、安全等各方面工作的目标，工程项目产出物的目标包括建筑物或构筑物的功能、特性、使用寿命、安全性等指标。一般而言，工程项目的目标性是最重要且最需要项目管理者注意的特性。

3. 制约性

工程项目的制约性是指每个工程项目都在一定程度上受到内在和外在条件的制约。工程项目只有在满足约束条件下获得成功才有意义。内在条件的制约主要是对项目质量、寿命和功能的约束；外在条件的制约主要是对项目资源的约束，包括人力资源、财力资源、物力资源、时间资源、技术资源、信息资源等方面。工程项目的制约性是决定一个项目成功与失败的关键特性。

4. 时限性（生命周期）

工程项目实施过程的一次性和成果的单件性决定了每个工程项目都具有自己的生命周期，任何工程项目都有其产生时间、发展时间和结束时间，在不同时期都有特定的任务、程序和工作内容。了解掌握工程项目的生命周期，就可有效地对项目实施科学的管理和控制。如交通工程建设项目的生命周期包括项目决策评估阶段、设计阶段、招投标阶段、施工阶段、竣工保修阶段。成功的工程项目管理是对项目全过程的管理和控制，是对整个工程项目生命周期的管理。

5. 不确定性

工程项目的不确定性主要是由工程项目的独特性造成的。首先，工程项目的独特之处在于多数需要进行不同程度的创新，而创新就包括各种不确定性；其次，工程项目的非重复性也是造成工程项目不确定性的原因，工程项目活动的非重复性使得人们没有改进工作的机会，从而使项目的不确定性增加；最后，工程项目的环境多数是开放的，而且相对变动较大，这也是造成工程项目不确定性的主要原因之一。

第二节　工程项目管理目标体系、基本原理和管理模式

一、工程项目管理目标体系

工程项目管理目标体系是由成果性目标和约束性目标构成的目标系统。其中，成果性目标被分解为项目具体的功能性要求，是主导目标，由一系列技术指标来定义；约束性目标指限制性条件，为项目实施过程中管理的主要目标。

工程项目管理目标即要在一定的时间、费用的限制条件下，完成满足一定质量、安全要求的工程项目产品。

构成工程项目管理的五大绩效目标包括质量、安全、进度、费用（成本）、环保（包括水土保

持,或称环保水保)管理目标。实施工程项目管理应对这个有机的多目标系统进行整体控制,寻求目标系统的整体最优化。

二、工程项目管理的基本原理

工程项目管理的基本原理主要包括系统管理理念和过程管理理念。

1. 工程项目的系统管理理念

系统是由若干个相互作用和相互依赖的要素组合而成,且有特定功能的整体。任何一个工程项目都是一个系统,具有鲜明的系统特征,是由技术、物质、组织、行为和信息等要素组成的复杂系统。从系统视角来看,工程项目管理是以项目为对象,运用系统管理方法,通过一个临时性的专门的柔性组织,对项目进行高效率的计划、组织、指导和控制,以实现项目全过程的动态管理和项目目标综合协调与优化的组织管理活动。

系统思想和方法是项目管理理论形成与发展的重要基础,其科学基础是系统论,哲学基础是事物的整体观。系统管理理论是运用系统论、信息论、控制论原理,把管理视为一个系统,以实现管理优化的理论。后来发展为"三因素论",即管理系统由人、物、环境三因素构成,要进行全面系统分析,建立开放的管理系统。系统管理理论的核心是用系统方法分析管理系统。

2. 工程项目的过程管理理念

过程管理是指使用一组实践方法、技术和工具来策划、控制和改进过程的效果、效率和适应性,包括过程策划(P)、过程实施(D)、过程监测(C)和过程改进(A)四个部分,即 PDCA 循环四阶段。

工程项目管理是对每一个过程实施 PDCA 循环的闭环管理。闭环管理重在有始有终,直到实施的结果符合策划中提出的结果目标为止。当所提出的结果目标已经实现时,就应视需要与可能,适时提出新的目标,进入下一轮的 PDCA 循环,如此螺旋式地上升,逐步实现过程的持续改进。

(1)计划阶段:过程策划,又称 P(Plan)阶段。

建设工程项目的质量计划,是由项目参与各方根据其在项目实施中所承担的任务、责任范围和质量目标,分别制定质量计划而形成的质量计划体系。其中,建设单位的工程项目质量计划,包括确定和论证项目总体的质量目标,制定项目质量管理的组织、制度、工作程序、方法和要求。项目其他各参与方,则根据国家法律法规和工程合同约定的质量责任和义务,在明确各自质量目标的基础上,制定实施相应范围质量管理的行动方案,包括技术方法、业务流程、资源配置、检验试验要求、质量记录方式、不合格处理及相应管理措施等具体内容和做法的质量管理文件,同时也需要对其实现预期目标的可行性、有效性、经济合理性进行分析论证,并按照规定的程序与权限,经过审批后执行。

计划阶段的工作步骤有四个,即查找问题、进行排列、分析问题产生的原因、制定对策措施。

(2)实施阶段:过程实施,又称 D(Do)阶段。

实施职能在于将质量的目标值,通过生产要素的投入、作业技术活动和产出过程转化为质量的实际值。为保证工程质量的产出或形成过程能够达到预期的结果,在各项质量活动实施前,要根据质量管理计划进行行动方案的部署和交底。交底的目的在于使具体的作业者和管理者明确计划的意图和要求,掌握质量标准及其实现的程序与方法。在质量活动的实施过程中,则要求严格执行计划的行动方案,规范行为,把质量管理计划的各项规定和安排落实到具体的资源配置和作业技术活动中去。

实施阶段的工作步骤有一个,即执行措施。

(3)检查阶段:过程监测,又称C(Check)阶段。

检查指对计划实施过程进行各种检查,包括作业者的自检、互检和专职管理者专检。各类检查都包含两大方面:一是检查是否严格执行了计划的行动方案,实际条件是否发生了变化,不执行计划的原因;二是检查计划执行的结果,即产出的质量是否达到标准的要求,对此进行确认和评价。

检查阶段的工作步骤有一个,即检查采取措施后的效果。

(4)处理阶段:过程改进,又称A(Action)阶段。

对于质量检查所发现的质量问题或质量不合格的结果,及时进行原因分析,采取必要的措施予以纠正,保持工程质量形成过程的受控状态。处理分为纠偏和预防改进两个方面:前者是采取有效措施,解决当前的质量偏差、问题或事故;后者是将目前质量状况信息反馈到管理部门,反思问题症结或计划时的不周,确定改进目标和措施,为今后预防类似质量问题的发生提供借鉴。在PDCA循环中,处理阶段是一个循环的关键。

处理阶段的工作步骤有两个,即建立巩固措施和提出尚未解决的问题,之后转入到下一个循环。

PDCA循环中提高质量过程的示意图如图1-1所示,PDCA循环过程的示意图如图1-2所示。

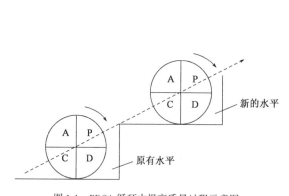

图1-1 PDCA循环中提高质量过程示意图

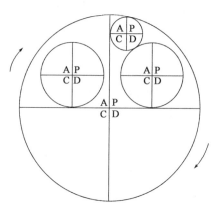

图1-2 PDCA循环过程示意图

三、工程项目管理模式

1.项目管理承包型(PMC)

项目管理公司与项目发包人签订项目管理承包合同,代表发包人管理项目,将项目所有的设计、施工任务发包出去,施工单位与项目管理公司签订承包合同。但在一些项目上,项目管理公司也可能承担一些外界及公用设施的设计、采购、施工工作。在这种管理模式中,项目管理公司要承担费用超支的风险,如果管理得好,利润回报也高。

2.项目管理咨询型(PM)

项目管理公司按照合同约定,在工程项目决策阶段,为发包人编制可行性研究报告,进行可行性分析和项目策划;在工程项目实施阶段,为发包人提供招标代理、设计管理、采购管理、施工管理和试运行(竣工验收)等服务,代表发包人对工程质量、进度、费用、安全、环保等进行管理。这种项目管理模式风险较低,项目管理公司根据合同承担相应的管理责任,并得到相对固定的服务费。

第三节　工程项目建设程序

一、工程项目建设程序

交通运输工程建设项目应当按照国家规定的项目建设程序进行,建设程序包含的主要工作阶段有项目建议书阶段、项目可行性研究阶段、初步设计阶段、施工图设计阶段、建设施工实施阶段、验收阶段、缺陷责任期(运营、保修)阶段和后评价阶段。

政府投资的交通运输工程建设项目实行审批制,企业投资的交通运输工程建设项目实行核准制。县级以上人民政府交通运输主管部门按职责权限审批或核准交通运输工程建设项目,不得越权审批、核准项目或擅自简化建设程序。

1.政府投资的公路、港口、航道工程项目建设程序

(1)根据规划,开展预可行性研究,编制项目建议书;

(2)根据批准的项目建议书,进行工程可行性研究,编制可行性研究报告;

(3)根据批准的可行性研究报告,编制初步设计文件;

(4)根据批准的初步设计文件,编制施工图设计文件;

(5)编制施工图设计文件后,办理施工图设计审批手续,组织项目监理、施工招标;

(6)根据国家有关规定,进行施工前准备工作,并向交通运输主管部门办理开工备案;

(7)开工备案后组织工程实施;

(8)工程完工后,编制竣工资料,办理工程竣工前的各项工作;

(9)交通运输主管部门组织竣工验收,办理固定资产移交手续;

(10)竣工验收合格后,组织项目后评价。

2.企业投资的公路工程项目建设程序

(1)根据规划,编制工程可行性研究报告;

(2)组织投资人招标工作,依法确定投资人;

(3)投资人编制项目申请报告,按规定报项目审批部门核准;

(4)根据核准的项目申请报告,编制初步设计文件,其中涉及公共利益、公众安全、工程建设强制性标准的内容应当按项目隶属关系报交通运输主管部门审查;

(5)根据初步设计文件编制施工图设计文件；

(6)根据批准的施工图设计文件组织项目招标；

(7)根据国家有关规定，进行征地拆迁等施工前准备工作，并向交通运输主管部门申报施工许可；

(8)根据批准的项目施工许可，组织项目实施；

(9)项目完工后，编制竣工图表、工程决算和竣工财务决算，办理项目交、竣工验收；

(10)竣工验收合格后，组织项目后评价。

3. 企业投资的港口、航道工程项目建设程序

(1)根据规划，编制项目申请书或者填写备案信息，履行核准或者备案手续；

(2)根据核准的项目申请书或者备案信息，编制初步设计文件；

(3)根据批准的初步设计文件，编制施工图设计文件；

(4)办理施工图设计审批手续；

(5)根据国家有关规定，依法办理开工前相关手续，具备条件后开工建设；

(6)组织工程实施；

(7)工程完工后，编制竣工材料，进行工程竣工验收的各项准备工作；

(8)组织竣工验收。

4. 其他

公路、港口、航道等交通建设项目在建设程序的个别环节上也有一些差异，具体参见《公路建设监督管理办法》(交通部令2006年第6号)、《港口工程建设管理规定》(交通运输部令2019年第32号)、《航道工程建设管理规定》(交通运输部令2019年第44号)。储存、装卸危险货物的港口工程建设项目，项目单位除应执行上述规定外，还应按《中华人民共和国安全生产法》《危险化学品安全管理条例》《港口危险货物安全管理规定》等要求，办理安全条件审查、安全设施设计审查手续，组织安全设施验收。

二、项目建议书的主要内容

项目建议书(又称立项申请)是项目建设单位或项目法人，根据国民经济的发展、国家和地方中长期规划、产业政策、生产力布局、国内外市场、项目所在地的内外部条件，提出的某一具体项目的建议文件，是对拟建项目提出的框架性的总体设想。项目建议书处于项目发展周期的初始阶段，是选择项目的依据，也是开展可行性研究的依据。项目建议书的主要内容包括：

(1)建设的必要性和依据；

(2)建设条件；

(3)技术标准；

(4)建设方案；

(5)投资估算及资金筹措；

(6)实施计划；

(7)经济评价；

(8) 环境影响分析;
(9) 结论;
(10) 附件。

三、项目可行性研究报告的主要内容

项目可行性研究报告是投资者在从事建设项目投资活动之前,由可行性研究主体(一般是专业咨询机构)对政治法律、经济、社会、技术等项目影响因素进行具体调查、研究、分析,确定有利和不利的因素,分析项目必要性、项目是否可行,评估项目经济效益和社会效益,为项目投资主体提供决策支持意见或期望项目主管部门批复的报告文件。

根据国家发展改革委 2023 年 3 月 23 日印发的《关于印发投资项目可行性研究报告编写大纲及说明的通知》(发改投资规〔2023〕304 号),项目可行性研究报告的主要内容如下。

1. 政府投资项目可行性研究报告的主要内容

(1) 概述。
①项目概况;②项目单位概况;③编制依据;④主要结论和建议。
(2) 项目建设背景和必要性。
①项目建设背景;②规划政策符合性;③项目建设必要性。
(3) 项目需求分析与产出方案。
①需求分析;②建设内容和规模;③项目产出方案。
(4) 项目选址与要素保障。
①项目选址或选线;②项目建设条件;③要素保障分析。
(5) 项目建设方案。
①技术方案;②设备方案;③工程方案;④用地用海征收补偿(安置)方案;⑤数字化方案;⑥建设管理方案。
(6) 项目运营方案。
①运营模式选择;②运营组织方案;③安全保障方案;④绩效管理方案。
(7) 项目投融资与财务方案。
①投资估算;②盈利能力分析;③融资方案;④债务清偿能力分析;⑤财务可持续性分析。
(8) 项目影响效果分析。
①经济影响分析;②社会影响分析;③生态环境影响分析;④资源和能源利用效果分析;⑤碳达峰碳中和分析。
(9) 项目风险管控方案。
①风险识别与评价;②风险管控方案;③风险应急预案。
(10) 研究结论及建议。
①主要研究结论;②问题与建议。
(11) 附表、附图和附件。

2. 企业投资项目可行性研究报告的主要内容

(1) 概述。
①项目概况;②企业概况;③编制依据;④主要结论和建议。

(2)项目建设背景、需求分析及产出方案。

①规划政策符合性;②企业发展战略需求分析;③项目市场需求分析;④项目建设内容、规模和产出方案;⑤项目商业模式。

(3)项目选址与要素保障。

①项目选址或选线;②项目建设条件;③要素保障分析。

(4)项目建设方案。

①技术方案;②设备方案;③工程方案;④资源开发方案;⑤用地用海征收补偿(安置)方案;⑥数字化方案;⑦建设管理方案。

(5)项目运营方案。

①生产经营方案;②安全保障方案;③运营管理方案。

(6)项目投融资与财务方案。

①投资估算;②盈利能力分析;③融资方案;④债务清偿能力分析;⑤财务可持续性分析。

(7)项目影响效果分析。

①经济影响分析;②社会影响分析;③生态环境影响分析;④资源和能源利用效果分析;⑤碳达峰碳中和分析。

(8)项目风险管控方案。

①风险识别与评价;②风险管控方案;③风险应急预案。

(9)研究结论及建议。

①主要研究结论;②问题与建议。

(10)附表、附图和附件。

四、初步设计审查内容要求

(1)审查初步设计是否符合政府主管部门审批或核准文件的要求。

(2)审查初步设计的内容和深度是否符合国家、行业标准规范,建设规模(产能)和标准是否符合政府部门审批或核准文件的要求。

(3)审查重大工艺方案、设备选型有无进行多方案比选,是否符合安全、可靠、经济、适用的原则。

(4)审查项目规划、征地、融资、环保、节能、劳动保护、安全生产及水、电、气等配套工程设计是否符合国家有关部门和项目建设的要求,项目建设条件是否落实。

(5)审查初步设计概算编制依据是否合规、编制方法是否正确、编制内容是否齐全、编制深度是否符合要求,费率取值是否恰当、有无重复或漏项、计算数据是否正确、是否执行了国家的有关技术经济政策等。对设备信息、当地主材价格应事先做好充分调研,在初步设计概算中尽可能以市场价格计列设备、材料投资。

(6)审查初步设计总体配套是否齐全、有无漏项;工艺流程、设备布置是否符合设计标准,关键设备选型是否符合预定要求;总平面布置是否顺畅,是否方便生产、运输,能否同时满足环保、安全生产、防火、防灾要求。

五、施工图设计文件的主要内容

施工图设计文件由设计说明书、设计图纸、工程预算书等组成。

施工图设计报批应包括以下材料:

(1)施工图设计审批请示文件;

(2)施工图设计全套文件(报批稿)(含设计说明书、对初步设计执行情况的描述、设计图纸、工程数量、材料设备表);

(3)预算文件;

(4)工程勘察成果报告(详勘);

(5)咨询审查报告。

第四节　工程目标控制的概念和控制方式

一、控制的概念

控制作为管理活动的一种形式,是按照计划目标和组织系统,对系统各个部分进行跟踪检查,以保证协调地实现总体目标的活动过程。控制是项目管理的基本职能之一,要实现工程项目的各项目标,就必须对工程项目实施有效的控制。项目控制是控制论与工程项目管理实践相结合的产物,具有很强的实用性。项目目标控制是一项系统工程。

控制的主要任务,是把计划执行情况与计划目标进行比较,找出差异,对比较的结果进行分析,排除和预防产生差异的原因,使总体目标得以实现。控制工作的理想状态是不出现偏差,但是偏差往往会随时出现,只是偏差的大小是否在计划(标准)允许的范围内,一旦出现不可逆转的或在实际工作中不断放大的偏差,到最后会使得目标难以实现。

二、控制的流程与基本环节

控制系统的主要内容包括控制的目标、控制的实施主体、控制的作用对象、控制的方法或手段等。控制是保证目标实现必不可少的活动,目标计划、偏差信息、纠正措施是控制工作的三个基本要素。控制的流程如图1-3所示。

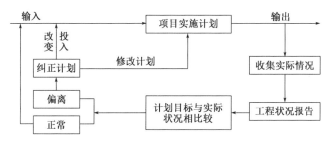

图1-3　控制流程

项目的目标控制是一个有限的循环过程,它可以划分为投入、转换、反馈、对比、纠正 5 个基本环节。对控制循环来说,如果缺少某一个环节或某一个环节出现问题,就会导致循环障碍,降低控制的有效性,不能发挥循环控制的整体作用。

三、控制的分类及其在监理工作中的应用

1. 控制的分类

(1)按照主动性的不同,可分为主动控制和被动控制。
(2)按照纠正措施或控制信息来源的不同,可分为前馈控制、现场控制和反馈控制。
(3)按照控制措施作用于控制对象时间的不同,可分为事前控制、事中控制和事后控制。
(4)按照控制行为起始时间的不同,可分为面向未来理想的控制和面向现实偏差的控制。
(5)按照控制行为是否闭合,可分为闭环控制和开环控制。
(6)按照控制者与被控制对象接触手段的不同,可分为直接控制和间接控制。

2. 主动控制与被动控制

(1)主动控制与被动控制的概念

主动控制,是在预先分析各种风险因素及其导致目标偏离的可能性和强度的基础上,拟定并采取各种有针对性的预防措施进行控制,从而减少乃至避免目标偏离,保证计划目标得以实现的控制方式。

被动控制,是从计划的实际执行中发现目标产生偏差,通过对产生偏差的原因进行分析,研究制定纠偏措施,及时纠正偏差的控制方式。目标虽然已经偏离,但是通过被动控制措施,仍然可能使工程目标实施恢复到计划状态,至少可以减少偏差的影响程度,可见被动控制仍然是一种十分有效的、有意义的控制方式。

主动控制也称事前控制,属于前馈控制、开环控制和面向未来的控制。被动控制又称事中、事后控制,属于反馈控制、闭环控制和面对现实的控制。做好主动控制工作会比被动控制更为理想。

(2)主动控制与被动控制的关系或区别

主动控制与被动控制的关系,如图 1-4 所示。

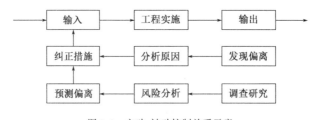

图 1-4 主动、被动控制关系示意

主动控制和被动控制的工作流程,如图 1-5 所示。

(3)主动控制与被动控制在监理工作中的应用

动态控制是监理工程师控制和实现工程项目目标的基本方法,贯穿于工程项目监理的全过程。

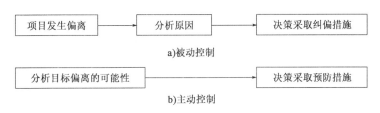

图 1-5　工程项目被动、主动控制工作流程示意

在工程项目实施过程中,如果仅仅采用被动控制方式,出现偏差是不可避免的,且偏差的累积效应会使偏差越来越大,从而难以实现项目的预定目标;如果仅仅采用主动控制方式,又是不现实的,或者说是不可能的。因此,根据工程实际,在工程监理实施过程中,主动控制与被动控制对于监理工程师而言缺一不可,它们都是实现项目目标所必须采用的控制方式。

工程项目的一次性特点,要求监理工程师具有较强的主动控制能力,而且工程合同和施工规范都给监理工程师实施主动控制提供了条件,在工程监理过程中应提倡和加强主动控制。但是交通运输建设工程项目是极为复杂的,涉及的因素多,跨越的范围广,很多情况是不可预见的,也是监理工程师无法防范的。此时,采用被动控制方式就是必需的,甚至是最佳的选择。有效的控制应当是将主动控制与被动控制紧密结合起来,力求加大主动控制在控制过程中的比例,在重点做好主动控制的同时,进行定期、连续的被动控制。主动控制与被动控制的合理使用,是监理工程师做好工作的保证之一。只有如此,方能完成项目目标控制的任务。

动态控制应在监理计划指导下进行,其要点如下:

①控制是一定的主体为实现一定的目标而采取的一种行为。要实现最优化控制,必须首先满足两个条件:一是要有一个合格的控制主体;二是要有明确合理的系统目标。

②控制是按事先拟定的计划目标值进行的,没有计划目标就无法实施控制。控制活动就是检查实际发生的情况与计划目标值是否存在偏差,偏差是否在允许范围之内,是否应采取控制措施及采取何种措施以纠正偏差。

③控制的手段是检查、分析、监督、引导和纠正。

④控制是针对被控系统而言的,既要对被控系统进行全过程控制,又要对其所有要素进行全面控制。

⑤控制是动态的。动态控制原理如图 1-6 所示。

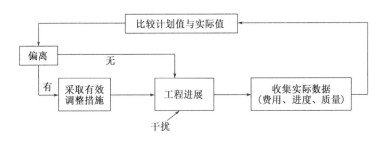

图 1-6　动态控制原理

⑥提倡主动控制为主,辅之以被动控制的方法。

⑦对工程项目的控制应强调目的性、及时性、有效性。

⑧控制是一个大系统,控制系统包括组织、程序、手段、措施、目标和信息 6 个分系统,其中信息分系统贯穿于项目实施的全过程,如图 1-7 所示。

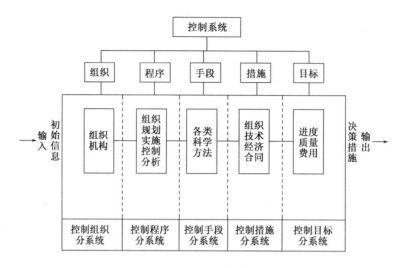

图 1-7 项目控制的系统模式

3. 前馈控制与反馈控制

按照纠正措施或控制信息的来源,可分为前馈控制与反馈控制,或者分为前馈控制、现场控制与反馈控制。

(1)前馈控制、现场控制与反馈控制的概念

前馈控制是指在某项工作开始之前进行的控制。实际工作开始之前,通过已有的经验教训和信息,通过预测,对影响因素进行控制。其优点是可防患于未然,对事不对人,是在问题发生前作出预测,防止问题在随后的转换中出现。预先控制集中注意进入组织的各种资源或工作的投入。预先控制的侧重点在于预先防范。

反馈控制是指在某项活动完成之后进行的控制。最大的不足是问题已经发生,已经造成损失。反馈控制主要是分析工作的执行结果,将它与控制标准相比较,发现已经发生和即将出现的偏差,分析其原因和对未来可能造成的影响,及时拟定纠正措施并予以实施,以防止偏差继续发展或再度发生,对事也对人,易造成人员冲突。

前馈控制也称事前控制、预先控制,属于主动控制、开环控制和面向未来的控制。反馈控制又称事后控制、成果控制,属于被动控制、闭环控制和面对现实的控制。做好前馈控制工作会比反馈控制更为理想。

现场控制是指在一项工作活动进行期间实施的控制,也称同期控制、实时控制。其优点是一旦发现偏差,可以即时纠正;缺点是其工作质量、效率等受管理者的时间、业务水平、责任心制约。

(2)前馈控制与反馈控制的关系或区别

前馈控制是一种开环控制,反馈控制是一种闭环控制。两种控制形式的主要区别是有无信息反馈,如图 1-8 所示。

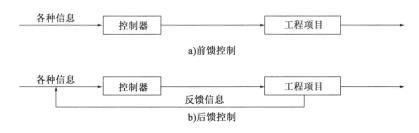

图 1-8 前馈控制与反馈控制示意

就工程项目而言,控制器是指工程项目的管理者。前馈控制对控制器的要求非常严格,即前馈控制系统中的人必须具有开发的意识;而反馈控制可以利用信息流的闭合调整控制强度,因而对控制器的要求相对较低。

(3)前馈控制与反馈控制在监理工作中的应用

对于一个工程项目而言,理论上讲,从交通运输建设工程项目的一次性特征考虑,在项目控制中均应采用前馈控制形式。但是,由于项目受本身的复杂性和人们预测能力局限性等因素的影响,反馈控制形式在监理工程师的控制活动中显得同样重要和可行。

交通运输建设工程项目实施中的反馈信息,由于受各种因素影响,将出现不稳定现象,即信息振荡现象,项目控制论中称为负反馈现象。从工程项目控制理解,所谓负反馈就是反馈信息失真,管理者按此决策将影响工程质量、施工安全、环境保护、进度、费用等各项目标的实现。因此,在工程施工过程中,监理人员必须对反馈信息进行分析处理,去伪存真,避免负反馈现象的发生。

4. 闭环控制与开环控制

(1)闭环控制与开环控制的概念

闭环控制是控制论的一个基本概念,是指作为被控的输出以一定方式返回到输入端,并对输入端施加控制影响的一种控制关系。闭环控制是一种将控制的阶段性结果反馈回来用以与既定目标值相比较,并根据它们的偏差大小去调整、控制下一阶段工作的控制方式。

开环控制是指控制装置与被控对象之间只按顺序工作,没有反向联系的控制过程。开环控制是一种不将控制的阶段性结果反馈回来或者无法反馈回来用以影响当前结果的控制方式。其特点是系统的输出量不会对系统的控制作用产生影响,没有自动修正或补偿的能力。

(2)闭环控制与开环控制的关系或区别

闭环控制与开环控制最明显的区别就是有无反馈、是否对当前控制起作用。有反馈的控制系统就叫闭环控制,没有反馈的控制系统就叫开环控制。

开环控制一般是在瞬间就完成的控制活动。

闭环控制一定会持续一定的时间。在闭环控制中,从输出量变化取出控制信号作为比较量反馈给输入端控制输入量,一般这个取出量和输入量相位相反,所以叫负反馈控制。正反馈和负反馈是闭环控制常见的两种基本形式。

(3)闭环控制与开环控制在监理工作中的应用

闭环控制有反馈环节,通过反馈系统使系统的精确度提高、响应时间缩短,适合于对系统的稳定性、结果的精确度要求较高的控制工作。而开环控制没有反馈环节,系统的稳定性、精确度不高,适用于对系统稳定性、精确度等要求低的、简单的控制工作。

在工程施工监理过程中,如果发现质量问题、发生质量事故以及发现安全生产隐患、发生生产安全事故,还有不可避免的工程费用索赔事件、合同工期延长或延误事件等,就需要监理工程师采用闭环控制方式,通过下达监理指令单、约见项目经理、召开监理例会或专题协调会议等方式进行检查评估、整改或返工、纠偏和闭合,最终实现管理目标。

5. 直接控制和间接控制

(1)直接控制与间接控制的概念

直接控制是指控制者与被控制对象直接接触进行控制,由控制者直接调节、干预被控制对象,从而纠正偏差的一种形式。它是相对于间接控制而言的,其特点是直接性,即控制指令不通过任何中间环节,直接作用于被控制对象。

间接控制是指控制者与被控制对象不直接接触进行控制,通过预先制定计划和标准形成控制系统,对控制对象进行控制的一种形式。

(2)直接控制与间接控制的关系或区别

直接控制的控制者与被控制对象直接接触来实现控制目标。间接控制的控制者不与被控制对象直接接触,通过他人来实现控制目标。

(3)直接控制与间接控制在监理工作中的应用

在交通工程施工过程中,建设单位的合同工程管理目标(如质量控制、进度控制、费用控制、安全生产管理)首先由施工单位的直接控制来实现,其次委托监理工程师通过一定的监理工作方式、方法来督促、监督施工单位履行施工合同,从而实现管理目标。

如果施工单位的直接控制工作非常优秀,使得工程质量合格、进度按期、费用控制无变更、无索赔、无调价,安全环保合法合规、无事故等,那么监理机构的间接控制工作就是签字确认和编制工程支付证书。

如果施工单位存在质量问题、发生质量事故以及发现安全生产隐患、发生生产安全事故,还有不可避免的工程费用索赔事件、合同工期延长或延误事件等,就需要监理工程师采用直接控制方式,通过下达监理指令单、约见项目经理、召开监理例会或专题协调会议等方式进行检查评估、整改或返工、纠偏和闭合,最终实现合同管理目标。这时,施工单位的整改或返工手段就成为间接控制的手段。

四、控制方式与监理工作方式之间的关系

1. 不同控制方式之间的关系

主动控制与被动控制,前馈控制与反馈控制,开环控制与闭合控制,事前控制与事中、事后控制,面向未来的控制与面对现实的控制等 5 组不同类型的控制方式之间的关系,如表 1-1 所示。

不同控制类型之间的关系　　　　　　　　　　　　　　　　　　　　　　　　　　表 1-1

控制的不同类型	主动控制	被动控制	前馈控制	反馈控制	开环控制	闭环控制	事前控制	事中、事后控制	面向未来的控制	面对现实的控制
(1)主动控制	—		√		√		√		√	
(2)被动控制		—		√		√		√		√
(3)前馈控制	√		—		√		√		√	
(4)反馈控制		√		—		√		√		√
(5)开环控制	√		√		—		√		√	
(6)闭环控制		√		√		—		√		√
(7)事前控制	√		√		√		—		√	
(8)事中、事后控制		√		√		√		—		√
(9)面向未来的控制	√		√		√		√		—	
(10)面对现实的控制		√		√		√		√		—

注:"√"表示有归属关系。

2. 不同监理工作方式(手段)与不同控制方式之间的关系

一般情况下,编制监理计划、监理细则,实施审批、旁站、巡视、抽检、见证、试验,签发提示性监理通知、监理指令单、召开监理例会、约见项目经理等不同的监理工作方式(手段)与主动控制、被动控制、前馈控制、反馈控制等不同类型的控制方式之间的关系,如表 1-2 所示。

不同控制类型之间的归属关系　　　　　　　　　　　　　　　　　　　　　　　表 1-2

监理的不同方式	控制的不同类型							
	主动控制	被动控制	前馈控制	反馈控制	事前控制	事中、事后控制	面向未来的控制	面对现实的控制
(1)编制监理计划	√		√		√		√	
(2)编制监理细则	√		√		√		√	
(3)审核(审批)	√		√		√		√	
(4)旁站监理	√					√		√
(5)巡视监理	√					√		√
(6)监理抽检	√					√		√
(7)见证取样	√					√		√
(8)试验检测	√					√		√
(9)监理提示性通知	√		√		√		√	
(10)监理指令单		√		√		√		√
(11)召开监理例会	√		√		√	√	√	√
(12)约见项目经理		√		√		√		√
(13)其他协调方式		√		√		√		√
(14)工程计量	√			√		√		√
(15)支付控制	√			√		√		√

注:"√"表示有归属关系。

第五节 交通强国建设和质量强国建设

一、《交通强国建设纲要》的主要内容

2019年9月,中共中央、国务院印发《交通强国建设纲要》,并发出通知,要求各地区各部门结合实际认真贯彻落实。《交通强国建设纲要》的主要内容如下。

(一)总体要求

发展目标:到2020年,完成决胜全面建成小康社会交通建设任务和"十三五"现代综合交通运输体系发展规划各项任务,为交通强国建设奠定坚实基础。

从2021年到本世纪中叶,分两个阶段推进交通强国建设。

到2035年,基本建成交通强国。现代化综合交通体系基本形成,人民满意度明显提高,支撑国家现代化建设能力显著增强;拥有发达的快速网、完善的干线网、广泛的基础网,城乡区域交通协调发展达到新高度;基本形成"全国123出行交通圈"(都市区1小时通勤、城市群2小时通达、全国主要城市3小时覆盖)和"全球123快货物流圈"(国内1天送达、周边国家2天送达、全球主要城市3天送达),旅客联程运输便捷顺畅,货物多式联运高效经济;智能、平安、绿色、共享交通发展水平明显提高,城市交通拥堵基本缓解,无障碍出行服务体系基本完善;交通科技创新体系基本建成,交通关键装备先进安全,人才队伍精良,市场环境优良;基本实现交通治理体系和治理能力现代化;交通国际竞争力和影响力显著提升。

到本世纪中叶,全面建成人民满意、保障有力、世界前列的交通强国。基础设施规模质量、技术装备、科技创新能力、智能化与绿色化水平位居世界前列,交通安全水平、治理能力、文明程度、国际竞争力及影响力达到国际先进水平,全面服务和保障社会主义现代化强国建设,人民享有美好交通服务。

(二)主要措施

1. 基础设施布局完善、立体互联

(1)建设现代化高质量综合立体交通网络。

(2)构建便捷顺畅的城市(群)交通网。

(3)形成广覆盖的农村交通基础设施网。全面推进"四好农村路"建设,加快实施通村组硬化路建设,建立规范化可持续管护机制。

(4)构筑多层级、一体化的综合交通枢纽体系。

2. 交通装备先进适用、完备可控

(1)加强新型载运工具研发。

(2)加强特种装备研发。推进隧道工程、整跨吊运安装设备等工程机械装备研发。研发水下机器人、深潜水装备、大型溢油回收船、大型深远海多功能救助船等新型装备。

(3)推进装备技术升级。

3. 运输服务便捷舒适、经济高效

(1)推进出行服务快速化、便捷化。

(2)打造绿色高效的现代物流系统。

(3)加速新业态新模式发展。

4. 科技创新富有活力、智慧引领

(1)强化前沿关键科技研发。

(2)大力发展智慧交通。推动大数据、互联网、人工智能、区块链、超级计算等新技术与交通行业深度融合。推进数据资源赋能交通发展,加速交通基础设施网、运输服务网、能源网与信息网络融合发展,构建泛在先进的交通信息基础设施。构建综合交通大数据中心体系,深化交通公共服务和电子政务发展。推进北斗卫星导航系统应用。

(3)完善科技创新机制。

5. 安全保障完善可靠、反应快速

(1)提升本质安全水平。构建现代化工程建设质量管理体系,推进精品建造和精细管理。强化交通基础设施养护,加强基础设施运行监测检测,提高养护专业化、信息化水平,增强设施耐久性和可靠性。

(2)完善交通安全生产体系。完善依法治理体系,健全交通安全生产法规制度和标准规范。完善安全责任体系,强化企业主体责任,明确部门监管责任。完善预防控制体系,有效防控系统性风险,建立交通装备、工程第三方认证制度。强化安全生产事故调查评估。完善网络安全保障体系,增强科技兴安能力,加强交通信息基础设施安全保护。完善支撑保障体系,加强安全设施建设。建立自然灾害交通防治体系,提高交通防灾抗灾能力。加强交通安全综合治理,切实提高交通安全水平。

(3)强化交通应急救援能力。

6. 绿色发展节约集约、低碳环保

(1)促进资源节约集约利用。

(2)强化节能减排和污染防治。

(3)强化交通生态环境保护修复。

7. 开放合作面向全球、互利共赢

(1)构建互联互通、面向全球的交通网络。

(2)加大对外开放力度。

(3)深化交通国际合作。

8. 人才队伍精良专业、创新奉献

(1)培育高水平交通科技人才。

(2)打造素质优良的交通劳动者大军。弘扬劳模精神和工匠精神,造就一支素质优良的知识型、技能型、创新型劳动者大军。

(3)建设高素质专业化交通干部队伍。

9. 完善治理体系,提升治理能力

(1)深化行业改革。

(2)优化营商环境。全面实施市场准入负面清单制度,构建以信用为基础的新型监管机制。

(3)扩大社会参与。

(4)培育交通文明。

10. 保障措施

(1)加强党的领导。

(2)加强资金保障。

(3)加强实施管理。

二、《质量强国建设纲要》的主要内容

2023年2月,中共中央、国务院印发《质量强国建设纲要》,并发出通知,要求各地区各部门结合实际认真贯彻落实。《质量强国建设纲要》的主要内容如下。

(一)总体要求

主要目标:到2025年,质量整体水平进一步全面提高,中国品牌影响力稳步提升,人民群众质量获得感、满意度明显增强,质量推动经济社会发展的作用更加突出,质量强国建设取得阶段性成效。

——经济发展质量效益明显提升。经济结构更加优化,创新能力显著提升,现代化经济体系建设取得重大进展,单位 GDP 资源能源消耗不断下降,经济发展新动能和质量新优势显著增强。

——产业质量竞争力持续增强。制约产业发展的质量瓶颈不断突破,产业链供应链整体现代化水平显著提高,一二三产业质量效益稳步提高,农业标准化生产普及率稳步提升,制造业质量竞争力指数达到86,服务业供给有效满足产业转型升级和居民消费升级需要,质量竞争型产业规模显著扩大,建成一批具有引领力的质量卓越产业集群。

——产品、工程、服务质量水平显著提升。质量供给和需求更加适配,农产品质量安全例行监测合格率和食品抽检合格率均达到98%以上,制造业产品质量合格率达到94%,工程质量抽查符合率不断提高,消费品质量合格率有效支撑高品质生活需要,服务质量满意度全面提升。

——品牌建设取得更大进展。品牌培育、发展、壮大的促进机制和支持制度更加健全,品牌建设水平显著提高,企业争创品牌、大众信赖品牌的社会氛围更加浓厚,品质卓越、特色鲜明的品牌领军企业持续涌现,形成一大批质量过硬、优势明显的中国品牌。

——质量基础设施更加现代高效。质量基础设施管理体制机制更加健全、布局更加合理,计量、标准、认证认可、检验检测等实现更高水平协同发展,建成若干国家级质量标准实验室,打造一批高效实用的质量基础设施集成服务基地。

——质量治理体系更加完善。质量政策法规更加健全,质量监管体系更趋完备,重大质量

安全风险防控机制更加有效,质量管理水平普遍提高,质量人才队伍持续壮大,质量专业技术人员结构和数量更好适配现代质量管理需要,全民质量素养不断增强,质量发展环境更加优化。

到2035年,质量强国建设基础更加牢固,先进质量文化蔚然成风,质量和品牌综合实力达到更高水平。

(二)提升建设工程品质的措施

1.强化工程质量保障

全面落实各方主体的工程质量责任,强化建设单位工程质量首要责任和勘察、设计、施工、监理单位主体责任。严格执行工程质量终身责任书面承诺制、永久性标牌制、质量信息档案等制度,强化质量责任追溯追究。

落实建设项目法人责任制,保证合理工期、造价和质量。推进工程质量管理标准化,实施工程施工岗位责任制,严格进场设备和材料、施工工序、项目验收的全过程质量管控。完善建设工程质量保修制度,加强运营维护管理。强化工程建设全链条质量监管,完善日常检查和抽查抽测相结合的质量监督检查制度,加强工程质量监督队伍建设,探索推行政府购买服务方式委托社会力量辅助工程质量监督检查。完善工程建设招标投标制度,将企业工程质量情况纳入招标投标评审,加强标后合同履约监管。

2.提高建筑材料质量水平

加快高强度高耐久、可循环利用、绿色环保等新型建材研发与应用,推动钢材、玻璃、陶瓷等传统建材升级换代,提升建材性能和品质。大力发展绿色建材,完善绿色建材产品标准和认证评价体系,倡导选用绿色建材。

鼓励企业建立装配式建筑部品部件生产、施工、安装全生命周期质量控制体系,推行装配式建筑部品部件驻厂监造。落实建材生产和供应单位终身责任,严格建材使用单位质量责任,强化影响结构强度和安全性、耐久性的关键建材全过程质量管理。加强建材质量监管,加大对外墙保温材料、水泥、电线电缆等重点建材产品质量监督抽查力度,实施缺陷建材响应处理和质量追溯。开展住宅、公共建筑等重点领域建材专项整治,促进从生产到施工全链条的建材行业质量提升。

3.打造中国建造升级版

坚持百年大计、质量第一,树立全生命周期建设发展理念,构建现代工程建设质量管理体系,打造中国建造品牌。完善勘察、设计、监理、造价等工程咨询服务技术标准,鼓励发展全过程工程咨询和专业化服务。

完善工程设计方案审查论证机制,突出地域特征、民族特点、时代风貌,提供质量优良、安全耐久、环境协调、社会认可的工程设计产品。加大先进建造技术前瞻性研究力度和研发投入,加快建筑信息模型等数字化技术研发和集成应用,创新开展工程建设工法研发、评审、推广。加强先进质量管理模式和方法高水平应用,打造品质工程标杆。推广先进建造设备和智能建造方式,提升建设工程的质量和安全性能。大力发展绿色建筑,深入推进可再生能源、资源建筑应用,实现工程建设全过程低碳环保、节能减排。

第六节　平安百年品质工程建设

一、公路水运品质工程的内涵

根据《交通运输部关于打造公路水运品质工程的指导意见》(交安监发〔2016〕216号,以下简称《指导意见》),打造品质工程是公路水运建设贯彻落实"五大发展理念"和建设"四个交通"的重要载体,是深化交通运输基础设施供给侧结构性改革的重要举措,是今后一个时期推动公路水运工程质量和安全水平全面提升的有效途径,是推进实施现代工程管理和技术创新升级的不竭动力,对进一步推动我国交通运输基础设施建设向强国迈进具有重要意义。

品质工程是践行现代工程管理发展的新要求,追求工程内在质量和外在品位的有机统一,以优质耐久、安全舒适、经济环保、社会认可为建设目标的公路水运工程建设成果。

《指导意见》给出了打造公路水运品质工程的六项具体内涵。

内涵之一——四个理念:即在建设理念上,体现以人为本、本质安全、全寿命周期管理、价值工程等理念。

内涵之二——五化管理:即在管理举措上,体现精益建造导向,突出责任落实和诚信塑造,深化人本化、专业化、标准化、信息化和精细化。

内涵之三——五个提升:即在工程技术上,展现科技创新与突破,先进技术理论和方法得以推广运用,包括先进适用的新技术、新工艺、新材料、新装备和新标准的探索与完善。

内涵之四——四个质量:即在质量管理上,以保障工程耐久性为基础,体现建设与运营维护相协调、工程与自然人文相和谐,工程实体质量、功能质量、外观质量和服务质量均衡发展。

内涵之五——三个安全:即在安全管理上,以追求工程本质安全和风险可控为目标,促进工程结构安全、施工安全和使用安全协调发展。

内涵之六——三个成效:即在环保生态上,工程建设坚持可持续发展,体现在生态环保、资源节约和节能减排等方面取得明显成效。归纳起来就是在建设理念、管理举措、技术进步方面有新作为,在工程质量、安全、可持续发展方面取得新成效。

二、平安百年品质工程创建示范,推动交通运输基础设施建设高质量发展

为深入贯彻习近平总书记关于全力打造"精品工程、样板工程、平安工程、廉洁工程"的重要指示精神,落实《交通强国建设纲要》《国家综合立体交通网规划纲要》《质量强国建设纲要》等有关部署,按照《加快建设交通强国五年行动计划(2023—2027年)》工作要求,做好平安百年品质工程创建示范,推动交通运输基础设施建设高质量发展,2024年1月24日交通运输部印发《交通运输部关于做好平安百年品质工程创建示范推动交通运输基础设施建设高质量发展的指导意见》(交安监发〔2024〕6号),主要内容如下。

1. 总体要求

(1)基本原则

——优质安全,服务民生。坚持以人民为中心的发展思想,坚持人民至上、生命至上,把确

保工程建设质量安全放在突出位置,推动交通运输基础设施建设高质量发展和高水平安全,助力实现"人享其行、物畅其流"的美好愿景。

——目标导向,注重质效。坚持目标导向,破解制约工程建设安全耐久的关键问题,实现工程质量更加可靠耐久、工程维护更加便捷高效,促进全生命周期成本最优,实现经济效益、社会效益、生态效益、安全效益相统一。

——系统谋划,因地制宜。坚持系统观念,加强全局性谋划、整体性推进、针对性实施。立足工程实际,统筹资源要素,推进高水平建造和精细化管理,不断提升交通运输基础设施工程质量和本质安全水平。

——创新引领,示范带动。坚持守正创新,科学选择安全可靠、经济适用、先进高效的技术和装备,推动建造技术传承与创新发展。坚持示范引导,总结推广创建成果,推动平安百年品质工程建设,打造一流交通基础设施。

(2)主要目标

到2027年,平安百年品质工程创建示范工作有效推进。建成一批平安百年品质工程示范项目,交通运输基础设施全生命周期建设发展理念持续深化,工程建设质量安全管理体系不断完善,现代工程管理理念和要求得到不断落实,工程安全性、耐久性和服务品质得到明显提升,有力支撑加快建设交通强国五年行动计划目标实现。

到2035年,平安百年品质工程成为行业的普遍追求。交通运输基础设施建设工程质量安全管理和技术创新取得明显成效。全生命周期管理措施有效实施,现代化工程建设质量安全管理体系有效运行,高水平建造和精细化管理全面推进,工程技术国际竞争力和影响力显著提升,有力支撑交通强国、质量强国建设目标实现。

2. 突出重点,开展平安百年品质工程创建示范

(1)桥梁工程

推动长大桥梁结构设计理论及方法创新发展,提高长大桥梁结构耐久性能和设计使用寿命。完善长大桥梁冗余设计和韧性设计评估方法,提高桥梁结构抵御自然灾害与突发事件的能力。开展长大桥梁智能建造前瞻性技术研究,提升长大桥梁智能建造水平。推进钢结构桥梁建造技术研发应用,提高钢结构桥梁的可靠性、耐久性。

推进中小桥涵构件配件标准化设计,鼓励建立区域性中小桥涵预制部品部件标准化设计通用图集。开展中小桥涵防洪标准研究,适当提高特殊地区中小桥涵洪水频率设计参数,提高中小桥涵泄洪能力。探索中小桥涵和简支桥梁工业化建造模式应用,鼓励建立桥涵预制部品部件认证认可机制,推动部品部件商品化流通。推动先进可靠的桥涵结构拼装技术研发应用,提高中小桥涵安全性、耐久性。

(2)隧道工程

推动隧道工程新型支护结构体系设计理论和方法创新发展。推动钻爆法施工隧道装配式衬砌结构设计理论创新应用,鼓励隧道衬砌(含仰拱)预制拼装技术研发应用。推动隧道工程综合地质勘察技术研发应用,推广使用先进可靠的地质勘察仪器装备,提升地质勘察深度和精度。加强隧道施工过程动态设计。推动隧道超前地质预报及监控量测技术迭代升级,提高围岩探测监测精确性。推进隧道机械化、智能化施工技术与装备研发应用,提高山岭隧道机械群组协同作业水平,提高隧道工程施工质量水平。提升软岩大变形、高地应力、突泥、涌水、岩溶、

瓦斯等不良地质和黄土、膨胀岩土等特殊性岩土地段隧道施工技术水平。

推进盾构隧道施工装备掘进参数优化，提升掘进施工精度和效率，提高预制管片及预埋件产品质量，增强管片拼装控制水平。推进沉管隧道管节智能化生产技术应用，推动沉管基础处理、浮运安装和沉管对接等技术创新应用，提升沉管对接安装控制水平，提高隧道的安全性、稳定性。推动隧道监控、通风照明、消防、排水等各类保障系统创新发展，提高隧道工程安全保障能力和服务品质。

（3）路基及边坡防护工程

推动路基设计理论体系和方法创新发展。不断完善各类地质条件下高性能路基设计参数，增强高性能路基模量和沉降控制能力，提高路基整体稳定性和综合抗灾能力。优化路基填料评价体系和选用方法，提升路基施工质量控制水平。推动软土路基、特殊土路基、旧路拼宽路基等特殊路基处治技术创新应用。

推动高路堤及高边坡工程先进可靠的支挡防护技术研发应用，提高工程主动防护能力。推动路基小型预制构件工厂化生产、装配化施工。提升高边坡防护工程施工机械化水平和工程质量。推动智能监测预警技术和地质灾害防控技术创新应用，提高自然灾害防御能力。推进长效稳定支挡防护技术在高陡、高寒、易滑地层、特殊岩土等不良地质体处治工程的应用，提高特殊地质边坡工程可靠性、稳定性。

（4）路面工程

推动长寿命路面设计理论和方法创新发展，不断完善区域性路面设计参数，提高路面结构耐久性能。推进长寿命沥青路面建造技术推广应用，延长路面结构设计使用寿命。推动改性沥青质量核心技术研究应用。推动基于红外光谱技术的沥青材料质量管控技术应用。探索推动智能化沥青路面摊铺碾压设备群组应用，提升路面施工质量水平。

（5）交通安全及机电设施

鼓励结合设施功能、交通流特征、事故特征、路段环境、经济实用等因素合理确定设计目标，因地制宜开展交通安全设施精细化设计。推动新型防撞护栏或护栏组件应用，提高交通安全设施主动引导和被动防护功能。推动安全可靠、环保耐久的标志标线、视线诱导设施、隔离栅、防落网、防眩设施、声屏障等新型产品研发应用，提升产品使用年限。推动交通安全设施产品与信息技术组合应用，提升服务品质。选用先进智能施工设备，提高交通安全设施安装施工质量。提升穿越城镇、公路交叉节点、急弯陡坡、互通立交、长大桥隧等特殊路段交通安全设施设计施工水平，提升特殊路段安全保障能力。

推动机电设施产品创新发展，提高机电系统使用稳定性能和工作效率。推进机电设施的通用化和标准化，统一机电设施设计标准与数据接口。推进监测系统原位计量检测技术的研发应用，保障数据信息可靠性、准确性和稳定性。推广应用机电设施健康监测诊断技术，增强机电设备抵抗火灾、雷电、冰冻等灾害能力。提高长大桥隧、互通立交等监测监控设备可靠性和韧性，提升基础设施安全性和应急保障能力。

（6）港口工程

推动码头工程工业化建造模式应用。推进码头工程海洋环境混凝土耐久性关键技术创新应用，研究提高码头结构设计使用年限。提高复杂环境条件下高桩码头桩基承载力和耐久性。加强重力式码头基床防冲刷、沉降位移控制技术研究应用。推动高大沉箱预制、出运、安装等成套技术研发应用。创新应用防波堤工程快速维修与加固技术。推进码头、防波堤结构健康监测系统研发应用。

(7)航道及船闸工程

推动船闸工程耐久性设计理论和方法创新发展。推进闸室墙大体积混凝土裂缝防控、输水廊道裂缝防控及修复、墙后帷幕止水、机械构件预埋件磨损修复等技术创新应用。推动工程结构易更换钢构件耐久性技术研发应用。提升闸门机械控制系统安全性、可靠性。推进关键机械构件及水工结构的无损、快速检测监测技术研发应用。开展运河建养一体化设计,提升大型省水船闸、高效输水系统等工程质量。

推进航道整治工程精细化设计,推广使用新型护岸工程结构形式,提高护岸抗灾能力和韧性。推动预制构件智能建造技术研发应用。推动深水大流速复杂环境下铺排、抛石及基床整平、构件安装等航道工程先进技术研发应用。推广应用混凝土搅拌运输一体船等智能先进施工设备。推动先进智能建造设备和便捷监测技术研发应用。

3.深化举措,促进工程质量安全水平全面提升

(1)提升工程质量管控水平

落实工程质量责任制。全面落实工程质量终身责任制。强化企业和现场项目管理机构的质量责任和义务,推动实施关键岗位工程质量责任制。按规定执行工程质量终身责任书面承诺制、永久性标牌制、质量信息档案、工程质量保修等制度,建立健全工程质量责任追究机制。

健全工程质量管理体系。持续推动工程建设质量管理体系创新发展。推行参建各方主体的质量行为标准化管理,制定质量管理标准化手册。完善工程实体质量控制体系,推行隐蔽工程及工艺工法影像标准化管理,建立健全工程质量问题和质量缺陷评价治理机制。

提升工程材料品质。推动高强度高耐久、可循环利用、绿色环保等新型材料研发应用。推进钢材、沥青、水泥等材料升级换代研究,建立完善原材料全流程信息溯源和质量问题责任追究机制,探索推动原材料商品化发展,提升原材料性能和使用品质。探索建立完善支座、伸缩缝、防水板材、吊杆拉索、阻尼器、锚夹具、电线电缆等重点工程类产品质保期承诺书制度。规范关键结构可更换部件最低使用年限及质保期限。

提高工程质量检测工作水平。建立健全工程质量基础设施体系,提升试验检测量值计量保障能力,保障试验检测及监测系统的数据可靠性、准确性。推动基于现代科学技术的工程质量检测技术迭代升级。推进智能工地试验室建设,强化试验检测及监测数据实时上传和反馈应用。推动检测机器人等智能化检测设备创新应用。围绕工程结构承载力及耐久性能开展无损、快速检测技术及检测设备研发应用,不断提高工程质量检测能力。

(2)提升工程安全管理水平

强化工程安全管理。推动工程建设安全管理体系创新发展,推动工程各阶段安全评价体系建设。推进特大桥隧、互通立交、大型港口、船闸等的临时辅助设施的专项设计。提升施工现场和施工驻地安全防范保障水平,提高施工相关人员的应急处置能力。推行危险作业岗位"机械化换人、自动化减人、智能化无人"现场改造,提高施工安全保障能力。加快淘汰落后工艺工法、设备和材料。

强化平安工地建设。树立"零死亡"安全管理目标,推动工程安全管理规范化、现场管理网格化、风险管控动态化、事故隐患清单化、工程防护标准化。落实从业单位各方安全责任,落

实安全生产条件,规范安全管理行为,持续完善平安工地建设标准,不断提升工程建设安全管理水平。

(3)提升工程质量技术创新发展水平

推动质量技术创新发展。从工程设计、建筑材料、施工装备、建造技术、工艺工法、检测技术及试验设备等方面开展基础共性和关键核心技术研发,着力解决制约工程质量提升的"卡脖子"技术难题。加强工程灾变机理与韧性提升方法研究,提高工程防灾减灾能力。积极应用"新技术、新工艺、新材料、新装备",鼓励开展工艺工法、工具设备等微发明、微创新、微改造,提升工程质量技术水平。

推动工业化建造创新发展。推动标准化设计、工厂化生产、智能化建造、智慧化管理为主要特征的工业化建造技术应用,提高工程质量水平。推动智能建造技术迭代升级,推进智能数控设备、工业机器人群组应用,发布先进适用的智能建造技术和设备典型案例。推进智能化拌和设备及施工机具迭代升级,实现数据实时传输和智能监控。探索推动智能感知传感器等监测设备与工程同步装配使用,提高交通运输基础设施安全防护监测数据可靠性、准确性。

推动数字化建设创新发展。融合勘察设计、施工等多源数据,推动各环节数字化流转,促进工程质量数字化管理。探索BIM(建筑信息模型)+GIS(地理信息系统)技术在桥梁、隧道、港口、航道等工程建设中数字化集成应用。推广项目建设综合管理系统的应用,完善工程智能建造、数字分析、实时监控、智能预警等功能,提升施工质量、安全生产、数字档案、地质灾害监测等方面的智慧化管理水平。

(4)提升工程低碳环保建设水平

推进工程环境保护技术应用。推动公路选线、水运工程选址等方法创新发展,科学合理地有效避让不良地质地段,增强工程本质安全水平。提高桥梁、隧道、高边坡、码头、航道、船闸等工程美学和景观设计水平,增强与地域文化、自然环境协调融合。提高公路收费站、服务区、码头堆场、航标工程等工程建设质量,保障工程服务品质。

推进工程绿色低碳技术示范。推动土地资源集约利用技术创新应用,科学合理综合利用工程弃土弃渣及土石方,保障原材料质量。推广应用结构工程及路基路面材料回收再生利用技术和设备。施工中鼓励使用低能耗机械设备,淘汰高能耗老旧设备,推广使用绿色清洁能源和可再生能源,推行工程机械设备"油转电"技术应用。推广扬尘、噪声、废水控制技术应用。

(5)提升品质文化建设水平

推进技术人才和产业工人队伍建设。鼓励企业采取"传帮带"培养模式,培育一批具备工程管理、质量控制、安全生产、信息管理等综合素质的现代化专业技术人才。鼓励从业企业开展品牌施工班组培树活动,实施实名制登记,完善施工班组质量安全培训体系,健全班组及人员奖惩机制,推动施工班组标准化、规范化、专业化建设,造就一支新时代产业工人队伍。

推进工程质量文化建设。弘扬精益求精、匠心铸就、勇于创新、传承百年为主要特征的平安百年品质工程文化,培育"品质保障、追求卓越"的工程价值观,树立零缺陷质量管理理念,提高全员高品质建设意识,增强企业核心竞争力,打造中国建造品牌交通新名片。

(6)提升工程建设质量效益

科学处理平安百年品质工程创建示范过程中的建设与造价、功能与成本的关系,提升工程质量耐久和安全水平的同时,避免盲目高成本、高投入,实现降本增效。推动工程价值分析方法创新应用,提升工程全生命周期综合效益最优评价能力。加快新技术、新工艺、新材料、新装备定额研究,为"四新技术"推广应用提供支撑。

4.保障措施

(1)加强组织领导

各地交通运输主管部门要加强行业指导,从建管养运全过程和各方面引导相关单位落实平安百年品质工程创建示范工作要求。要充分发挥统筹协调作用,健全完善创建示范工作机制、专家咨询指导机制、创新成果转化机制,激发企业追求高质量发展的积极性、创造力。

(2)加强机制建设

各地交通运输主管部门要严格工程项目基本建设程序,强化合理勘察设计周期和有效施工工期管理。坚持问题导向和目标导向,从建设成本、技术管理、市场管理等方面系统谋划,以激励和约束机制相结合,全面提升监管质效。推动落实"优质优价、优监优酬、优检优信"的奖惩制度。健全完善信用评价、工程招投标、评优评先等方面激励机制。对工作中成绩突出的示范项目、单位和个人给予表彰。

(3)加强示范引领

各地交通运输主管部门要充分发挥平安百年品质工程创建示范带动作用,开展现场观摩、技术交流等活动,加强交流合作、经验互鉴。及时总结提炼创新成果和成熟经验,定期发布成果目录或典型案例,推动先进适用、成熟稳定的创新成果转化为技术标准规范。部将继续推进平安百年品质工程研究工作,开展创建示范项目跟踪指导,推动平安百年品质工程创建示范工作落地见效。

(4)加强宣传引导

各地交通运输主管部门要结合实际,加强宣传引导,凝聚行业共识。积极引导有关重大工程项目加强质量安全文化建设和宣传,为交通运输基础设施建设高质量发展营造良好氛围。

三、《公路水运平安百年品质工程创建示范工作管理办法》的主要内容

2024年3月1日,交通运输部办公厅印发《关于印发〈公路水运平安百年品质工程创建示范工作管理办法〉的通知》(交办安监〔2024〕7号),主要内容如下。

(1)平安百年品质工程创建示范工作主要包括平安百年品质工程创建示范项目的申报审核、组织实施、平安工程冠名、创建示范验收、成果转化与经验推广等。

平安百年品质工程创建示范工作坚持全生命周期建设发展理念,以有效管控施工质量安全风险、提高工程安全性和耐久性为目标,坚持经济合理原则,推动精品建造和精细管理,从工程设计、建造技术、材料产品、机具装备、工艺工法、检测方法、智能技术应用、组织管理等方面开展技术创新和管理创新,推进成果转化和经验推广,推动公路水运工程建设安全发展、高质量发展。

(2)申报创建示范项目的基本条件如下:

①通过依法审批、核准或备案,并批准开工建设的公路水运工程项目,原则上工程进度不超过30%或公路工程项目具备创建期限不少于2年,水运工程项目具备创建期限不少于

1年。

②桥梁、隧道、码头、航道、通航建筑物、防波堤等具有独立代表性的工程,应满足以下条件:

——公路工程:斜拉桥、悬索桥、拱桥等结构复杂的特大型桥梁及大型枢纽互通,3000m以上特长隧道;

——水运工程:规模达到10万吨级以上集装箱码头或3万吨级以上其他沿海码头,1000吨级以上内河码头,沿海10万吨级以上或内河Ⅲ级及以上的航道、通航1000吨级以上船舶的通航建筑物,重要的防波堤、护岸等。

③创建示范工作内容符合国家政策和行业发展方向,有助于管控施工质量安全风险,提高工程安全性和耐久性,创建成果和经验做法具有应用推广价值。

④具备开展创建示范工作的人员、技术、装备、资金等保障条件。

⑤按规定开展平安工地建设工作,建设方案操作性强,具有明确具体平安工地建设内容和工作要求。

(3)交通运输部安全质量监管部门(以下简称"部安全质量部门")组织开展公路水运平安百年品质工程创建示范项目(以下简称"创建示范项目")申报工作。

建设单位可自愿申报创建示范项目,向创建主管部门提交创建示范工作实施方案及《技术问题清单》《技术创新清单》《科研攻关清单》(以下简称"三个清单")。

创建主管部门对创建示范工作实施方案等申报材料进行初审。初审通过的,择优排序向交通运输部推荐申报项目。

部安全质量部门将受理的申报项目有关信息向社会公示,公示时间不少于5个工作日。

部安全质量部门会同相关部门,组织评审专家组围绕有效管控施工质量安全风险、提高工程安全性和耐久性,从主攻方向符合性、创建内容科学性、实施路径可行性、创建措施经济性、实施计划合理性、预期成果实用性、保障措施有效性以及"三个清单"针对性等方面,对项目申报材料进行评审,形成评审意见。

评审专家组根据评审意见,形成《公路水运平安百年品质工程创建示范项目建议名单》。

部安全质量部门对《公路水运平安百年品质工程创建示范项目建议名单》进行审议。经审议同意的向社会公示,公示时间不少于5个工作日。无异议的,经部专题会议研究审议通过后,印发《公路水运平安百年品质工程创建示范项目名单》并向社会公布。

(4)组织实施。

创建示范项目建设单位应当协调设计、施工、监理、检测等具体承担单位按照实施方案及"三个清单"有序推进各项工作,组织对创建示范工作推进情况开展自查自评。

具体承担单位应当按照实施方案及"三个清单"要求,加强组织实施,开展技术创新和管理创新,推动创建成果和经验做法示范应用及总结推广,发挥示范引领作用。

创建主管部门应将工程质量安全状况、创建示范工作开展、实施方案及"三个清单"落实、创建成果和经验做法示范应用、平安工地建设等纳入检查内容,对创建示范项目开展年度检查。

建设单位应对创建示范工作推进情况进行季度或半年度总结,并报创建主管部门和部安全质量部门。

(5)平安工程冠名。

符合以下条件的公路水运工程项目,由建设单位或工程总承包单位自愿向创建主管部门提出平安工程冠名申请:

①项目施工工艺复杂,作业安全风险高,项目施工期间积极推广采用先进技术、工艺和装备,有效管控施工安全风险,安全管理经验突出。

②平安工地建设规范有序,示范引导作用明显,项目施工期间平安工地建设年度考核均合格。

③项目已交工验收,项目施工期间未发生生产安全责任事故。

创建主管部门对项目申报材料进行初审,征求同级有关部门意见后,形成推荐意见和项目排序报交通运输部。

交通运输部会同有关部门按下列程序开展冠名工作:

①申报受理公示。创建主管部门推荐报送的项目受理完成后,交通运输部对申报项目有关信息公示不少于5个工作日。

②程序审查。结合公示有关情况,交通运输部组织对申报项目申报材料完整性和申报条件符合性进行审查,程序审查工作可委托相关专业机构开展。

③专家会审。交通运输部会同有关部门组成专家组围绕申报项目特点、建设难点、安全风险点、安全管理亮点等内容开展专家会审,对项目安全管理理念、新技术、标准化建设、信息化推广、平安工地建设等方面的典型性、代表性、可推广性提出书面意见,拟定专家评语和推荐意见。按照推广、借鉴、肯定三个档次对申报项目确定推荐排序及推荐意见。

④联合审定。交通运输部会同有关部门组成联合审定委员会,主要工作包括:听取程序审查和专家会审工作情况报告;抽查项目申报材料相关信息;对争议处理情况进行研究;对专家会审结果进行联合审定。

⑤发文公布。联合审定结果经公示5个工作日后,交通运输部会同有关部门联合发文对平安工程冠名项目名单进行公布。

(6)创建示范验收。

平安百年品质工程创建示范工作验收由创建主管部门具体组织开展,包括创建示范项目验收和创建成果推广。

创建示范项目验收应当具备以下条件:

①创建示范项目已完工并经交工验收合格,投入试运行1年以上。

②创建示范工作内容已按实施方案完成。

③涉及工程安全性和耐久性的工程实体质量和安全管理等有关创建成果基本达到预期目标。

④创建示范工作形成的创建成果和经验做法已进行了示范应用,具有转化推广价值。

创建示范项目符合验收条件的,建设单位可向创建主管部门提出验收申请,并提交创建示范工作总结报告。

创建主管部门组织验收专家组对创建示范项目开展验收。验收专家组形成《公路水运平安百年品质工程示范项目验收通过建议名单》。

创建主管部门应当对《公路水运平安百年品质工程示范项目验收通过建议名单》进行审

定。通过审定的,应当向社会公示,公示时间不少于 5 个工作日。

经公示后无异议或有异议但核实通过的,印发《公路水运平安百年品质工程示范项目验收通过名单》并向社会公布,抄送部安全质量部门。

创建主管部门可将具有行业示范应用和转化推广价值的创建成果报部安全质量部门。创建成果经专家评审后,组织宣传推广。

四、平安百年品质工程建设的监理工作措施

1. 提升监理工作的专业化、精细化水平,提升工程管理水平

监理单位应将打造品质工程的目标、关键措施等纳入监理规划,明确管理目标。建立健全监理单位的管理机构,岗位设置合理,岗位责任清晰明确,管理人员专业化、技能化水平高。积极推行 QHSE 管理体系,管理制度完善、运行有效,推进管理专业化。

监理单位代表建设单位对工程施工质量实施监理,并对施工质量承担监理责任。

监理单位应明确质量、安全的提升目标,围绕精细化管理,建立过程控制和结果考核的精细化管理机制。

制定重点部位、隐蔽工程、附属工程等精细化施工监理措施,建立监理项目质量考核责任制和工程质量档案。

开展质量通病系统治理,将质量通病防治工作纳入质量控制目标,及时检查、通报质量隐患,督促施工单位整改治理,并留有佐证资料。

组织开展先进管理、工艺、装备、产品、技术等交流与推广,梳理管理和实体标杆示范。实现精细化管理,提升工程管理水平。

监理工程师应按照行业工程施工监理规范的要求,采取旁站、巡视和抽检/平行检验等形式对建设工程实施监理。未经监理工程师签字,建筑材料、建筑构配件和设备不得在工程上使用或者安装,不得进入下一道工序的施工等。

2. 建立健全监理单位的质量管理体系,加强质量风险预防管理,强化过程质量控制,提升工程质量水平

(1)监理单位应建立质量关键人(总监、副总监、专业监理工程师)质量责任登记制度,明确质量关键人的岗位职责,落实关键人履职责任。建立责任人质量履职信息档案,实现质量责任可追溯,落实质量责任终身制,进而建立健全质量管理体系。

(2)监理单位应加强质量风险预防管理。

监理单位应检查督促施工单位开展工程质量风险评估,建立工程质量重点、难点分析清单,制定有针对性的质量控制、监测措施。监理单位在检查中发现的质量隐患,要及时督促施工单位整改到位,并建立工程中问题处置清单。

监理单位应做好施工组织设计和重大专项施工方案论证、审查、审批工作,做到制度健全、审批手续规范、及时。检查施工单位在施工现场是否严格按审批方案执行。监理单位应建立方案执行检查档案,抓好施工方案落实。

（3）监理单位应加强过程质量控制。

①质量形成全过程的监理记录应真实完整、闭环可追溯，隐蔽工程形成过程佐证资料齐全。

②推行首件工程制。制定首件工程、典型施工的监理细则；督促检查施工单位制定项目关键工程的首件工程或典型施工计划清单，做好实施工程的监理台账。监理单位应对首件工程的实施进行监理总结，建立首件工程监理档案。及时审查审批施工单位的首件或典型施工成果，指导后续工程实施。

③监理单位应建立完善的原材料和产品质量管理制度，督促施工单位优先选用认证产品，实施成品和半成品验收标识，建立原材料、半成品、产品、商品混凝土的质量档案，并实现质量可追溯。监理单位应配合建设单位、施工单位建立材料供应商质量考核评价和清退机制，打造稳定可靠的材料和产品质量。

3. 落实施工安全举措，提升安全保障水平

监理单位应深化平安工地建设，督促施工单位加强施工安全标准化建设，推进危险作业"机械化换人、自动化减人"，提高机械化作业程度。

推行安全防护设备设施工具化、定型化、装配化。建立安全风险分级管控和隐患治理双重预防体系，推动重大安全风险管控和重大事故隐患治理清单化、信息化、闭环化动态可追溯管理，夯实安全管理基础。

4. 注重生态环保、资源节约和节能减排，提升绿色环保水平

监理单位应督促施工单位严格落实生态保护和水土保持措施，加强生态脆弱区域的环境监测和生态修复，降低公路水运工程建设对陆域、水生动植物及其生存环境的影响。节约利用土地资源，因地制宜采取有效措施减少占用耕地和基本农田。

高效利用临时工程及临时设施，注重就地取材，积极应用节水、节材施工工艺，实现资源节约与高效利用。综合考虑工程性质、施工条件、旧料类型及材质等因素，推进废旧材料再生循环利用。

注重节能减排，积极应用节能技术和清洁能源，使用符合国家标准的节能产品。加强设备使用管理，选用能耗低、工效高、工艺先进的施工机械设备，淘汰高能耗老旧设备。

优化施工组织，合理安排工序，提高设备使用效率，降低施工能耗。

5. 加强监理人员素质建设，培育品质工程文化，提升品质工程软实力

监理单位应加强人才培养制度建设，强化监理人员的岗位考核和继续教育，创新人才激励与保障机制，着力培养和锻炼一支具备现代工程管理能力、专业技能、良好职业道德的工程管理骨干队伍。

监理单位应落实培训主体责任，按规定严格实行"上岗必考、合格方用"的培训考核制度。鼓励施工企业开展职业技能竞赛，建立优秀技工激励机制，推行师徒制模式，建立稳定的技术工人队伍。

保障员工合法权益，注重人文关怀，提供体面工作的基本条件。

积极培育以"提升质量、保障安全"为核心，"以人为本、精益求精、全心投入"为主要特征的品质工程文化。

大力弘扬工匠精神,广泛宣传、积极推动全员参与品质工程创建活动,形成"人人关心品质、人人创造品质、人人分享品质"的浓郁文化氛围。

实施品牌战略,将品质工程作为工程项目和企业创建品牌的重要载体,引导企业把品质工程作为自身信誉和荣誉的价值追求。通过打造平安百年品质工程,提升监理企业品牌形象,增强监理企业核心竞争力。

第二章 工程质量监理

 学习备考要点

1. ISO 质量管理体系(ISO 9000 质量管理体系简介,与质量有关的基本概念)。

2. 工程质量的概念和特点(工程质量的内涵及其影响因素、工程质量的特点,工程质量控制的主体等)。

3. 标准和强制性标准(标准的概念和分类、标准的编号规则、标准的实施及其法律责任,强制性标准与推荐性标准的区别等)。

4. 参建各方的质量责任和义务(工程质量责任体系,建设单位、勘察单位、设计单位、施工单位、监理单位、检测单位的质量责任和义务)。

5. 首件工程制(合同工程开工审批,首件工程制的提出、首件工程的管理,质量责任标识制度等)。

6. 工程质量的试验检测方法(原材料、混凝土、钢结构等)。

7. 工程质量的数据统计分析(数据统计及抽样检验的基本原理,工程质量数据统计分析的调查表法、分层法、排列图法、因果分析图法、直方图法、控制图法、相关图法)。

8. 工程质量事故的等级划分和事故报告、调查处理(等级划分、事故报告和调查处理、事故处理的"四不放过"等)。

9. 工程质量控制的监理工作(工程质量监理的依据、程序和主要工作内容及其工作方式、监理工作措施等)。

第一节 ISO 9000 质量管理体系

一、ISO 9000 质量管理体系简介

1. ISO 9000 标准的组成

ISO 9000 质量体系标准的现行标准版本是 2015 年修订的,我国翻译并修订了我国的质量管理体系版本,共有四个组成部分:

(1)《质量管理体系 基础和术语》,编号为 GB/T 19000—2016/ISO 9000:2015,代替 GB/

T 19000—2008。

(2)《质量管理体系 要求》,编号为 GB/T 19001—2016/ISO 9001:2015,代替 GB/T 19001—2008。

(3)《质量管理体系 业绩改进的指南》,编号为 ISO 9004。

(4)《质量管理体系 质量和(或)环境管理体系审核的指南》,编号为 ISO 9011。

2. ISO 9000 质量管理体系的管理原则

为了确保质量目标的实现,ISO 9000 质量管理体系的管理原则由 2008 年版的八大原则修订为 2015 年版的七大原则。

(1)以顾客为关注焦点。

组织依存于顾客,因此,组织应当关注和理解顾客当前和未来的需求,满足顾客要求并争取超越顾客期望。就是一切以顾客为中心,顾客的需求是第一位的。

以顾客为关注焦点的基本内容包括:确保在组织范围内树立顾客意识;充分理解顾客的需求和期望;保证顾客和其他受益者平衡的途径;将顾客的需求转化为要求,传达要求至各个层面;加强与顾客的沟通与联络;测量顾客的满意程度;利用测量结果,持续改进组织的过程和产品。

(2)领导作用。

领导者建立组织统一的宗旨和方向。领导者在一个组织的质量管理活动中起着关键的作用。

领导作用的基本内容包括:确定质量方针、质量目标;确立组织的发展前景;形成内部环境;确立组织结构、职责权限和相互关系;提供所需资源;培训教育、提高员工技能等若干方面的素质;管理评审。

(3)全员参与。

各级人员是组织之本,所有人员的胜任、授权和充分参与是提高组织创造和提供价值能力的必要条件,才能使他们的才干通过有序的系统活动为组织带来绩效。质量管理以人为本。

全员参与的基本内容包括:让每个员工了解自身贡献的重要性及其在组织中的角色;让员工识别对其活动的约束;让员工以主人翁的责任感去解决各种问题;创造宽松的环境,加强内部沟通和合作;客观公正地评价员工的业绩;使员工有机会增强其自身能力、知识、技能和经验。

(4)过程方法。

系统地识别和管理组织所应用的过程,特别是这些过程之间的逻辑系统和相互作用,称之为"过程方法"。现代质量管理是面向过程的管理,过程的输出结果取决于过程策划、过程优化、过程输入、过程控制等。最大限度地获取过程的增值效应,才是使顾客满意最根本的基础。

过程方法的基本内容包括:过程策划;明确管理的职责和权限;配备过程所需资源;重点管理影响关键活动的因素;利用 PFMEA(过程失效模式及后果分析)和过程审核的方法评估过程风险;应用 PDCA 循环。

(5)改进。

组织应从质量管理体系的适宜性、充分性和有效性方面进行"持续改进",持续改进是组织发展、增强参与市场竞争力并取得优胜的一个重要条件。改进是无止境的,持续改进是组织的永恒目标。

改进的基本内容包括:需求的变化要求组织不断改进;组织的目标是实现持续改进;持续改进的核心是提高有效性和效率、实现质量目标;定期评价业绩以确定改进领域;改进成果的认可、总结推广。

(6)循证决策。

有效决策是建立在数据、信息分析和评价的客观事实基础上,正确的决策依赖于科学的决策方法,更依赖于符合客观事实的数据和信息。

循证决策的基本内容包括:收集与目标有关的数据和信息;建立信息管理系统;分析数据和信息;权衡决策。

(7)关系管理。

与相关方的关系影响着组织的绩效,为达到持续的成功,组织应管理与其有关各相关方的关系。

关系管理的基本内容包括:确立相关方的关系;识别和建立好关键相关方的关系;与关键相关方共享专有技术和资源;开展与相关方的联合改进活动。

3. ISO 的其他管理体系标准

(1)ISO 14001 环境管理体系标准。

ISO 14001 环境管理体系标准的现行标准版本是《环境管理体系 要求及使用指南》,编号为 GB/T 24001—2016/ISO 14001:2015。

(2)ISO 45001 职业健康安全管理体系标准。

ISO 45001 职业健康安全管理体系标准的现行标准版本是《职业健康安全管理体系 要求及使用指南》,编号为 GB/T 45001—2020/ISO 45001:2018。

国际标准化组织制定的 ISO 9001 质量管理体系标准、ISO 14001 环境管理体系标准、ISO 45001 职业健康安全管理体系标准,通常称为三标体系标准,又称三体系标准或三标一体标准。三体系标准是以国家相关产品质量法、标准化法和计量法等法规和产品标准为依据,通过对企业内部各个环节进行有效运行和管控,以达到人员安全、质量保证、环境保护、顾客满意和企业受益的一种宏观的管理理念。

二、ISO 9000 质量管理体系中与质量有关的基本概念

1. 质量

根据《质量管理体系 基础和术语》(GB/T 19000—2016/ISO 9000:2015)3.6.2 的规定,质量是客体的一组固有特性满足要求的程度。

(1)"客体"是可感知或可想象到的任何事物,包括产品、服务、过程、人员、组织、体系、资源等。

(2)"特性"是指可区分的特征。特性是固有的或赋予的,也可以是定量的或定性的。这里的质量特性就是指固有的特性,而不是赋予的特性。

(3)"要求"是指明示的、通常隐含的或必须履行的要求或期望。

"明示的"是指规定的要求,如在合同、规范、标准等文件中阐明的或用户明确提出的

要求。

"通常隐含的"是指组织、顾客、其他相关方的惯例和一般做法,所考虑的要求或期望是不言而喻的,供方应自己识别。

"必须履行的"是指法律、法规要求的或有强制性标准要求的。

(4)质量具有时效性和相对性。

时效性是指组织、供方应根据顾客和相关方要求和期望的变化,不断地调整对质量的要求。

相对性是指组织、顾客和其他相关方可能对同一产品的功能提出不同的要求,需求不同,质量要求也就不同。

(5)质量满足要求或符合标准,谓之合格。质量未满足要求或不符合标准,谓之不合格。质量缺陷是指与预期或规定用途有关的不合格。

2. 质量管理

根据《质量管理体系　基础和术语》(GB/T 19000—2016/ISO 9000:2015)3.3.4 的规定,质量管理是关于质量的管理。其中,管理是指指挥和控制组织的协调活动。质量管理包括制定质量方针和质量目标,以及通过质量策划、质量保证、质量控制和质量改进实现这些质量目标的过程。

可见,质量策划、质量保证、质量控制、质量改进包括在质量管理活动之中,或者说质量控制工作属于质量管理工作的一部分。

(1)质量策划。

根据《质量管理体系　基础和术语》(GB/T 19000—2016/ISO 9000:2015)3.3.5 的规定,质量策划是质量管理的一部分,致力于制定质量目标并规定必要的运行过程和相关资源以实现质量目标。

(2)质量保证。

根据《质量管理体系　基础和术语》(GB/T 19000—2016/ISO 9000:2015)3.3.6 的规定,质量保证是质量管理的一部分,致力于提供质量要求会得到满足的信任。

(3)质量控制。

根据《质量管理体系　基础和术语》(GB/T 19000—2016/ISO 9000:2015)3.3.7 的规定,质量控制是质量管理的一部分,致力于满足质量要求。

质量控制的目标是满足质量要求。质量控制活动的内容包括:

①确定活动对象,例如一道工序、制造过程等。

②规定控制标准,即详细说明控制对象应达到的质量要求。

③制定或明确控制方法,例如施工工艺。

④明确检验方法,包括检验指标、检验手段、检验频率。

⑤检验,即实际进行检验。

⑥评估比较检验结果与控制标准之差,并产生误差或不合格的分析原因。

⑦行动,为解决差异而采取的行动。

(4)质量改进。

根据《质量管理体系　基础和术语》(GB/T 19000—2016/ISO 9000:2015)3.3.7 的规定,

质量改进是质量管理的一部分,致力于增强满足质量要求的能力。

3. 项目管理

根据《质量管理体系　基础和术语》(GB/T 19000—2016/ISO 9000:2015)3.3.12 的规定,项目管理是对项目各方面的策划、组织、监视、控制和报告,并激励所有参与者实现项目目标。

4. 与质量有关的"措施"术语

根据《质量管理体系　基础和术语》(GB/T 19000—2016/ISO 9000:2015)3.12 的规定,有关"措施"的术语如下。

(1)预防措施:为消除潜在的不合格或其他潜在不期望情况的原因所采取的措施。采取预防措施是为了防止不合格的发生。

(2)纠正措施:为消除不合格的原因并防止再发生所采取的措施。采取纠正措施是为了防止不合格的再次发生。一个不合格项可能有若干个原因。

(3)偏离许可:产品或服务实现前,对偏离原规定要求的许可。

(4)返工:为使不合格产品或服务符合要求而对其采取的措施。

(5)返修(加固):为使不合格产品或服务满足预期用途而对其采取的措施。

(6)报废:为避免不合格产品或服务原有的预期使用而对其采取的措施。

(7)降级:为使不合格产品或服务符合不同于原有的要求而对其等级的变更。

(8)放行:对进入一个过程的下一阶段、工序或下一过程的许可。

第二节　工程质量的概念和特点

一、工程质量的概念

从狭义上讲,工程质量通常指工程产品质量;从广义上讲,工程质量则包括工程产品质量和工作质量两个方面。

根据《质量管理体系　基础和术语》(GB/T 19000—2016/ISO 9000:2015)的规定,可将工程产品质量定义为工程产品的一组固有特性满足要求的程度。

根据《公路水运工程质量监督管理规定》(交通运输部令 2017 年第 28 号)的规定,公路水运工程质量是指有关公路水运工程建设的法律、法规、规章、技术标准、经批准的设计文件以及工程合同对建设公路水运工程的安全、适用、经济、美观等特性的综合要求。

建设工程质量简称工程质量,建设工程作为一种特殊的产品,除具有一般产品共有的质量特性外,还具有特定的内涵(即特性),主要包含以下 7 个方面:

(1)性能,即功能,是指工程满足使用目的的各种功能。包括理化性能,如尺寸、规格、保温隔热隔声等物理性能,耐酸、耐碱、耐腐蚀、防火、防风化、防尘等化学性能;结构性能,指地基基础牢固程度,结构的足够强度、刚度和稳定性;使用性能;外观性能等。

(2)耐久性,即寿命,是指工程在规定的条件下满足规定功能要求使用的年限,也就是工程竣(交)工后的合理使用寿命期。

(3)安全性,是指工程建成后在使用过程中保证结构安全、保证人身和环境免受危害的程度。

(4)可靠性,是指工程在规定的时间和规定的条件下完成规定功能的能力,例如工程上的防洪、抗震能力。

(5)经济性,是指工程从规划、勘察、设计、施工到整个产品使用寿命周期内的成本和消耗费用。工程经济性表现为设计成本、施工成本、使用成本三者之和。

(6)节能性,是指工程在设计与建造过程、使用过程中满足节能减排、降低能耗的标准和有关要求的程度。

(7)与环境的协调性,是指工程与其周围生态环境协调,与所在地区经济环境协调以及与周围已建工程相协调,以适应可持续发展、高质量发展的要求。

工作质量是指参与工程建设的各方,为了保证工程质量所做的组织管理工作和生产全过程各项工作的水平和完善程度。

工作质量包括社会工作质量和生产过程工作质量。社会工作质量包括社会调查、市场预测、质量回访和保修服务等;生产过程工作质量包括政治工作质量、管理工作质量、技术工作质量、后勤工作质量等。建设工程质量是多单位、各环节工作质量的综合反映,不是单纯靠质量检验检查出来的,而工程产品质量又取决于施工操作、管理活动各方面的工作质量,因此,保证工作质量是确保工程质量的基础。

影响工程质量的因素有很多,但归纳起来主要包括"人、机、料、法、环"五大因素,即人(Man)、机械设备(Machine)、材料(Material)、方法(Method)和环境(Environment),简称4M1E。人是生产经营活动的主体,也是工程建设的决策者、管理者、操作者,工程建设的规划、决策、勘察、设计、施工与交工、竣工验收等全过程都是通过人的工作来完成的。人员的素质,即人的文化水平、技术水平、决策能力、管理能力、组织能力、作业能力、控制能力、身体素质、职业道德等,都将直接或间接地对工程质量产生不同程度的影响,人员的素质是影响工程质量的最重要因素。因此,工程建设行业实行资质管理和各类专业从业人员持证上岗制度,是保证人员素质的重要管理措施。

二、工程质量的特点

工程项目建设由于涉及面广,是一个极其复杂的综合过程,特别是大型工程具有建设周期长、影响因素多、施工复杂等特点,使得工程项目的质量不同于一般工业产品的质量,主要表现在以下几个方面。

1. 形成过程的复杂性

一般工业产品质量通常由一个企业来完成,而工程产品质量由咨询单位、勘察单位、设计单位、施工单位、材料供应单位等共同来完成,因此,质量形成过程比较复杂。

2. 影响因素多

影响工程质量的因素很多,包括决策、设计、材料、机械、施工工序、施工方法、技术措施、管理制度以及自然条件等,都直接或间接地影响到工程的质量。

3. 波动性大

工程建设不同于工业产品有固定的生产流水线、封闭的厂房等,工程项目本身的复杂性、多样性、单件性都决定了其质量波动性大。

4. 隐蔽性

工程项目在施工过程中工序交接多、中间产品多、隐蔽工程多,若不及时检查并发现其存在的质量问题,很容易产生第二类判断错误(即将不合格的产品误认为是合格的产品)。

5. 终检的局限性

工程项目的终检(交工、竣工验收)无法通过工程内在质量的检验发现隐蔽的质量缺陷,因此,工程项目的终检存在一定的局限性,这就要求工程质量控制应以预防控制和过程控制为主,防患于未然。

三、工程质量控制的主体

《建设工程质量管理条例》第三条规定,建设单位、勘察单位、设计单位、施工单位、工程监理单位依法对建设工程质量负责。

《国务院办公厅关于促进建筑业持续健康发展的意见》(国办发〔2017〕19号)中规定,全面落实各方主体的工程质量责任,特别要强化建设单位的首要责任和勘察、设计、施工单位的主体责任。严格执行工程质量终身负责制。工程建设实行"企业负责、政府监管、社会监督"的工程质量安全保障体系。

工程质量控制贯穿于工程项目实施的全过程,其侧重点是按照既定目标、标准、程序等使产品和过程的实施保持受控状态,预防不合格的发生,持续稳定地生产合格品。

工程质量控制按其实施主体不同,可分为自控主体和监控主体。自控主体是直接从事工程质量管理职能的活动者,监控主体是对他人质量管理能力和效果的监控者。其中,勘察、设计、施工单位属于自控主体。政府主管部门、建设单位、工程监理单位属于监控主体。

第三节　标准和强制性标准

一、标准的概念和分类

1. 标准的概念

根据《中华人民共和国标准化法》(2018年1月1日起施行)第二条的规定,标准(含标准样品)是指农业、工业、服务业以及社会事业等领域需要统一的技术要求。

2. 标准的分类

根据《中华人民共和国标准化法》第二条的规定,标准包括国家标准、行业标准、地方标准和团体标准、企业标准。其中,团体标准是2017年11月4日修订《中华人民共和国标准化法》时新增并被鼓励的。

3. 标准的强制性和推荐性

根据《中华人民共和国标准化法》第二条的规定,国家标准分为强制性标准、推荐性标准。

强制性标准必须执行。国家鼓励采用推荐性标准。

二、标准的编号规则

标准的编号依次由标准代号、发布的顺序号和发布的年号(年份)组成。

(1)强制性的国家标准编号为 GB 50×××—××××。其中,GB 为强制性国家标准代号,50×××为发布顺序号,××××为发布年号。

推荐性的国家标准编号为 GB/T 50×××—××××。其中,GB/T 为推荐性国家标准代号,50×××为发布顺序号,××××为发布年号,如《建设工程监理规范》(GB/T 50319—2013)。

(2)交通运输部的强制性行业标准编号为 JT×××—××××。其中,公路工程代号(标识)为 JTG,如《公路工程技术标准》(JTG B01—2014)、《公路工程行业标准编写导则》(JTG 1003—2023);水运工程代号为 JTS,如《水运工程施工监理规范》(JTS 252—2015)。《中华人民共和国标准化法》自 2018 年 1 月 1 日起施行之后,行业标准明确区分为强制性和推荐性的行业标准,且多为推荐性标准,推荐性行业标准的编号为××/T ××××—××××,如《公路水运工程施工安全风险评估指南 第 1 部分:总体要求》(JT/T 1375.1—2022)、《公路水运工程临时用电技术规程》(JT/T 1499—2024)。

(3)地方标准的编号为 DB××/T ××××—××××。其中,DB 为地方标准代号,××为所在省、自治区、直辖市的行政区划代码,××××为发布顺序号,××××为发布年号,如山东省地方标准《建设工程监理工作规程》(DB37/T 5028—2015)、甘肃省地方标准《公路机电工程施工技术规范》(DB62/T 4729—2023)等。

(4)团体标准的编号为 T/××× ××××—××××。其中,T 为团体标准代号,×××为社会团体代号,××××为发布顺序号,××××为发布年号,如《水泥产能核定标准》(T/CCAS 007—2019)。

(5)企业标准的编号为 Q/××× ××××—××××。其中,Q 为企业标准代号,×××为企业代号,×××为发布顺序号,×××为发布年号,如《××××监理公司监理细则的编写与管理》(Q/SDJL 005—2023)。

三、标准的实施及其法律责任

1.《中华人民共和国标准化法》中的规定

根据《中华人民共和国标准化法》的规定,标准的实施应遵守下列规定:

(1)不符合强制性标准的产品、服务,不得生产、销售、进口或者提供。

(2)国家实行团体标准、企业标准自我声明公开和监督制度。企业应当公开其执行的强制性标准、推荐性标准、团体标准或者企业标准的编号和名称;企业执行自行制定的企业标准的,还应当公开产品、服务的功能指标和产品的性能指标。国家鼓励团体标准、企业标准通过标准信息公共服务平台向社会公开。

(3)企业应当按照标准组织生产经营活动,其生产的产品、提供的服务应当符合企业公开标准的技术要求。

(4)标准的复审周期一般不超过5年。经过复审,对不适应经济社会发展需要和技术进步的应当及时修订或废止。

(5)生产、销售、进口产品或者提供服务不符合强制性标准,或者企业生产的产品、提供的服务不符合其公开标准的技术要求的,依法承担民事责任。

2. 关于"标准与规范"的实施及其法律责任规定

根据《公路工程标准施工招标文件》(2018年版·第二册)第101.04节关于"标准与规范"的规定,公路工程施工过程中应遵守以下关于"标准与规范"的规定:

(1)在工程实施中所采用的材料、设备与工艺,应符合本规范及本规范引用的其他标准与规范的相应要求。

(2)在工程实施全过程中,所引用的标准或规范如果有修改或新版,应由发包人决定是否用新标准或规范,承包人应在监理人的监督下按发包人的决定执行。采用新标准、规范所增加的费用由发包人承担。

(3)对于工程所采用的标准或规范的任何部分,当承包人认为改用其他标准或规范,能够保证工程达到更高质量时,承包人应在42d前报经监理人审批后方可采用,否则,承包人应严格执行本规范。但这种批准,不免除承包人根据合同条款规定的任何责任。

(4)当适用于工程的几种标准与规范出现意义不明或不一致时,应由监理人做出解释和校正,并就此向承包人发出指令。除非本规范另有规定,在引用的标准或规范发生分歧时,应按以下顺序优先考虑:

①本规范;
②中华人民共和国国家标准;
③有关部门标准与规范。

四、国家强制性标准与推荐性标准的区别

国家标准分为强制性标准和推荐性标准。强制性标准与推荐性标准的主要区别如下:

(1)标准的代号不同。GB代表国家标准,具有强制性;GB/T代表推荐性国家标准。

(2)适用范围不同。强制性标准是全国范围内的统一的标准,是保障人体健康、人身、财产安全的标准和法律及行政法规规定强制执行的国家标准;推荐性标准是行为主体自愿接受推荐并自愿采用的标准,包括推荐性的国家标准,以及行业标准、地方标准,主要针对生产、检验、使用等方面。

(3)法律效力不同。强制性标准具有法律属性,地方标准、行业标准、推荐性的国家标准一经采用即具有法律上的约束性,或各方商定同意纳入经济合同中才具有法律上的约束性。

五、监理机构选用标准的注意事项

在有强制性国家标准的情况下,必须采用强制性国家标准(不论是否有团体标准、企业标准、地方标准、行业标准)。

在没有强制性国家标准,但是有强制性行业标准的情况下,应采用强制性行业标准。

在没有强制性国家标准,强制性行业标准、企业标准的情况下,应依次选择采用推荐性国

家标准、行业标准、地方标准(如果有)。

在没有强制性国家标准,但是设有企业标准的情况下,企业可以声明采用企业标准,不再采用推荐性国家标准、推荐性行业标准、地方标准。

需要监理工程师注意的是,推荐性国家标准、推荐性行业标准一经采用,即具有法律上或合同上的约束性,就应全面执行其全部条文而不是有选择性地执行。

六、公路水运工程建设标准管理办法简介

交通运输部分别于 2020 年 5 月 27 日、9 月 25 日以交公路规〔2020〕8 号、交水规〔2020〕12 号文件印发《公路工程建设标准管理办法》《水运工程建设标准管理办法》,分别自 2020 年 7 月 1 日、2020 年 11 月 1 日起施行,有效期均为 5 年。

(1)办法规定,交通运输部按照职责依法管理公路、水运工程建设标准,组织制定公路、水运工程建设强制性标准和公路、水运工程建设行业规范、规程、导则、指南、标准图等推荐性标准,引领行业技术进步和高质量发展。

(2)办法规定,下列范围可制定强制性标准:①涉及工程质量安全、人身健康和生命财产安全、环境生态安全和可持续发展的技术要求;②重要的试验、检测和检验标准;③材料性能、构造物几何尺寸等统一的技术指标;④行业需要统一控制的其他建设标准。对于公路工程,还包括保障公路网安全运行的统一技术标准。强制性标准以外的标准是推荐性标准。

(3)办法规定,为满足地方自然条件、地形地质等特殊要求,省级交通运输主管部门可在特定行政区域内提出统一的公路、水运工程技术要求,按有关规定和程序要求编制地方标准。

(4)鼓励社会团体和企业制定高于推荐性标准相关技术要求的公路、水运工程团体标准和企业标准。

(5)公路、水运工程地方标准、团体标准、企业标准的技术要求不得低于工程强制性标准的相关技术要求。

(6)对于公路、水运工程建设、管理、养护、运营中违反工程强制性标准的行为,任何单位和个人有权向交通运输主管部门、标准化行政主管部门或有关部门检举、投诉。

第四节 工程质量责任体系和参建方的责任义务

一、工程质量责任体系

1. 强化建设单位的首要责任和勘察、设计、施工单位的主体责任

国务院办公厅《关于促进建筑业持续健康发展的意见》(国办发〔2017〕19 号)指出,要严格落实工程质量责任:全面落实各方主体的工程质量责任,特别要强化建设单位的首要责任和勘察、设计、施工单位的主体责任。严格执行工程质量终身责任制,在建筑物明显部位设置永久性标牌,公示质量责任主体和主要责任人。对违反有关规定、造成工程质量事故的,依法给予责任单位停业整顿、降低资质等级、吊销资质证书等行政处罚并通过国家企业信用信息公示系统予以公示,给予注册执业人员暂停执业、吊销资格证书、一定时间直至终身不得进入行业

等处罚。对发生工程质量事故造成损失的,要依法追究经济赔偿责任,情节严重的要追究有关单位和人员的法律责任。

2. 健全企业负责、政府监管、社会监督的工程质量安全保障体系

国务院办公厅《关于促进建筑业持续健康发展的意见》(国办发〔2017〕19号)指出,要全面提高监管水平;完善工程质量安全法律法规和管理制度,健全企业负责、政府监管、社会监督的工程质量安全保障体系。强化政府对工程质量的监管,明确监管范围,落实监管责任,加大抽查抽测力度,重点加强对涉及公共安全的工程地基基础、主体结构等部位和竣工验收等环节的监督检查。加强工程质量监督队伍建设,监督机构履行职能所需经费由同级财政预算全额保障。政府可采取购买服务的方式,委托具备条件的社会力量进行工程质量监督检查。推进工程质量安全标准化管理,督促各方主体健全质量安全管控机制。强化对工程监理的监管,选择部分地区开展监理单位向政府报告质量监理情况的试点。加强工程质量检测机构管理,严厉打击出具虚假报告等行为。推动发展工程质量保险。

二、参建各方的质量责任和义务

建设工程项目质量控制的目标,就是实现由项目决策所决定的项目质量目标,使项目的适用性、安全性、耐久性、可靠性、经济性及与环境的协调性等方面满足建设单位需要,并符合国家法律、行政法规和技术标准、规范的要求。项目的质量涵盖设计质量、材料质量、设备质量、施工质量和影响项目运行或运营的环境质量等,各项质量均应符合相关的技术规范和标准的规定,满足建设单位方的质量要求。

《中华人民共和国建筑法》和《建设工程质量管理条例》规定,建设工程项目的建设单位、勘察单位、设计单位、施工单位、工程监理单位、试验检测单位都要依法对建设工程的质量负责。

1. 建设单位的质量责任和义务

(1)建设单位应当将工程发包给具有相应资质等级的单位,并不得将建设工程肢解发包。

(2)建设单位应当依法对工程建设项目的勘察、设计、施工、监理以及与工程建设有关的重要设备、材料等的采购进行招标。

(3)建设单位必须向有关的勘察、设计、施工、工程监理等单位提供与建设工程有关的原始资料。原始资料必须真实、准确、齐全。

(4)建设工程发包单位不得迫使施工单位以低于成本的价格竞标,不得任意压缩合理工期;不得明示或者暗示设计单位或者施工单位违反工程建设强制性标准,降低建设工程质量。

(5)建设单位应当将施工图设计文件上报县级以上人民政府建设行政主管部门或者其他有关部门审查。施工图设计文件未经审查批准的,不得使用。

(6)实行监理的建设工程,建设单位应当委托具有相应资质等级的工程监理单位进行监理。

(7)建设单位在领取施工许可证或者开工报告前,应当按照国家有关规定办工程质量监督手续。

(8)按照合同约定,由建设单位采购建筑材料、建筑构配件和设备的,建设单位应当保证

建筑材料、建筑构配件和设备符合设计文件和合同要求。建设单位不得明示或者暗示施工单位使用不合格的建筑材料、建筑构配件和设备。

（9）涉及建筑主体和承重结构变动的装修工程，建设单位应当在施工前委托原设计单位或者具有相应资质等级的设计单位提出设计方案；没有设计方案的，不得施工。房屋建筑使用者在装修过程中，不得擅自变动房屋建筑主体和承重结构。

（10）建设单位收到建设工程竣工报告后，应当组织设计、施工、工程监理等有关单位进行竣工验收。建设工程经验收合格的，方可交付使用。

（11）建设单位应当严格按照国家有关档案管理的规定，及时收集、整理建设项目各环节的文件资料，建立健全建设项目档案，并在建设工程竣工验收后，及时向建设行政主管部门或者其他有关部门移交建设项目档案。

2. 勘察、设计单位的质量责任和义务

（1）从事建设工程勘察、设计的单位应当依法取得相应等级的资质证书，在其资质等级许可的范围内承揽工程，并不得转包或者违法分包所承揽的工程。

（2）勘察、设计单位必须按照工程建设强制性标准进行勘察、设计，并对其勘察、设计的质量负责。注册建筑师、注册结构工程师等注册执业人员应当在设计文件上签字，对设计文件负责。

（3）勘察单位提供的地质、测量、水文等勘察成果必须真实、准确。

（4）设计单位应当根据勘察成果文件进行建设工程设计。设计文件应当符合国家规定的设计深度要求，注明工程合理使用年限。

（5）设计单位在设计文件中选用的建筑材料、建筑构配件和设备，应当注明规格、型号、性能等技术指标，其质量要求必须符合国家规定的标准。除有特殊要求的建筑材料、专用设备、工艺生产线等外，设计单位不得指定生产、供应商。

（6）设计单位应当就审查合格的施工图设计文件向施工单位作出详细说明。

（7）设计单位应当参与建设工程质量事故分析，并对因设计造成的质量事故，提出相应的技术处理方案。

3. 施工单位的质量责任和义务

（1）施工单位应当依法取得相应等级的资质证书，在其资质等级许可的范围内承揽工程，并不得转包或者违法分包工程。

（2）施工单位对建设工程的施工质量负责。施工单位应当建立质量责任制，确定工程项目的项目经理、技术负责人和施工管理负责人。建设工程实行总承包的，总承包单位应当对全部建设工程质量负责；建设工程勘察、设计、施工、设备采购的一项或者多项实行总承包的，总承包单位应当对其承包的建设工程或者采购的设备的质量负责。

（3）总承包单位依法将建设工程分包给其他单位的，分包单位应当按照分包合同的约定对其分包工程的质量向总承包单位负责，总承包单位与分包单位对分包工程的质量承担连带责任。

（4）施工单位必须按照工程设计图纸和施工技术标准施工，不得擅自修改工程设计，不得偷工减料。施工单位在施工过程中发现设计文件和图纸有差错的，应当及时提出意见和建议。

(5)施工单位必须按照工程设计要求、施工技术标准和合同约定,对建筑材料、建筑构配件、设备和商品混凝土进行检验,检验应当有书面记录和专人签字;未经检验或者检验不合格的,不得使用。

(6)施工单位必须建立、健全施工质量的检验制度,严格工序管理,做好隐蔽工程的质量检查和记录。隐蔽工程在隐蔽施工前,施工单位应当通知建设单位和建设工程质量监督机构。

(7)施工人员对涉及结构安全的试块、试件以及有关材料,应当在建设单位或者工程监理单位监督下现场取样,并送具有相应资质等级的质量检测单位进行检测。

(8)施工单位对施工中出现质量问题的建设工程或者竣工验收不合格的建设工程,应当负责返修。

(9)施工单位应当建立健全教育培训制度,加强对职工的教育培训;未经教育培训或者考核不合格的人员,不得上岗作业。

4. 工程监理单位的质量责任和义务

(1)工程监理单位应当依法取得相应等级的资质证书,在其资质等级许可的范围内承担工程监理业务,并不得转让工程监理业务。

(2)工程监理单位与被监理工程的施工承包单位以及建筑材料、建筑构配件和设备供应单位有隶属关系或者其他利害关系的,不得承担该项建设工程的监理业务。

(3)工程监理单位应当依照法律、法规以及有关技术标准、设计文件和建设工程承包合同,代表建设单位对施工质量实施监理,并对施工质量承担监理责任。

(4)工程监理单位应当选派具备相应资格的总监理工程师和监理工程师进驻施工现场。未经监理工程师签字,建筑材料、建筑构配件和设备不得在工程上使用或者安装,施工单位不得进行下一道工序的施工。未经总监理工程师签字,建设单位不得拨付工程款,不得进行竣工验收。

(5)监理工程师应当按照工程监理规范的要求,采取旁站、巡视和平行检验等形式,对建设工程实施监理。

5. 工程质量检测单位的质量责任和义务

(1)质量检测试样的取样应当在建设单位或监理单位的监督下现场取样,提供试样的单位和个人应当对试样的真实性负责。

(2)检测机构完成检测业务后,应当及时出具检测报告。检测报告应经检测人员签字、检测机构法定代表人或其授权的签字人签署,并加盖检测机构公章或检测专用章后方可生效。

见证取样检测的检测报告中应当注明见证人单位及姓名。

(3)任何单位和个人不得明示或暗示检测机构出具虚假检测报告,不得篡改或者伪造检测报告。

(4)检测机构不得转包检测业务。检测人员不得同时受聘于两个或两个以上的检测机构。

(5)检测机构应当对其检测数据和检测报告的真实性和准确性负责。违反法律、法规和工程建设强制性标准给他人造成损失的,应当依法承担相应的赔偿责任。

(6)检测机构应当将检测过程中发现的建设单位、施工单位、监理单位违反法律、法规和工程建设强制性标准的情况,以及涉及结构安全检测结果的不合格情况,及时报告工程所在地建设主管部门。

(7)检测机构应当建立检测档案。检测合同、委托单、原始记录、检测报告应当按年度统一编号,编号应当连续,不得随意抽撤、涂改。应当单独建立检测结果不合格项目台账。

第五节 首件工程制

一、合同工程开工审批

合同工程开工审批包括总监签发的合同工程开工令、(驻地)监理工程师审批的分部工程及主要分项工程开工报审表。

对于公路工程,《公路工程施工监理规范》(JTG G10—2016)第4.2.10条规定,总监办收到施工单位提交的合同段工程开工申请后,应对合同段的开工条件进行核查。具备开工条件的,总监应签发开工令,并报建设单位。

对于水运工程,《水运工程施工监理规范》(JTS 252—2015)第4.2.11条规定,总监应组织专业监理工程师审查工程开工报审表及相关材料,具备开工条件时,应由总监签署意见,并报送建设单位审批后,总监签发工程开工令。

合同工程开工应具备下列条件:
(1)设计交底和图纸会审已经完成。
(2)施工组织设计已经审批,工程划分已经完成审批。
(3)基准点、施工基线和水准点已经核验合格。
(4)施工单位现场管理人员已经到位,施工设备、技术人员等已经按需要进场,必要的工程材料已经落实。
(5)进场道路及水、电、通信等已经满足开工要求。
(6)现场质量、安全生产和环境保护管理体系已经通过监理工程师审核。
(7)已经取得主管部门的施工许可等。

二、首件工程制

为推进公路水运品质工程建设,提升公路水运工程质量,为人民群众安全便利出行和社会物资高效畅通运输提供更加可靠的保障,交通运输部于2016年12月26日发布了《关于打造公路水运品质工程的指导意见》(交安监发〔2016〕216号),在其"主要措施"的"提升工程质量水平"中明确指出:"全面推行首件工程制,夯实工程质量管理基础。"

2017年12月28日,交通运输部办公厅印发了《关于印发〈公路水运品质工程评价标准(试行)〉的通知》(交办安监〔2017〕199号),该通知明确提出品质工程评价指标的满分值为1000分,列入国家和地方交通基本建设计划的在建和已交工或竣工验收的公路水运工程项目均可以参加品质工程评价,不局限工程建设规模和等级,具体分为示范创建项目品质工程评价、交竣工品质工程示范项目评价、农村公路(或三、四级公路)品质工程示范项目评价,同时给出了评价指标表。在示范创建项目品质工程评价指标表、农村公路品质工程示范项目评价指标表中,分别将"首件工程制"列为评价指标之一,下面摘录示范创建项目品质工程评价指标,如表2-1所示。

公路水运示范创建项目品质工程评价指标表　　　　　　表2-1

一级指标	二级指标	三级指标	评价重点内容(分项指标)	责任主体
4.工程质量(150分)	14.过程质量控制(60分)	34.首件工程制(20分)	60.制定首件工程制或典型施工实施细则。(5分)	施工单位监理单位
			61.制定项目关键工程的首件工程或典型施工计划清单和实施过程记录台账,首件工程的实施总结内容完善、针对性强,首件工程档案齐全。(7分)	施工单位监理单位
			62.首件或典型施工实施成果审查及时,后续工程复制实施有效。(8分)	施工单位监理单位

(一)首件工程制的概念和实施目的

1.首件工程制的概念

首件工程制可以概括为针对同类的分项工程中第一个开工的分项工程,选择首件(首段)实施开工报审、施工过程控制、完工质量检验评估、编写施工总结报告并报经项目监理机构审批后,方可展开同类分项工程的第二个或第一个分项工程中首件(首段)以外的其他件(段落)施工的一项工程质量管理制度。

一般地,每一类分项工程的首件(首段、首次)开工前,施工单位、项目监理机构应共同熟悉图纸、完成工程划分,做好现场测量、技术培训、技术交底工作,组织施工机械设备和材料进场,材料检验合格,混合料的配合比已经试验确定或批复,确定适合的施工工艺,明确技术要求、质量控制指标,编写首件工程开工报审表(包括施工方案)报送项目监理机构审批,之后按施工方案中确定的施工工艺、技术要求等进行规范化施工,计划通过规范化的施工而施工出合格工程甚至是优良级工程,施工完成后全面进行检测和评估,随后再对施工方案进行修改完善,然后持续施工。这样的一项工程质量管理制度被称之为首件工程管理制度或首件工程认可制度,简称首件工程制。

2.实施首件工程制的目的

实施首件工程制的目的是形成合格级工程,做到示范引路,形成后续工程可复制的施工方案,预防后续工程施工过程中可能出现的质量不合格现象。

(二)首件工程的管理

1.实施首件工程制的工程界定

分项工程有若干个类别,但同类的分项工程只有一个,一个同类的分项工程有一个首件工程,首件工程的质量检验结果应该是合格级工程,但也可能不合格;首件工程质量检验不合格时,应重新进行首件工程施工和检验、总结。

《公路水运品质工程评价标准(试行)》规定,分项工程有关键的分项工程之分,关键的分项工程(简称关键工程)必须实施首件工程制,施工单位应制定项目关键工程的首件工程清单或典型施工计划清单,经监理单位审核后报送建设单位。

可见,首件工程制应以施工合同段内所属的分项工程,而且是关键的分项工程为实施对象,而不是所有的分项工程,也不是以分部工程为实施对象,但可能针对决定工程质量的关键施工工序而实施,例如预应力工程中的张拉工序、压浆工序应实施首件工程制。首件工程应在主线内或构筑物主体上(预制构件可在预制场地内)实施。

需要监理工程师注意的是,关键的分项工程(关键工程)及其首件工程清单或典型施工计划清单,由施工单位在首件工程开工前制定并报送项目监理机构审批,项目监理机构应将审批结果同时报送建设单位备案。

2. 首件工程应当实行综合管理和加强型管理

首件工程管理应当实行综合管理,施工单位是实施主体,项目监理机构也是实施主体,建设单位和设计代表是这一关键工程不可或缺的指导者、参与者、见证者。

首件工程应当实行加强型管理,施工单位的项目经理、总工程师等全过程参加,关键项目的质量检验样本数(实测项目的检查频率)应予增加甚至成倍增加,以保证采用数理统计法进行评定的科学性、准确性;项目监理机构的总监和驻地监理工程师、试验检测工程师、专业监理工程师、监理员,应对所有工序实行全过程、全方位、全天候(工程施工全时段)的现场旁站,按照交通运输部的部颁工程质量检验评定标准的要求实施质量抽检,抽检频率按照100%执行。

3. 首件工程的开工条件或实施时间

(1)合同段施工组织设计已经编制完成并经项目监理机构审批。

(2)合同段工程划分已经完成并经项目监理机构审批,并识别和编列出关键工程清单、关键工程的首件工程清单或典型施工计划清单,且已经报备建设单位。

(3)合同段首件工程制的实施细则或典型施工的实施细则已经编制完成。

(4)第一次工地会议已经召开,合同工程开工令已经下达。

(5)首件工程开工申请(包括其施工方案)已经编制完成,项目监理机构已经审查同意开工。

4. 首件工程的施工管理工作

为创建品质工程,施工单位应重视首件工程的管理,主要做好如下工作:

(1)制定首件工程制或典型施工的实施细则。

(2)制定项目关键工程的首件工程清单或典型施工计划的清单。

(3)申请首件工程或典型施工开工。

(4)负责实施首件工程或典型施工的实施,并做好施工记录和质量检验评定、进度分析评估等。

(5)建立首件工程或典型施工实施过程的记录台账。

(6)编制首件工程或典型施工的实施总结,计算、分析并给出可以指导后续分项工程施工的施工参数,及时报送监理单位审批。经首件工程认可的施工工艺、质量检验方法,可以复制使用。

(7)整理首件工程的施工文件资料。

5. 首件工程的监理工作

为创建品质工程,项目监理机构应重视首件工程的监理工作,主要做好如下工作:

(1)审核首件工程制实施细则或典型施工实施细则。

(2)审核关键工程的首件工程清单或典型施工计划的清单。

(3)审批首件工程或典型施工的开工申请。

(4)通过现场旁站、巡视、测量、见证取样、试验检测、抽检/平行检验等监理工作手段,监督首件工程或典型施工的实施,并做好旁站记录、巡视记录、抽检记录、试验记录,做好质量检验评定、进度分析评估、施工参数评估等。

(5)组织召开首件工程验收和工艺总结会议。

(6)编写项目监理机构对首件工程的监理工作总结;审批首件工程或典型施工的实施总结,及时报送建设单位。

对于实行两级监理机构的驻地监理办,应邀请总监办参加首件工程的巡视和旁站指导,视总监理工程师的授权情况决定是审核还是审批首件工程或典型施工的实施总结,应将审核或审批文件及时报送总监办、建设单位。

(7)整理首件工程的监理文件资料。

6. 首件工程的质量检验评定

首件工程按照公路或水运工程质量检验评定标准和有关施工技术规范、建设单位制定的有关制度和办法、合同文件等进行质量评价。

对检查项目按照规定的检查方法和频率(质量检验的样本数)进行随机抽样检验并计算合格率,试验路段或首件工程的有关指标(如压实度、厚度、强度等)的检查频率应予增加(至少有6个样本),使得检测值的代表值、标准差有利于评定工程质量。

关键项目的合格率应不低于95%(涉及公路机电工程的关键项目的合格率应不低于100%),否则该检查项目为不合格;一般项目的合格率应不低于80%,否则该检查项目为不合格;有规定极值的检查项目,任一单个检测值不应突破规定极值,否则该检查项目为不合格;

采用《公路工程质量检验评定标准》或《水运工程质量检验标准》附录所列方法进行质量检验评定的检查项目(如构造物的水泥混凝土强度,路面结构层的压实度和厚度),不满足要求时,该检查项目为不合格;

对外观质量(如有)应进行全面检查,并满足规定要求,否则该检查项目为不合格;

质量评定的等级,分为两级,即合格或不合格。检验项目评为合格的工程,项目监理机构予以接收;检验项目评为不合格的工程,施工单位应进行整修或返工处理,或报废并清除现场,并应重新实施首件工程。

(三)质量责任标识制度和举牌验收制度

2019年9月15日,国务院办公厅以国办函〔2019〕92号转发了住房城乡建设部《关于完善质量保障体系提升建筑工程品质指导意见》,该意见指出:

(1)施工单位应完善质量管理体系,建立岗位责任制度,设置质量管理机构,配备专职质量负责人,加强全面质量管理。

(2)推行工程质量安全手册制度,推进工程质量管理标准化,将质量管理要求落实到每个项目和员工。

(3)建立质量责任标识制度,对关键工序、关键部位、隐蔽工程实施举牌验收,加强施工记录和验收资料管理,实现质量责任可追溯。

第六节　工程质量的试验检测方法

一、监理试验检测的工作内容

监理基本试验工作包括验证试验、标准试验、工艺试验、抽样试验、验收试验与见证取样等。

1. 验证试验

验证试验是对材料或商品构件进行预先鉴定,以决定是否可以用于工程。验证试验应按以下要求进行:

(1)在材料或商品构件订货之前,应要求施工单位提供生产厂家的产品合格证书及试验报告。必要时,监理人员还应对生产厂家生产设备、工艺及产品的合格率进行现场调查了解,或由施工单位提供样品进行试验,以决定同意采购与否。

(2)材料或商品构件运入现场后,应按规定的批量和频率进行抽样试验,不合格的材料或商品构件不准用于工程,并应由施工单位运出场外。

(3)在施工进行中,应随机对用于工程的材料或商品构件进行符合性的抽样试验检查。

(4)随时监督检查各种材料的储存、堆放、保管及防护措施。

2. 标准试验

标准试验也是现场质量控制的重要手段。标准试验是对各项工程的内在品质进行施工前的数据采集,它是控制和指导施工的科学依据,包括各种标准击实试验、集料的级配试验、混合料的配合比试验、结构的强度试验等,应按以下要求进行:

(1)在各项工程开工前,在合同约定或合理的时间内,应由施工单位先完成标准试验,并将试验报告及试验材料提交监理试验室审查批准。试验监理工程师应派出试验监理人员参加施工单位试验的全过程,并进行有效的现场监督检查。

(2)监理试验室应在施工单位进行标准试验的同时或之后平行进行复核(对比)试验,以肯定、否定或调整施工单位标准试验的参数或指标。

3. 工艺试验

监理人员应对工艺试验进行全程旁站或检测见证。工艺试验是依据技术规范的规定,在动工之前对路基、路面及其他需要通过预先试验方能正式施工的分项工程预先进行工艺试验,然后依其试验结果全面指导施工。工艺试验应按下列要求进行:

(1)监理工程师应要求施工单位提出工艺试验的施工方案和实施细则并予以审查批准。

(2)工艺试验的机械组合、人员配额、材料、施工程序、预埋观测以及操作方法等应有两组以上方案,以便通过试验做出选定。

(3)监理工程师应对施工单位的工艺试验进行全过程的旁站监理,并应做出详细记录。

(4)试验结束后由施工单位提交试验报告,并经监理工程师审查批准。

4.抽样试验

抽样试验是监理试验室实现质量监控的一个关键环节。抽样试验是对各项工程实施中的实际内在品质进行符合性的检查,内容包括各种材料的物理性能、土方及其他填筑施工的密实度、混凝土及沥青混凝土强度等的测定和试验。抽样试验应按以下要求进行:

(1)监理工程师应对施工单位的抽样频率、取样方法及试验过程进行检查。

(2)施工单位的工地试验室(流动试验室)在按技术规范的规定进行全频率抽样试验的基础上,监理试验室应按照规定的频率独立进行抽样试验,以鉴定施工单位的抽样试验结果是否真实可靠。

(3)当施工现场的旁站监理人员对施工质量或材料产生疑问并提出要求时,监理试验室应进行抽样试验,必要时还可要求施工单位增加抽样频率。

5.验收试验

验收试验是对各项已完工程的实际内在品质做出评定,应按以下要求进行:

监理工程师应派出试验监理人员,对施工单位进行的钻芯抽样试验的频率、抽样方法和试验过程进行有效监督。

监理工程师应对施工单位按技术规范要求进行的加载试验或其他检测试验项目的试验方案、设备及方法进行审查批准;对试验的实施进行现场检查监督;对试验结果进行评定。

6.见证取样

见证取样是监理人员施工单位现场取样、封样并送至有相应资质的检测单位的过程进行见证的活动。

二、主要原材料的试验检测方法及相关要求

(一)水泥

水泥进场时,应对其品种、级别、包装或散装仓号、出厂日期等进行检查,并应对其强度、安定性及其他必要的性能指标进行复验,检验结果必须符合有关标准的规定。

水泥进场后主要检查产品合格证、出厂检验报告和进场复验报告。

1.水泥出厂合格证书

出厂水泥应保证强度等级,其余品质(主要技术性能指标)应符合相应标准要求。出厂的水泥袋上应清楚标明生产厂家名称,生产许可证编号,品种名称,代号,强度等级,包装年、月、日和编号。散装时,应提交与袋装标识内容相同的卡片。

水泥出厂应有水泥生产厂家的出厂合格证书,内容包括生产厂家、品种、出厂日期、出厂编号和必要的试验数据,其中包括相应水泥指标规定的各项技术要求及试验结果。

2. 水泥进场复验

（1）水泥进场时，应对其品种、等级、包装或散装仓号、出厂日期等进行检查，并应对其强度、安定性及其他必要的性能指标进行复验，其质量必须符合现行《通用硅酸盐水泥》（GB 175）的相关规定。

当在使用中对水泥质量有怀疑或水泥出厂超过 3 个月（快硬硅酸盐水泥超过 1 个月）时，应进行复验，并按复验结果使用。

根据标准规定，水泥生产厂家在水泥出厂时提供标准规定的有关技术要求的试验结果。水泥进场复验通常只做安定性、凝结时间和胶砂强度三项。

检验数量：按同一生产厂家、同一等级、同一品种、同一批号且连续进场的水泥，袋装不超过 200t 为一批，散装不超过 500t 为一批，每批抽样不少于一次。

不同品种的水泥，不得混合使用。

（2）水泥的废品与不合格品：

①凡水泥的氧化镁含量、三氧化硫含量、初凝时间、安定性中的任一项不符合相应产品标准规定时，均为废品。

②凡水泥的细度、终凝时间、不溶物和烧失量中的任一项不符合相应产品标准规定或混合材料掺加量超过最高限量或强度低于要求的强度等级时，为不合格品。

③水泥包装标志中水泥品种、强度等级、生产厂家名称和出厂编号不全的，属于不合格品。

④强度低于标准相应强度等级规定指标时为不合格品。对于强度低于相应标准的不合格品水泥，可按实际复验结果降级使用。

（二）粗集料

配制混凝土应采用质地坚硬的碎石、卵石或碎石与卵石的混合物作为粗集料，其强度可用岩石立方体抗压强度或压碎值指标进行检验。常用的石料质量控制可用压碎值指标进行检验。

粗集料主要检测项目：颗粒级配、针片状颗粒含量、含泥量、泥块含量、有害物质含量、压碎指标、坚固性、碱活性等。

检验数量：粗集料进场检验应以同一产地、同一规格、每 400m³ 或 600t 为一批，不足 400m³ 或 600t 也按一批计；当质量比较稳定、进料数量较大时，可定期检验。

（三）细集料

拌制混凝土应采用质地坚固、粒径在 5mm 以下的砂作为细集料，海水环境工程中严禁采用碱活性细集料。淡水环境工程中所用细集料具有碱活性时，应采用碱含量小于 0.6% 的水泥并采取其他措施，经试验验证合格后方可使用。

细集料主要检测项目：筛析、细度模数、堆积密度、含泥量、泥块含量、机制砂的石粉含量、氯离子含量、有害物质含量、坚固性、碱活性。

细集料进场检验应以同一产地、同一规格、每 400m³ 或 600t 为一批，不足 400m³ 或 600t 也按一批计；当质量比较稳定、进料数量较大时，可定期检验。

（四）拌和用水

混凝土拌和用水不得影响水泥正常凝结、硬化或促使钢筋锈蚀，钢筋混凝土和预应力混凝土均不得采用海水拌和。在缺乏淡水的地区,需采用海水拌和的素混凝土有抗冻要求时,水灰比应降低 0.05。混凝土不得采用沼泽水、工业废水或含有害杂质的水拌和。符合国家标准的饮用水可直接作为混凝土的拌制和养护用水;使用非生活饮用水时,开工前应检验其质量。水源有改变或对水质有怀疑时,应及时检验。

拌和用水主要检测项目:pH 值、氯离子含量、硫酸盐、不溶物、硫化物含量、碱含量可溶物。

(五)掺合料

矿物掺合料是指在混凝土制备过程中掺入的,与硅酸盐水泥共同组成胶凝材料,以硅、铝、钙等一种或多种氧化物为主要成分,具有规定细度和凝结性能、能改善混凝土拌合物工作性能和混凝土强度的活性粉体材料,如下列情况:

(1)掺入粉煤灰、硅粉、矿渣粉改善混凝土的工作性,包括流动性、黏聚性、坍落度损失。

(2)掺入粉煤灰、矿渣粉改善混凝土的稳定性,包括水化热、收缩变形、抗裂性能。

(3)掺入硅粉、矿渣粉改善混凝土的耐久性,包括抗渗性、抗冻性、抗氯离子渗透性。

(4)掺入粉煤灰、矿渣粉、硅灰改善混凝土的抗蚀性,包括化学侵蚀等。

常见的矿物掺合料包括粉煤灰、矿渣粉、钢渣粉、磷渣粉、硅灰、沸石粉等。

(1)粉煤灰:从煤粉炉烟道气体中收集的粉末,分为 F 类和 C 类。

(2)矿渣粉:从炼铁高炉中排出的,以硅酸盐和铝硅酸盐为主要成分的熔融物,经淬冷成粒后粉磨所得的粉体材料。

(3)粉煤灰和矿渣粉的主要性能指标为细度和活性指数,应分别按现行《用于水泥和混凝土中的粉煤灰》(GB/T 1596)和《用于水泥、砂浆和混凝土中的粒化高炉矿渣粉》(GB/T 18046)的规定进行检测。

粉煤灰还被用作无机结合料广泛应用于公路工程中,用于掺入集料内制成无机结合料稳定材料。干排或者湿排的硅铝粉煤灰和高钙粉煤灰等均可用作基层或底基层的结合料。用于公路工程中的粉煤灰主要检测项目包括烧失量,比表面积,SiO_2、Al_2O_3、Fe_2O_3 总含量,0.3mm 筛孔通过率,0.075mm 筛孔通过率,湿粉煤灰含水率,应按《公路工程无机结合料稳定材料试验规程》(JTG 3441—2024)的规定进行检测。

(六)外加剂

在混凝土拌制过程中,为改善混凝土性能而掺入的物质,称为混凝土外加剂。常用的混凝土外加剂有减水剂、缓凝剂、早强剂、抗冻剂及复合外加剂。

混凝土中掺用外加剂的质量及应用技术应符合国家有关标准及环境保护的要求。混凝土外加剂主要技术性能指标分为掺外加剂混凝土性能和外加剂匀质性两部分。混凝土性能指标包括减水率、泌水率比、含气量、凝结时间、抗压强度比、收缩率比、相对耐久性。匀质性指标包括固体含量、含水率、密度、细度、pH 值、氯离子含量、硫酸根含量、总碱量。

产品经检验后,匀质性检验结果符合相应要求;各种类型外加剂受检混凝土性能指标中,高性能减水剂及泵送剂的减水率和坍落度的经时变化,其他减水剂的减水率、缓凝型外加剂的凝结时间差、引气型外加剂的含气量、硬化混凝土的各项性能符合相应要求,则判定该批外加剂为相应等级的产品。如果不符合上述要求,则判定该批外加剂不合格,其余项目作为参考。

(七)石灰

石灰是一种以氧化钙为主要成分的气硬性无机胶凝材料。将主要成分为碳酸钙的天然岩石,在适当温度下煅烧,排除分解出的二氧化碳后,所得的以氧化钙(CaO)为主要成分的产品即为石灰,又称生石灰。由于生产原料中常含有碳酸镁($MgCO_3$),因此,生石灰中还含有次要成分氧化镁(MgO)。根据 MgO 含量的多少,生石灰又分为钙质石灰($MgO \leqslant 5\%$)和镁质石灰($MgO > 5\%$)。

生石灰呈白色或灰色块状,工程中为便于使用,通常将块状生石灰磨细加工成生石灰粉或者用适量水熟化而得到消石灰粉。生石灰和消石灰分为Ⅰ、Ⅱ、Ⅲ三个等级,其中生石灰主要的检测项目包括有效 CaO + MgO 含量、未消化残渣含量、钙镁石灰分类界限的 MgO 含量,消石灰的主要检测项目包括有效 CaO + MgO 含量、含水率、细度、钙镁石灰分类界限的 MgO 含量。

(八)钢筋

1. 钢筋原材

钢筋进场时,应按国家相关标准的规定抽取试件进行力学性能和重量偏差检验。检验结果必须符合有关标准的规定。

检验方法:检查产品合格证、出厂检验报告和进场复验报告。

(1)主要检验项目及检验报告。

主要检验项目包括拉力试验[屈服点或屈服强度、抗拉强度、伸长率(断后伸长率、最大力总伸长率)]、冷弯试验、反复弯曲试验。必要时,进行化学分析。

钢材检验报告内容包括委托单位、工程名称、使用部位、钢材级别、钢种、钢号、外形标志、出厂合格证编号、代表数量、送样日期、原始记录编号、报告编号、试验日期、试验数据及结论(伸长率指标应注明标距,冷弯指标应注明弯心半径、弯曲角度及弯曲结果)。

(2)钢筋进场复验项目。

钢筋进场时,应按国家现行相关标准的规定抽取试件做力学性能和重量偏差检验,检验结果必须符合有关标准的规定。其中,重量偏差是指钢筋的实际重量与钢筋理论重量的偏差,用百分数表示。钢筋重量偏差应符合表2-2 的要求。

钢筋重量偏差　　　　表2-2

公称直径(mm)	热轧带肋钢筋(%)	光圆钢筋(%)
6~12	±5.5	±5.5
14~20	±4.5	±4.5
22~50	±3.5	±3.5

对有抗震设防要求的结构,其钢筋的强度和最大力总伸长率的实测值应符合下列规定:

①钢筋的抗拉强度实测值与屈服强度实测值的比值不应小于1.25。

②钢筋的屈服强度实测值与强度标准值的比值不应大于1.30。

③钢筋的最大力总伸长率不应小于10%。

当发现钢筋脆断、焊接性能不良或力学性能显著不正常等现象时,应对该批钢筋进行化学成分检验或其他专项检验。

钢筋外观应平直、无损伤,表面不得有裂纹、油污、颗粒状或片状锈蚀。

检验数量要求如下:

①每批钢筋应由同一牌号、同一炉罐号、同一规格、同一交货状态组成,并不得大于60t。

②检查每批钢筋的外观质量。钢筋表面不得有裂纹、结疤和折叠;表面的凸块和其他缺陷的深度和高度不得大于所在部位尺寸的允许偏差(带肋钢筋为横肋的高度);测量本批钢筋的直径偏差。

③在经外观检查合格的每批钢筋中任选两根钢筋,在其上各取一套试样,每套试样各制作两根试件,分别做拉伸(含抗拉强度、屈服点、伸长率)和冷弯试验。较高质量热轧带肋钢筋应按规定增加反向弯曲试验项目。

④当试样中有一个试验项目不符合要求时,应另取双倍数量的试件对不合格项目进行第二次试验;当仍有一根试件不合格时,则该批钢筋应判定为不合格。

2. 钢筋接头

1) 钢筋焊接接头试验方法

钢筋焊接接头外观质量检查合格后,方可进行力学性能试验。钢筋焊接接头的基本力学性能试验方法包括拉伸试验、抗剪试验和弯曲试验三种。

钢筋焊接接头的各种试验一般应在常温(10~35℃)下进行,如有特殊要求,亦可根据有关要求在其他温度下进行。试验用的各种仪器设备应根据相应标准和技术条件定期进行校验,确保精度要求。

(1) 拉伸试验。

对于冷拔低碳钢丝电阻点焊和钢筋闪光对焊、电弧焊、电渣压力焊、预埋件埋弧压力焊的焊接接头,需要进行常温静力拉伸试验。试验目的是测定焊接接头抗拉强度,观察断裂位置和断口形状,判定塑性断裂或脆性断裂。

(2) 抗剪试验。

对于钢筋冷拔低碳钢丝电阻点焊骨架和网片焊点,需要进行常温抗剪试验。试验目的是测定焊点能够承受的最大抗剪力。

(3) 弯曲试验。

对于钢筋闪光对焊接头,需要进行常温弯曲试验。试验目的是检验钢筋焊接接头的弯曲变形性能和可能存在的焊接缺陷。

2) 钢筋机械连接接头试验方法

钢筋机械连接是指通过钢筋与连接件的机械咬合作用或钢筋端面的承压作用,将一根钢筋中的力传递至另一根钢筋的连接方法。常用的钢筋机械接头类型包括套筒挤压接头、锥螺纹接头、直螺纹接头、熔融金属充填接头、水泥灌浆充填接头。钢筋机械连接接头的试验分为产品的型式检验和工程进场抽样检测两类。

(1) 型式检验。

出现下列情况应进行型式检验:

①确定接头性能等级时;

②材料、工艺、规格进行改动时;

③型式检验报告超过4年时。

用于型式检验的钢筋应符合有关钢筋标准的规定。

对每种形式、级别、规格、材料、工艺的钢筋机械连接接头,型式检验试件不应少于9个,单向拉伸试件不应少于3个、高应力反复拉压试件不应少于3个、大变形反复拉压试件不应少于3个,同时应另取3根钢筋试件做抗拉强度试验。全部试件均应在同一根钢筋上截取。

型式检验应由国家、省级主管部门认可的检测机构进行,并应按有关标准规定的格式出具检验报告和评定结论。

(2)施工现场接头的检验与验收。

工程中应用钢筋机械接头时,应由该技术提供单位提交有效的型式检验报告。

钢筋连接工程开始前,应对不同钢筋生产厂的进场钢筋进行接头工艺检验。施工过程中,更换钢筋生产厂时,应补充进行工艺检验。工艺检验应符合下列规定:

①每种规格钢筋的接头试件不应少于3根。
②每根试件的抗拉强度和3根接头试件残余变形的平均值均应符合相关规定要求。
③接头试件在测量残余变形后可再进行抗拉强度试验。
④第一次工艺检验中1根试件抗拉强度或3根试件的残余变形平均值不合格时,允许再抽3根试件进行复检,复检仍不合格时判为工艺检验不合格。

接头安装前,应检查连接件产品合格证及套筒表面生产批号标识。产品合格证应包括适用钢筋直径和接头性能等级、套筒类型、生产单位、生产日期以及可追溯产品原材料力学性能和加工质量的生产批号。

接头的现场检验应按验收批进行。同一施工条件下采用同一批材料的同等级、同形式、同规格接头,应以500个为一个验收批进行检验与验收,不足500个也应作为一个验收批。

螺纹接头安装后应按上述规定的验收批,抽取其中10%的接头进行拧紧扭矩校核,拧紧扭矩值不合格数超过被校核接头数的5%时,应重新拧紧全部接头,直到合格为止。

对接头的每一验收批,必须在工程结构中随机截取3个接头试件做抗拉强度试验,按设计要求的接头等级进行评定。

3.预应力混凝土用螺纹钢筋

预应力混凝土用螺纹钢筋是一种热轧成带有不连续的外螺纹的直条钢筋。该钢筋在任意截面处,均可用带有匹配形状的内螺纹的连接器或锚具进行连接或锚固。

每批钢筋均应按规定进行化学成分、拉伸试验、松弛试验、疲劳试验、表面检查和重量偏差等项目的检验。

(九)钢绞线

(1)每批钢绞线应由同一钢号、同一规格、同一生产工艺的钢绞线组成,并不得大于60t。

(2)钢绞线应逐盘进行表面质量、直径偏差和捻距的外观检查。

(3)力学性能的抽样检验。应从每批钢绞线中任选3盘取样送检。在选定的各盘端部正常部位截取一根试样,进行拉力(整根钢绞线的最大负荷、屈服负荷、伸长率)试验。当试验结果有一项不合格时,除该盘应判定为不合格外,还应从未试验过的钢绞线盘中取双倍数量的试样进行复验。当仍有一项不合格时,则该批钢绞线应判定为不合格。

(4)屈服强度和松弛试验应由厂方提供质量证明书或试验报告单。

（十）沥青

沥青材料常使用在公路工程项目中,详见本套参考书的《交通运输工程目标控制(公路工程专业知识篇)》。

三、水泥混凝土结构物的试验检测方法及相关要求

1. 混凝土拌合物性能

普通混凝土拌合物性能试验包括混凝土拌合物和易性的检验和评定、泌水性试验、凝结时间测定、堆积密度测定、均匀系数试验、捣实因数试验、含气量测定及水灰比分析等。下面主要介绍混凝土拌合物和易性的检验与评定。

表示混凝土拌合物的施工操作难易程度和抵抗离析作用的性质称为和易性。通常采用测定混凝土拌合物的流动性,辅以直观经验评定黏聚性和保水性来测定和易性。混凝土流动性大小用"坍落度"或"维勃稠度"指标表示。坍落度试验主要步骤如下：

（1）用水湿润坍落度筒及其他用具,并将坍落度筒放在已准备好的刚性水平600mm×600mm的铁板上,用脚踩住两边的脚踏板,使坍落度筒保持在固定位置。

（2）将按要求取得的混凝土试样用小铲分三层均匀地装入筒内,使捣实后每层高度为筒高的1/3左右。每层用捣棒沿螺旋方向由外向中心插捣25次,各次插捣应在截面上均匀分布。插捣筒边混凝土时,捣棒可以稍稍倾斜。插捣底层时,捣棒应贯穿整个深度,插捣第二层和顶层时,捣棒应插透本层至下层的表面。插捣顶层过程中,如混凝土沉落到低于筒口,则应随时添加,捣完后刮去多余的混凝土,并用抹刀抹平。

（3）清除筒边底板上的混凝土后,垂直平稳地在3~7s内提起坍落度筒。从开始装料到提坍落度筒的整个过程应不间断地进行,并应在150s内完成。

（4）提起坍落度筒,测量筒高与坍落后混凝土试体最高点之间的高度差,即为混凝土拌合物的坍落度值。混凝土拌合物坍落度以mm表示,精确至5mm。坍落度筒提高后,如混凝土发生崩塌,呈一边剪坏现象,则应重新取样另行测定。如第二次试验仍出现上述现象,则表示该混凝土和易性不好,应予记录备查。

（5）观察坍落后混凝土拌合物试体的黏聚性和保水性。用捣棒在已坍落的混凝土拌合物截锥体侧面轻轻敲打,如果截锥试体逐渐下沉(或保持原状),则表示黏聚性良好;如果倒塌、部分崩裂或出现离析现象,表示黏聚性不好。坍落度筒提起后,如有较多稀浆从底部析出,锥体部分的混凝土拌和也因失浆而集料外露,则表明其保水性能不好;如坍落度筒提起后无稀浆或仅有少量稀浆自底部析出,则表示其保水性能良好。

2. 普通混凝土物理力学性能试验

普通混凝土的主要物理力学性能包括抗压强度、抗拉强度、抗折强度、握裹强度、疲劳强度、静力受压弹性模量、收缩、徐变等。这里仅介绍普通混凝土立方体抗压强度试验方法。

1）试件制作与养护

试件用150mm×150mm×150mm的试模,也可用200mm×200mm×200mm或100mm×100mm×100mm的试模,在混凝土浇筑地点随机取样,3个试件为一组。

《公路工程水泥及水泥混凝土试验规程》(JTG 3420—2020)规定,试件成型后,用湿布覆盖表面(或其他保湿办法,如不透水的薄膜),在室温20℃±5℃、相对湿度大于50%的情况下,静置1~2个昼夜。然后,拆模并进行第一次外观检查、编号后立即放入标准养护温度为20℃±2℃、相对湿度95%以上(或水中)的标准养护室中进行养护。同条件试块拆模、编号后与结构(构件)同条件养护。

2)试验步骤

(1)混凝土立方体抗压强度以150mm×150mm×150mm试件为标准,也可采用200mm×200mm×200mm试件;当集料粒径较小时,也可用100mm×100mm×100mm试件,以3个试件为一组。

(2)试件从养护地点取出后应及时进行试验,以免试件的温度和湿度发生显著变化。

(3)试件在试压前应先擦拭干净,测量尺寸并检查其外观。试件尺寸测量精确至1mm,并据此计算试件的承压面积值A。

(4)将试件安放在试验机下压板中心。试件的承压面应与成型时的顶面垂直。开动试验机,当上压板与试件接近时调整球座,使接触均衡。

(5)开动试验机连续而均匀地加荷。当试件接近破坏而开始迅速变形时,应停止调整试验机油门,直至试件破坏,然后记录破坏荷载。

3)试验结果计算

混凝土立方体试件抗压强度按式(2-1)计算:

$$f_{cu} = \frac{P}{A} \tag{2-1}$$

式中:f_{cu}——混凝土立方体试件抗压强度(MPa);

P——破坏荷载(N);

A——试件承压面积(mm²)。

需要注意的是:取3个试件测值的算术平均值作为该组试件的抗压强度值。3个测值中的最大值或最小值中如有一个与中间值的差值超过中间值的15%时,则将最大值与最小值一并舍除,取中间值为该组抗压强度值。如有两个测值与中间值的差值均超过中间值的15%,则该组试件的试验结果无效。

应取150mm×150mm×150mm试件的抗压强度值为标准值。用其他尺寸试件测得的强度值均应乘以尺寸换算系数,其值对200mm×200mm×200mm试件为1.05,对100mm×100mm×100mm试件为0.95。

3.混凝土结构实体强度检测

混凝土结构实体强度检测方法包括回弹仪法、超声回弹综合法和取芯法。

1)回弹仪法

回弹仪法适用于检测一般建筑构件、桥梁及各种混凝土构件(板、梁、柱、桥架)的强度,分为单个检测和批量检测。

单个检测:适用于单个结构或构件的检测。

批量检测:适用于在相同的生产工艺条件下,混凝土强度等级相同,原材料、成型工艺、养护条件基本相同且龄期相近的结构或构件。

批量检测时,抽检数量不得少于同批构件总数的30%且不得少于10个。抽检构件时,应随机抽取重点部位或有代表性的构件。

每个构件的测区数不宜少于10个。当受检构件数量大于30个且不需要提供单个构件推定强度,或受检构件某一方向尺寸不大于4.5m且另一方向尺寸不大于0.3m时,每个构件的测区数可减少,但不应少于5个。

测量回弹值时,回弹仪的轴线应始终垂直于混凝土检测面,并应缓慢施压、准确读数、快速复位。

每一测区应读取16个回弹值,每一测点的回弹值读数应精确到1MPa。两测点净距离不少于20mm。计算测区平均回弹值时,应剔除3个最大值和3个最小值。测区的平均回弹值应先后经过回弹值角度修正、浇筑面修正和泵送混凝土系数修正。使用修正后的平均回弹值和测定的混凝土碳化深度查测区混凝土强度换算表得出混凝土强度换算值。然后根据各测区的混凝土强度换算值计算构件现龄期的强度推定值。

2)超声回弹综合法

超声回弹综合法是根据实测声速值和回弹值综合推定混凝土强度的方法,是目前我国使用较广的一种结构中混凝土强度非破损检验方法,它较之单一的超声或回弹非破损检验方法具有精度高、适用范围广等优点。

3)取芯法

取芯法是利用专用钻机,从结构混凝土中钻取芯样以检测混凝土强度或观察混凝土内部质量的方法,直观、可靠、准确,但对混凝土结构造成局部损伤,是一种半破损检测方法,成本较高,其应用往往受到一定限制。

4. 受力钢筋的保护层厚度检测

一般使用钢筋保护层厚度测定仪检测钢筋混凝土受力钢筋的混凝土保护层厚度。必要时,采用局部剥离实测受力钢筋保护层厚度。检测应符合下列规定:

(1)检测前,对钢筋保护层厚度测定仪进行预热和调零。

(2)对被测钢筋进行初步定位,判断出箍筋、横筋和纵筋的位置,并在混凝土表面做好标记。

(3)根据保护层厚度设计值,在保护层测定仪上预设保护层厚度测量范围;当钢筋直径已知时,在保护层测定仪上预设钢筋直径;当钢筋直径未知时,采用保护层测定仪默认的钢筋直径。

(4)每测点测试两遍,每次读取保护层厚度测定仪显示的最小值;当设计保护层厚度值小于50mm时,两次重复测量允许偏差为1mm;当设计保护层厚度值不小于50mm时,两次重复测量允许偏差为2mm。

四、钢结构工程的试验检测方法及相关要求

钢结构工程涉及钢材、焊接材料、紧固件(普通螺栓、大六角头高强度螺栓、扭剪型高强度螺栓等)、焊接球、螺栓球、封板、锥头、套筒、金属压型板、涂装材料等各种材质,涉及焊接、紧固件连接、零部件加工、预拼装、钢结构安装、钢结构涂装等各个工序。因此,钢结构工程试验

与检测涉及内容非常丰富,下面仅对钢结构工程实践中经常遇到且较为重要的内容进行重点介绍。

1. 钢材材质检验

(1)钢材材质检验应按下列要求进行:

钢结构工程所用的材料应符合设计文件和国家现行有关标准的规定,具有质量合格证明文件,并应经进场检验合格后使用。

钢材订货合同应对材料牌号、规格尺寸、性能指标、检验要求、尺寸偏差等有明确约定。定尺钢材应留有复验取样的余量;钢材的交货状态按设计文件对钢材的性能要求与供货厂家商定。

(2)钢材的进场验收应符合现行《钢结构工程施工质量验收标准》(GB 50205)和《钢结构工程施工规范》(GB 50755)的有关规定。对属于下列情况之一的钢材,应进行抽样复验:

①国外进口钢材;

②钢材混批;

③板厚大于或等于40mm,且设计有 Z 向性能要求的厚板;

④建筑结构安全等级为一级,大跨度钢结构中主要受力构件所采用的钢材;

⑤设计有复验要求的钢材;

⑥对质量有疑义的钢材。

(3)当设计文件无特殊要求时,钢结构工程中常用牌号钢材的抽样复验检验批宜按下列规定执行:

①牌号为 Q235、Q355 且板厚小于 40mm 的钢材,应按同一生产厂家、同一牌号、同一质量等级的钢材组成检验批,每批质量不应大于150t;同一生产厂家、同一牌号的钢材供货质量超过600t且全部复验合格时,每批的组批质量可扩大至400t。

②牌号为 Q235、Q355 且板厚大于或等于40mm 的钢材,应按同一生产厂家、同一牌号、同一质量等级的钢材组成检验批,每批质量不应大于60t;同一生产厂家、同一牌号的钢材供货质量超过600t且全部复验合格时,每批的组批质量可扩大至400t。

③牌号为 Q390 的钢材,应按同一生产厂家、同一质量等级的钢材组成检验批,每批质量不应大于60t;同一生产厂家的钢材供货质量超过600t且全部复验合格时,每批的组批质量可扩大至300t。

④牌号为 Q235GJ、Q355GJ、Q390GJ 的钢板,应按同一生产厂家、同一牌号、同一质量等级的钢材组成检验批,每批质量不应大于60t。同一生产厂家、同一牌号的钢材供货质量超过600t且全部复验合格时,每批的组批质量可扩大至300t。

⑤牌号为 Q420、Q460、Q420GJ、Q460GJ 的钢材,每个检验批应由同一牌号、同一质量等级、同一炉号、同一厚度、同一交货状态的钢材组成,每批质量不应大于60t。

有厚度方向力学性能要求的钢板,宜附加逐张超声波无损探伤复验。

2. 焊接材料材质检验

焊接材料的品种、规格、性能等应符合国家现行有关产品标准和设计要求。焊条、焊丝、焊剂、电渣焊熔嘴等焊接材料应与设计选用的钢材相匹配,且应符合现行《钢结构焊接规范》

(GB 50661)的相关规定。

用于重要焊缝的焊接材料,或对质量合格证明文件有疑义的焊接材料,应进行抽样复验,复验时焊丝宜按5个批(相当炉批)取一组试验,焊条宜按3个批(相当炉批)取一组试验。

3. 螺栓性能检验

1)钢结构工程螺栓性能检验的要求

钢结构连接用的普通螺栓、高强度大六角头螺栓连接副、扭剪型高强度螺栓连接副等紧固件,应符合相关标准的规定。

高强度大六角头螺栓连接副和扭剪型高强度螺栓连接副,应分别有扭矩系数和紧固轴力(预拉力)的出厂合格检验报告,并随箱携带。当高强度螺栓连接副保管时间超过6个月后使用时,应按相关要求重新进行扭矩系数或紧固轴力试验,并应在合格后再使用。

高强度大六角头螺栓连接副和扭剪型高强度螺栓连接副,应分别进行扭矩系数和紧固轴力(预拉力)复验,试验螺栓应从施工现场待安装的螺栓批中随机抽取,每批应抽取8套连接副进行复验。

建筑结构安全等级为一级,跨度40m及以上的螺栓球节点钢网架结构,其连接高强度螺栓应进行表面硬度试验,8.8级的高强度螺栓其表面硬度应为HRC21~HRC29,10.9级的高强度螺栓表面硬度应为HRC32~HRC36,且不得有裂纹或损伤。

普通螺栓作为永久性连接螺栓,且设计文件要求或对其质量有疑义时,应进行螺栓实物最小拉力荷载复验,复验时每一个规格螺栓应抽查8个。

2)扭剪型局部强度螺栓连接副预拉力的复验

螺栓的出厂检验按批进行,同一材料、炉号、螺纹规格、长度(当螺栓长度≤100mm时,长度相差≤15mm;螺栓长度>100mm时,长度相差≤20mm,可视为同一长度)、机械加工、热处理工艺、表面处理工艺的螺栓为同批;同一材料、炉号、螺纹规格、机械加工、热处理工艺、表面处理工艺的螺母为同批。同一材料、炉号、规格、机械加工热处理工艺、表面处理工艺的垫圈为同批。分别由同批螺栓、螺母、垫圈组成的连接副为同批连接副。同批高强度螺栓连接副的最大数量为3000套。

复验用的螺栓应在施工现场待安装的螺栓批中随机抽取,每批应抽取8套连接副进行复验。

每套连接副只应做一次试验,不得重复使用。在紧固中垫圈发生转动时,应更换连接副,重新试验。

3)高强度大六角头螺栓连接副扭矩系数的复验

螺栓的出厂检验按批进行,同一材料、炉号、螺纹规格、长度(当螺栓长度≤100mm时长度相差≤15mm,当螺栓长度>100mm时长度相差≤20mm,可视为同一长度)、机械加工、热处理工艺、表面处理工艺的螺栓为同批;同一性能等级、材料、炉号、螺纹规格、机械加工、热处理工艺、表面处理工艺的螺母为同批。同一性能等级、材料、炉号、规格、机械加工、热处理工艺、表面处理工艺的垫圈为同批。分别由同批螺栓、螺母、垫圈组成的连接副为同批连接副。

同批高强度螺栓连接副的最大数量为3000套。

4. 钢结构焊接检验

1)一般规定

(1)焊接检验分类。

自检,是指施工单位在制造、安装过程中,由本单位具有相应资质的检测人员或委托具有相应检验资质的检测机构进行的检验。

第三方检验,是指建设单位或其代表委托具有相应检验资质的独立第三方检测机构进行的检验。

(2)焊接检验的一般程序包括焊前检验、焊中检验和焊后检验,并应符合相关规定。

(3)焊缝检验抽样规定。焊接检验前应根据结构所承受的荷载特性、施工详图及技术文件规定的焊缝质量等级要求编制检验和试验计划,由施工单位技术负责人批准并报监理工程师备案。检验方案应包括检验批的划分、抽样检验的抽样方法、检验项目、检验方法、检验时机及相应的验收标准等内容。

焊缝处数的计算方法:工厂制作焊缝长度不大于1000mm时,每条焊缝应为1处;长度大于1000mm时,以1000mm为基准,每增加300mm焊缝数量应增加1处;现场安装焊缝每条焊缝为1处。

(4)确定检验批。制作焊缝以同一工区(车间)按300～600处的焊缝数量组成检验批;多层框架结构可以每节柱的所有构件组成检验批;安装焊缝以区段组成检验批;多层框架结构以每层(节)的焊缝组成检验批。

抽样检验除设计指定焊缝外应采用随机抽样方式取样,且取样中应覆盖到该批焊缝中所包含的所有钢材类别、焊接位置和焊接方法。

2)焊缝外观检测

所有焊缝应冷却到环境温度后方可进行外观检测。

外观检测采用目测方式,裂纹的检查应辅以5倍放大镜并在合适的光照条件下进行,必要时可采用磁粉探伤或渗透探伤,尺寸的测量应用量具、卡规。

电渣焊、气电立焊接头的焊缝外观成型应光滑,不得有未熔合、裂纹等缺陷;当板厚小于30mm时,压痕、咬边深度不应大于0.5mm;当板厚不小于30mm时,压痕、咬边深度不应大于1.0mm。

抽样检验结果应按下列规定进行结果判定:

①抽样检验的焊缝数不合格率小于2%时,该批验收合格。

②抽样检验的焊缝数不合格率大于5%时,该批验收不合格。

③焊缝数不合格率为2%～5%时,应加倍抽检,且必须在原不合格部位两侧的焊缝延长线各增加一处,在所有的抽检焊缝中不合格率不大于3%时,该批验收合格;大于3%时,该批验收不合格。

④批量验收不合格时,应对该批余下的全部焊缝进行检验。

⑤检验发现1处裂纹时,应加倍抽查,在加倍抽检焊缝中未再检查出裂纹缺陷时,该批验收合格;检验发现多于1处裂纹缺陷或加倍抽查又发现裂纹缺陷时,该批验收不合格,应对该批余下焊缝的全数进行检查。

3）承受静荷载结构焊接质量的检验

（1）无损检测的基本要求如下：

焊缝的外观质量和尺寸应规范要求。无损检测应在外观检测合格后进行。Ⅲ、Ⅳ类钢材及焊接难度等级为C、D级时，应以焊接完成24h后无损检测结果作为验收依据；当钢材标称屈服强度大于690MPa或供货状态为调质状态时，应以焊接完成48h后无损检测结果作为验收依据。

（2）设计要求全焊透的焊缝，内部缺陷的检测规定如下：

一级焊缝应100%检验，其合格等级不应低于现行《焊缝无损检测 超声检测 技术、检测等级和评定》(GB/T 11345) B级检验的Ⅱ级要求。二级焊缝应进行抽验，抽验比例不小于20%，其合格等级不应低于现行《焊缝无损检测 超声检测 技术、检测等级和评定》(GB/T 11345)和行业标准的相关规定。三级焊缝应根据设计要求进行相关的检测，一般情况下可不进行无损检测。

（3）超声波检测应符合下列规定：

①检测灵敏度、缺陷等级评定应符合规范要求。

②当检测板厚在3.5~8mm范围时，其超声波检查的技术参数应按有关标准执行。

③对超声波检测结果有疑义时，可采用射线检测验证。

④超声波检测设备及工艺要求应符合现行《焊缝无损检测 超声检测 技术、检测等级和评定》(GB/T 11345)的有关规定。

（4）当出现下列情况之一时，应进行表面检测：

①设计文件要求进行表面检测。

②外观检测发现裂纹时，应对该批中同类焊缝进行100%的表面检测。

③外观检测怀疑有裂纹缺陷时，应对怀疑部位进行表面检测。

④检测人员认为有必要时。

铁磁性材料应采用磁粉检测表面缺陷。不能使用磁粉检测时，应采用渗透检测。

5.钢结构防腐涂料涂装检测

（1）涂装前，钢材表面除锈应符合设计要求和国家现行有关标准的规定。处理后的钢材表面不应有焊渣、焊疤、灰尘、油污、水和毛刺等。

检查数量：按构件数抽查1000件，且同类构件不应少于3件。

检验方法：用铲刀检查和用现行《涂覆涂料前钢材表面处理 表面清洁度的目视评定 第2部分：已涂覆过的钢材表面局部清除原有涂层后的处理等级》(GB/T 8923.2)规定的图片对照观察检查。

（2）涂料、涂装遍数、涂层厚度均应符合设计要求。当设计对涂层厚度无要求时，涂层干漆膜总厚度要求为：室外应为150μm，室内应为125μm，其允许偏差为-25μm。每遍涂层干漆膜厚度的允许偏差为-5μm。

检查数量：按构件数抽查10%，且同类构件不应少于3件。

检验方法：用干漆膜测厚仪检查。每个构件检测5处，每处的数值为3个相距50mm测点涂层干漆膜厚度的平均值。

（3）构件表面不应误涂、漏涂，涂层不应脱皮和返锈等。涂层应均匀、无明显皱皮、流坠、针眼和气泡等。

检查数量:全数检查。

检验方法:观察检查。

(4)当钢结构处在有腐蚀介质环境或外露且设计有要求时,应进行涂层附着力测试,在检测处范围内,当涂层完整程度达到70%以上时,涂层附着力达到合格质量标准的要求。

检查数量:按构件数抽查1%,且不应少于3件,每件测3处。

检验方法:按照《漆膜划圈试验》(GB/T 1720—2020)或《色漆和清漆 划格试验》(GB/T 9286—2021)的有关要求执行。

五、地基承载力的试验检测方法及相关要求

1. 承压板现场试验法

地基土承载力可采用承压板现场试验法确定。承压板法地基土荷载试验要点如下:

(1)试验基坑宽度不应小于承压板宽度或直径的3倍。应保持试验土层的原状结构和天然湿度。宜在拟试压表面用粗砂或中砂层找平,其厚度不超过20mm。

(2)加荷分级不应少于8级,最大加载量不应小于设计要求的2倍。

(3)每级加载后,按10min、10min、10min、15min、15min,以后为每隔半小时的时间间隔测读一次沉降量。当在连续2h内,每小时的沉降量小于0.1mm时,可认为沉降已达到相对稳定标准,可施加下一级荷载。

(4)当出现下列情况之一时,即可终止加载:

①承压板周围的土明显地侧向挤出、隆起或产生裂缝。

②本级荷载的沉降量大于前级荷载的沉降量的5倍,荷载与沉降曲线出现陡降段。

③在某一荷载下,24h内沉降速率不能达到稳定标准。

④总沉降量超过承压板宽度或直径的1/12。

⑤总加载量已达到设计要求值的2倍以上。

当满足前三种情况之一时,其对应的前一级荷载定为极限荷载。

2. 动力触探试验法

明挖基础、扩大基础的地基承载力试验可用动力触探试验法确定地基土的承载力。动力触探法又分为标准贯入试验和圆锥动力触探,圆锥动力触探包括轻型动力触探、重型动力触探、超重型动力触探等三种方法(表2-3)。

地基承载力检验方法(荷载试验法)　　表2-3

名称			锤重(kg)	探杆直径(mm)	探头直径(mm)	锤落距(mm)	记录频率	最大深度(m)
动力触探	标准贯入		63.5	—	—	760	每贯入30cm	20
	圆锥动力触探	轻型	10	25	40	500	每贯入30cm	4
		重型	63.5	42	74	760	每贯入10cm	16
		超重型	120	50~60	—	1000	每贯入10cm	20

六、桩基础承载力的试验检测方法及相关要求

1. 静载试验

桩的静承载力试验,在同一条件下,试桩数不宜少于总桩数的1%并不应少于3根,工程总桩数50根以下不少于2根。试验内容有单桩抗压承载力试验、单桩抗拔承载力试验、单桩水平静承载力试验等。

1) 单桩抗压承载力试验

其目的是求得单桩承载力特征值。单桩抗压承载力试验设备与地基土现场承载力试验一样,包括加荷与稳压系统、测量系统和反力系统。加载反力装置有压重平台、锚桩横梁和锚桩压重联合反力装置等,可依工程实际条件选用。

2) 单桩抗拔承载力试验

抗拔力作用下桩的破坏有两种形式:一是地基变形带动周围土体被拔出;二是桩身强度不够,桩身顺裂或拉断。抗拔承载力试验方法与压力试验相同,只是施加荷载的方向相反。

3) 单桩水平静承载力试验

其目的是采用接近于单桩实际工作条件的试验方法,来确定单桩的水平承载力和地基土的水平抗力系数,并可测得桩身应力变化情况,求得桩身弯矩分布图。

单桩静承载力试验步骤为:

(1) 结合实际条件和试验内容,制定检测方案,选定试验设备。
(2) 规定承载力试验条件,一般应通过试桩进行验证后再修订试验条件。
(3) 加荷与卸荷。
(4) 资料整理,包括试验原始记录表、试验概况、绘制荷载变形曲线($P\text{-}S$曲线)等。
(5) 检测数据分析与应用。

2. 基桩完整性检测

1) 高应变法

高应变法可用于检测等截面非嵌岩灌注柱、预制混凝土桩和钢桩的单桩轴向抗压承载力和桩身完整性,也可用于监测打入桩沉桩时的桩身应力和锤击能量。

检测数量:检测桩的数量应根据地质条件和桩的类型确定,宜取总桩数的2%~5%,并不得少于5根。对地质条件复杂、桩的种类较多或其他特殊情况,宜取上限。

《公路工程基桩检测技术规程》(JTG/T 3512—2020)规定,单位工程同一条件下检测单桩竖向抗压极限承载力时,不宜少于5根;对工程地质条件复杂或对施工质量有疑问时,应增加检测数量;当采用高应变法进行沉桩过程监测或为选择沉桩工艺参数时,不应少于3根。

出现下列情况之一时,桩身完整性评价应按工程地质条件和施工工艺,结合实测曲线拟合法或其他检测方法综合进行:

①桩身有扩径。
②混凝土灌注桩桩身截面渐变或多变。
③力和速度曲线在峰值附近比例失调,桩身浅部有缺陷。
④力波上升缓慢,力与速度曲线比例失调。

⑤缺陷断面位置以上部位的土阻力出现卸载回弹。

《公路工程基桩检测技术规程》(JTG/T 3512—2020)规定,桩身完整性类别评判应结合时域信号特征曲线或频域信号特征曲线的完整性,并结合场地的岩土工程特性、成桩工艺、施工记录和设计桩型等因素综合分析评判。桩身完整性类别评判,见表2-4。

桩身完整性类别　　　　　表2-4

桩身完整性类别	分类原则
Ⅰ	桩身完整
Ⅱ	桩身基本完整,有轻度缺陷
Ⅲ	桩身有明显缺陷
Ⅳ	桩身有严重缺陷

2)声波透射法

声波透射法可用于混凝土灌注桩的桩身完整性检测,判定桩身缺陷的位置、范围和程度。发射换能器与接收换能器应符合下列规定:

①圆柱状径向振动,沿径向无指向性。
②外径小于声测管内径,有效工作段长度不大于150mm。
③谐振频率为30~60kHz。
④水密性满足1MPa水压不渗水。

声测管埋设应符合下列规定:

①声测管内径大于换能器外径。
②声测管有足够的径向刚度,声测管材料的温度系数与混凝土接近。
③声测管下端封闭、上端加盖、管内无异物。
④声测管连接处光顺过渡,管口高出混凝土顶面100mm以上。
⑤浇灌混凝土前将声测管有效固定,各声测管之间基本平行。

声测管应沿钢筋笼内侧呈对称形状布置(图2-1)。

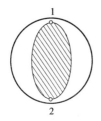 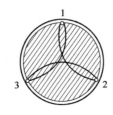 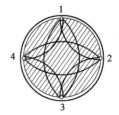

图2-1　声测管布置

《公路工程基桩检测技术规程》(JTG/T 3512—2020)规定,声测管埋设数量应符合下列规定:

①桩径 $D<1000$mm 时,应埋设2根管。
②$1000$mm$\leq D \leq 1600$mm,应埋设3根管。
③$1600$mm$<D<2500$mm,应埋设4根管。
④$D\geq 2500$mm 时,应增加声测管的数量。

第七节 工程质量的数据统计分析

一、数据的分类、修约和数据的特征值

(一) 总体和样本

1. 总体

在工程质量检验中,对无限总体中的个体,如果采用全部逐个检查的方法考查其某个质量特性,不但费时费工不合算,而且是不可能的;即使对有限总体,其个体数量虽不大,但质量检验方法通常具有破坏性,采用全数考查的方法同样不可取。因此,除特殊项目外,在工程质量检验中通常采用抽样检查的方法,即通过抽取总体中的一小部分个体加以考查,以便了解和分析总体质量状况。

总体又称母体,是统计分析中所要研究对象的全体。总体中的每个单元称为个体。

总体分为有限总体和无限总体,如果是一批产品,由于其数量有限,所以称其为有限总体;如果是一道工序,由于工序总在源源不断地生产出产品,有时是一个连续的整体,所以这样的总体称为无限总体。

2. 样本

从总体中抽取一部分个体就是样本(又称子样)。例如,从每一桶沥青中取两个试样,一批沥青有100桶,抽查了200个试样做试验,则这200个试样就是样本。而组成样本的每一个个体,即为样品。例如,上述200个试样中的某一个,就是该样本中的一个样品。

样本容量(有时也称样本数)是样本中所含样品的数量,通常用 n 表示。上例中样本容量 $n=200$。样本容量的大小,直接关系到判断结果的可靠性。一般来说,样本容量越大,可靠性越好,但检测所耗费的工作量亦越大,成本也就越高。样本容量与总体中所含个体的量相等时,是一种极限情况。

(二) 数据的分类和修约

反映某产品的某项质量特性指标的原始数据,称为质量特性数据,简称为质量数据。如一批沥青的针入度数据、含蜡量数据、延度数据等,都可以被称为质量数据。质量数据是质量信息的重要组成部分,工程质量控制、评价是以数据为依据,质量控制中常说的"一切用数据说话",就是要求用数据来反映工序质量状况及判断质量效果。只有通过对质量数据的收集、处理、分析,才可以达到对生产施工过程的了解、掌握以至控制和管理。因此,质量数据的作用是十分重要的。

质量数据的来源主要是工程建设过程中的各种检验,即材料检验、工序检验、竣工验收检验,当然也包括使用过程中的必要检验。可以说质量检验为质量控制提供了全面的、大量的质量数据,依据它才能正常开展质量控制及质量管理活动。

1. 数据的分类

质量数据就其本身的特性来说,可以分为计量值数据和计数值数据。

(1)计量值数据。

计量值数据是可以连续取值的数据,表现形式是连续性的,如长度、厚度、直径、强度、化学成分等质量特征,一般都可以用检测工具或仪器等测量(或试验)。类似这些质量特征的测量数据,一般都带有小数,如长度为 1.15m、1.18m 等。在工程质量检验中得出的原始检验数据大部分是计量值数据。

(2)计数值数据。

计数值数据是指不能连续取值,只能计算个数的数值。如不合格品数、不合格的构件数、缺陷的点数等,都是计数值,它们的每一次取值只可能是零或自然数。计数值的特点是非连续性,并只能出现 0、1、2 等非负的整数,在任何两个计数值之间不可能插入无穷多个数位,不可能有小数,否则将出现不能表达原意义的数值。如非计划停工次数 1(次)与 4(次)之间,最多只能插入 2(次)和 3(次)两个数值,再想插入任何不同于 2 和 3 的数值如 2.5,则不能表达停工次数的含义,因为停工次数不可能为 2.5 次。一般来说,以判定方法得出的数据和以感觉性检验方法得出的数据大多属于计数值数据。

计数值数据有两种表示方法:一种是直接用计数出来的次数、点数来表示(称 P_n 数据);一种是把 P_n 数据与总检查次数或点数相比,用百分数表示(称 P 数据)。P 数据在工程检验中是经常使用的,如某分项工程的质量合格率为 90%,即是表示经检查为合格的点或次数与总检查点或次数的比值为 90%。但也应注意,不是所有的百分数表示的数据都是计数值数据,因为当分子为计量值数据时,则计算出来的百分数也应是计量值数据。可以这样说,在用百分数表示数据时,当分子、分母为计量值数据时,分数值为计量值数据;当分子、分母为计数值数据时,分数值为计数值数据。

2. 数据的修约

质量数据获得后,还涉及数据的定位问题,也就是出现了规定精确程度范围之外的数字,如何进行取舍的问题,即数值修约。在统计中一般常用的数值修约规则如下:

(1)拟舍去的数字中,其最左面的第一位数字小于 5 时,则舍去,留下的数字不变。

(2)拟舍去的数字中,其最左面的第一位数字大于 5 时,则进 1,即所留下的末位数字加 1。

(3)拟舍去的数字中,其最左面的第一位数字等于 5,而后面的数字并非全部为 0 时,则进 1,即所留下的末位数字加 1。

(4)拟舍去的数字中,其最左面的第一位数字等于 5,而后面无数字或全部为 0 时,所保留的数字末位数为奇数(1、3、5、7、9)则进 1,如为偶数(0、2、4、6、8)则舍去。

如下列的数据修约到小数点后的第一位:

18.2432→18.2(拟舍去的数字中最左面的第一位数字是 4,故舍去);

26.4843→26.5(拟舍去的数字中最左面的第一位数字是 8,故应进 1);

1.0501→1.1(拟舍去的数字中最左面的第一位数字是 5,5 后面的数字还有 01,故应进 1);

0.05→0.0(拟舍去的数字中最左面的第一位数字是 5,5 后面无数字,因所留末位数为"0"是偶数,故舍去);

0.15→0.2(拟舍去的数字中最左面的第一位数字是 5,5 后面无数字,因所留末位数为"1"是奇数,故进 1);

0.25→0.2(拟舍去的数字中最左面的第一位数字是5,5后面无数字,因所留末位数为"2"是偶数,故舍去)。

实行数据修约时,应在确定修约位数后一次完成,即对于拟舍去的数字并非单独的一个数字时,不得对该数值连续进行修约,应按拟舍去的数字中最左面的第一位数字的大小,按照上述各条一次修约完成。例如,将15.4546修约成整数时,不应按15.4546→15.455→15.46→15.5→16进行,而应按15.4546→15进行修约。

上述数值修约规则(有时称为"奇升偶舍法")与以往惯用的"四舍五入法"区别在于,用"四舍五入"法对数值进行修约,从很多修约后的数值中得到的均值偏大。用上述修约规则,进舍的状况具有平衡性,进舍误差也具有平衡性,若干数值经过这种修约后,修约值之和变大的可能性与变小的可能性是一样的。

(三)数据的特征值

用来表示统计数据分布及其某些特性的特征量分为两类:一类是表示数据分布集中趋势的算术平均值、中位数;另一类是表示数据分布离散(离中)程度的极差、标准偏差、变异系数等。

1.描述数据集中趋势的特征值

(1)算术平均值(又称均值)。

算术平均值是表示一组数据集中趋势最有用的统计特征量,经常用样本的算术平均值来代表总体的平均水平。总体的算术平均值用μ表示,样本的算术平均值则用$\bar{x}$表示。如果n个样本数据为x_1、x_2、$\cdots$、x_n,那么,样本的算术平均值为:

$$\bar{x} = \frac{1}{n}(x_1 + x_2 + \cdots + x_n) = \frac{1}{n}\sum_{i=1}^{n} x_i \tag{2-2}$$

(2)中位数。

在一组数据x_1、x_2、$\cdots$、x_n中,按其大小次序排序,以排在正中间的一个数表示数据集中趋势总体的平均水平,称之为中位数,或称中值,用$\tilde{x}$表示。n为奇数时,正中间的数只有一个;n为偶数时,正中间的数有两个,取这两个数的平均值作为中位数,即:

$$\tilde{x} = \begin{cases} x_{\frac{n+1}{2}} & n \text{ 为奇数} \\ \frac{1}{2}(x_{\frac{n}{2}} + x_{\frac{n}{2}+1}) & n \text{ 为偶数} \end{cases} \tag{2-3}$$

2.描述数据离散趋势的特征值

(1)极差。

在一组数据中最大值x_{max}和最小值x_{min}之差,称为极差,记作R:

$$R = x_{max} - x_{min} \tag{2-4}$$

极差用来描述数据分布离中趋势,没有充分利用数据的信息,但计算十分简单,仅适用于样本容量较小($n<10$)的情况。

(2) 标准偏差。

标准偏差有时也称标准离差、标准差或称均方差,是衡量样本数据波动性(离散程度)的指标。在质量检验中,总体的标准偏差 σ 一般不易求得。样本的标准偏差 S 按式(2-5)计算:

$$S = \sqrt{\frac{(x_1 - \bar{x})^2 + (x_2 - \bar{x})^2 + \cdots + (x_n - \bar{x})^2}{n-1}} = \sqrt{\frac{\sum_{i=1}^{n}(x_i - \bar{x})^2}{n-1}} \qquad (2-5)$$

(3) 变异系数。

标准偏差用于反映样本数据的绝对波动状况,当测量较大的量值时,绝对误差一般较大;测量较小的量值时,绝对误差一般较小。因此,用相对波动的大小,即变异系数更能反映样本数据的波动性、离散程度。变异系数用 C_v 表示,是标准偏差 S 与算术平均值 $\bar{x}$ 的比值,即:

$$C_v = \frac{S}{\bar{x}} \times 100\% \qquad (2-6)$$

【例 2-1】 某路段沥青混凝土面层抗滑性能检测,摩擦系数的检测值(共 10 个测点)分别为:58、56、60、53、48、54、50、61、57、55(摆值)。求摩擦系数的算术平均值、中位数、极差和标准偏差。

解:由式(2-2)可得摩擦系数的算术平均值为:

$$\bar{f}_B = \frac{1}{10} \times (58 + 56 + 60 + 53 + 48 + 54 + 50 + 61 + 57 + 55) = 55.2 \text{(摆值)}$$

检测值按大小次序排列为:61、60、58、57、56、55、54、53、50、48(摆值),则由式(2-3)可得中位数为:

$$\tilde{f} = \frac{1}{2} \times [f_{B(5)} + f_{B(6)}] = \frac{1}{2} \times (55 + 56) = 55.5 \text{(摆值)}$$

由式(2-4)可得极差为:

$$R = f_{Bmax} - f_{Bmin} = 61 - 48 = 13 \text{(摆值)}$$

由式(2-5)可得标准偏差为:

$$S = \left\{ \frac{1}{10-1} [(58-55.2)^2 + (56-55.2)^2 + (60-55.2)^2 + (53-55.2)^2 + \right.$$
$$(48-55.2)^2 + (54-55.2)^2 + (50-55.2)^2 + (61-55.2)^2 + (57-55.2)^2 +$$
$$\left. (55-55.2)^2] \right\}^{\frac{1}{2}} = 4.13 \text{(摆值)}$$

【例 2-2】 若 A 路段沥青混凝土面层的摩擦系数算术平均值为 55.2(摆值),标准偏差 S_A 为 4.13(摆值);B 路段的摩擦系数算术平均值为 60.8(摆值),标准偏差 S_B 为 4.27(摆值)。则两路段的变异系数分别为:

A 路段 $\qquad C_{vA} = \frac{S_A}{\bar{x}} \times 100\% = \frac{4.13}{55.2} \times 100\% = 7.48\%$

B 路段 $\qquad C_{vB} = \frac{S_B}{\bar{x}} \times 100\% = \frac{4.27}{60.8} \times 100\% = 7.02\%$

从标准偏差看,$S_A < S_B$。但从变异系数分析,$C_{vA} > C_{vB}$,说明 A 路段的摩擦系数相对波动比 B 路段的大,面层抗滑稳定性较差。

3. 可疑数据的取舍方法

在一组条件完全相同的重复试验中,个别的测量值可能会出现异常,如测量值过大或过小,这些过大或过小的测量数据是不正常的,或称为可疑的。对于这些可疑数据应该用数理统计的方法判别其真伪,并决定取舍。常用的方法有拉依达法、肖维纳特法、格拉布斯法等。

(1)拉依达法(又称3S法)。

在产品质量控制和材料试验研究中,遇到的总体绝大部分都服从正态分布,而由正态分布的 3σ 原则可知,对于每个测量值落在区间($\bar{x}-3S,\bar{x}+3S$)的概率为99.73%,而落在这个区间之外的概率仅为0.27%,也就是在近400次试验中才能遇到1次,在有限次的测量中发生这种情况的可能性是很小的,因而一旦有这样的数据出现,就认为该测量数据是不可靠的,应予以剔除。拉依达法正是基于这一原则提出的,故也称3S准则。即当试验次数较多时,可简单地用3倍标准偏差(3S)作为确定可疑数据取舍的标准(简称3S法)。当某一测量数据(x_i)与其测量结果的算术平均值($\bar{x}$)之差大于3倍标准偏差时,用公式表示为:

$$|x_i - \bar{x}| > 3S \quad (2-7)$$

则该测量数据应舍弃。

另外,当测量值与平均值之差大于2倍标准偏差(即$|x_i - \bar{x}| > 2S$)时,则该测量值应保留,但需存疑。如发现生产(施工)、试验过程中,有可疑的变异时,该测量值则应予舍弃。

拉依达法简单方便,不需查表,但要求较宽,当试验检测次数较多($n > 50$)或要求不高时可以应用;当试验检测次数较少(如$n < 10$)时,在一组测量值中即使混有异常值,也无法舍弃。

(2)肖维纳特法。

进行 n 次试验,其测量值服从正态分布,以概率 $1/(2n)$ 设定一判别范围($-k_n \cdot S, k_n \cdot S$),当离差(测量值 x_i 与其算术平均值$\bar{x}$之差)超出该范围时,就意味着该测量值 x_i 是可疑的,应予舍弃。判别范围由式(2-8)确定:

$$\frac{1}{2n} = 1 - \int_{-k_n}^{k_n} \frac{1}{\sqrt{2\pi}} e^{-\frac{t^2}{2}} dt \quad (2-8)$$

式中:k_n——肖维纳特系数,与试验次数 n 有关,可由正态分布系数表得,如表2-5所示。

肖维纳特系数 k_n 表2-5

n	k_n	n	k_n	n	k_n	n	k_n	n	k_n	n	k_n
3	1.38	8	1.86	13	2.07	18	2.20	23	2.30	50	2.58
4	1.53	9	1.92	14	2.10	19	2.22	24	2.31	75	2.71
5	1.65	10	1.96	15	2.13	20	2.24	25	2.33	100	2.81
6	1.73	11	2.00	16	2.15	21	2.26	30	2.39	200	3.02
7	1.80	12	2.03	17	2.17	22	2.28	40	2.49	500	3.20

因此,肖维纳特法可疑数据舍弃的标准为:

$$\frac{|x_i - \bar{x}|}{S} \geq k_n \quad (2-9)$$

肖维纳特法改善了拉依达法,但从理论上分析,当 $n\to\infty$, $k_n\to\infty$,此时所有异常值都无法舍弃。此外,肖维纳特系数与置信水平之间无明确联系,已逐渐被格拉布斯法所代替。

(3)格拉布斯法。

格拉布斯法假定测量结果服从正态分布,根据顺序统计量来确定可疑数据的取舍。做 n 次重复试验,测得结果为 x_1、x_2、…、x_i、…、x_n,而且 x_i 服从正态分布。

为了检验 $x_i(i=1,2,\cdots,n)$ 中是否有可疑值,可将 x_i 按其值由小到大顺序重新排列,得:

$$x_1 \leq x_2 \leq \cdots \leq x_n \tag{2-10}$$

根据顺序统计原则,给出标准化顺序统计量 g:

当最小值 x_1 可疑时

$$g_{\min} = \frac{\bar{x}-x_1}{S} \tag{2-11}$$

当最大值 x_n 可疑时

$$g_{\max} = \frac{x_n-\bar{x}}{S} \tag{2-12}$$

根据格拉布斯统计量的分布,在指定的显著性水平 α(一般 $\alpha=0.05$)下,求得判别可疑值的临界值 $g_0(\alpha、n)$,格拉布斯法的判别标准为:

$$g \geq g_0(\alpha、n) \tag{2-13}$$

则可疑值 $x_{(i)}$ 是异常的,应予舍去。其中 $g_0(\alpha、n)$ 值列于表2-6。

格拉布斯系数 $g_0(\alpha、n)$ 表2-6

n	α		n	α		n	α	
	0.01	0.05		0.01	0.05		0.01	0.05
3	1.15	1.15	13	2.61	2.33	23	2.96	2.62
4	1.49	1.46	14	2.66	2.37	24	2.99	2.64
5	1.75	1.67	15	2.70	2.41	25	3.01	2.66
6	1.94	1.83	16	2.74	2.44	30	3.10	2.74
7	2.10	1.94	17	2.78	2.47	35	3.18	2.81
8	2.22	2.03	18	2.82	2.50	40	3.24	2.87
9	2.32	2.11	19	2.85	2.53	50	3.34	2.96
10	2.41	2.18	20	2.88	2.56	100	3.59	3.17
11	2.48	2.24	21	2.91	2.58			
12	2.55	2.29	22	2.94	2.60			

利用格拉布斯法每次只能舍弃一个可疑值。若有两个以上的可疑数据,应该一个一个地舍弃,舍弃第一个数据后,检测次数由 n 变为 $n-1$,以此为基础再判别第二个可疑数据是否应舍去。

二、抽样检验的基本原理和方法

1. 检验和抽样检验

检验是指用某种方法测量、试验和计量产品的一种或多种质量特性,并将测定结果与判别标准相比较,以判别每个产品或每批产品是否合格的过程。

检验包括全数检验和抽样检验。全数检验是对总体中的全部个体逐一观察、测量、计数、登记,从而获得对总体质量水平评价结论的方法。抽样检验是按照随机抽样的原则,从总体中抽取部分个体组成样本,根据对样品检测的结果推断总体质量水平的方法。

虽然全数检验可得到100%的合格品,但是由于下列原因,还必须采用抽样检验:

(1)破坏性试验,不能采取全数检验方式。

(2)全数检验有时需要付出很大成本,在经济上不一定合算。

(3)检验需要时间,采取全数检验方式有时在时间上不允许。

(4)即使进行全数检验,也不一定能绝对保证100%的合格品。

抽样检验抽取样品不受检验人员主观意愿的支配,每一个体被抽中的概率都相同,从而保证了样本在总体中的分布比较均匀,有充分的代表性。同时,它还具有节省人力、物力、财力、时间,准确性高的优点,可用于破坏性检验和生产过程中的质量监控,又可完成全数检测无法进行的检测项目,因此具有广泛的应用空间。

2. 检验批

提供检验的一批产品称为检验批。检验批中所包含的单位产品数量称为批量。构成一批的所有单位产品,不应有本质的差别,只能有随机的波动。因此,一个检验批应当由在基本相同条件下,并在大致相同的时期内所制造的同形式、同等级、同种类、同尺寸以及同成分的单位产品所组成。

批量的大小没有规定。一般地,质量不太稳定的产品,以小批量为宜;质量很稳定的产品,批量可以大一些,但不宜过大,批量过大,一旦误判,造成的损失也很大。

3. 抽样检验的方法

样本数据的收集应建立在随机抽样的基础上,样本必须能够代表总体的质量特征。随机抽样可以分为简单随机抽样、系统随机抽样、分层随机抽样和多阶段抽样等。

简单随机抽样又称纯随机抽样、完全随机抽样,是指排除人的主观因素,直接从包含 N 个抽样单元的总体中按不放回抽样抽取 n 个单元,使包含 n 个个体所有可能的组合被抽出的概率都相等的一种抽样方法。实践中,常借助于随机数骰子或随机数表进行随机抽样,这种方法广泛用于原材料、购配件的进货检验以及分项工程、分部工程、单位工程完工后的检验。

系统随机抽样是将总体中的抽样单元按某种次序排列,在规定的范围内随机抽取一个或一组初始单元,然后按一套规则确定其他样本单元的抽样方法。如第一个样本随机抽取,然后每隔一定时间或空间抽取一个样本。因此,系统随机抽样又称为机械随机抽样。设批量为 N,从中抽取 n 个,将 N 个产品编上号码 $1 \sim N$,用记号 $[N/n]$ 表示 N/n 的整数部分。例如,$N=100$,$n=8$,则 $[N/n]=12$,以 $[N/n]$ 为抽样间隔,如果先抽第1号样品,则依次抽取的样品号码为1、13、25、37、49、61、73、85、97,由于 $n=8$,因此,应从这9个号码中任意去掉一个。

分层随机抽样是将总体分割成互不重叠的子总体(层),在每层中独立地按给定的样本进行简单随机抽样。例如,批量 $N=1000$,其中甲施工队生产600件,乙施工队生产400件,假设

抽取 $n=30$ 个单位产品,按比例抽样,则应从甲队的产品中抽取 18 件,从乙队的产品中抽取 12 件,合在一起,即组成 $n=30$ 的样本。

上述抽样方法的共同点是整个过程中只有一次随机抽样,因而统称为单阶段抽样。当总体很大时,如钢筋、水泥,很难一次抽样完成预定的目标。多阶段抽样是将各种单阶段抽样方法结合使用,通过多次的随机抽样来实现的抽样方法。可将总体按不同批次分为 R 群,从中随机抽取 r 群,而后在 r 群中的 M 个个体中随机抽取 m 个个体,这就是整群抽样与分层抽样相结合的二阶段抽样,它的随机性表现在群间和群内有两次。

4.抽样检验的分类

按检验特性值的属性可以将抽样检验分为计量型抽样检验和计数型抽样检验两类。

(1)计量型抽样检验。

有些产品的质量特性属于连续型变量,其特点是在任意两个数值之间都可以取精度较高一级的数值。它通常由测量得到,如质量、强度、几何尺寸、高程、位移等。有些属于定性的质量特征可由专家主观评分、划分等级而使之数量化,得到的数据也属于计量值数据。

计量抽样检验是定量地检验从批量中随机抽取的样本,利用样本特性值数据计算相应统计量,并与判定标准比较,以判断其是否合格。

(2)计数型抽样检验。

有些产品的质量特性,如焊点的不良数、测试坏品数以及合格与否,只能通过离散的尺度来衡量,把抽取样本后通过离散尺度衡量的方法称为计数抽样检验。

计数抽样检验是对单位产品的质量采取计数的方法来衡量,对整批产品的质量应采用平均质量来衡量。计数抽样检验方案可以分为一次抽样检验、二次抽样检验和多次抽样检验等。

一次抽样检验是最简单的计数检验方案,通常用 (N,n,C) 表示,即从批量为 N 的交验产品中随机抽取 n 件进行检验,并且预先规定一个合格判定数 C。如果发现 n 中有 d 个不合格品,当 $d \leqslant C$ 时,则判定该批产品合格;当 $d>C$ 时,则判定该批产品不合格。

二次抽样检验也称双次抽样检验,如前所述,通常用 (N,n_1,n_2,C_1,C_2) 表示。二次抽样检验的程序是:在检验批量为 N 的第一批产品中,随机抽取 n_1 件产品进行检验,发现 n_1 中的不合格数为 d_1,则

①若 $d_1 \leqslant C_1$,判定该批产品合格;

②若 $d_1 > C_2$,判定该批产品不合格;

③若 $C_1 < d_1 \leqslant C_2$,不能判定是否合格,则在同批产品中继续随机抽取 n_2 件产品进行检验。若发现 n_2 中有 d_2 件不合格品,则将 (d_1+d_2) 与 C_2 比较判断:若 $(d_1+d_2) \leqslant C_2$,判定该批产品合格,反之,不合格。

5.抽样检验的风险

抽样检验存在着两类风险。

第一类风险:弃真错误,即合格批被判定为不合格批。

第二类风险:存伪错误,即不合格批被判定为合格批。

三、工程质量的数据统计分析方法

(一)调查表法

调查表法是利用统计表对质量数据进行收集、整理和大分析质量状态的一种方法。它没有固定的、规范通用的表式,可以自由设计和使用。如对混凝土结构物外观质量的调查表,可以分为裂缝、露筋、漏振、蜂窝、孔洞等检查项目,按出现的次数或"处"等进行统计,之后分析各占百分比及其主要性、次要性。

(二)分层法

分层法又称分类法,是将调查收集的原始数据,根据不同的目的和要求,按某一性质进行分组、整理的一种分析方法。分层的结果使数据各层间的差异突出地显示出来,层内的数据差异减少了。在此基础上,再进行层间、层内的比较分析,可以更深入地发现和认识质量问题的原因。

分层法是质量控制统计分析方法中最基本的一种方法,其他统计方法多与分层法结合使用。常用的分层标志有:

(1)按操作班组或操作者进行分层;
(2)按使用的机械设备不同进行分层;
(3)按原材料供应单位、供应时间或等级进行分层;
(4)按操作方法进行分层;
(5)按施工时间、季节进行分层;
(6)按检查手段、工作环境等因素进行分层。

【例 2-3】 钢筋焊接质量的调查分析。共检查了 50 个焊点,其中不合格 9 个,合格率为 82%。已经查明是由 A、B、C 三位电焊工操作的。分层分析见表 2-7。

按操作者分层的调查分析表　　　　表 2-7

操作者	所焊点数	合格点数/合格率(%)	不合格点数/不合格率(%)
A	17	12/70.6	5/29.4
B	17	16/94.1	1/5.9
C	16	13/81.2	3/18.8
合计	50	41/82.0	9/18.0

由表 2-7 可知,操作者 B 的合格率较高、不合格率最低,工作质量最好。

(三)排列图法

1. 排列图的概念和基本形式

排列图法是利用排列图寻找影响质量主次因素的一种方法,排列图又称帕累托图或主次因素分析图,它由两个纵坐标、一个横坐标、几个连起来的直方形和一条曲线(折线)所组成。

排列图的基本形式如图 2-2 所示。其中,左侧的纵坐标表示频数,右侧的纵坐标表示累计频数,横坐标表示影响质量的各种因素,按影响程度大小从左至右排列,直方形的高度表示某个影响因素的影响程度大小。在实际应用中,通常按累计频数划分为(0%～80%)、(80%～

90%)、(90%~100%)三个部分,与其对应的影响因素分别为 A、B、C 三类。A 类为主要因素,B 类为次要因素,C 类为一般因素。

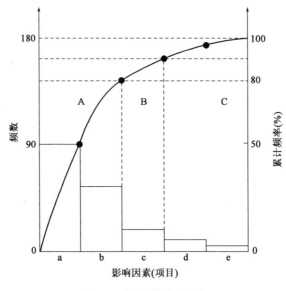

图 2-2 排列图的基本形式

2. 排列图的绘制(结合实例说明)

【例 2-4】 项目监理部对某一批现浇水泥混凝土构筑物的有关尺寸"检查项目(或称检查指标)"进行了检查,在全部 8 个指标的检查中发现不合格点数共有 150 个。为改进并保证质量,对这些不合格点进行分析,以找出混凝土构件质量控制的薄弱环节。

(1)收集整理数据。

首先收集混凝土构筑物尺寸不合格点数的数据资料,见表 2-8。各检查项目不合格点出现的次数即频数。然后对数据资料进行整理,将不合格点数较少的"轴线位置、预埋件中心位置、预留孔洞中心位置"三项合并为"其他"项。按不合格点数的频数由大到小顺序排列各检查项目,"其他"项排在最后。以全部不合格点数为总数,计算各项的频率和累计频率,结果如表 2-9 所示。

不合格点数统计表　　　　　　　　　　　　　表 2-8

序号	检查项目	不合格点数
1	轴线位置	1
2	垂直度	8
3	高程	4
4	截面尺寸	45
5	平面水平度	15
6	表面平整度	75
7	预埋件中心位置	1
8	预留孔洞中心位置	1

不合格点项目频数、频率统计表　　　　　　　　　　　　　　　　表2-9

序号	检查项目(指标)	频数	频率(%)	累计频率(%)
1	表面平整度	75	50.0	50.0
2	截面尺寸	45	30.0	80.0
3	平面水平度	15	10.0	90.0
4	垂直度	8	5.3	95.3
5	高程	4	2.7	98.0
6	其他	3	2.0	100.0
合计		150	100	

(2)排列图的绘制。

第一步,画横坐标。将横坐标按"检查项目"数等分,并按检查项目频数由大到小的顺序从左至右排列,该列中横坐标为六等分。

第二步,画纵坐标。左侧的纵坐标表示项目不合格点数,即频数,右侧的纵坐标表示累计频率。总频数应对应累计频率100%。本例中150应与100%在一条水平线上。

第三步,画出频数直方形。以频数为高,画出各检查项目的直方形。

第四步,画出累计频率曲线。从横坐标左端点开始,依次连接各检查项目直方形右边线及所对应的累计频率值的交点,所得的曲线(或折线)即为累计频率曲线。图2-3即为本例混凝土构筑物的有关尺寸检查不合格点的排列图。

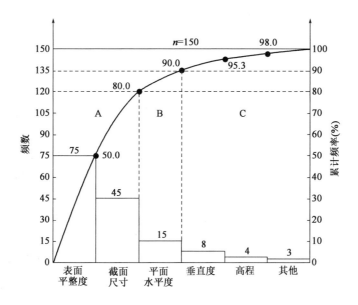

图2-3 排列图的实例图

第五步,记录必要的事项。如记录标题、收集数据的方法和时间等。

(3)排列图的分析结论。

A 类因素为主要因素,包括表面平整度、截面尺寸;

B 类因素为次要因素,包括平面水平度;

C 类因素为一般因素,包括垂直度、高程、其他项目。

可见,下一步工作中应重点关注和解决 A 类因素引起的质量问题。

(四)因果分析图法

1.因果分析图法的概念和基本形式

因果分析图法是利用因果分析图来系统整理、分析某个整理问题(结果)与其产生原因之间关系的一种方法。因果分析图也称特性要因图,又根据其形状称为树枝图、鱼刺图。

因果分析图的基本形式,如图 2-4 所示。因果分析图由质量特性(即质量结果,指某个质量问题)、要因(产生质量问题的主要原因)、主干(图中直接指向质量结果的水平粗箭线)、枝干(图中的一系列箭线,表示不同层次的原因)等组成。

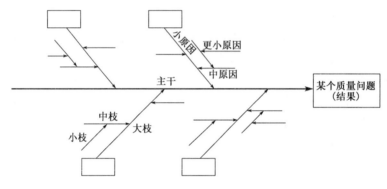

图 2-4 因果分析图的基本形式

2.因果分析图的绘制(结合实例说明)

【例 2-5】 绘制混凝土强度不足的因果分析图。

因果分析图的绘制步骤与图中箭头方向恰恰相反,是从"结果"开始将原因逐层分解的,具体步骤如下:

第一步,明确质量问题(结果)。本例分析的是混凝土强度不足,作图时应首先自左向右画出一条水平主干线(粗直线),箭头指向一个矩形框,框内注明研究的问题,即"混凝土强度不足",即结果。

第二步,分析、确定影响质量特性的大原因。一般的影响质量因素有五大方面,即人、机械、材料、方法、环境。也可以按产品的生产过程进行分析。

第三步,将每种大原因进一步分解为中原因、小原因,直至分解的原因可以采取具体措施加以解决为止。

第四步,检查图中所列原因是否齐全。

第五步,选择出现数量多、影响大的因素,用"△"做出标记,加以重点关注,并提出解决问题的对策表,如图 2-5 所示。表 2-10 为本例混凝土强度不足的对策示例表。

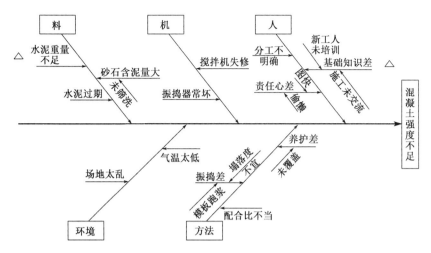

图 2-5　因果分析图的实例图

混凝土强度不足的对策示例表　　　　　　　　　　表 2-10

因素	序号	原因	对策	执行人	完成时限
人	1	基础知识差	办好工地学习大课堂,搞好技术交底		
	2	分工不明确	明确分工,明确职责		
机械	3	振捣器常坏	更新,用前检修,准备备用件		
	4	搅拌机失修	检修,更新		
材料	5	水泥重量不足	严格计量		
	6	砂石含泥量大	更换料场,过筛、清洗		
方法	7	配合比不当	严格控制,随时标定,制作试块		
	8	养护不当	科学养护,保温保湿,加强检查		
环境	9	场地未硬化	硬化场地,隔离围挡		
	10	气温偏低	采取低温或冬季施工措施,保温施工		

(五) 直方图法

频数直方图即质量分布图,简称直方图,是把收集到的质量数据,按顺序分成若干间隔相等的组,以组距为横坐标,以落入各组的数据频数为纵坐标,按比例构成的若干矩形条排列的图。直方图适用于对大量计量值数据进行整理加工、找出其统计规律,即分析数据分布的形态,以便对其总体分布特征进行推断。

1. 直方图的绘制

频数是指在重复试验中,随机事件出现的次数。频数的统计方法有两种:一是以单个数值进行统计,即某个数据重复出现的次数就是它的频数;二是按区间数值进行统计,即在已收集的数据中按照一定划分范围把整个数值分成若干区间,按每个区间内数值重复出现的次数作为这个区间的频数。在质量控制中,一般多采用第二种方法,也就是按区间进行频数统计。下面结合实例说明绘制频数分布直方图的方法与步骤。

【例 2-6】　某沥青混凝土拌和过程中,油石比的抽检结果列于表 2-11 中。请绘制其频数分布直方图。

油石比检测数据　　　　　　　　表2-11

顺序	数据(%)										最大(%)	最小(%)	极差(%)
1	6.12	6.35	5.84	5.90	5.95	6.14	6.05	6.03	5.81	5.86	6.35	5.81	0.54
2	5.78	5.25	5.94	5.80	5.90	5.86	5.99	6.16	6.18	5.79	6.25	5.78	0.44
3	5.67	5.64	5.88	5.71	5.82	5.94	5.91	5.84	5.68	5.91	5.94	5.64	0.30
4	6.03	6.00	5.95	5.96	5.88	5.74	6.06	5.81	5.76	5.82	6.06	5.74	0.32
5	5.89	5.88	5.64	6.00	6.12	6.07	6.25	5.74	6.16	5.66	6.25	5.64	0.61
6	5.58	5.73	5.81	5.57	5.93	5.96	6.04	6.09	6.01	6.04	6.09	5.57	0.52
7	6.11	5.82	6.26	5.54	6.26	6.01	5.98	5.85	6.06	6.01	6.26	5.54	0.72
8	5.86	5.88	5.97	6.03	5.84	6.03	5.91	5.95	5.82	5.88	5.99	5.82	0.17
9	5.85	6.43	5.92	5.89	5.90	5.94	6.00	6.20	6.14	6.07	6.43	5.85	0.58
10	6.08	5.86	5.96	5.53	6.24	6.19	6.21	6.32	6.05	5.97	6.32	5.53	0.79

解:(1)收集数据。

一般应不少于50～100个数据。理论上讲数据越多越好,但因收集数据需要耗费时间和人力、费用,所以收集的数据有限。本例为100个数据。

(2)数据分析与整理。

从收集的数据中找出最大值与最小值,并计算其极差。

本例中最大值:$x_{\max} = 6.43$;最小值:$x_{\min} = 5.53$;极差值:$R = x_{\max} - x_{\min} = 6.43 - 5.53 = 0.9$。

(3)确定组数与组距。

通常先定组数,后定组距。组数用B表示,应根据收集数据总数而定。当数据为50以下时,$B = 5 \sim 7$;总数为50～100时,$B = 6 \sim 10$;总数为100～250时,$B = 7 \sim 12$;总数为250以上时,$B = 10 \sim 20$。

组距用h表示,其计算公式为:

$$h = \frac{R}{B} \tag{2-14}$$

本例中,取组数$B = 10$,则组距$h = 0.9/10 = 0.09$。

(4)确定组界值。

确定组界值时,应使数据的全体落在第一组的下界值与最后一组(第k组)的上界值所组成的开区间之内;同时,为避免数据恰好落在组界上,组界值要比原数据的精度高一位。组界值具体确定方法如下:

第一组的下界值 = $x_{\min} - h/2$

第一组的上界值 = $x_{\min} + h/2$

第一组的上界值就是第二组的下界值,第二组的下界值加上组距h即为第二组的上界值,以此类推。

本例中第一组界值为:

$(5.53 - 0.09/2) \sim (5.53 + 0.09/2) = 5.485 \sim 5.575$

(5)统计频数。

组界值确定后,按组号统计频数、频率(相对频数),作频数分布统计表。

本例的统计结果列于表 2-12。

频数分布统计表　　　　　　　　　　　表 2-12

序号	分组区间	频数	相对频数	序号	分组区间	频数	相对频数
1	5.485 ~ 5.575	3	0.03	7	6.025 ~ 6.115	14	0.14
2	5.575 ~ 5.665	4	0.04	8	6.115 ~ 6.205	9	0.09
3	5.665 ~ 5.755	6	0.06	9	6.205 ~ 6.295	6	0.06
4	5.755 ~ 5.845	14	0.14	10	6.295 ~ 6.385	2	0.02
5	5.845 ~ 5.935	21	0.21	11	6.385 ~ 6.475	1	0.01
6	5.935 ~ 6.025	20	0.20		合计	100	1.0

(6)绘制直方图。

以横坐标为质量特性,纵坐标为频数(或频率)作直方图,如图 2-6 所示。

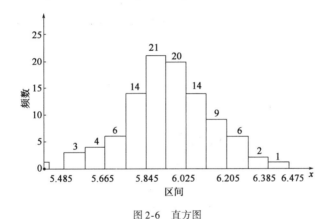

图 2-6　直方图

由图 2-6 可知,如果收集的检测数据数越来越多,分组越来越细,直方图就转化为一条光滑的曲线。这条曲线就称为概率分布曲线。

2. 直方图的应用

通过直方图形状,可以观察与判断产品质量特性分布状况(质量是否稳定,质量分布状态是否正常),判断生产过程是否正常、工序是否稳定,找出产生异常的原因,以决定是否采取相应处理措施;计算工序能力,估算生产过程不合格品率。

(1)估算可能出现的不合格率。

质量评定标准一般都有上下两个标准界限值,上限为 T_u,下限为 T_l,故不合格率有超上限不合格率 P_u 和超下限不合格率 P_l,则总的不合格率为:

$$P = P_u + P_l \tag{2-15}$$

为了计算 P_u 与 P_l,引入相应的系数:

$$\left. \begin{array}{l} K_u = \dfrac{|T_u - \bar{x}|}{S} \\ K_l = \dfrac{|T_l - \bar{x}|}{S} \end{array} \right\} \quad (2\text{-}16)$$

根据 K_u、K_l 查"正态分布概率系数表",即可确定相应的超上限不合格率 P_u 和超下限不合格率 P_l。

【例 2-7】 在例 2-7 中,已知油石比的质量标准为 $T_u = 6.50\%$、$T_l = 5.50\%$,试计算可能出现的不合格率 P。

解: 经计算 $\bar{x} = 5.946\%$、$S = 0.181\%$,则:

$$K_u = \frac{|T_u - \bar{x}|}{S} = \frac{|6.50 - 5.946|}{0.181} = 3.06$$

$$K_l = \frac{|T_l - \bar{x}|}{S} = \frac{|5.50 - 5.946|}{0.181} = 2.46$$

查"正态分布概率系数表",得:

$K_u = 3.06$ 时,$P_u = 0.0011$

$K_l = 2.46$ 时,$P_l = 0.00695$

故,可能出现的不合格率为 $P = P_u + P_l = 0.00805 = 0.805\%$。

(2)考查工序能力。

工序能力是指工序处于稳定状态下的实际生产合格产品的能力,通常用工序能力指数 C_P 表示。工序能力指数就是质量标准范围 T 与该工序生产精度的比值,其计算方法如下。

① 当质量标准中心与质量分布中心重合时:

$$C_P = \frac{T}{6 \cdot S} = \frac{T_u - T_l}{6 \cdot S} \quad (2\text{-}17)$$

② 当质量标准中心与质量分布中心不重合时:

$$C_{PK} = \frac{T}{6 \cdot S} = \frac{T_u - T_l}{6 \cdot S}(1 - K) \quad (2\text{-}18)$$

式中:K——相对偏移量。

$$K = \frac{\left| \dfrac{T_u + T_l}{2} - \bar{x} \right|}{\dfrac{T_u - T_l}{2}} \quad (2\text{-}19)$$

③ 当质量标准只有下限或上限时:

$$\left. \begin{array}{ll} \text{上限控制} & C_P = \dfrac{\bar{x} - T_l}{3 \cdot S} \\ \text{下限控制} & C_P = \dfrac{T_u - \bar{x}}{3 \cdot S} \end{array} \right\} \quad (2\text{-}20)$$

若 $\bar{x} < T_l$ 或 $\bar{x} > T_u$,则认为 $C_P = 0$,即完全没有工序能力。

从上式可以看出,C_P 值是工序所生产的产品质量分布范围能满足质量标准的程度。工序能力判断主要用 C_P 值来衡量,其判断标准见表 2-13。

工序能力判断标准 表2-13

C_P 值	工序能力判断
$C_P > 1.33$	工序能力充分满足要求,但 C_P 值大于1.33越多说明工序能力越有潜力,应考虑标准是否定得过宽、工序是否经济
$C_P = 1.33$	理想状态
$1 \leq C_P < 1.33$	较理想状态,但 C_P 值接近或等于1时,则有发生不合格品的可能,应加强质量控制
$0.67 \leq C_P < 1$	工序能力不足,应采取措施改进工艺条件
$C_P < 0.67$	工序能力非常不足

【例2-8】 试计算例2-7的工序能力指数,并做出判断。

解:$C_P = \dfrac{T_u - T_l}{6 \cdot S} = \dfrac{6.50 - 5.50}{6 \times 0.181} = 0.92$

$K = \dfrac{\left|\dfrac{6.50 + 5.50}{2} - 5.946\right|}{\dfrac{6.50 - 5.50}{2}} = 0.108$

$C_{PK} = C_P(1 - K) = 0.92 \times (1 - 0.108) = 0.82$

按判断标准,本例工序能力不够,需要从人、机器、材料和工艺方法四个方面去查找影响工序能力的因素,进行改进,对 C_P 值做必要的修正。

(3)判断质量分布状态。

当生产条件正常时,直方图应该是中间高、两侧低、左右接近对称的正常型图形,如图2-7a)所示。当出现下列非正常型图形时,就要进一步分析原因,并采取措施加以纠正。

①折齿形。图形出现凹凸状,见图2-7b),这多数是由于分组不当或组距确定不当所致。

②孤岛形。出现孤立的小直方图,见图2-7c),这是由于少量材料不合格,或短时间内工人操作不熟练所造成的。

③双峰形。图形出现了两个峰顶,见图2-7d),一般是由于两组生产条件不同的数据混淆在一起所造成的。

④缓坡形。图形向左或向右呈缓坡状,即平均值 x 过于偏左或偏右,见图2-7e),这是由于工序施工过程中的上控制界限或下控制界限控制太严所造成的。

⑤绝壁形。直方图的分布中心偏向一侧,见图2-7f),常是由操作者的主观因素所造成的,即一般多是因数据收集不正常(如剔除了不合格品的数据),或是在工序检验中出现了人为的干扰现象。这时应重新进行数据统计或重新按规定检验。

(4)判断施工能力。

将正常型直方图与质量标准进行比较,即可判断实际生产施工能力。如图2-8所示,T 表示质量标准要求的界限,B 代表实际质量特性值分布范围。比较结果一般有以下几种情况:

①B 在 T 中间,两边各有一定余地,这是理想的控制状态,见图2-8a)。

②B 虽在 T 之内,但偏向一侧,有可能出现超上限或超下限不合格品,需要采取纠偏措施,如图2-8b)所示。

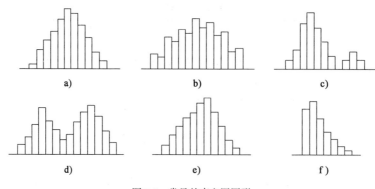

图 2-7 常见的直方图图形

③ B 与 T 相重合,实际分布太宽,极易产生超上限与超下限的不合格品,需要采取措施提高工序能力,如图 2-8c)所示。

④ B 过分小于 T,说明工序能力过大、不经济,如图 2-8d)所示。

⑤ B 过分偏离 T 的中心,已经产生超上限或超下限的不合格品,需要调整,如图 2-8e)所示。

⑥ B 大于 T,已经产生大量超上限与超下限的不合格品,说明工序能力不能满足技术要求,如图 2-8f)所示。

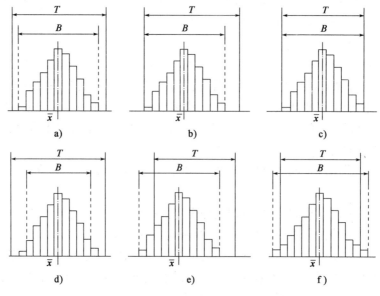

图 2-8 实际质量分布与质量标准的关系

(六)控制图法

控制图法又称管理图法,是典型的动态质量管理方法,由美国贝尔研究所的休哈特博士于 1924 年首先提出,目前已成为质量控制常用的统计分析工具。动态质量管理是过程控制的重要手段,旨在对生产过程进行实时监控,科学地区分出生产过程中产品质量的随机波动与异常波动,从而对生产过程的异常趋势及时提出预警,以便生产管理人员及时采取措施,消除异常,提高或恢复施工过程的质量稳定性,从而达到提高和控制质量的目的。

与直方图相比,控制图最大的特点是引入了时间序列或样本序列,通过观察样本点相关统计值是否在控制限内以判断过程是否受控,通过观察样本点排列是否随机从而及时发现异常。换句话说,控制图较直方图在质量预防和过程控制能力方面大为改进。

1. 控制图的基本原理

(1)质量的波动性。

在工程施工过程中,工程质量的波动是不可避免的,它是由人(Man)、设备(Machine)、材料(Material)、方法(Method)和环境(Enviroment)(简称"4M1E")的波动影响所致。波动分为两种:正常波动和异常波动。

正常波动是偶然性原因(偶因)造成的,其出现带有随机性质的特点,如原材料成分和性能发生微小变化、工人操作的微小变化、周围环境的微小变化等。这些因素在生产施工中大量存在,但就其个别因素来说,对产品质量影响程度很小,而且不容易识别和消除,甚至消除这些因素在经济上也不合算,所以又称这类因素为不可避免的原因。由这类原因造成的质量波动是正常的波动,不需加以控制,即认为生产过程处于稳定状态。在此状态下,当有大量的质量特性值时,其分布服从正态分布的规律。

异常波动是由系统原因(异因)造成的,它对产品质量影响很大,如原材料质量规格的显著变化、工人不遵守操作规程、机械设备的调整不当、检测仪器的使用不合理、周围环境的显著变化等。但这类原因一般比较容易识别,能够采取措施避免和消除,并且一经消除,其作用和影响就不复存在。一般情况下,异常波动在生产过程中不允许存在,一旦出现,必须立即查明原因,消除异常波动。

质量控制的目的就是要防止、发现、排除这些异常波动,保证生产过程在正常波动状态(即稳态)下进行。

(2)控制图的原理。

当随机变量 x 服从正态分布 $N(\mu,\sigma)$ 时,则事件 $\mu-3\sigma<x<\mu+3\sigma$ 发生的概率是 0.9973。这一结论告诉我们,不论 μ 和 σ 是何数值,产品质量计量值在界限 $(\mu-3\sigma,\mu+3\sigma)$ 之间出现的可能性大小(即概率)为 99.73%,在 $\mu\pm3\sigma$ 界限之外出现的概率为 $100\%-99.73\%=0.27\%$ [图 2-9a)]。也可从另一角度来理解,如果测量 1000 个产品的质量特性值,则可能有 997 个左右产品的质量特性值落在 $(\mu-3\sigma,\mu+3\sigma)$ 的界限内,这几乎是肯定的事。

将图 2-9a)旋转 90°成为图 2-9b),以平均值 μ 为中心,在 $\mu\pm3\sigma$ 处各画两条控制界线(Control Limit),就成为控制图。控制图由三条水平线构成(图 2-10),中间的一条线(μ 线)叫中心线(Central Line),记为 CL;上面的一条线($\mu+3\sigma$ 线)叫控制上限(Upper Control Limit),记为 UCL;下面的一条线($\mu-3\sigma$ 线)叫控制下限(Lower Control Limit),记为 LCL。

中心线、控制上限和控制下限的一般计算式为:

$$\left.\begin{array}{l}CL=\bar{x}\\UCL=\bar{x}+3S\\LCL=\bar{x}-3S\end{array}\right\} \quad (2\text{-}21)$$

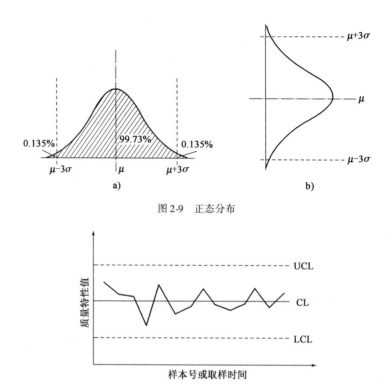

图 2-9 正态分布

图 2-10 控制图基本形式

在制作控制图时,怎样计算控制上限、中心线、控制下限,在以后介绍各种类型控制图时予以简单介绍。

(3)控制图预防原则的贯彻。

控制图是如何贯彻预防原则的呢?这可以由以下几点看出:

一是应用控制图对生产过程不断监控,当异常波动刚一冒出苗头,甚至在未造成不合格品之前就能及时被发现。例如,在图2-11中点有逐渐上升的趋势,故可以在这种趋势造成不合格品之前就采取措施加以消除,这样就起到了预防的作用。

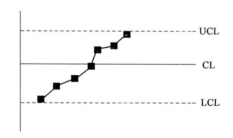

图 2-11 控制图中点形成倾向

二是在现场,更多的情况是控制图显示异常,这时一定要贯彻下列二十个字,即"查出异因,采取措施,保证消除,不再出现,纳入标准"。如果不贯彻这二十个字,控制图就形同虚设,不如不设。根据上述分析,可见控制图的作用是能够及时告警(当然这点是十分重要的);而真正起预防作用的则是上述二十个字。

每贯彻一次这二十个字(即经过一次这样的循环)就消除一个异因,使它不再出现,从而起到了预防的作用。由于异因只有有限多个,故经过有限次循环后,最终可以达到这样一种状态:在过程中只存在偶因而不存在异因,由于这时分布的统计参数稳定不变,故这种状态称为统计控制状态或稳定状态,简称稳态。

稳态是生产过程追求的目标,因为在稳态下生产,对产品质量有完全的把握,质量特性值有99.73%落在上下控制界限之间的范围内(一般上下控制界限总在规定界限之内,故合格品率还要高于99.73%);其次,稳态下不合格品最少,因而生产也是最经济的。

一道工序处于稳态称为稳定工序。每道工序都处于稳态称为全稳生产线。过程控制就是通过全稳生产线达到全过程预防的。虽然质量变异不能完全消灭,但控制图与上述二十个字是使质量变异成为最小的有效工具。

2. $\bar{x} - R$ 控制图的绘制

$\bar{x} - R$ 控制图采用两种控制图联用,通常将 $\bar{x}$ 图放在上方,用于监控工序平均值的变化,R 图放在下方,用来监控工序散差的变化。$\bar{x} - R$ 控制图的理论根据比较充分,检测生产过程不稳定的能力也强,因此是施工质量控制中最常用的一组控制图。同时,限于篇幅,仅以 $\bar{x} - R$ 为例简单介绍控制图的绘制。

【例2-9】 表2-14是路面基层厚度检测结果。试绘制该路面基层厚度的 $\bar{x} - R$ 控制图。

基层厚度检测结果与计算表　　　　　　　表2-14

日期	组号	实测偏差(cm)					$\sum x_i$	平均值 $\bar{x}_i$	极差 R_i
		x_1	x_2	x_3	x_4	x_5			
5/3	1	2	−0.5	−1	−0.5	0.8	0.8	0.16	3.0
6/3	2	0	1.7	−1	1	−1	0.7	0.14	2.7
7/3	3	−1	1	1	−0.5	1	1.5	0.30	2.0
8/3	4	1	−1	0	0	0	0	0	2.0
9/3	5	1	1	0.5	1.5	−1	3.0	0.60	2.5
10/3	6	1	2	−1	0.5	2	4.5	0.90	3.0
11/3	7	2	0.5	2	1	0	5.5	1.10	2.0
12/3	8	2	2.5	1	1	1	7	1.40	2.0
13/3	9	2	−1	1.5	1	1.5	5	1.00	3.0
14/3	10	0	0.5	0	0	1.5	1	0.20	2.0
合计							29	5.8	24.2

解:(1)收集数据并整理。原则上要求收集50~100个及以上数据。本例收集实测数据50个。

(2)把数据按时间和分批的顺序排列、分组。本例中 $n = 5$、$K = 10$。

(3)计算各组平均值 $\bar{x}_i$、极差 R_i,并列入表2-14中。

(4)计算各组平均值的平均值、极差的平均值。

$$\bar{\bar{x}} = \frac{\bar{x}_1 + \bar{x}_2 + \cdots + \bar{x}_K}{K} = \frac{5.8}{10} = 0.58$$

$$\overline{R} = \frac{R_1 + R_2 + \cdots + R_K}{K} = \frac{24.2}{10} = 2.42$$

(5) 计算控制界限。

当 $n = 5$ 时,$A_2 = 0.577$,$D_4 = 2.11$,$D_3 = 0$。

$\overline{x}$ 控制图:

CL $= \overline{\overline{x}} = 0.58$

UCL $= \overline{\overline{x}} + A_2 \overline{R} = 0.58 + 0.577 \times 2.42 = 1.98$

LCL $= \overline{\overline{x}} - A_2 \overline{R} = 0.58 - 0.577 \times 2.42 = -0.82$

R 控制图:

CL $= \overline{R} = 2.42$

UCL $= D_4 R = 2.115 \times 2.42 = 5.12$

LCL $= D_3 R = 0$

(6) 建立坐标,画出控制图。

中心线用实线表示,控制界限用虚线表示,并将样本数据按抽样顺序描在图上。$\overline{x}$ 控制图用"·"表示,R 控制图用"×"表示,出界限的点用"⊙"和"□"表示,见图 2-12。

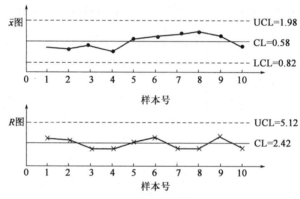

图 2-12 动态质量管理图 $\overline{x} - R$ 控制图

3. 控制图的应用

通过上述 $\overline{x} - R$ 控制图的绘制过程及分析可知,应用控制图的主要目的是分析判断生产过程是否稳定;及时发现生产中异常情况,预防不合格品产生;检查生产设备和工艺装备的精度是否满足生产要求;对产品进行质量评定。

当控制图的点满足以下两个条件时:一是点没有跳出控制界限;二是点随机排列没有缺陷,就认为生产过程基本上处于控制状态,即生产正常,否则,就认为生产过程发生了异常变化,必须把引起这种变化的原因找出来,排除掉。图 2-13 给出了一组用于解释常规控制图的 8 个模式检验示意图。

虽然图 2-13 模式检验可以作为一组基本的检验,但是分析者还应留意任何可能表明过程受到特殊原因影响的独特模式。因此,每当出现可查明原因的征兆时,这些检验就应该仅仅看作是采取行动的实用规则。这些检验中所规定的任何情形的发生都表明已出现变差的可查明原因,必须加以诊断和纠正。

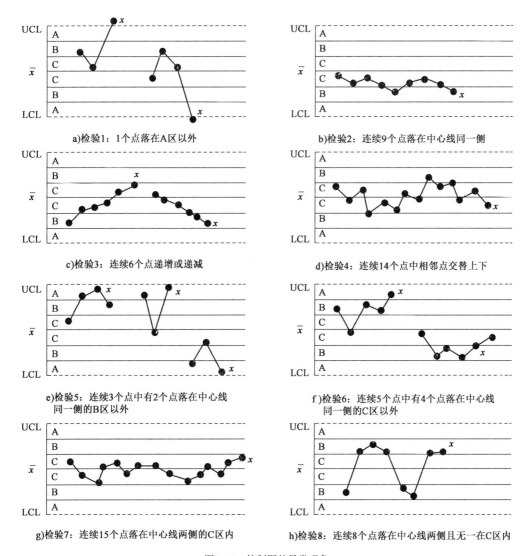

图 2-13 控制图的异常现象

上下控制限分别位于中心线之上与之下的 3σ 距离处。为了应用上述检验,将控制图等分为 6 个区,每个区宽 1σ。这 6 个区的标号分别为 A、B、C、C、B、A,两个 A 区、B 区及 C 区都关于中心线对称。这些检验适用于平均值 $\bar{x}$ 图和单值 x 图。这里假定质量特性 x 的观测值服从正态分布。

(七) 相关图法

在质量控制中,常会接触到各个质量因素之间的关系。这些变量之间的关系往往不能进行解析描述,不能由一个(或几个)变量的数值精确地求出另一个变量的值,我们称之为非确定性关系。相关图又称散布图,就是将两个非确定性关系变量的数据对应列出,标记在坐标图上,从点的散布情况来分析研究两种数据之间关系的图。在质量控制中借助相关图进行相关分析,可研究质量结果和原因之间的关系,进一步弄清影响质量特性的主要因素。

1. 相关图的绘制

(1) 数据收集。成对地收集两种特性的数据做成数据表,数据应在 30 组以上。

(2) 设计坐标。在坐标纸上以要因作 x 轴,结果(特性)作 y 轴。找出 x、y 的最大值和最小值,以最大值与最小值的差定坐标长度,并定出适当的坐标刻度。

(3) 数据打点入座。将集中整理后的数据依次用"·"标出纵横坐标交点,当两个同样数据的交点重合时用⊙表示。

(4) 注说明。在图中适当位置写明数据个数、收集时间、工程部位名称、制图人和制图日期等。

2. 回归分析

作出相关图后,即可根据回归分析揭示两个变量(因素)之间的相关关系,并可确定它们之间的定量表达式——回归方程。因此,回归分析是研究各变量相关关系的一种数学工具。

在实际问题中,有时两个变量之间的关系是线性,而有时两个变量之间则存在非线性关系。因此,一般情况下,试验结果的数学表示包括三个方面的工作:

(1) 确定回归方程的类型。

(2) 确定回归方程中的回归系数。

(3) 回归方程相关关系的判断。

由于篇幅限制,下面仅讨论线性回归分析。对于非线性问题,往往可以通过变量变换转化为线性回归问题进行处理。

一元线性回归是工程中经常遇到的配直线的问题。通过试验,可以得到若干组的对应数据,根据这些数据画出相关图,当点大致分布在一条直线附近时,说明两变量之间存在线性关系,即可以用一条适当的直线来表示这两变量的关系。此直线方程为:

$$Y = a + bx \tag{2-22}$$

式中:x——自变量;

Y——因变量;

a、b——回归系数。

平面上的直线很多,而 a、b 值构成的最优直线必须使 $Y = a + bx$ 方程的函数值 Y_i 与实际观察值 y_i 之差为最小。为此,根据最小二乘法原理,当所有数据偏差的平方和最小时,所配的直线最优。根据这个条件可以求得:

$$b = \frac{L_{xy}}{L_{xx}} \tag{2-23}$$

$$a = \overline{y} - b\overline{x} \tag{2-24}$$

$$L_{xy} = \sum_{i=1}^{n}(x_i - \overline{x})(y_i - \overline{y}) = \sum_{i=1}^{n} x_i y_i - n\overline{xy} \tag{2-25}$$

$$L_{xx} = \sum_{i=1}^{n}(x_i - \overline{x})^2 = \sum_{i=1}^{n} x_i^2 - n\overline{x}^2 \tag{2-26}$$

任何两个变量 x、y 的若干组试验数据,都可以按上述方法回归出一条直线。假如两变量 x、y 之间根本不存在线性关系,那么所建立的回归方程就毫无实际意义。因此,需要引入一个数量指标来衡量其相关程度,这个指标就是相关系数,用 r 表示:

$$r = \frac{L_{xy}}{\sqrt{L_{xx}L_{yy}}} \tag{2-27}$$

$$L_{yy} = \sum_{i=1}^{n}(y_i - \bar{y})^2 = \sum_{i=1}^{n} y_i^2 - n\bar{y}^2 \tag{2-28}$$

相关系数 r 是描述回归方程线性相关的密切程度的指标;其取值范围为 $-1 \leq r \leq 1$, r 的绝对值越接近于 1, x 和 y 之间的线性关系越好。当 $r = \pm 1$ 时, x 与 y 之间符合直线函数关系,称 x 与 y 完全相关,这时所有数据点均在一条直线上。如果 r 趋近于 0,则 x 与 y 之间没有线性关系,这时 x 与 y 可能不相关,也可能是曲线相关。

对于一个具体问题,只有当相关系数 r 的绝对值大于临界值 r_α 时,才可用直线近似表示 x 与 y 之间的关系,也就是 x 与 y 之间存在线性相关关系,其中临界值 r_α 与测量数据的个数 n 和显著性水平 α 有关,可通过查表得到。

【例 2-10】 不同灰水比(C/W)的混凝土 28d 强度(R_{28})试验结果见表 2-16,试确定 $C/W - R_{28}$ 之间的回归方程及其相关系数 r(取显著性水平 $\alpha = 0.05$)。

解:为计算方便,列表进行,有关计算及部分结果列于表 2-15 中。

$C/W - R_{28}$ 试验结果及回归计算   表 2-15

序号	$x(C/W)$	$y(R_{28})$(MPa)	x^2	y^2	xy
1	1.25	14.3	1.5625	204.49	17.875
2	1.50	18.0	2.25	324	27
3	1.75	22.8	3.0625	519.84	39.9
4	2.00	26.7	4	712.89	53.4
5	2.25	30.3	5.0625	918.09	68.175
6	2.50	34.1	6.25	1162.81	85.25
Σ	11.25	146.2	22.1875	3842.12	291.6

$\bar{x} = 1.875; \bar{y} = 124.4;$
$(\sum x)^2 = 126.5625; (\sum y)^2 = 21374.44; (\sum x)(\sum y) = 1644.75;$
$L_{xx} = 1.09375; L_{yy} = 279.7133; L_{xy} = 17.475$

根据式(2-23)和式(2-24),求得:

$b = \dfrac{L_{xy}}{L_{xx}} = 15.98, a = \bar{y} - b\bar{x} = -5.56$

则回归方程为:

$Y = 15.98x - 5.56$

或:

$R_{28} = 15.98(C/W) - 5.56$

相关系数为:

$r = \dfrac{L_{xy}}{\sqrt{L_{xx}L_{yy}}} = \dfrac{17.475}{\sqrt{1.09375 \times 279.7133}} = 0.9991$

由试验次数 $n = 6$,显著性水平 $\alpha = 0.05$,查表得相关系数临界值 $r_{0.05} = 0.811$。

故 $r > r_{0.05}$，说明混凝土 28d 的抗压强度 R_{28} 与灰水比（C/W）是线性相关的，所确定的直线回归方程是有意义的。

第八节　工程质量事故等级划分和事故报告、调查处理

一、工程质量事故、质量问题的界定

根据《公路水运建设工程质量事故等级划分和报告制度》（交办安监〔2016〕146 号）的规定，公路水运建设工程质量事故是指公路水运建设工程项目在缺陷责任期结束前，由于施工或勘察设计等原因使工程不满足技术标准及设计要求，并造成结构损毁或一定直接经济损失的事件。

直接经济损失在一般质量事故以下的为质量问题。

二、工程质量事故的等级划分

《公路水运建设工程质量事故等级划分和报告制度》（交办安监〔2016〕146 号）第四条规定，根据直接经济损失或工程结构损毁情况（自然灾害所致除外）可将工程质量事故分为特别重大质量事故、重大质量事故、较大质量事故、一般质量事故四个等级：

(1) 特别重大质量事故：指造成直接经济损失 1 亿元以上的事故。

(2) 重大质量事故：指造成直接经济损失 5000 万元以上 1 亿元以下，或者特大桥主体结构垮塌、特长隧道结构坍塌，或者大型水运工程主体结构垮塌、报废的事故。

(3) 较大质量事故：指造成直接经济损失 1000 万元以上 5000 万元以下，或者高速公路项目中桥或大桥主体结构垮塌、中隧道或长隧道结构坍塌、路基（行车道宽度）整体滑移，或者中型水运工程主体结构垮塌、报废的事故。

(4) 一般质量事故：指造成直接经济损失 100 万元以上 1000 万元以下，或者除高速公路以外的公路项目中桥或大桥主体结构垮塌、中隧道或长隧道结构坍塌，或者小型水运工程主体结构垮塌、报废的事故。

本条所称的"以上"包括本数，"以下"不包括本数。水运工程的大、中、小型分类，参照《公路水运工程监理企业资质管理规定》（交通运输部令 2022 年第 12 号）执行。

三、工程质量事故的报告和调查处理

1. 工程质量事故报告的规定时限、流程

根据《公路水运建设工程质量事故等级划分和报告制度》（交办安发〔2016〕146 号）中建立的"公路水运建设工程质量事故等级划分和报告制度"和"质量事故的调查处理实行统一领导、分级负责的原则"，一般质量事故及其以上等级的工程质量事故均应报告。事故报告责任单位应在应急预案或有关制度中明确事故报告责任人。

事故报告应及时、准确，任何单位和个人不得迟报、漏报、谎报或瞒报。

事故发生后,现场有关人员应立即向事故报告责任单位负责人报告。事故报告责任单位应在接报2小时内核实、汇总并向负责项目监管的交通运输主管部门及其工程质量监督机构报告。接收事故报告的单位和人员及其联系电话应在应急预案或有关制度中予以明确。

重大及以上质量事故,省级交通运输主管部门应在接报2小时内进一步核实,并按工程质量事故快报统一报交通运输部应急办转部工程质量监督管理部门;出现新的经济损失、工程损毁扩大等情况的应及时续报。省级交通运输主管部门应在事故情况稳定后的10日内汇总、核查事故数据,形成质量事故情况报告,报交通运输部工程质量监督管理部门。对特别重大质量事故,交通运输部将按《交通运输部突发事件应急工作暂行规范》,由交通运输部应急办会同部工程质量监督管理部门及时向国务院应急办报告。

工程质量事故发生后,事故发生单位和相关单位应按照应急预案规定及时响应,采取有效措施防止事故扩大。同时,应妥善保护事故现场及相关证据,任何单位和个人不得破坏事故现场。因抢救人员、防止事故扩大及疏导交通等原因需要移动事故现场物件的,应做出标志,保留影像资料。监理工程师应配合调查处理工作。

2. 工程质量事故调查处理过程中的监理工作措施(或程序)

(1)签发《工程暂停令》。工程施工过程中一旦发生质量事故,总监理工程师应立即签发《工程暂停令》,指令施工单位暂停质量事故部位和与其关联部位的施工,要求施工单位采取有效的保护措施,防止事故扩大并保护好现场。同时要求施工单位按照事故等级、事故报告的规定及时报告建设单位和有关部门。监理机构应将《工程暂停令》及时报送建设单位。

(2)督促施工单位提交质量事故调查报告。监理工程师应组织并督促施工单位尽快进行质量事故调查,提交书面的质量事故调查报告并报告建设单位。质量事故报告应翔实地反映该项工程名称、部位、事故原因、应急措施、初步处理方案以及损失的费用等。

(3)审批施工单位提交的质量事故处理方案。总监理工程师督促施工单位提交质量事故处理方案,应组织有关人员在对质量事故现场进行检查、分析、测试或验算的基础上,对施工单位提出的处理方案进行审查、修正、批准。质量事故处理方案由施工单位提出,经原设计单位认可,并报建设单位批准。涉及结构安全、需要加固处理的重大技术方案应由原设计单位提出,必要时应组织专家进行论证。

(4)监督质量事故处理过程。总监理工程师应安排监理人员通过旁站、巡视、测量、试验检查手段监理该工程质量事故的处理过程,并做好监理记录。

(5)验收质量事故处理结果并审核复工申请、签发《工程复工令》。工程质量事故处理完毕,总监理工程师应督促施工单位提交质量事故处理报告,并进行现场检查验收。必要时应组织建设单位和有关专家进行鉴定验收。验收合格后,应及时审核施工单位提交的复工申请,总监理工程师应及时签发《工程复工令》。监理机构应将质量事故处理报告、《工程复工令》等文件资料一起报送建设单位或者经建设单位批准后签发《工程复工令》。

(6)质量事故责任判定和事故处理费用审核。监理工程师应对施工单位提出的有争议的质量事故责任予以判定。判定时应全面审查有关施工记录、设计资料及水文地质现状,必要时还要实际检验测试。根据质量事故是否属于施工单位的责任、是否属于设计原因、是否属于其他特别恶劣气候等非施工单位原因引起的情况,明确事故处理的费用数额、承担比例及支付方式。

应当注意的是,无论是质量缺陷的补救还是质量事故的处理,不应以降低质量标准或使用要求为前提,还要考虑对造型及美观的影响。当别无选择且不影响使用要求的情况下降低标准时,应特别注意征得建设单位的同意,并应在竣工报告及竣工资料中特别提出。

四、工程质量事故处理方案和鉴定验收

1. 质量事故处理的可能方案

工程质量事故处理的工作内容主要包括处理方案的确定、处理和处理完成后的验收。可能的处理方案包括:

(1)更换构配件、结构补强。
(2)返工、拆除后重新制作。
(3)不做处理。如不影响结构安全和正常使用的、经有资质的第三方检测单位鉴定合格的,虽经鉴定达不到设计要求,但经原设计单位核算仍能满足结构安全和使用功能的。
(4)回收处理。
(5)报废处理,报废并清除施工现场。

2. 鉴定验收的可能结论

为确保工程质量事故处理的效果,凡涉及结构强度、承载力等使用安全和其他重要性能的处理工作,应做必要的试验和检验鉴定工作,如路面结构层厚度钻芯取样、水泥混凝土结构钻芯取样或进行荷载试验、采用超声波检测焊接质量或结构内部质量等。

鉴定验收的结论,通常包括以下几种:

(1)事故已经排除,可以继续施工。
(2)隐患已经消除,结构安全有保证。
(3)经修补处理后,完全能够满足使用要求。
(4)基本上满足使用要求,但在使用过程中应有附加限制条件,例如限制荷载等。
(5)对耐久性的结论。
(6)对工程实体外观影响的结论。
(7)对短期内难以作出结论的,可以提出进一步的观测、检验、保护意见等。

3. 质量事故或缺陷处理方案的辅助决策方法

常用的辅助决策方法包括试验验证法、定期观测法、专家论证法和方案比较法等。

第九节 工程质量控制的监理工作

一、工程施工质量监理的依据

《建设工程质量管理条例》第三十六条规定,工程监理单位应当依照法律、法规以及有关技术标准、设计文件和建设工程承包合同,代表建设单位对施工质量实施监理,并对施工质量承担监理责任。

(1)有关法律法规。主要包括《中华人民共和国建筑法》《中华人民共和国公路法》《建设工程质量管理条例》《生产安全事故报告和调查处理条例》《特种设备安全监察条例》等。

(2)工程合同。主要包括监理合同,施工合同,试验检测、材料、设备、工程分包合同(如果有)。

(3)工程勘察、设计文件,施工图纸,设计变更文件和图纸。

(4)工程技术标准。包括有关产品的技术标准(如水泥、钢材、石灰、沥青)、检验和试验规程,施工作业的技术规范,工程质量检验评定标准等。

(5)工程实施过程中印发的管理文件、已经批准的文件。主要包括工程建设主管部门印发的工程质量管理办法(如品质工程创建类文件),建设单位印发的有关工程质量管理文件和已经批准的文件、已经确认的文件(如工地会议纪要)。

(6)项目监理机构批准的文件。主要包括工程划分、施工组织设计、专项施工方案、风险评估报告、首件工程施工总结、质量控制计划(如果有)、旁站项目清单等。

(7)其他。主要包括制造厂提供的设备、构件、半成品安装说明书及其技术标准等。

二、工程施工质量监理的主要工作内容

(1)熟悉设计文件、施工图纸,施工现场调查。
(2)施工测量成果核查。
(3)工程划分的审批及监督实施。
(4)施工方案审核(论证)、签认或审批。
(5)原材料、构配件、半成品与设备质量控制。
(6)首件工程管理。
(7)分项工程开工条件核查。
(8)现场旁站、巡视、抽检、见证取样、指令、记录和报告。
(9)工程质量的抽检、验收,质量问题整改。
(10)工程质量事故的报告、调查处理。
(11)工程质量检验/检验评定、交工验收。
(12)缺陷责任期内的工程质量缺陷调查、修复整改、验收。
(13)工程竣工验收。

三、工程施工质量监理的主要工作方式

《建设工程质量管理条例》第三十八条规定,监理工程师应当按照工程监理规范的要求,采取旁站、巡视和平行检验等形式,对建设工程实施监理。

因此,项目监理机构、监理工程师应将旁站、巡视、平行检验(或称监理抽检)作为开展工程监理工作的法定方式或主要方式。从规范监理行为的角度分析,旁站、巡视、抽检可以列为工程监理工作的法定行为、规定动作。

1. 旁站

监理人员在施工现场对监理规范规定的旁站项目(如某一工序、分项工程)进行的全过程质量监督活动。同时,监理人员填写旁站记录。

2. 巡视

对于公路工程,巡视是指监理工程师对施工现场进行的定期或不定期的巡回检查活动。同时,监理工程师填写巡视记录。

对于水运工程,巡视是指监理人员对施工现场进行的经常性检查活动。巡视发现的问题、处理意见和处理结果等,应被如实记录在监理机构的监理日志上。

3. 抽检/平行检验

对于公路工程,抽检是指项目监理机构按监理规范规定的检验项目和频率,在施工单位自检合格的基础上,对工程材料或实体质量进行的平行或随机检测活动。同时,监理机构填写抽检记录。

对于水运工程,平行检验是指项目监理机构利用一定的检测手段,按照监理规范规定的检验项目和频率,在施工单位自检的同时,独立进行的检测活动(其监理规范中没有给出填写平行检验记录的要求)。

四、工程施工质量监理的工作程序

工程质量监理实行首件工程制、分项工程开工审批制和中间交工验收制,合同工程完成后应及时组织合同工程的交工验收,交工验收通过之后进入缺陷责任期、竣工验收阶段。工程质量首先由施工单位自检合格,监理机构应进行抽检或平行检验,不合格的应做整修或返工处理,或报废清除现场。

工程质量控制实行事前控制、事中控制和事后控制,应强化事前控制、事中控制,避免停工整改、返工修复甚至报废处理。

开展监理工作应具有预见性,事先提示、预防为主,事中及时指令纠偏、防微杜渐。

工程施工质量监理的工作程序框图,如图2-14所示。

五、工程施工质量监理的措施

工程质量监理的四大措施,包括组织措施、技术措施、经济措施和合同措施。

1. 组织措施

(1)合理配备和调配监理人员,及时调整不胜任本职工作的人员;

(2)明确监理人员岗位职责和分工;

(3)分解工程质量控制目标;

(4)编写工程质量监理细则;

(5)审核施工单位的质量保证体系;

(6)制定和落实工程质量现场旁站、巡视、抽检、见证取样制度;

(7)检查施工单位质量责任落实情况;

(8)监督施工单位项目经理、技术负责人及其他主要技术人员、管理人员的履约情况。

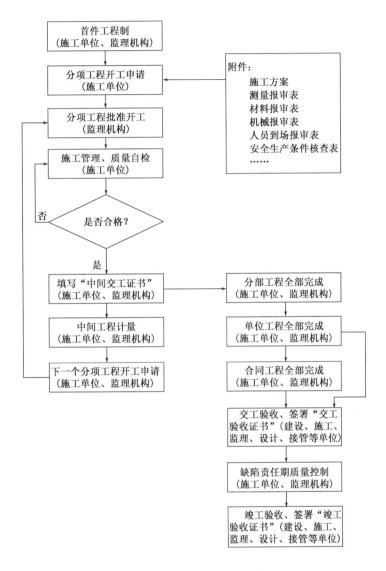

图 2-14 工程施工质量监理程序

2. 技术措施

(1)严格执行工程技术标准、施工技术规范、规程；
(2)参加设计交底,进行图纸会审,督促施工单位做好技术交底；
(3)严格审查合同工程开工条件和分项工程开工条件；
(4)工程施工过程中实行自检、互检、交接检制度和监理抽检、见证取样制度；
(5)审批专项施工方案,改进施工工艺,参加超过一定规模的危大工程专项施工方案论证并监督实施。

3. 经济措施

(1) 合理调配施工资源,加大施工资源投入;

(2) 工程质量与工程款支付挂钩,质量不合格的分项工程不予签认工程计量单;

(3) 及时对工程进度款进行审核、签证,督促建设单位及时、足额支付工程款;

(4) 监督施工单位专款专用,不得挪用工程预付款和进度支付款等款项;

(5) 对工程质量好的施工单位给予适当奖励;

(6) 督促施工单位及时支付材料款和农民工工资。

4. 合同措施

(1) 督促施工单位落实合同约定的权利、义务、责任;

(2) 严格执行施工合同中的有关工程质量条款;

(3) 按合同条款和授权,行使对质量的否认权和确认权,对不合格工程及时指令整修或返工或报废清除现场;

(4) 严格执行施工合同约定的奖罚条款;

(5) 审查工程分包,及时审核并报送建设单位审批工程分包,监督分包合同的实施,处理好总包与分包之间的权力、责任、工作管理流程等。

第三章 工程进度监理

学习备考要点

1. 施工进度图表概述(工程施工进度计划的横道图、垂直图、工程进度 S 曲线、工程进度管理香蕉曲线、网络图)。

2. 施工过程的组成和施工作业方式(施工过程的组成及其组织原则,施工作业方式的分类、作业方式的应用)。

3. 流水施工进度图(流水施工的主要参数,有节拍流水施工、无节拍流水施工,流水步距和总工期的计算、流水施工进度图的绘制)。

4. 双代号网络图(双代号网络图的组成、双代号网络图的识图、双代号网络图的绘制、时间参数的计算、关键线路的确定、总工期的确定)。

5. 时间坐标网络图(时间坐标网络图的概念、绘制与计算)。

6. 单代号网络图(单代号网络图的构成、绘制与计算)。

7. 工程进度控制的监理工作[进度监理工作的依据、程序、措施,进度计划的审批,工程进度计划的检查和调整,工程提前交工(进度的加快)或延期交付(延期、延误),工程停工与复工管理]。

第一节 施工进度图表概述

一、施工进度计划的概念、特点和管理程序

1. 施工进度计划的概念

施工生产是劳动过程和自然过程的结合,其施工中受自然条件的影响很大,使其施工组织、施工程序及施工工艺因实施条件的变化而相应地调整与改变。施工进度计划管理非常复杂,任何计划不周全或草率从事的施工计划,均会给项目施工管理带来困难,所以应予以足够的重视。

施工进度计划是控制工程施工进度和工程竣工期限等各项施工活动的依据,施工组织工作中的其他有关问题都要服从进度计划的要求,如计划部门提出月、旬作业计划以及平衡劳动

力计划,材料部门调配材料、构件,设备部门安排施工机械的调度,财务部门的用款计划等均须以施工进度为基础。

施工进度计划反映了工程从施工准备工作开始,直到工程竣工为止的全部施工过程;反映了工程建筑与安装的配合关系、各分部分项工程与工序之间的衔接关系。所以施工进度计划有助于领导部门抓住关键,统筹全局,合理布置人力、物力,正确指导施工生产活动的顺利进行;有利于工人明确目标,更好地发挥主人翁精神;有利于施工企业内部及时配合,协同作战。

施工进度计划管理是通过计划把施工单位项目施工管理的各项工作组织起来,以施工生产活动为主体,制订各项专业性计划,并对其进行平衡、协调、监督与控制。

施工进度计划管理的具体做法是,首先编制一个完整的项目施工管理计划,使施工单位的各项施工管理都纳入计划,并进行综合平衡与协调;其次在施工计划执行过程中,加强检查、监督与控制,尽量保证计划实施中按原计划进行;最后调整计划,计划实施过程中因具体情况的改变,必须对原计划进行必要的调整,以适应变化后的情况。

2. 施工进度计划的特点

(1)进度计划的被动性。施工任务来源于工程招标市场,施工单位每年有多少任务,性质和规模的大小均很难确定,在投标过程编制施工计划时间紧,很被动。要想改变被动局面,必须做好招标工程任务的跟踪,做些事先研究和信息资料的搜集工作,从而提高施工进度计划的编制质量。

(2)进度计划的多变性。工程项目的多样性、结构工程的复杂性及施工条件的差异性,造成施工中不可预见的因素较多;工程施工现场的分散使劳动力、材料及施工机具设备处于流动供应状态;同时由建设单位、监理及其他有关单位带来的影响等均会造成施工进度计划的变化,这种多变性要求编制施工进度计划时,要留有一定的调整余地。

(3)进度计划的不均衡性。工程结构特点及不同工程部位的施工性质,以及不同季节的影响,都会造成施工计划的不均衡性。为此要求编制施工进度计划时力求均衡,取得较好的经济效益。

针对上述特点,对施工进度计划管理提出以下要求:

(1)科学地预测工程招标市场,确定合理的进度计划管理目标。

(2)承包签约的项目以合同工期为目标,倒排或正排施工进度计划。

(3)施工进度计划管理时既要保证重点工程,又要协调兼顾一般项目。

(4)施工方案、施工工艺及施工顺序均应合理安排。

(5)力求各项工程的施工计划均衡、紧密配合,还应留一定的调整余地,以适应施工中实际变化的情况。

(6)项目施工管理中的各项工作在计划编制上要紧密衔接。

3. 施工进度计划的管理程序

施工进度计划管理是项目施工管理的中心环节,其他一切施工现场管理工作,都应围绕施工进度计划管理开展。

施工进度计划的管理程序为:编制施工进度计划、审核(审批)进度计划、检查进度计划的执行情况、调整进度计划、执行调整的进度计划等循环进行。

（1）施工单位编制施工进度计划。

施工进度计划的内容包括总体进度计划、年度进度计划、月（季）度进度计划及关键工程进度计划等。同时要求施工单位编制进度计划，监理工程师审批进度计划。进度计划一般用横道图、斜条图及进度曲线等方式表达；对于高等级公路及大型工程项目，还应采用网络图表示。

（2）审核（审批）进度计划。

施工单位内部审核进度计划。报送监理机构审批进度计划。

（3）检查进度计划的执行情况。

施工单位实施计划时必须对照原计划进行检查，尽量保证实施进度符合原计划的安排。在工程实施期间，如果实际进度与计划进度基本相符时，监理工程师不应干预施工单位对进度计划的执行；但应及时掌握影响和妨碍工程进展的不利因素，促使工程按计划进行。

（4）督促施工单位调整进度计划、审批调整后的进度计划。

监理工程师发现工程现场的组织安排、施工顺序或人力和设备与计划进度上的方案有较大不一致时，应要求施工单位对原工程进度计划及现金流动计划予以调整，调整后的工程进度计划应符合工程现场实际情况，并应保证满足合同工期的要求。

（5）检查调整后的进度计划的执行情况，直至完成工程施工任务。

二、进度计划的常见图表形式

施工进度计划通常是以图表形式表示的，常见的表示形式有横道图、垂直图、工程进度曲线和网络图等四种。

1. 横道图

横道图是以时间为横坐标，以各分项工程或施工工序为纵坐标，按一定的先后施工顺序和工艺流程，用带时间比例的水平横道线表示对应项目或工序持续时间的施工进度计划图表。其常用的格式如图3-1所示。左面部分是以分部分项工程为主要内容的表格，包括了相应的工程量、定额和劳动量等计算依据；右面部分是指示图表，它是由左面表格中的有关数据经计算得到的。指示图表用横向线条形象地表示出分部分项工程的施工进度，线的长短表示某工作施工持续时间；线的位置表示施工过程；线上的数字表示劳动力数量；线的不同符号表示作业队或施工段别，图中线段表示出各施工阶段的工期和总工期，并综合反映了各分部分项工程相互间的关系。

这种表示方法比较简单、直观、易懂，容易编制，但有以下缺点：
（1）分项工程（或工序）的相互关系不明确。
（2）施工地点无法表示，只能用文字说明。
（3）工程数量实际分布情况不具体。
（4）仅反映出平均施工强度。

它适用于绘制集中性工程进度图、材料供应计划图，或作为辅助性的图示附在说明书内用来向施工单位下达任务。

编号	工程名称	施工方法	单位	数量	1	2	3	4	5	6	7	8	9	10	开工	结束
1	临时通信线路	人工为主	km	80	6										1月初	4月底
2	沥青混凝土基地	人工安装	处	1		35									2月初	3月底
3	清除路基	机械	m²	700000				4							1月初	4月底
4	路用房屋	人工	m²	1300				40							1月初	5月底
5	大桥	半机械化	座	1			56								3月初	9月底
6	中桥	半机械化	座	5				40							2月初	8月底
7	集中性土方	机械	m²	130000					20						3月初	8月底
8	小型构造物	半机械化	座	23					30						5月初	9月底
9	沿线土方	机械为主	m²	89000						36					4月初	7月底
10	基层	半机械化	m²	560000							30				6月初	9月底
11	面层	半机械化	m²	560000								20			9月初	10月底
12	整修工程	人工为主	km	80									30		10月初	10月底

$$k = \frac{R_{max}}{R_{平均}} = 1.42$$

劳动力分布图: 50, 125, 201, 202, 222, 212, 176, 136, 106, 50

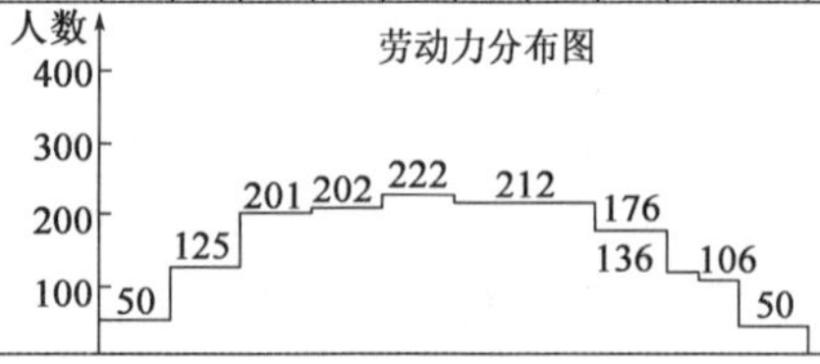

图 3-1 施工进度横道图

2. 垂直图

垂直图的表示特点是:以纵坐标表示施工日期,以横坐标表示里程或工程位置,而各分部分项工程的施工进度则相应地以不同的斜线表示。工程量在图表上方相应位置表示,施工组织平面示意图可在图表的下方相应地表示,资源分布图可在图表右侧以曲线表示。图 3-2 为垂直图的应用实例。

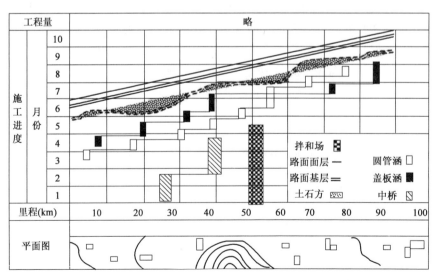

图 3-2 施工进度垂直图

垂直图的优点:弥补横道图的不足之处,工程项目的相互关系、施工的紧凑程度和施工速度都十分清楚,工程的分布情况和施工日期一目了然,从图中可以直接找出任何一天各施工队的施工地点和应完成的工程数量。

但垂直图仍有一些不足之处:

(1)反映不出某项工作提前(或推迟)完成对整个计划的影响程度。
(2)反映不出哪些工程是主要的,不能明确表达出哪些是关键工作。
(3)计划安排的优劣程度很难评价。
(4)不能使用电子计算机,因而绘制和修改进度图的工作量很大。

3. 工程进度曲线

工程进度曲线是建立在横道图的基础上的。进度曲线是以工期为横轴,以完成的累计工程量或工程费用的百分比为纵轴的图表化曲线,如图3-3所示。通过工程进度曲线,能够进行工程计划进度和实际进度的对比,有效地实行工程项目全局性的进度管理。当实际进度曲线与计划进度曲线出现偏离时,就说明工程的进度有了延误或者进度有所超前,这样就可通过调整施工进度,使工程能够按照计划来完成。

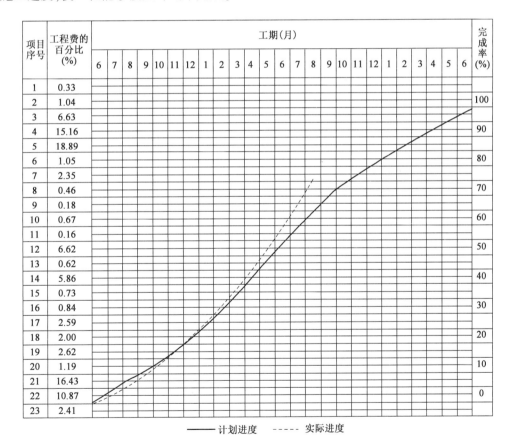

图3-3 工程进度曲线

一般情况下,项目施工初期应进行临时工程建设或做各项施工准备工作,劳动力和施工机械的投入逐渐增多,每天完成的工作量也逐渐增加,所以施工速度逐渐加快,即工程进度曲线的斜率逐渐增大,此阶段的曲线呈凹形;在项目施工稳定期间,施工机械和劳动力投入最大且保持不变时,若不出现意外作业时间损失,且施工效率正常,则每天完成的工作量大致相等,这时施工速度近似为常数,工程进度曲线的斜率几乎不变,故该阶段的曲线接近为直线;项目施工后期,主体工程项目已完成,剩下修理加工及清理现场等收尾工作,劳动力和施工机械逐渐退场,每天完成的工作量逐步减少,此时施工速度也逐步减小,即工程进度曲线的斜率逐步减小,此阶段的曲线则为凸形,如图3-4 所示。因为工程进度曲线大体上呈 S 形,所以该曲线又称为 S 曲线。

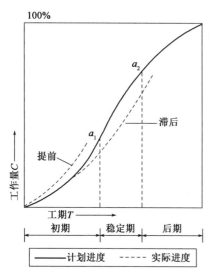

图 3-4 工程进度曲线形状

4. 网络图

(1) 网络计划技术。

20 世纪 50 年代国外出现一些计划管理的新方法,由于这些方法将计划的工作关系均建立在网络模型上,把计划的编制、协调、优化和控制有机地结合起来,所以称之为网络计划技术。

网络计划图(以下简称"网络图")是以加注工作持续时间的箭线和节点组成的网状流程图来表示施工进度计划。其基本原理是:首先根据工作间的相互关系及其工作先后顺序流程绘制工程项目施工进度计划网络图;其次通过计算找出计划中的关键工作及关键线路;最后通过不断调整、改善网络计划,选择最优的方案付诸实施。在网络计划实施过程中进行有效的监督与控制,确保工程项目按合同条件顺利完成。

(2) 网络计划方法。

网络计划技术有许多方法,主要有关键线路法(CPM)、计划评审方法(PERT)、流水作业网络计划、搭接网络计划(CNT)、图例评审法等。

①CPM 和 PERT 虽然名称不同,但其主要原理和方法是一致的。前者为民用部门研制,偏重于成本控制,且工作持续时间一般是确定的,所以也称为肯定型网络计划;后者为军事部门所创,偏重于时间控制,且工作持续时间往往具有某种不确定性,所以也称为非肯定型网络计划。

②流水作业网络计划是我国土建人员在 20 世纪 70 年代末研制的一种新型网络计划技术,它综合运用流水施工和网络计划的特点,为流水施工网络计划提供了简便有效的方法。

③CNT 能够反映工作间的各种搭接关系,可大大地简化网络图的形成和计算工作,特别适用于大型工程项目的施工进度计划安排。

④图例评审法也称为随机网络计划,是一种广义的随机网络分析方法,它主要用于编制项目施工进度计划中的排队、存储及可靠度分析等诸多统筹问题。

(3) 网络计划的应用及其特点。

我国从 20 世纪 60 年代开始运用网络计划技术,著名数学家华罗庚教授结合我国实际情况,在吸收国外网络计划技术理论的基础上,将其统一命名为统筹法。网络计划技术在我国已广泛应用于国民经济各个领域的计划管理中,而应用最多的还是工程项目的施工组织与管理,并取得了巨大的经济效益。根据国内统计资料,工程项目的计划与管理应用网络计划技术,可平均缩短工期20%,节约费用10%左右。

综上所述,网络计划方法具有以下特点:

①能够充分反映各项工作之间的相互制约、相互依赖的关系;

②可以区分关键工作和非关键工作,并能找关键线路,且反映出各项工作的机动时间,因而可以更好地调配和使用工、料、机等各种资源;

③它是一个定义明确的数学模型,计算方便,且便于用计算机计算;

④能够进行计划的优选比较,从而选择最佳方案;

⑤它不仅可用于控制项目施工进度,还可用于控制工程费用,如一定费用下工期最短及一定工期内费用最低等的网络计划优化。计划复杂,特别是大型且复杂的工程进度网络计划更是如此。

(4)网络图的分类。

①按箭线和节点表达的含义不同,可分为双代号网络图和单代号网络图。前者每项工作均由一根箭线和两个节点表示,其中箭线代表工作,节点表示工作间的逻辑关系;后者每项工作由一个节点组成,以节点代表工作,箭线表示工作间的逻辑关系。

在双代号网络图中,按箭线长短与工作持续时间的关系分为一般双代号网络图(简称为双代号网络图)和时间坐标网络图(简称为时标网络图)。双代号网络图中工作持续时间长短与箭线长短无关;时标网络图中箭线的长短和所在的位置表示工作的持续时间和进程。

②按计划目标的多少,可分为单目标网络图和多目标网络图。网络图中只有一个计划目标的称为单目标网络图;有两个以上计划目标的称为多目标网络图。

③按工程项目的组成及其应用范围分,有分项工程网络图、分部工程网络图、单位工程网络图、单项工程网络图及工程项目总体网络图等。

(5)网络计划在工程进度监理中的作用。

采用网络计划方法可加强工程项目的施工管理,使其取得好、快、省的全面效果。它在工程进度监理中可给监理工程师提供下列可靠信息:

①合理赶工及其工期与成本的关系信息;

②各项工作有无机动时间及机动时间极限数据信息;

③劳动力、材料、施工机具设备等资源利用信息;

④哪些工作提前或拖延,预测对总工期的影响等信息。

第二节 施工过程的组成和施工作业方式的分类及应用

一、施工过程的组成

施工过程就是生产建筑产品的过程,它是由一系列的施工活动所组成的。施工过程的基本内容主要是劳动过程,在某些情况下,还包含自然过程,如水泥混凝土的养护、沥青路面的成型等。此时,施工过程就是劳动过程和自然过程的结合,是互相联系的劳动过程与自然过程的全部生产活动的总和。根据各种活动在性质上以及对产品所起的作用的不同特点,施工过程分类如下:

(1)施工准备过程,指产品在进行生产前所进行的全部技术和现场的准备工作,如计划文件准备等。

(2)基本施工过程,指直接为完成产品而进行的生产活动,如基坑开挖、基础砌筑等。

(3)辅助施工过程,指为保证基本施工过程的正常进行所必需的各种辅助生产活动,如动力(电力、压缩空气等)的生产、机械设备维修、材料加工等。

(4)施工服务过程,指为基本施工和辅助施工服务的各种服务过程,如原材料、半成品、工器具、燃料的供应与运输等。

工程项目的施工,必须研究施工过程的组成,以适应施工组织、计划、管理等工作的需要。从施工组织的需要出发,交通运输工程施工过程原则上可依次划分为:

(1)动作与操作。

动作是指工人在劳动时一次完成的最基本的活动,若干个相互关联的动作组成一项操作。完成一个动作所耗用的时间和占用的空间是制定定额的重要原始资料。

(2)工序。

工序是指由工人操作机具,在生产环境条件不变的情况下,完成的在劳动组织上不可分割的施工过程,它由若干个操作所组成。从施工工艺流程看,工序在工作地点、施工工具、施工机械和材料等方面均不发生变化。如果上述因素中某个因素改变,就意味着从一道工序转入另一道工序。施工组织往往以工序为最基本对象。

(3)施工过程。

施工过程是由几个在技术上相互关联的工序所组成,可以相对独立地完成某一项单项工程或分部分项工程的独立过程,如路基工程、路面工程、桥梁基础工程等。

(4)综合过程。

综合过程是由若干个在产品结构上密切联系的、能最终获得一种产品的施工过程的总和。如一座独立桥梁、一条隧道、一条路线工程等。

以上划分,因工程性质及施工对象的复杂程度不同而具有相对性,并无统一划分的规定,要以是否有利于科学地进行施工组织与管理而定。

影响施工过程组织的因素很多,如施工性质、生产类型、建筑产品结构、材料及半成品性质、机械设备条件、自然条件等,导致施工过程的组织变化较多、困难较大。因此,科学地、合理地组织施工过程显得尤为重要,其组织原则可归纳为:

(1)施工过程的连续性。

(2)施工过程的协调性。

(3)施工过程的均衡性。

(4)施工过程的经济性。

上述合理组织施工过程的四个方面是相互制约、互为条件的。在进行施工组织时,必须保证全面符合上述四个方面的要求,不可偏重某一方。

二、施工作业方式的分类及应用

在施工生产中,施工队(班组)对施工对象的施工作业方式,一般可分为:顺序(依次)作业法、平行作业法和流水作业法三种基本施工方式,也称作业方式或组织方式。

1. 顺序(依次)作业法

按工艺流程和施工程序(步骤)确定的先后顺序进行施工操作。将工程项目分解成若干个施工过程,按照一定的施工顺序,前一个施工过程完成后,后一个施工过程才开始施工;是一种最基本的、最原始的施工组织方式。顺序选择除了取决于工艺要求外,还与施工组织安排相关。

2. 平行作业法

根据工程或技术的需要,将工程分为若干施工段(或工点),各施工段均投入施工队伍同时组织施工。在拟建工程任务十分紧迫、工作面允许以及资源保证供应的条件下,可以组织几个相同的工作队,在同一时间、不同的空间上进行施工。

3. 流水作业法

流水作业是应用比较广泛的一种作业方法,以施工专业化为基础,将不同工程对象的同一施工工序交给对应专业施工队(组)执行,各专业队(组)在统一计划安排下,依次在各个作业面上完成指定的操作。流水作业要求工艺流程组织紧凑,有利于专业化施工,是现代化工业产品生产的基本组织形式,对于建筑工程亦具有先进性,其基本原理在下一节中详述。

4. 作业方式的综合运用

顺序(依次)作业法、平行作业法、流水作业法在生产过程中不仅可以单独运用,而且可以根据具体条件,将三种基本作业方式加以综合运用,从而形成平行流水作业法、平行顺序作业法以及立体交叉平行流水作业法。这些施工过程时间组织的综合形式,一般均能取得较明显的经济效果。

(1)平行流水作业法。

在平行作业法的基础上,按照流水作业法的原则组织施工,以达到适当缩短工期,使劳动力、材料、机械需要量保持均衡的目的。

(2)平行顺序作业法。

这种方法的实质是通过增加劳动力和机械的数量达到缩短工期的目的。

(3)立体交叉平行流水作业法。

这种方法是在平行流水作业法的原则上,采用上、下、左、右全面施工的方法,充分利用工作面来有效地缩短工期,一般适用于工序繁多、工程特别集中的大型构造物的施工,如大桥、立体交叉、隧道等工程量大、工作面狭窄、工期短的情况。

第三节 流水施工进度图

一、流水施工作业法的内涵和特点

1. 流水施工的内涵

(1) 把劳动对象的施工过程划分为若干工序或操作过程,每个工序或操作过程分别由按工艺流程建立的专业班组来完成。

(2) 把一个劳动对象尽可能地划分为劳动量大致相等的若干施工段。

(3) 各个作业班组按照一定的施工顺序,依次地、连续地由一个施工段转移到另一个施工段,反复完成同类工作。

(4) 不同工种或同一作业班组完成工作的时间尽可能地相互衔接起来。

2. 流水施工的特点

流水施工法的特点是生产的连续性和均衡性,使各种物质资源均衡地使用,施工企业的生产能力充分地发挥,劳动力得到合理地安排和使用,从而带来较好的经济效果,具体表现在以下几个方面:

(1) 避免了施工期间劳动力的过度集中,从而减少临时设施工程量,节约基建投资。

(2) 由于实行工程队(组)生产专业化,为提高工人的技术水平和进行技术改造与革新创造了有利条件,促进劳动生产率和工程质量的不断提高。

(3) 在采用流水施工方法时,单位时间内完成的工程数量,对于机械操作过程是按照主导机械的生产能力来确定,对于手工操作过程是以合理的劳动组织为依据确定的,因此能保证施工机械和劳动力得到合理和充分利用。

(4) 消除了工作间的不合理中断,缩短了工期,从而降低了工程间接费用;保证了劳动力和资源消耗的均衡,各种资源得到充分的利用,提高了劳动生产率和资源的使用率,减少了各种不必要的损失,从而降低了工程直接费用。

二、流水施工的主要参数

为了说明流水施工在时间和空间上的开展情况,须引入一些定量的描述,这些量称为流水参数。按参数性质不同,可以分为以下三类:

(一) 工艺参数

1. 施工过程数 n

为了描述一个施工过程中工艺的复杂程度,根据具体情况,可把一个综合的施工过程划分为若干具有独自工艺特点的单个施工过程,如为建设项目而进行的制备类施工过程,把材料和制品运到工地仓库,再转运到施工现场的运输类施工过程,以及在施工中占主要地位的安装类施工过程。划分的数量 n 称为施工过程数(工序数)。由于每一个施工过程一般由一个专业班组承担,故施工班组(队)数等于 n。

施工过程数需根据构造物的复杂程度和施工方法来确定,太多、太细会给计算增添麻烦,在施工进度计划上也会带来主次不分的缺点;太少则会使计划过于笼统,从而失去指导施工的作用。

2. 流水强度 V

流水强度又称流水能力、生产能力,每一施工过程在单位时间内所完成的工程量称为流水强度,如浇筑混凝土时,每工作班浇筑的混凝土的数量称为流水强度。

(1)机械施工过程的流水强度:

$$V = \sum_{i=1}^{x} R_i C_i \tag{3-1}$$

式中:R_i——某种施工机械台数;

C_i——该种施工机械台班生产率(即台班产量定额);

x——用于同一施工过程的主导施工机械种数。

(2)手工操作过程的流水强度:

$$V = RC \tag{3-2}$$

式中:R——每一工作队人数(R 应小于工作面上允许容纳的最多人数);

C——每一工人每班产量(即劳动产量定额)。

(二)时间参数

1. 流水节拍 t_i

流水节拍是某个施工过程(或作业班组)在某个施工段上的持续时间。它的大小关系着投入的劳动力、机械设备的多少,决定着施工的速度和施工的节奏性。通常有两种确定方法,一种是根据工期要求来确定;另一种是根据现有能投入的资源(劳动力、机械台班数)来确定。流水节拍按下式计算:

$$t_i = \frac{Q_i}{CRn\delta} = \frac{P_i}{Rn\delta} \tag{3-3}$$

式中:Q_i——某施工段的工程数量($i = 1,2,3,\cdots,m$);

C——每一工日(或台班)的实际产量或产量定额;

R——施工人数(或机械台数);

P_i——某施工段所需要的劳动量(或机械台班量);

n——作业班数量,如一个作业班、两个作业班等;

δ——资源的使用效率。

2. 流水步距 K_{ij}

两个相邻的施工队(组)在保持连续施工的条件下,先后进入第一个施工段进行流水施工的时间间隔,叫流水步距。其数目取决于参加流水的施工过程数,如施工过程数为 n,则流水步距的总数为 $(n-1)$ 个。

确定流水步距的基本要求如下:

(1)始终保持两施工过程的先后工艺顺序。

(2)保持各施工过程的连续作业。

(3)做到前后两施工过程施工时间的最大搭接。

(4)流水步距与流水节拍保持一定关系,它应满足一定的施工工艺、组织条件及质量要求,例如钻孔灌注桩工程,必须保证钻孔与灌注混凝土两道工序紧密衔接(防止塌孔)。

(三)空间参数

1. 工作面 A

工作面又称工作前线,它的大小决定了施工对象单位面积上能安置多少人工和布置多少机械。在确定一个施工过程必要的工作面时,不仅要考虑前一施工过程为这个施工过程可能提供的工作面大小,而且要遵守安全技术和施工技术规范的规定。

2. 施工段数 m

在组织流水施工时,通常把施工对象划分为所需劳动量大致相等的若干段,或按工程结构部位划分为若干分部分项工程段,这些段就叫施工段。每一施工段在某一时间内只供一个施工队完成其承担的施工过程。施工段的数目用 m 表示。

在划分施工段时,应考虑以下几点:

(1)施工段的分界同施工对象的结构界限(温度缝、沉降缝和单元尺寸等)取得一致。

(2)各施工段上所消耗的劳动量大致相等。

(3)每段要有足够的工作面,使工人操作方便,既有利于提高工效,又能保证施工安全。

(4)划分段数的多少,应考虑机械使用效能、工人的劳动组合、材料供应情况、施工规模大小等因素。

(四)充分流水条件

流水作业具有较高经济效益,是施工队伍积极采用的办法。但并不是在任何情况下都可以使用流水作业方法。只有在 $m \geq n$ 的条件下才能保证充分流水,即施工段数大于或等于工序数。

在工程规模较大的情况下,工艺过程较复杂,则将工程划分为多个施工段,调入多个专业队伍施工,才是充分流水施工的最好选择。

三、流水施工类型及总工期计算

由于工程构造物的复杂程度不同、所处的具体位置多变以及工程性质互异等因素的影响,流水施工的组织可分为有节拍流水和无节拍流水。有节拍流水是指在组织流水施工时,每一个施工过程在各个施工段上的流水节拍都相等,分为全等节拍流水、成倍节拍流水和分别流水。无节拍流水是指同一施工过程在不同施工段上的流水节拍不完全相等,而且不同施工过程在同一施工段上的流水节拍也不完全相等。

(一)有节拍流水

1. 全等节拍流水

所谓全等节拍流水,是指各施工过程在所有施工段上的流水节拍均相等,即是各施工过程

的流水节拍 t_i 与相邻施工过程之间的流水步距 K_{ij} 完全相等的流水施工,即 $t_i = K_{ij}$ = 常数。

由于是一个接一个相继投入施工,施工总工期的前段时间即由正式开工起至所有施工班组全部投入为止,这段时间间隔称为流水作业的开展时间,用 t_0 表示,显然 t_0 与专业班组的数目 n 以及每一施工班组在一个施工对象上执行同一工序的时间 t_i 有关。而总工期 T 又同时与开展时间和施工对象的数目有关,表示如下:

$$T = t_0 + m \cdot t_i = t_i(n-1) + m \cdot t_i = (m+n-1) \cdot t_i \tag{3-4}$$

【例 3-1】 全等节拍流水 $m=5$、$n=3$、$t_i=K_{ij}=2$,见图 3-5。此流水施工总工期 T 为:$T = (5+3-1) \times 2 = 14(d)$。

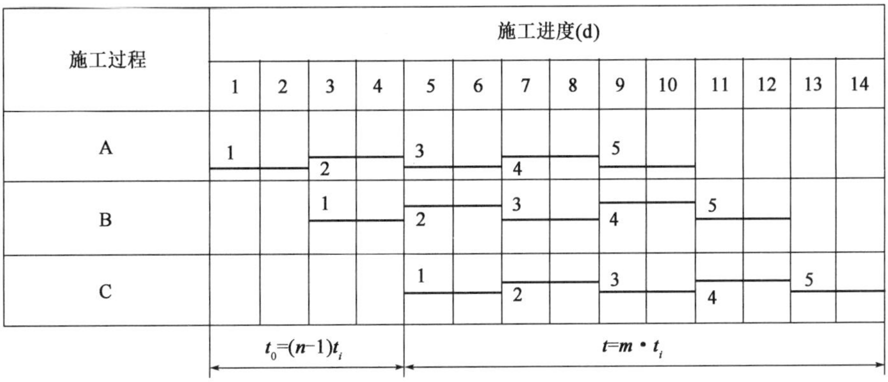

施工过程	施工进度(d)													
	1	2	3	4	5	6	7	8	9	10	11	12	13	14
A	1		2		3		4		5					
B			1		2		3		4		5			
C					1		2		3		4		5	

$t_0 = (n-1)t_i$ ； $t = m \cdot t_i$

图 3-5 全等节拍流水

2. 成倍节拍流水

各施工过程的流水节拍彼此不相等,但有互成倍数的常数关系时,如仍按全等节拍流水组织施工,则会造成施工队窝工或作业面间歇,从而导致总工期延长。此时,为了使各施工队仍能连续、均衡地依次在各施工段上施工,应按成倍节拍流水组织施工。其步骤如下:

(1)求各流水节拍的最大公约数 H,它相当于各施工过程都共同遵守的"公共流水步距"。为了使用方便和便于与其他流水作业法比较,仍称 H 为流水步距。

(2)求各施工过程的专业施工队数 b_i。每个施工过程的流水节拍 t_i 是 H 的几倍,就要相应安排几个施工队,才能保证均衡施工。同一施工项目的各个施工队依次相隔 H 天投入流水施工,因此,施工队数目 b_i 按下式计算:

$$b_i = \frac{t_i}{H} \tag{3-5}$$

(3)将专业施工队数目的总和 $\sum b_i$ 看成是施工过程数 n,将 H 看成是流水步距后,按全等节拍流水的方法安排施工进度。

(4)计算总工期 T,由于 $n = \sum b_i$,因此可以按式(3-4)来计算总工期:

$$T = (m + \sum b_i - 1)H \tag{3-6}$$

【例 3-2】 图 3-6 表示 6 座管涵 4 道工序按成倍节拍流水组织施工的一个例子。

由于作业面受限制,只能容纳 4 人同时操作,因此每个专业施工队按 4 人组成时,挖槽(A)需 2d,砌基础(B)需 4d,安涵管(C)需 6d,洞口砌筑(D)需 2d。它们的最大公约数 $H=2$,

由式(3-5)计算得到的各施工过程数 b_i 为:挖槽(A)1个队;砌基础(B)2个队;安涵管(C)3个队;洞口砌筑(D)1个队。

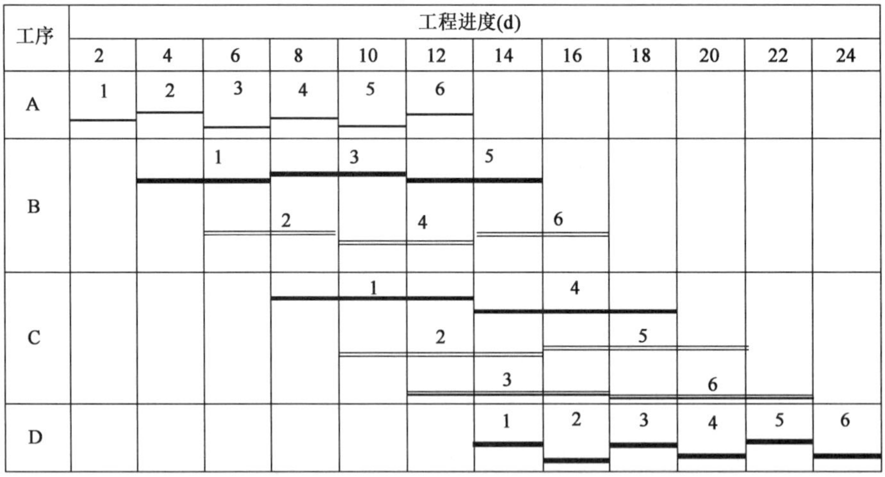

图3-6 成倍节拍流水

本例中,$m=6$,$\sum b_i = 1+2+3+1 = 7$,$H=2$,由式(3-6)计算得到总工期 T 为:

$$T = (m + \sum b_i - 1)H = (6+7-1) \times 2 = 24(\text{d})$$

3. 分别流水

分别流水是指各施工过程的流水节拍各自保持不变(t_i = 常数),但不存在最大公约数,流水步距 K_{ij} 也是一个变数的流水作业。分别流水作业的组织方法用图3-7说明。

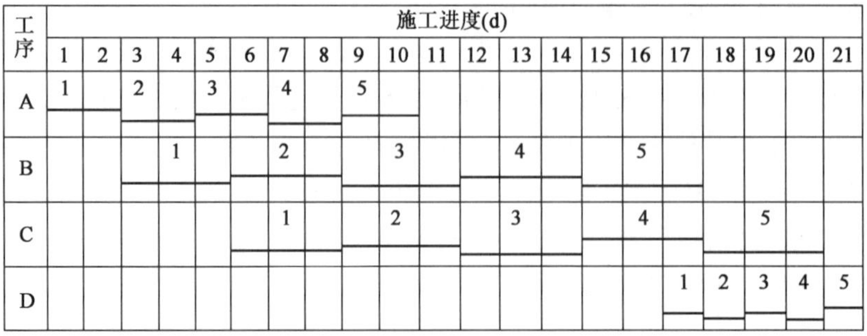

图3-7 分别流水

组织分别流水施工时,首先应保证各施工过程本身均衡而不间断地进行,然后将各施工过程彼此搭接协调。也就是说,既要避免各施工过程之间发生矛盾,也要尽可能减少作业面的间隙时间,使整个施工安排保持最紧凑,以达到缩短工期的目的。

由于流水步距是个变数,因此必须分别确定,这对各施工过程的相互配合和正确搭接是一个很重要的参数。下面用一个4道工序、5个施工段的项目(图3-7)来说明流水步距的计算方法。

(1)当后一个施工过程的流水节拍 t_{i+1} 等于或大于前一个施工过程的流水节拍 t_i 时,流水步距根据后一个施工过程所要求的时间间隔(或足够的作业面)决定,即流水步距 $K = t_i$。图 3-7 中的工序 A 与工序 B 和工序 B 与工序 C 都属于这种情形,其流水步距分别为 2d 和 3d。

(2)当 $t_{i+1} < t_i$ 时,流水步距 K 用下式计算:

$$K = m(t_i - t_{i+1}) + t_{i+1} \tag{3-7}$$

式中:m——施工段数。

其余符号意义同前。

图 3-7 中的工序 C 与工序 D 属于这种情形,图中 $t_i = t_C = 3, t_{i+1} = t_D = 1, m = 5$,由式(3-7)计算流水步距为 11d。

分别流水的总工期用下式计算:

$$T = t_0 + t_n = \sum K + t_n \tag{3-8}$$

式中:t_n——最后一个专业施工队的作业持续时间;

t_0——流水展开期,为最初施工过程开始至最后的施工过程开始之间的时间间隔;

$\sum K$——各相邻工序之间流水步距之和。

在实际的工程施工中,对于一个专业施工队来说,它可以按固定的流水节拍(或不变的速度)前进。但从整个工程的流水作业组织来看,各专业施工队都按自己的流水节拍(或移动速度)前进,彼此不一定相同,也不一定成倍数关系,这主要是由于机械配备、施工条件、劳动生产率或其他外界因素影响所致。如果要求流水速度绝对统一,必然会使机械的效率不能充分发挥或造成某些施工队窝工。为此,需要在统一的进度要求下,各专业施工队按照本身最合理、施工效率最高的流水速度进行作业。这是组织分别流水作业中应着重考虑和需仔细解决的问题。

(二)无节拍流水

无节拍流水是指各施工过程的流水节拍全不相等。对于工程施工来说,沿线工程量的分布都是不均匀的,因此,实际上各专业施工队在机具和劳动力固定的条件下,流水作业速度不可能保持一致,即各施工段上同一施工过程的流水节拍无法相等。也就是说,多数情况下在组织流水施工时,$t_i \neq$ 常数,$K \neq$ 常数,$t_i \neq K$,也非整数倍,如图 3-8 所示。

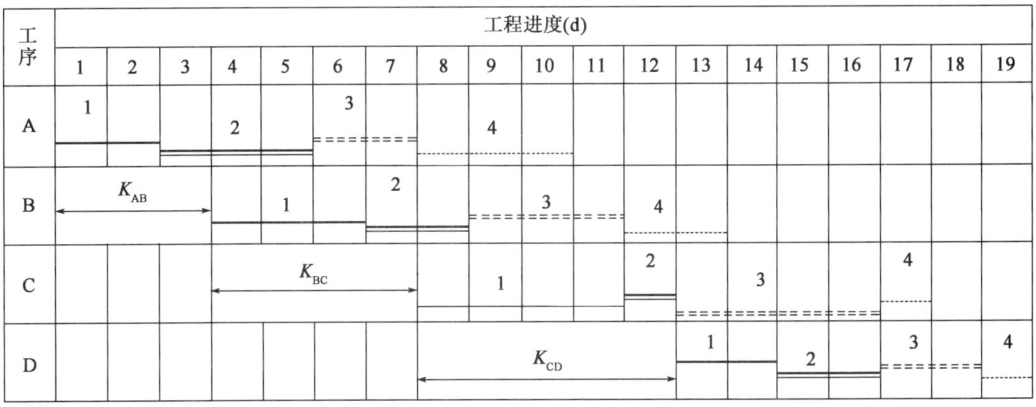

工序	工程进度(d)																		
	1	2	3	4	5	6	7	8	9	10	11	12	13	14	15	16	17	18	19
A	1			2		3			4										
B	K_{AB}			1		2			3			4							
C			K_{BC}				1			2			3			4			
D						K_{CD}				1		2			3		4		

图 3-8 无节拍流水

对于上述情况,只能按照无节拍流水组织施工。无节拍流水的各个参数以及总工期的确定,都必须通过对专业施工队逐个落实,反复调整,才能得到满意的结果。以下介绍一种大差法来计算流水步距。

大差法是先做错误的假设,即假设各道工序(队组)在第一施工段上同时开工,分别求出各施工队组在各施工段上的完工时间,形成新的数列矩阵;前行数列向前(左)移一位,相对紧邻后一行数列向右移一位;对应两行数列相减,缺位补零,即可求出差值数列,其中最大差值即为流水步距。即所谓"相邻工序每段流水节拍时间累加数列错位相减取大差"法。

【例3-3】 表3-1表示某4个施工段的三项工序(甲、乙、丙)所需的作业时间,按照无节拍流水组织施工,求各工序(施工过程)之间的流水步距和总工期。

三道工序4个施工段的施工时间表(单位:d)　　　　表3-1

工序	施工段			
	1	2	3	4
甲	2	3	3	2
乙	2	2	3	3
丙	3	3	3	2

由表3-1中数据可以看出:$t_i \neq$ 常数,$K \neq$ 常数,$t_i \neq K$,也非整数倍,故只能作无节拍流水施工组织。采用大差法求解。先分别将两相邻工序的每段作业时间(流水节拍)逐项累加,得出两个数列,然后将后工序的累加数列向后错一位对齐,逐个相减,得到第三个数列(仅取正值),从中取大值即为两工序施工队组的流水步距K。

(1)计算流水步距:

$K_{甲乙}$:
(-)　　2,　5,　8,　10,
　　　　　2,　4,　7,　10

$K_{甲乙}$=max[2　3　4　3　-] = 4

$K_{乙丙}$:
(-)　　2,　4,　7,　10,
　　　　　3,　6,　9,　11

$K_{乙丙}$=max[2　1　1　1　-] = 2

据此计算,可确定甲与乙、乙与丙的流水步距分别为4d和2d。

(2)计算总工期T:

$$T = 4 + 2 + (3 + 3 + 3 + 2) = 17(d)$$

(3)绘制流水施工进度图:

用横道图表示出来,流水作业施工进度计划如图3-9所示。

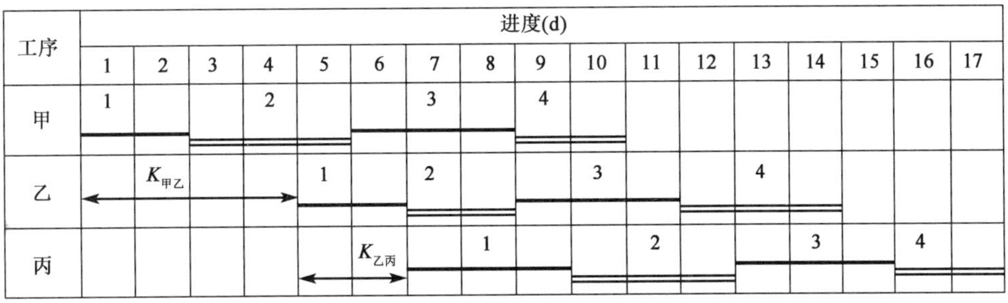

工序
进度(d)
1 2 3 4 5 6 7 8 9 10 11 12 13 14 15 16 17
甲
乙
丙
1 2 3 4
$K_{甲乙}$
1 2 3 4
$K_{乙丙}$
1 2 3 4

图 3-9　无节拍流水作业施工进度图(横道上方的数值为施工段号)

第四节　双代号网络图

一、双代号网络图的组成

网络图是一种表示整个计划中各道工序(或工作)的先后次序、相互逻辑关系和所需时间的网状矢线图。双代号网络图是目前应用较为普遍的一种网络计划形式,它利用网络技术表示一项工程。任务或一个计划中各项工作的先后次序、衔接关系和所需时间、资源,其中工作用两个节点加箭线代号表示。双代号网络图由三个要素组成,即箭杆线、节点和线路,如图 3-10所示。

节点
箭杆线
工作名称
持续时间
i
j

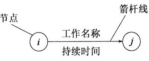

图 3-10　双代号网络图组成要素

1. 箭杆线(工作或工序)

箭杆线是网络图的重要组成部分,在双代号网络图中,用箭杆线"→"表示工作,每一个箭杆线表示一道工序或一项工作。该工作或工序可以是作为成本计算对象的单位工程,如路基工程、路面工程、桥梁工程和交通工程等;也可以是进一步细分的分项工程,如面层、基层、基础等;甚至还可以细分到具体的工序,如支模、绑扎钢筋、混凝土浇筑等。就具体的网络计划而言,箭杆线所代表的工作,主要取决于网络计划的详细程度。

在网络计划中的工序可分为实工序和虚工序两种。

1)实工序

用实箭杆线"——→"表示实工序,是指需要消耗时间或资源的工序,如开挖基坑、浇筑混凝土、填筑路堤等,这些工作既消耗资源又消耗时间;而如混凝土的养生、稳定类基层的养生就只消耗时间而不消耗资源。

1
A
3
2
B
5
3
C
4
D
3
4
E
5
5
F
4
6

图 3-11　双代号网络图

2)虚工序

用虚箭杆线"------→"表示虚工序,如图 3-11中"③------→④"所示,表示的工作既不消耗时间也不消耗资源,它只是表示相邻前后工作之间的逻辑关系。

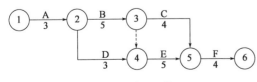

2. 节点

节点即前后两工序的交点,表示工序的开始、结束和连接等关系。它是一个瞬间概念,不消耗时间和资源。

网络图中第一个节点称原始(或开始)节点,最后一个节点称结束(或终点)节点,其他节点称为中间节点。同一节点(除原始和结束节点外),既是前面工序的完工节点,又是后面工序的开工节点,如图 3-11 所示。

节点的编号要求是:由小到大、从左至右,箭头的号码大于箭尾的号码,不允许重号,但可不必连续编号,以便增减新的节点。

3. 线路

它是指网络图中从原始节点到结束节点之间可连通的线路。显然,一个网络图中线路有许多条,通过计算,就可以从中找到总工作时间最长的线路,此线路就称为关键线路。工作时间少于关键线路的线路称为非关键线路。位于关键线路上的工序称为关键工序,在网络图中常用粗箭线或双线箭线表示。

关键线路上关键工序完成的快慢直接影响着整个工程的工期。但关键线路不是一成不变的,在一定条件下会转化。非关键线路上的工序有一定的机动时间,称为时差,它意味着该工序(线路)开工时间或完成日期允许适当提前或延期而不影响整个计划的按期结束。

时差是网络计划优化的基础,如果将非关键工序在允许时差范围内放慢施工速度,增加工序的持续时间,并把部分人力、机具转移到关键工序上去,加快关键工序的进行,就可达到均衡施工和缩短工期的目的。

二、双代号网络图的识图

1. 工作的表示方法

一项工作用一条箭杆线和两个节点表示,节点可以是圆圈,也可以是其他形式,在其中填入编号,如 i 和 j 等。而工作名称和完成工作所需的时间标注在箭杆线的上、下方,如图 3-12 所示。工作名称和持续时间可以用相应的代码表示,于是图 3-12 又可表示为图 3-13。

图 3-12 工作表示示意图(一)　　　　图 3-13 工作表示示意图(二)

2. 工作关系及其表示

(1)工作关系。

工作关系是指工作进行时客观上存在的一种先后次序关系。这种关系有下列五种类型:

①紧前工作:就某一项工作而言,紧靠其前面的工作称为该工作的紧前工作。

②紧后工作:就某一项工作而言,紧靠其后面的工作称为该工作的紧后工作。

③平行工作:就某一项工作而言,与其平行的工作称为该工作的平行工作。

④先行工作:就某一项工作而言,其前面的工作称为该工作的先行工作。
⑤后续工作:就某一项工作而言,其后面的工作称为该工作的后续工作。

该工作本身则可叫本工作。下面以图 3-14 所示的双代号网络图为例说明各种工作关系。

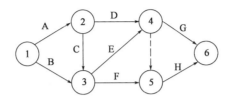

图 3-14　双代号网络图

以 F 工作作为本工作,则 F 工作的紧前工作是在 F 工作开始节点③结束的工作,即 B、C 工作;F 工作的紧后工作是在 F 工作结束节点⑤开始的工作 H;F 工作的平行工作是与 F 工作同一节点开始的工作 E。

(2)工作关系的表示。

在网络计划图中,各工作之间的关系变化多端,下面就常见的工作关系的表示方法介绍如下:

①全约束:A、B 工作均完成后同时进行 C 和 D 工作,即 A 工作的紧后工作有 C、D 工作,B 工作的紧后工作亦有 C、D 工作。其网络计划图可表示为图 3-15。

②半约束:A 工作的紧后工作有 C、D 工作,B 工作的紧后工作有 C、D 工作中的一半,即一项工作 D,其网络计划图可表示为图 3-16。

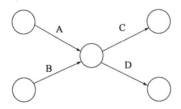

图 3-15　全约束网络计划图

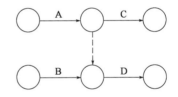

图 3-16　半约束网络计划图

③三分之一约束:A 工作的紧后工作有 C、D 工作,B 工作的紧后工作有 D、E 工作,C、D、E 三项工作只有一项 D 工作既是 A 工作的紧后工作又是 B 工作的紧后工作。其网络计划图可表示为图 3-17。

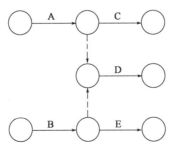

图 3-17　三分之一约束网络计划图

3. 箭线

对于一个节点而言，可能有许多箭线同时进入或流出该节点，进入该节点的箭线称为该节点的内向箭线；流出该节点的箭线称为该节点的外向箭线。如图 3-14 中所示，②节点的内向箭线为①——②，外向箭线为②——③和②——④。

4. 节点

(1) 开始节点：无内向箭线的节点，如图 3-14 中的①节点。
(2) 结束节点：无外向箭线的节点，如图 3-14 中的⑥节点。
(3) 中间节点：既有内向箭线又有外向箭线的节点，如图 3-14 中的②、③、④、⑤节点。

三、双代号网络图的绘制

(一) 绘制规则

绘制双代号网络图时，应正确地表达工作间的逻辑关系和引用虚工作，并遵循有关绘图的基本规则，否则，绘制的网络图就不能正确地反映工程项目的施工流程和进行时间参数的计算。绘制双代号网络图必须遵循以下基本规则：

1. 一张网络图只允许有一个开始节点和一个结束节点

例如，图 3-18a) 双代号网络图有两个开始节点①、②，这是不允许的。解决此问题的最简单的方法是用虚箭线把节点①与②连接起来，使网络图变成只有一个起点，见图 3-18b)。

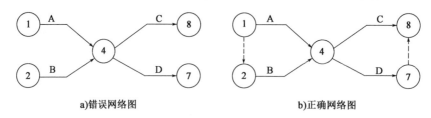

a) 错误网络图   b) 正确网络图

图 3-18　网络图的开始、结束节点画法

又如图 3-18a) 中出现了两个结束节点⑦、⑧，这也是不允许的。此时须同样增设虚箭线把节点⑦与⑧连接起来，或虚设节点⑨，将⑦、⑧连接起来使之成为一个结束节点，如图 3-18b) 所示。

2. 一对节点之间只允许存在一条箭线

在双代号网络图中，两个代号表示唯一的工作，如果一对节点之间有两条甚至更多条箭线同时存在，则无法分清这两个代号究竟代表哪一项工作。这种情况下正确的表达方法是引入虚箭线，见图 3-19。

3. 不允许出现闭合回路

在网络计划图中，如果从一个节点出发沿某一条线路又能回到原出发的节点，称此线路为闭合回路。图 3-20a) 中节点③、④、⑤是一条闭合回路，它表示的工作关系是错误的，工艺流程相互矛盾，工作 A_2、A_3、A_4 的每一项都无法开始，也无法结束。此时若用计算机计算网络图，时间参数只进行循环运行，不能输出计算结果。遇到这种情况的处理办法一般是更改箭线方向消除闭合回路，如图 3-20b) 所示。

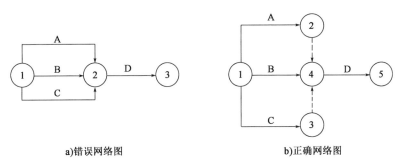

图 3-19 网络图的一对节点间引入虚箭线画法

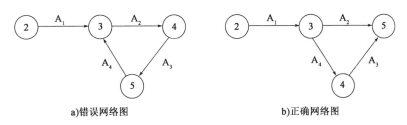

图 3-20 网络图不允许出现闭合回路

4. 不允许出现线段、双向箭头,并应避免使用反向箭线

表示工程进度计划的网络图是一种施工进程方向的网状流程图,箭头方向为施工前进方向,所以不允许出现无箭头的线段和双向箭头的箭杆线。箭杆线所表达的工作需要占用时间,而时间是不可逆的,应避免使用反向箭杆线,否则容易引起闭合回路;在时标网络计划图中,更不允许出现反向箭线。

5. 布局应合理,尽量避免箭线交叉

网络图的布局调整,除应避免箭线交叉外,还应尽量使图面整齐美观,如图 3-21 所示。当箭杆线交叉不可避免时,应采用"过桥法""指向法"等方法加以处理,如图 3-22 所示。

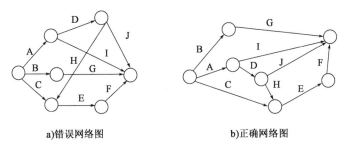

图 3-21 网络图尽量避免交叉

(二)绘制步骤

1. 工程任务分解

应清楚地显示计划的内容,将工程任务分解为若干个单项的工作。

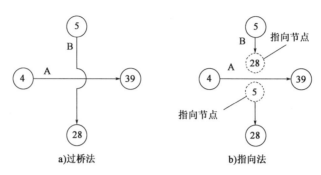

图 3-22 箭杆线交叉的处理方法

2. 确定各单项工作的相互逻辑关系

逻辑关系包括工艺逻辑关系和组织逻辑关系,即明确指出各工作在开始之前应完成哪些工作(紧前工作),或者工作结束之后有哪些工作(紧后工作)。对于一个熟悉工程任务具体情况和本单位物质技术条件的计划人员来说,找出工作之间的相互逻辑关系并不困难。

3. 确定各单项工作的持续时间

当考虑资源和费用问题时,应给出相应的数据。确定工作的持续时间至关重要,工作持续时间的可靠性,直接影响计划的质量。若时间定得太短,则会造成人为的紧张局面,甚至工作无法完成;如果时间定得太长,又造成时间上的浪费。在确定工作的持续时间时,应不受工作重要性、指令工期等条件的约束,也就是应按正常情况下所需时间而确定。

4. 填写工作关系表

以上三项确定之后,应将这些资料填写到工作关系表中去。通常的工作关系表的基本内容包括:工作代号、工作名称、紧后工作(或紧前工作)、持续时间等。

5. 绘制双代号网络计划草图

草图绘制时,根据拟定的紧前工作关系,可按后退法绘制,所谓后退法即指采用从最终节点到最初节点的方法来绘制;如果拟定的是紧后工作关系,则可按前进法绘制,所谓前进法,即指从最初节点开始到最终节点的方法。当然紧前工作关系和紧后工作关系也可以相互转换。比如说:A 的紧后工作是 B,则换句话说,B 的紧前工作是 A,这两句话意思是一样的,只是表达方式不同。后续举例中,以前进法来绘制双代号网络图。

6. 整理成图

由于绘制草图时,主要目的是表明各工作关系,所以布局上不是十分合理,同时难免会有多余虚工作等。因此需要对草图进行整理,去掉多余的虚箭线,调整位置,尽量去掉箭杆线的交叉,检查工作关系是否正确,检查是否符合绘图规则。

7. 进行节点编号

节点编号的要求是:由小到大、从左至右,箭头的号码大于箭尾的号码,不允许重号,但可不必连续编号,以便增减新的节点。在满足节点编号规则的前提下,可按以下方法进行节点编号:

(1)水平编号法:从网络图起点开始,由左到右按箭线顺序编号。

（2）垂直编号法：从网络图起点开始，自左到右逐列由上而下编号，每列编号根据编号规则进行。

（3）删除箭线法：先给网络图起点编号，再在图上划去该节点引出的全部箭线，对图中剩下的没有箭线进入的节点依次编号，直到全部节点编完号为止。

(三) 工作逻辑关系的表示方法

工作逻辑关系是工作进展中客观存在的一种先后顺序关系。在表示工程进度计划的网络图中，工作之间的逻辑关系是由施工组织、施工技术、工艺流程、资源供应、施工场地等决定的。各项工作之间逻辑关系表示正确与否，是网络计划图能否反映工程项目实际情况的关键。如果工作逻辑关系表示错了，则网络计划图的时间参数计算就会发生错误，关键线路和工程计划总工期也跟着发生错误。

要绘制一张正确反映工作逻辑关系的网络计划图，必须搞清工作之间的关系。工作之间基本的逻辑关系有三种：

（1）本项工作必须在哪些工作之前进行？
（2）本项工作必须在哪些工作之后进行？
（3）本项工作可以与哪些工作平行进行？

在工程实际的网络计划图中，各项工作之间的逻辑关系是复杂多变的，表3-2所列的是网络计划图中常见的一些工作关系的表示方法，供绘制双代号网络计划图时参考，各工作名称以字母表示。

常见工作逻辑关系的表示方法　　　　　表3-2

序号	工作之间的逻辑关系	网络图中的表示方法
1	A 完成后同时进行 B 和 C	
2	A 和 B 同时完成后进行 C	
3	A 和 B 同时完成后，同时进行 C、D	
4	A 完成后进行 C，A 和 B 同时完成后，同时进行 D	

续上表

序号	工作之间的逻辑关系	网络图中的表示方法
5	A 和 B 同时完成后进行 D； A 和 B、C 同时完成后进行 E； D 和 E 同时完成后进行 F	
6	A 和 B 同时完成后进行 C； B、D 同时完成后进行 E	
7	A 和 B、C 同时完成后进行 D； B 和 C 同时完成后进行 E	
8	A 完成后进行 C； A 和 B 同时完成后进行 D； B 完成后进行 E	
9	A 和 B 流水施工： A_1 完成后进行 A_2 和 B_1； A_2 完成后进行 A_3； A_2 和 B_1 同时完成后进行 B_2； A_3 和 B_2 同时完成后进行 B_3	

(四) 虚箭线的应用

1. 虚箭线用于解决工作间逻辑关系的连接

在表 3-2 序号 4 中，工作 A 的紧后工作为 C，工作 B 的紧后工作为 D，但工作 D 又同时是工作 A 的紧后工作，为了把 A、D 两项工作的前后关系连接起来，需引入虚工作。虚工作的持续时间为零，A 工作完成后 D 工作才能开始。同理在表 3-2 序号 5、6、7、8 和 9 中，虚箭线都是用于工作关系的连接。

2. 虚箭线用于解决工作关系的逻辑断路问题

绘制双代号网络计划图时,易错之处是把不该发生的工作逻辑关系连接起来,使网络图发生与实际不相符的逻辑错误。这时必须引入虚箭线隔断原来没有联系的工作,这种处理方法称为"断路法"。绘制双代号网络图时应特别注意,下面举例说明。

【例3-4】 某桥基础工程施工可分解为挖基坑、地基处理、砌基础、回填土4道工序,分两个施工段流水施工。如果绘成图3-23a)那就错了,因为第二施工段上的挖基坑(挖$_2$)与第一个施工段上砌基础(砌$_1$)不存在逻辑关系,同样填$_1$与处$_2$也不存在逻辑关系。正确的绘制方法应把不该发生逻辑关系的工序连接引入虚箭线断开,如图3-23b)所示。此法在流水作业施工进度计划双代号网络图中广泛应用。

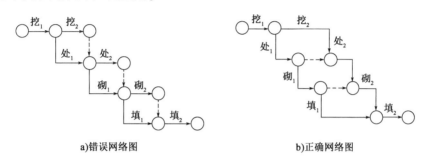

图3-23 虚箭线在工作关系断路中的应用

3. 当两项或两项以上的工作同时开始和同时结束时,必须引入虚箭线,以免造成混乱

图3-24a)中,工作B、C、D三条箭线共用③、⑤两个节点,则代号(3,5)同时表示工作B、C、D,这样就产生了混乱。此时需引入虚箭线才符合双代号网络图每项工作均由一根箭线和两个节点代号组成的基本含义,如图3-24b)所示。

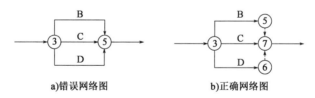

图3-24 虚箭线在两项或两项以上同时开始同时结束工作中的应用

4. 虚箭线在不同工程项目之间工作有联系时的应用

虚箭线在不同工程项目之间工作有联系时的应用,下面举例说明。

【例3-5】 甲、乙两项独立的工程项目施工时,应分别绘制双代号网络图;但如果两工程的某些工序需要共用某台施工机械或某个技术班组时,可以引入虚箭线表示这些联系,如图3-25所示。

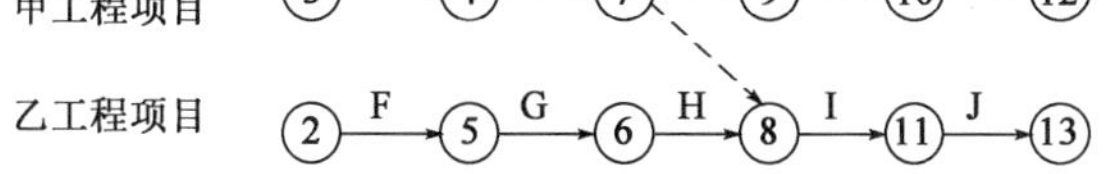

图3-25 虚箭线在不同工程项目中的应用

从图 3-25 可以看出,乙工程项目的 I 工作不仅要等紧前工作 H 完成,而且要在甲工程项目的 B 工作也完成后才能开始。

综上所述,在绘制双代号网络计划图时,引用虚箭线是非常重要的。但是,判断在什么地方、在什么情况下引用虚箭线比较困难,一般是先增设虚箭线,待网络计划图构成以后,再删除不必要的虚箭线。因为多余的虚箭线会增加绘图工作量和计算工作量,而且还会使网络图复杂,所以应将其删除。删除多余虚箭线的方法有:

(1) 如果虚箭线是由节点发出的唯一的外向箭线,一般应将这条虚箭线删除;但当这条虚箭线是为了区分两个或两个以上同时开始同时结束的工作时,其流水网络中的虚箭线就不能删除,如图 3-26 所示。

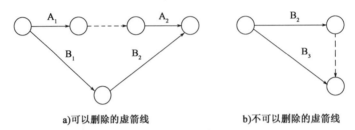

a) 可以删除的虚箭线　　　　　b) 不可以删除的虚箭线

图 3-26　虚箭线处理方法之一

(2) 当一个节点有两条虚箭线进入,一般可清除其中一条虚箭线,图 3-27 中删除了一条虚箭线。但应注意删除虚箭线是否会改变工作关系,若改变则不能删除,如图 3-28 中节点②的两条外向虚箭线和节点⑤的两条内向虚箭线都不能删除。

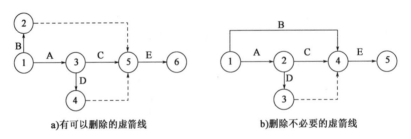

a) 有可以删除的虚箭线　　　　　b) 删除不必要的虚箭线

图 3-27　虚箭线处理方法之二(有可删除的虚箭线)

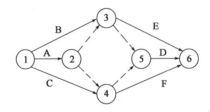

图 3-28　虚箭线处理方法之二(无可删除的虚箭线)

(五) 绘制方法

确定工作关系及工作持续时间后,绘制网络计划图通常采用以下方法。

1. 前进法

前进法是从网络图起点节点开始顺箭线方向逐节点生长绘图,直到各条线路均达到网络图的结束节点为止。一般当工作关系表中列出本工作与紧后工作的关系时,可方便地采用前进法绘网络图。前进法绘图的关键是第一步,要正确而又清楚地确定出最先开始的工作。

2. 后退法

后退法是从网络图结束节点开始逆箭线方向逐节点后退,直到各条线路均退回到网络图的起点节点为止。一般当工作关系表中列出本工作与紧前工作关系时,使用后退法较为方便。后退法绘网络图的关键是后退的第一步,要正确又清楚地确定出最后结束的工作。

3. 先粗后细法

在工程进度计划实际网络图绘制中,可先粗略划分工程项目,然后逐步细分,先绘制分项或分部工程的子网络图,再拼成单位工程或单项工程总网络图。因此,工程实际绘制网络计划图时应广泛采用先粗后细法。

(六) 工程应用实例

【例 3-6】 某扩建工程,工作项目划分与工作相互关系及工作持续时间见表 3-3,试绘制其施工进度双代号网络计划图。

工作项目划分明细表　　表 3-3

工作代号	A	B	C	D	E	F	G	H
工作名称	测量	土方工程	路基工程	安装排水设施	清理杂物	路面工程	路肩施工	清理现场
紧前工作	—	A	B	B	B	C、D	C、E	F、G
持续时间(d)	1	10	2	5	1	3	2	1

根据表 3-3 所列工作关系,如果采用前进法绘网络图,关键是确定 A 为开始工作,然后从表 3-3 中找出本工作的紧后工作,逐节生长绘图直至网络图的终点;若采用后退法绘制网络图,关键是确定 H 为结束工作,再从表 3-3 中寻找本工作的紧前工作,逐节后退绘图直到网络图的起点。绘制的双代号网络计划图如图 3-29 所示。

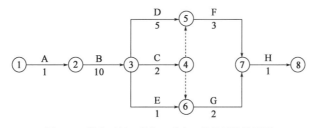

图 3-29　道路更新工程施工进度双代号网络计划图

【例 3-7】 某合同段立交桥工程施工工期直接影响主线路基和 4 条匝道路基填筑,该工程项目的工作组成和工作间的逻辑关系及工作持续时间如表 3-4 所示。

工作关系表   表3-4

工作代号	工作内容	紧前工作	持续时间(周)	工作代号	工作内容	紧前工作	持续时间(周)
A	临建工程	—	1	I	修筑预制场	E	1
B	施工组织设计	A	3	J	主梁预制	I	6
C	平整场地	A	1	K	盖梁施工	H	4
D	材料进场	B	3	L	预制场吊装设备安装	F	1
E	主桥施工放样	B	1	M	吊装准备工作	L	1
F	材质及配合比试验	C	1	N	主梁安装	J、K、M	3
G	基础工程施工	D	4	P	桥面系统施工	N	2
H	桥墩施工	G	3				

根据表3-4工作逻辑关系,利用后退法或前进法绘制某立交桥施工进度的双代号网络图,见图3-30。

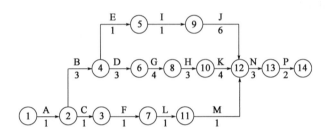

图3-30 某立交桥施工进度双代号网络图

四、计算时间参数

(一)时间参数分类及其计算假定

网络计划图的时间参数按其特性可分为两类:

1. 控制性时间参数

(1)最早时间系列参数包括:工作的最早可能开始时间(ES)、工作的最早可能完成时间(EF)、节点的最早可能实现时间(ET)。

(2)最迟时间系列参数包括:工作的最迟必须开始时间(LS)、工作的最迟必须完成时间(LF)、节点的最迟必须实现时间(LT)。

2. 协调性时间参数

包括工作的总时差(TF)、工作的局部时差(或称工作的自由时差)(FF)、工作的相干时差(IF)、工作的独立时差(DF)。

这里所说的时差,即为工作的机动时间,它意味着一些工作适当地推迟开始或者推迟完成时,并不影响整个计划的完成时间。

为了使网络图时间参数计算都建立在统一的网络模型上,规定时间计算的起点,必须做出以下计算假定:

(1)网络计划图中工作的持续时间是已知的,即为肯定型网络模型。

(2)工作的可能开始、完成,或者必须开始、完成的时间均以单位时间终了时刻为计算标准。

如 $ES_A = 6d$ 表示工作 A 的最早可能开始时间为第 6 天(末),又如 $LF_B = 16d$ 则表示工作 B 最迟必须在第 16 天(末)完成。工作日以时间的原点为起算点,与实际工程进度控制的日历时间有一定的差距。在日历上,$ES_A = 6d$ 表示工作 A 的最早开始时间为某月 7 日,$LF_B = 16d$ 则为工作 B 最迟必须在某月 16 日完成。

通过网络计划图时间参数的计算可以达到下列目的:

(1)确定完成整个计划的总工期,各项工作的最早可能开始时间和最早可能完成时间。

(2)确定各工作的最迟必须开始时间和最迟必须完成时间,各项工作的各种机动时间与计划中的关键工作及关键线路。

(3)是绘制时间坐标网络计划图的基础,网络图经过时间参数计算后,才可绘制时间坐标网络计划图,以便为网络计划下达执行提供依据。

(4)是网络计划调整与优化的前提条件。经时间参数计算后,可发现工期超出合同工期,工程费用消耗过高,由时间坐标网络图上绘出的资源调配图看出资源供应明显不均衡等问题,从而必须对原网络计划图进行必要的调整与优化,以达到既定的计划管理目标。

(二)节点时间参数计算

1. 节点的最早可能实现时间(ET)

节点的最早可能实现时间(ET)是指以计划起始节点的时间 $ET_{(1)} = 0$ 为起点,沿着各条线路达到每一个节点的时刻,它表示该节点之前工作已经全部完成,其后的紧后工作最早可能开始的时间。用公式表示即为:

$$ET_{(j)} = \max\{ET_{(i)} + t_{(i,j)}\} \quad j = 2,3,4,\cdots,n \tag{3-9}$$

式中:$t_{(i,j)}$——工作(i,j)的持续时间;

n——网络计划图中结束节点的编号。

按上式计算得到结束节点的最早可能实现时间即是计划(算)工期,即 $ET_{(n)} = T$。

2. 节点的最迟必须实现时间(LT)

节点的最迟必须实现时间(LT)是指在计划工期确定的情况下,从网络计划图结束节点开始,逆向推算可得各节点的最迟实现时间。先给定 $LT_{(n)} = ET_{(n)} = T$,由此递推:

$$LT_{(i)} = \min\{LT_{(j)} - t_{(i,j)}\} \quad i = n-1, n-2, \cdots, 2, 1; j-1 > 1 \tag{3-10}$$

3. 节点时间参数计算步骤

(1)设起始节点的最早可能实现时间 $ET_{(1)} = 0$,顺箭头计算各节点的最早可能实现时间 $ET_{(j)}$;如果是汇集节点,即有多条箭线进入的节点,则应对进入节点的各条箭线分别进行计算,然后取其中最大值作为该节点的 ET 值;继续计算直到结束节点得到最早可能实现时间 $LT_{(n)}$。

(2)结束节点的最早可能实现时间 $ET_{(n)} = T$,即等于计划工期。

(3)设结束节点的最迟必须实现时间 $LT_{(n)} = ET_{(n)}$,逆箭头计算各节点的最迟必须实现时间 $LT_{(i)}$;如果是分支节点,即有多条箭线发出的节点,则应对发出节点的各条箭线分别进行计算,然后取其中最小值作为该节点的 LT 值;继续计算直到起始节点。

(三)工作时间参数计算

1. 工作的最早可能开始时间(ES)

工作的最早可能开始时间(ES)是指一项工作在其紧前工作都结束后,可以开始工作的最早时间。很显然工作(i,j)的最早可能开始时间就等于该工作箭尾节点 i 的最早可能实现时间,即:

$$ES_{(i,j)} = ET_{(i)} \tag{3-11}$$

2. 工作的最早可能结束时间(EF)

正常情况下,工作(i,j)若能在最早可能开始时间开始,对应就有一个最早可能结束时间,它就等于箭尾节点的最早可能实现时间或者工作的最早可能开始时间加上工作(i,j)的持续时间 $t_{(i,j)}$,即:

$$EF_{(i,j)} = ES_{(i,j)} + t_{(i,j)} \tag{3-12}$$

3. 工作的最迟必须结束时间(LF)

工作的最迟必须结束时间(LF)是指一项工作在不影响工程按总工期结束的条件下,最迟必须结束的时间,它必须在紧后工作开始之前完成。从工作结束节点逆箭线计算,工作(i,j)最迟必须结束时间应等于节点 j 的最迟必须实现时间,即:

$$LF_{(i,j)} = LT_{(j)} \tag{3-13}$$

4. 工作的最迟必须开始时间(LS)

正常情况下,与工作的最迟必须结束时间相对应的有工作的最迟必须开始时间。它为工作最迟结束时间减去该工作的持续时间。

$$LS_{(i,j)} = LF_{(i,j)} - t_{(i,j)} \tag{3-14}$$

(四)工作的时差计算

时差反映工作在一定条件下的机动时间范围。通常分为总时差、局部时差、相干时差和独立时差。

1. 总时差(TF)

工作的总时差 $TF_{(i,j)}$ 是指在不影响任何一个紧后工作的最迟开始时间的条件下,工作(i,j)所拥有的最大机动时间。具体地说,它是在保证本工作以最迟完成时间完工的前提下,允许该工作推迟其最早开始时间或延长其持续时间的幅度。工作(i,j)的总时差计算公式如下:

$$TF_{(i,j)} = LT_{(j)} - ET_{(i)} - t_{(i,j)} = LF_{(i,j)} - ES_{(i,j)} - t_{(i,j)} \tag{3-15}$$

由式(3-15)看出,对任何一项工作(i,j),其总时差可能有三种情况:

(1)$TF_{(i,j)} > 0$,说明该工作存在机动时间。

(2)$TF_{(i,j)} = 0$,说明该工作没有机动时间。

(3) $TF_{(i,j)} < 0$,说明该工作存在负时差,计划工期长于规定工期,应采取技术或组织措施予以缩短,确保计划总工期。

2. 局部时差(FF)

工作的局部时差 $FF_{(i,j)}$ 也称自由时差,是指在不影响其紧后工作的最早可能开始时间的条件下,工作(i,j)所具有的机动时间。具体地说,它是在不影响紧后工作按最早开始时间开工的前提下,允许该工作推迟最早开始时间或延长其持续时间的幅度。工作(i,j)的局部时差计算公式如下:

$$FF_{(i,j)} = ET_{(j)} - ET_{(i)} - t_{(i,j)} \tag{3-16}$$

3. 相干时差(IF)

工作的相干时差 $IF_{(i,j)}$ 是指可以与紧后工作共同利用的机动时间。具体地说,是在工作总时差中,除局部时差外剩余的那部分时差。工作(i,j)的相干时差计算公式如下:

$$IF_{(i,j)} = TF_{(i,j)} - FF_{(i,j)} = LT_{(j)} - ET_{(j)} \tag{3-17}$$

4. 独立时差(DF)

工作的独立时差 $DF_{(i,j)}$ 是指为本工作所独有而其前后工作不可能利用的时差。具体地说,它是在不影响紧后工作且按照最早开始时间开工的前提下,允许该工作推迟其最迟开始时间或延长其持续时间的幅度。其计算公式如下:

$$DF_{(i,j)} = ET_{(j)} - LT_{(i)} - t_{(i,j)} = FF_{(i,j)} - IF_{(n,i)} \quad n < i \tag{3-18}$$

式中:$IF_{(n,i)}$——紧前工作的相干时差。

当 $DF_{(i,j)} < 0$ 时,取 $DF_{(i,j)} = 0$。

综上所述,4种工作时差的形成条件和相互关系如图3-31所示。

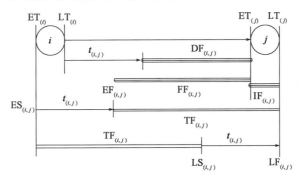

图3-31 时间参数关系图

(1)总时差对其紧前工作和紧后工作均有影响。

(2)一项工作的局部时差只限于本工作利用,不能转移给紧后工作利用。它对紧后工作的时差无影响,但对其紧前工作有影响,如运用,将使紧前工作时差减少。

(3)一项工作的相干时差对其紧前工作无影响,但对紧后工作的时差有影响,如果动用该时差,将使紧后工作的时差减少或消失。它可以转让给紧后工作,变为紧后工作的局部时差而被利用。

(4)一项工作的独立时差只能被本工作使用,如动用,对其紧前工作和紧后工作均无影响。

五、确定关键线路

1. 线路

线路是指网络计划图中沿箭线方向由开始节点至结束节点的一系列节点箭线组成的通路。每条线路均由一些工作组成,这些工作持续时间之和就是这条线路的长度。

2. 关键线路

网络图的各条线路中,持续时间之和最长的线路即为关键线路。关键线路上的工作称为关键工作。

3. 非关键线路

网络计划图中除关键线路以外的线路,即为非关键线路。非关键线路中存在时差的工作称为非关键工作。非关键线路上的工作并非全都是非关键工作。

4. 关键线路的确定

确定关键线路的方法有很多,下面介绍两种简单易行的方法:

(1)关键线路上所有工作的总时差均为零,反过来,如果工作的总时差为零,则它必是关键工作。由此,只要连接网络计划中总时差为零的工作,就可以确定出关键线路。

(2)关键线路上所有节点的两个时间参数均相等,反过来,如果节点的两个时间参数相等,该节点一定是关键线路上的节点,即成为关键线路上的关键节点。但是由任意两个关键节点组成的工作,并非一定是关键工作。如果由此判别还需加上条件:箭尾节点时间 + 工作持续时间 = 箭头节点时间。同时满足上述两个条件的工作,即为关键工作。

5. 关键线路的特性

(1)关键线路上各工作的总时差均为零。

(2)关键线路在网络计划中不一定只有一条,有时存在多条,但关键工作所占比重并不大。据资料统计,对于一个具有 100 项工作的网络计划,它的关键工作数目约有 12~15 项;一个具有 1000 项工作的网络计划,关键工作的数目约是 70~80 项;而一个具有 5000 项工作的网络计划,关键工作数目仅约有 150~160 项。确定关键线路就有可能使工程项目的管理者集中精力抓住主要矛盾,搞好计划管理工作。

(3)非关键工作如果将总时差全部用完,就会转化为关键工作。

(4)当非关键线路延长的时间超过它的总时差,关键线路就转变为非关键线路。

六、时间参数的计算方法及其示例

1. 计算方法概述

(1)列式计算法。

列式计算法是根据各项时间参数的计算公式逐一计算的方法。该法是网络计划时间参数计算的基本方法。

(2)图上计算法。

图上计算法是按照各时间参数计算公式,直接在网络图上计算时间参数的方法。由于计算过程在图上直接进行,不需要列计算式,既快又不易出错,计算结果直接标在网络图上。此法只限于对简单网络计划图的认识、理解、计算,不适合于大型网络计划图的时间参数计算。

(3)电算法。

由于网络计划技术是一个数学模型,可以采用电子计算机进行计算,电算法是按照各时间参数的计算公式编制电算程序,计算网络图的各项时间参数,适合于大型网络计划图的时间参数计算。

2. 图算法计算双代号网络图时间参数

(1)节点时间参数的计算。

①计算节点最早时间(ET):

【例3-9】 以图3-32所示的双代号网络图为例,计算各节点的时间参数。计算最早可能实现时间如下,并按节点时间参数计算图例规定标注在图3-32上。

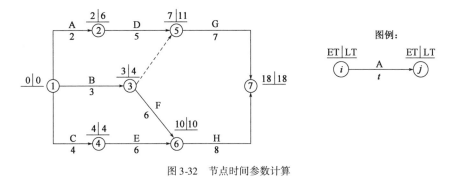

图3-32 节点时间参数计算

$ET_{(1)} = 0$,其他节点根据式(3-9)计算得:

$ET_{(2)} = ET_{(1)} + t_{(1,2)} = 0 + 2 = 2$

$ET_{(3)} = ET_{(1)} + t_{(1,3)} = 0 + 3 = 3$

$ET_{(4)} = ET_{(1)} + t_{(1,4)} = 0 + 4 = 4$

$ET_{(5)} = \max \begin{Bmatrix} ET_{(2)} + t_{(2,5)} = 2 + 5 = 7 \\ ET_{(3)} + t_{(3,5)} = 3 + 0 = 3 \end{Bmatrix} = 7$

$ET_{(6)} = \max \begin{Bmatrix} ET_{(3)} + t_{(3,6)} = 3 + 6 = 9 \\ ET_{(4)} + t_{(4,6)} = 4 + 6 = 10 \end{Bmatrix} = 10$

$ET_{(7)} = \max \begin{Bmatrix} ET_{(5)} + t_{(5,7)} = 7 + 7 = 14 \\ ET_{(6)} + t_{(6,7)} = 10 + 8 = 18 \end{Bmatrix} = 18$

网络图终点⑩的最早可能实现时间就是计划的总工期T,即$T = ET(n)$,因此,图3-32双代号网络计划图的总工期$T = 18$。

②计算节点最迟时间(LT):

以图3-32双代号网络图为例,计算各节点的最迟必须实现时间,并将计算结果标注在图例规定的位置。

$LT_{(7)} = ET_{(7)} = 18$,其他节点按式(3-10)计算如下:

$LT_{(6)} = LT_{(7)} - t_{(6,7)} = 18 - 8 = 10$

$LT_{(5)} = LT_{(7)} - t_{(5,7)} = 18 - 7 = 11$

$LT_{(4)} = LT_{(6)} - t_{(4,6)} = 10 - 6 = 4$

$LT_{(3)} = \min \begin{Bmatrix} LT_{(5)} - t_{(3,5)} = 11 - 0 = 11 \\ LT_{(6)} - t_{(3,6)} = 10 - 6 = 4 \end{Bmatrix} = 4$

$LT_{(2)} = LT_{(5)} - t_{(5,2)} = 11 - 5 = 6$

$LT_{(1)} = \min \begin{Bmatrix} LT_{(2)} - t_{(1,2)} = 6 - 2 = 4 \\ LT_{(3)} - t_{(1,3)} = 4 - 3 = 1 \\ LT_{(4)} - t_{(1,4)} = 4 - 4 = 0 \end{Bmatrix} = 0$

(2)工作时间参数计算。

①工作最早可能开始时间(ES):

工作的最早可能开始时间按照式(3-11)计算结果如下,并标注在图 3-33 上。

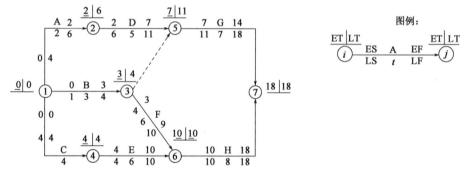

图 3-33 工作时间参数计算

$ES_{(1,2)} = ET_{(1)} = 0$ $ES_{(4,6)} = ET_{(4)} = 4$

$ES_{(1,3)} = ET_{(1)} = 0$ $ES_{(3,6)} = ET_{(3)} = 3$

$ES_{(1,4)} = ET_{(1)} = 0$ $ES_{(5,7)} = ET_{(5)} = 7$

$ES_{(2,5)} = ET_{(2)} = 2$ $ES_{(6,7)} = ET_{(6)} = 10$

②工作最早可能结束时间(EF):

工作的最早可能结束时间按照式(3-12)计算结果如下,并标注在图 3-33 上。

$EF_{(1,2)} = ES_{(1,2)} + t_{(1,2)} = 0 + 2 = 2$ $EF_{(1,3)} = ES_{(1,3)} + t_{(1,3)} = 0 + 3 = 3$

$EF_{(1,4)} = ES_{(1,4)} + t_{(1,4)} = 0 + 4 = 4$ $EF_{(2,5)} = ES_{(2,5)} + t_{(2,5)} = 2 + 5 = 7$

$EF_{(3,6)} = ES_{(3,6)} + t_{(3,6)} = 3 + 6 = 9$ $EF_{(4,6)} = ES_{(4,6)} + t_{(4,6)} = 4 + 6 = 10$

$EF_{(5,7)} = ES_{(5,7)} + t_{(5,7)} = 7 + 7 = 14$ $EF_{(6,7)} = ES_{(6,7)} + t_{(6,7)} = 10 + 8 = 18$

③工作最迟必须结束时间(LF):

工作最迟必须结束时间按照式(3-13)计算结果如下,并标注在图 3-33 上。

$LF_{(1,2)} = LT_{(2)} = 6$ $LF_{(4,6)} = LT_{(6)} = 10$

$LF_{(1,3)} = LT_{(3)} = 4$ $LF_{(3,6)} = LT_{(6)} = 10$

$LF_{(1,4)} = LT_{(4)} = 4$ $LF_{(5,7)} = LT_{(7)} = 18$

$LF_{(2,5)} = LT_{(5)} = 11$ $LF_{(6,7)} = LT_{(7)} = 18$

④工作最迟必须开始时间(LS)：

工作最迟必须开始时间按照式(3-14)计算结果如下,并标注在图3-33上。

$LS_{(1,2)} = LF_{(1,2)} - t_{(1,2)} = 6 - 2 = 4$ $LS_{(1,3)} = LF_{(1,3)} - t_{(1,3)} = 4 - 3 = 1$

$LS_{(1,4)} = LF_{(1,4)} - t_{(1,4)} = 4 - 4 = 0$ $LS_{(2,5)} = LF_{(2,5)} - t_{(2,5)} = 11 - 5 = 6$

$LS_{(3,6)} = LF_{(3,6)} - t_{(3,6)} = 10 - 6 = 4$ $LS_{(4,6)} = LF_{(4,6)} - t_{(4,6)} = 10 - 6 = 4$

$LS_{(5,7)} = LF_{(5,7)} - t_{(5,7)} = 18 - 7 = 11$ $LS_{(6,7)} = LF_{(6,7)} - t_{(6,7)} = 18 - 8 = 10$

⑤网络图工作时间参数的计算步骤总结：

工作参数的计算以控制性参数——节点参数为依据,在节点参数的图例中,起点到终点的节点参数符合从小到大排列的规律,因此最左边的为 $ET_{(i)}$,最右边的为 $LT_{(j)}$,称 $[ET_{(i)}, LT_{(j)}]$ 为工作(i,j)的时间边界。

工作的最早可能时间就是在图例中向左看齐,让开始时间对准起点的 $ET_{(i)}$(左边界),则最早完成时间为在左边界上加一个持续时间 $t_{(i,j)}$。

工作的最迟时间就是在图例中向右看齐,让结束时间对准起点的 $LT_{(j)}$(右边界),则最迟开始时间为在右边界上减去一个持续时间 $t_{(i,j)}$。

(3)时差参数计算。

①工作的总时差(TF)：

工作的总时差按式(3-15)计算结果如下,并标注在网络图3-34上。

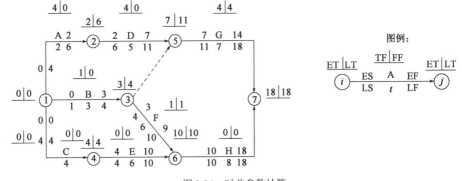

图3-34 时差参数计算

$TF_{(1,2)} = LS_{(1,2)} - ES_{(1,2)} = 4 - 0 = 4 = LT_{(2)} - ET_{(1)} - t_{(1,2)} = 6 - 0 - 2 = 4$

$TF_{(1,3)} = LS_{(1,3)} - ES_{(1,3)} = 1 - 0 = 1 = LT_{(3)} - ET_{(1)} - t_{(1,3)} = 4 - 0 - 3 = 1$

$TF_{(1,4)} = LS_{(1,4)} - ES_{(1,4)} = 0 - 0 = 0 = LT_{(4)} - ET_{(1)} - t_{(1,4)} = 4 - 0 - 4 = 0$

$TF_{(2,5)} = LS_{(2,5)} - ES_{(2,5)} = 6 - 2 = 4 = LT_{(5)} - ET_{(2)} - t_{(2,5)} = 11 - 2 - 5 = 4$

$TF_{(3,6)} = LS_{(3,6)} - ES_{(3,6)} = 4 - 0 = 4 = LT_{(6)} - ET_{(3)} - t_{(3,6)} = 6 - 0 - 2 = 4$

$TF_{(4,6)} = LS_{(4,6)} - ES_{(4,6)} = 4 - 4 = 0 = LT_{(6)} - ET_{(4)} - t_{(4,6)} = 10 - 4 - 6 = 0$

$TF_{(5,7)} = LS_{(5,7)} - ES_{(5,7)} = 4 - 0 = 4 = LT_{(7)} - ET_{(5)} - t_{(5,7)} = 18 - 7 - 7 = 4$

$TF_{(6,7)} = LS_{(6,7)} - ES_{(6,7)} = 10 - 10 = 0 = LT_{(7)} - ET_{(6)} - t_{(6,7)} = 18 - 10 - 8 = 0$

②工作的局部时差(FF)：

工作的局部时差按式(3-16)计算结果如下,并标注在图3-34上。

$$FF_{(1,2)} = ET_{(2)} - ET_{(1)} - t_{(1,2)} = 2 - 0 - 2 = 0$$

$$FF_{(1,3)} = ET_{(3)} - ET_{(1)} - t_{(1,3)} = 3 - 0 - 3 = 0$$

$$FF_{(1,4)} = ET_{(4)} - ET_{(1)} - t_{(1,4)} = 4 - 0 - 4 = 0$$

$$FF_{(2,5)} = ET_{(5)} - ET_{(2)} - t_{(2,5)} = 7 - 2 - 5 = 0$$

$$FF_{(3,6)} = ET_{(6)} - ET_{(3)} - t_{(3,6)} = 10 - 3 - 6 = 1$$

$$FF_{(4,6)} = ET_{(6)} - ET_{(4)} - t_{(4,6)} = 10 - 4 - 6 = 0$$

$$FF_{(5,7)} = ET_{(7)} - ET_{(5)} - t_{(5,7)} = 18 - 7 - 7 = 4$$

$$FF_{(6,7)} = ET_{(7)} - ET_{(6)} - t_{(6,7)} = 18 - 10 - 8 = 0$$

工作局部时差有以下主要特点：

a. 工作的局部时差总是小于或等于其总时差，即 $FF_{(i,j)} \leq TF_{(i,j)}$。

b. 使用工作的局部时差，对紧后工作的最早可能开始时间没有任何影响。

c. 工作的局部时差用于控制工程项目实施过程中的中间进度或称为形象进度，即用来掌握网络计划图中各项工作的最早时间，以便控制计划各阶段按期完成。

③工作的相干时差（IF）：

工作的相干时差按式（3-17）计算如下：

$$IF_{(1,2)} = TF_{(1,2)} - FF_{(1,2)} = 4 - 0 = 4$$

$$IF_{(1,3)} = TF_{(1,3)} - FF_{(1,3)} = 1 - 0 = 1$$

$$IF_{(1,4)} = TF_{(1,4)} - FF_{(1,4)} = 0 - 0 = 0$$

$$IF_{(2,5)} = TF_{(2,5)} - FF_{(2,5)} = 4 - 0 = 4$$

$$IF_{(3,6)} = TF_{(3,6)} - FF_{(3,6)} = 4 - 1 = 3$$

$$IF_{(4,6)} = TF_{(4,6)} - FF_{(4,6)} = 0 - 0 = 0$$

$$IF_{(5,7)} = TF_{(5,7)} - FF_{(5,7)} = 4 - 4 = 0$$

$$IF_{(6,7)} = TF_{(6,7)} - FF_{(6,7)} = 0 - 0 = 0$$

④工作的独立时差（DF）：

工作的独立时差按式（3-18）计算如下：

$$DF_{(1,2)} = ET_{(2)} - LT_{(1)} - t_{(1,2)} = 2 - 0 - 2 = 0$$

$$DF_{(1,3)} = ET_{(3)} - LT_{(1)} - t_{(1,3)} = 3 - 0 - 3 = 0$$

$$DF_{(1,4)} = ET_{(4)} - LT_{(1)} - t_{(1,4)} = 4 - 0 - 4 = 0$$

$$DF_{(2,5)} = ET_{(5)} - LT_{(2)} - t_{(2,5)} = 7 - 6 - 5 = 0，小于0，取0$$

$$DF_{(3,6)} = ET_{(6)} - LT_{(3)} - t_{(3,6)} = 10 - 4 - 6 = 0$$

$$DF_{(4,6)} = ET_{(6)} - LT_{(4)} - t_{(4,6)} = 10 - 4 - 6 = 0$$

$$DF_{(5,7)} = ET_{(7)} - LT_{(5)} - t_{(5,7)} = 18 - 11 - 7 = 0$$

$$DF_{(6,7)} = ET_{(7)} - LT_{(6)} - t_{(6,7)} = 18 - 10 - 8 = 0$$

综上所述，工作时差的计算有十分重要的意义，计划管理人员根据时差的大小来协调施工组织，控制项目的总工期。可在时差范围内改变工作的开始或完成时间以达到施工均衡性的目的；或在机动时间内适当增加非关键工作的持续时间，相应地将其部分劳动力和设备、材料转移到关键工作中去，以确保关键工作按期完成，从而达到按期或提前完成工程进度计划的目的。

⑤工作时差参数的计算步骤：

网络图工作时间参数的计算采用图算法计算时差参数，主要是避免抽象记忆计算公式，而是利用图例的相对位置理解参数的计算过程和方法。因此计算步骤为：

a.掌握计算工作参数的左右时间边界，找到节点参数从小到大排列的规律，分清左边最小，右边最大。

b.通过"最右边减去最左边再减去时间"或者"最大值减去最小值再减去时间"即可求出总时差数值大小，即工作的总时差等于箭头节点最迟时间减去箭尾节点最早时间再减去其工作的持续时间。

c.通过"两节点上左边时间相减再减去时间"或者"左边相减再减时间"的方法即可求出局部时差的数值大小，即工作的局部时差等于箭头节点最早时间减去箭尾节点最早时间再减去其工作的持续时间。

(4)关键线路的特性。

①判别关键工作：

使用总时差判断关键工作的充要条件是：$TF_{(i,j)} = 0$。

图3-34中①→④→⑥→⑦即为关键线路，关键线路一般在图中以双箭线或用加粗线标明。

②关键工作与非关键工作区别。

关键线路上的工作称为关键工作。关键工作没有任何机动时间，即工作的总时差为零。在网络计划中除了关键线路之外的线路称为非关键线路，在非关键线路中总是存在有一定数量的时差，其中存在时差的工作称为非关键工作。值得注意的是，非关键线路并不是全由非关键工作组成，在网络图的任何一条线路中，只要有一项非关键工作，则这条线路就是非关键线路，其线路长度小于关键线路长度。所以，只有全部由关键工作组成的线路才能构成关键线路，即关键工作连成关键线路，不在关键线路上的工作则为非关键工作。

网络计划图中的每个节点都有两个时间参数，即最早可能实现时间和最迟必须实现时间。利用节点时间参数来确定关键线路时，首先要判别节点是否为关键节点，如果节点最早可能实现时间等于节点最迟必须实现时间，即$ET_{(j)} = LT_{(j)}$，则称节点j为关键节点；其次要判断两个关键节点之间的工作是否构成关键工作，其判别式为：

$$箭尾节点时间 + 工作持续时间 = 箭头节点时间$$

如果上式成立，则这项工作为关键工作，否则就是非关键工作。

计算网络计划时间参数的目的之一是找出计划中的关键线路。找出了关键线路也就抓住了工程进度计划的主要矛盾，这样就可使工程管理人员在施工的组织和管理工作中做到心中有数。

第五节　时间坐标网络图

一、时间坐标网络计划的概念

时间坐标网络计划，简称时标网络计划，是网络计划的另一种表达形式。前面所介绍的网络计划是一般网络计划。在一般网络计划中，工作的持续时间由箭杆线下方标注的时间来表明，箭杆线的长短与时间无关，这种网络计划的好处是修改起来方便。工作顺序、相互间关系及时间要求变动时，改动网络计划很方便。但是因为没有时间坐标，看起来就不直观，不能清楚地在网络计划图上直接看出各项工作的开始时间和结束时间。

为了克服一般网络计划所存在的不足，就产生了时间坐标网络计划。与一般网络计划相比，时标网络计划更能够表达进度计划中各项工作之间恰当的时间关系，使网络计划图易于理解、方便应用，其箭杆线的长短和所在位置表示着工作的时间进程。此外，时标网络计划还是计划管理人员分析计划和对网络计划进行优化的有力工具。

1. 时标网络计划的特点

(1)时标网络计划结合了横道图和网络图的优点，既有通常使用的横道图的时间比例，又具有网络图中的逻辑关系，能直观地反映出整个计划的时间进程。

(2)时标网络计划能直接反映出各项工作的开始和结束时间、机动时间及网络计划中的关键线路。在计划执行过程中，可以随时查出哪些工作已经完成，哪些工作正在进行及哪些工作将要开始。

(3)由于时标网络计划图能清楚地表示出哪些工作需要同时进行，因此可以确定在同一时间内对劳动力、材料和机械设备等资源的需要量。

(4)通过优化调整后的时标网络计划，可以直接作为进度计划下达到执行单位使用。

(5)时标网络计划的调整比较麻烦，当情况发生变化时，如资源的变动或工期拖延后要对时标网络计划进行修改时，因为改变工作持续时间就需要改变箭杆线的长度和节点的位置，这样往往因移动局部几项工作而牵动整个网络计划。

2. 时标网络计划的应用

(1)利用时标网络可以方便地编制工作项目少并且工艺过程较简单的施工进度计划，编制中能迅速地边计算、边绘制、边调整。

(2)对于大型复杂的工程，可以先用时标网络计划的形式绘制各分部工程的网络计划，然后再综合起来绘制出比较简明的总网络计划。也可以先编制一个总的施工网络计划，然后每隔一段时间，再对下一阶段应开始的分部工程绘制详细的时标子网络计划图。在执行过程中，如果时间有变化，则不必改动整个网络计划图，而只对这阶段分部工程的子网络计划图进行修订就可以了。

(3)由于时间坐标网络计划清楚、直观，能直接表示各项工作的时间进程，所以可将已编制并计算优化好的一般网络计划绘制成时标网络计划，并作为进度计划下达执行。

二、时间坐标网络图的绘制

时间坐标网络图可以按节点最早时间和节点最迟时间标画。这种时标网络图主要供计划管理人员分析计划和实施资源优化之用。

1. 按节点最早时间绘制时标网络图

(1)绘制前，首先对一般网络计划进行计算，求出各节点的时间参数作为绘制时标网络图的依据，并确定关键线路。

(2)做出时间坐标，网络起点节点定位在时标网络计划图的起始刻度线上，将关键线路上的关键工作所对应的节点定位于时间坐标的刻度线上,并绘制于图中适当的位置。

(3)按工作的最早可能实现时间将各节点绘制在相应的时间坐标刻度上,自左向右依次确定其他节点的位置,直至结束节点。

(4)用实线水平投影长度表示工作持续时间,其他不足以到达该节点的实箭线用波形线补足,波形线靠右画。

(5)虚工作应绘制成垂直的虚箭线,若虚箭线的开始节点与结束节点之间有水平距离时,用波形线补足,波形线的长度为该虚工作的自由时差。

【例3-10】 按节点最早时间绘制时标网络图。

绘制无时标双代号网络图,如图3-35所示,计算时间参数(此处略),确定关键线路①→②→⑤→⑦→⑨。

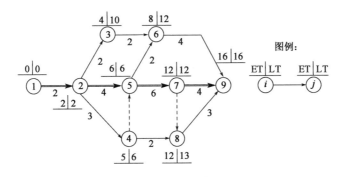

图3-35 一般网络计划图

现按节点最早时间将各节点准确定位在时间坐标的刻度上,并按上述步骤把它绘制成时标网络图,见图3-36。

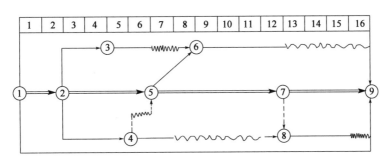

图3-36 按节点最早时间绘制的时标网络

按节点最早时间绘制的时标网络图,需要注意:

①时标网络图中所有节点的位置,应按节点的最早可能实现时间绘制在相应的时间坐标上。

②工作用实箭线表示,实箭线的长短表示工作持续时间的长度;虚工作仍用虚箭线表示;工作的机动时间用波浪线表示。

③时间坐标网络图中各节点的纵向位置没有时间的含义。

2. 按节点最迟时间绘制时标网络图

这里仍以图 3-35 所示一般网络计划为例,来按节点最迟必须实现时间绘制成时标网络,画法步骤如下:

(1) 首先对一般网络计划进行计算,求出各节点的时间参数作为绘制时标网络图的依据,并确定关键线路。

(2) 做出时间坐标,网络起点节点定位在时标网络计划图的起始刻度线上,将关键线路上的关键工作所对应的节点定位于时间坐标的刻度线上,并绘制于图中适当的位置。

(3) 按工作的最早可能实现时间将各节点绘制在相应的时间坐标刻度上,自右向左依次确定其他节点的位置,直至起点节点。

(4) 用实线水平投影长度表示工作持续时间,其他不足以到达该节点的实箭线用波形线补足,波形线靠左画。

(5) 虚工作应绘制成垂直的虚箭线,若虚箭线的开始节点与结束节点之间有水平距离时,用波形线补足,波形线的长度为该虚工作的自由时差。

图 3-37 为按节点最迟时间绘制的时标网络图。同样应注意,时标网络图中所有节点的位置应按各节点的最迟必须实现时间绘制在相应的时间坐标上。图中各项工作及其持续时间、机动时间和虚工作的表示方法与按最早时间绘制的时标网络计划相同。

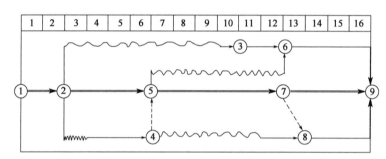

图 3-37 按节点最迟时间绘制的时标网络

从图 3-36 和图 3-37 可以看出,按最早时间绘制的时标网络图的特点是"前紧后松",线路的机动时间多半分布在后面,此时图中所表示的机动时间为各工作的局部时差。按最迟开始时间绘制的时标网络图的特点是"前松后紧",即线路的机动时间多半分布在前面,此时图中所表示的机动时间不是各项工作的局部时差,它是工作以最迟必须开始时间开始,并以最迟必须结束时间结束时所具有的机动时间。

在绘制时要注意以下几点:

① 在定各个节点的位置时,一定要在所有内向箭线全部绘出以后,才能最后确定该节点的位置。

② 每项工作的实箭线长度,必须严格按照其持续时间来画,如果该工作与紧后工作的开始节点还有距离时,应用虚线加以连接。

③ 绘制的时标网络计划图最好与原一般网络计划图的形状相似,以便检查和核对。

3. 时间坐标的表示方法

时间刻度画在什么位置或采用什么形式并无一定的标准,时标可以采用垂直分格,也可以只绘制在网络计划图的上方或者下方。常用的时间坐标形式各有特点,可以根据需要选用。

第六节 单代号网络图

一、单代号网络图的构成

单代号网络图和双代号网络图一样,也由三要素组成,但其含义却完全不同。

1. 节点

单代号网络图中的节点可以用圆圈或方框表示,一个节点表示一项具体的工作过程。节点所表示的工作的名称、持续时间和代号一般都标注在圆圈内,如图3-38所示。

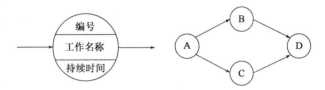

图3-38 节点示意图

值得注意的是,单代号网络图的开始节点和结束节点不同于双代号网络图,而是要视网络图中最先开始的工作数量或者最后结束的工作数量的多少来决定节点的选择方式。如果同时存在多个最先开始或最后结束的工作,就必须虚设一个始工作或终工作,见图3-39。如果只有一个最先开始工作或一个最后结束工作就不用虚设了。

2. 箭线

在单代号网络图中箭线表示工作之间的相互逻辑关系,它既不消耗时间也不消耗资源,代表工作之间的直接约束关系。因此,在单代号网络计划图中不存在虚箭线,箭杆线的箭头方向表示着工作的前进方向。同时逻辑关系越是复杂,表示直接联系的箭线就越多,就可能出现箭线交叉的情况,如图3-39所示的单代号网络图中,A为D、E、F的紧前工作,D为A、B的紧后工作。

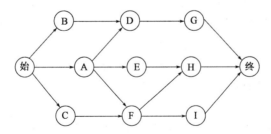

图3-39 虚拟开始节点和结束节点的单代号网络图

3. 线路

与双代号网络图一样,在单代号网络计划图中,存在大量的线路,对网络图研究的关键任务是研究关键线路。

二、单代号网络图的绘制

单代号网络计划与双代号网络图表达的计划内容是一致的,两者的区别仅在于绘图的符号所表示的意义不同。单代号网络计划图的绘制过程和双代号网络图一样,先将计划任务分解成若干项具体的工作,然后确定这些工作之间的相互关系,以及各项工作的持续时间,持续时间的确定仍然应按正常情况下来进行。

1. 单代号网络图逻辑关系的表示

由于单代号网络图与双代号网络图的区别仅在于图形表达符号不同,而表达进度计划的内容是相同的,所以绘制双代号网络图的基本规则,在单代号网络图绘制中都应遵守。即一张单代号网络图也只能允许有一个起点和一个终点,且除网络图开始节点和结束节点外,其他中间节点,其前面至少必须有一个紧前工作节点,其后面至少必须有一个紧后工作节点,并以箭线相连接。如图3-39所示的单代号网络图,它的开始节点和结束节点都是虚设的。

此外,单代号网络图中,一个代号只能代表唯一的某项工作、不允许出现闭合回路和双向箭线或线段、避免使用反向箭线,以及网络图布局应合理等,与双代号网络图绘制规则完全相同。

2. 单代号网络图的绘图方法

绘制单代号网络图的方法,也可采用前进法、后退法和先粗后细法。工程项目进度计划实际应用中,主要采用先粗后细法绘制单代号网络图。确定工作之间的相互关系后,多数采用前进法或后退法绘制单代号网络图。

3. 单代号网络图的特点

通过单代号网络图与双代号网络图的比较可以看出,单代号网络图的绘制方法比较简单,图中各项工作的相互关系容易表达而且不存在虚工作,使得单代号网络图便于检查与修改。但是单代号网络图不能绘制成时标网络图,而双代号网络图可绘成时标图,特别是双代号网络图按节点最早开始时间绘制时标网络图时,可以清楚地反映出工作的局部时差,所以进行进度计划下达和对网络计划优化时,经常采用双代号网络图。由于双代号网络图和单代号网络图各有优缺点,因此两种形式的网络计划图的应用都很普遍。

4. 单代号网络图的绘制示例

【例3-11】 画出表3-5逻辑关系所示的单代号网络图,见图3-40。

工作名称及逻辑关系表　　　　　　表3-5

工作名称	A	B	C	D	E	F	G
紧前工作	—	A	A	B	A、B	D、E	D、F、C

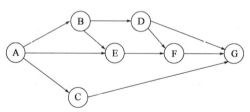

图3-40　单代号网络图示例

三、单代号网络图时间参数的计算方法

由于单代号网络图中用节点表示工作,所以它只有工作时间参数的计算,而不存在节点时间参数的计算。单代号网络图的工作时间参数计算内容和时间参数的含义及其计算目的与双代号网络图相同,即计算工作的最早时间(ES 与 EF)、工作的最迟时间(LF 和 LS)、工作的机动时间(TF 与 FF)等。单代号网络图工作时间参数的计算步骤和方法,以及计算公式与双代号网络图基本相同,下面以图算法为例予以说明。

1. 工作时间参数计算

(1)工作最早可能开始时间(ES)。

计算工作的最早可能开始时间应从网络图起点开始,按箭线方向逐项工作进行计算,直到结束节点为止。由于开始工作的最早可能开始时间为零,即 $ES_1 = 0$(1 为起始节点即开始工作),其他工作的最早开始时间应等于紧前工作最早开始时间与其工作持续时间之和最大值,其计算公式为:

$$ES_j = \max\{ES_i + t_i\} = \max\{EF_i\} \quad i = 1,2,\cdots,n-1; j = 2,3,\cdots,n \quad (3-19)$$

式中:ES_j——工作 j 的最早可能开始时间,工作 i 是工作 j 的紧前工作;

ES_i——工作 i 的最早可能开始时间;

EF_i——工作 i 的最早可能完成时间;

t_i——工作 i 的持续时间,$i=1,2,\cdots,n-1;j=2,3,\cdots,n;n$ 为单代号网络图结束节点代号。

工作的最早可能开始时间也等于紧前工作中最早可能完成时间的最大值,即紧前工作全部完成各自工作才能开始。

(2)工作的最早可能完成时间(EF)。

工作的最早可能完成时间(EF_i)的计算公式为:

$$EF_i = ES_i + t_i \quad i = 1,2,\cdots,n \quad (3-20)$$

结束节点 n 的最早可能完成时间 EF_n 就是单代号网络计划工期 T,即 $T = EF_n$。

【例3-12】 以图3-41所示的单代号网络图为例,利用式(3-19)和式(3-20)计算各项工作的最早时间,最早时间计算结果标注在图3-46图例规定的位置。

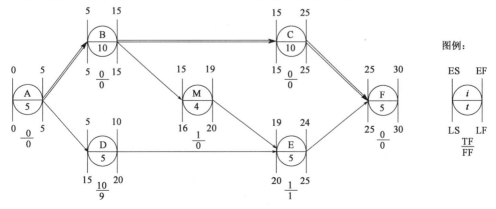

图3-41 单代号网络图时间参数计算

计算依据为：

$ES_A = 0$，则：$EF_A = ES_A + t_A = 0 + 5 = 5$

$ES_B = EF_A = 5$，则：$EF_B = ES_D + t_B = 5 + 10 = 15$

$ES_D = EF_A = 5$，则：$EF_D = ES_D + t_D = 5 + 5 = 10$

$ES_C = EF_B = 15$，则：$EF_C = ES_C + t_C = 15 + 10 = 25$

$ES_M = EF_B = 15$，则：$EF_M = ES_M + t_M = 15 + 4 = 19$

而：

$ES_E = \max \begin{Bmatrix} ES_D \\ ES_M \end{Bmatrix} = \max \begin{Bmatrix} 10 \\ 19 \end{Bmatrix} = 19$

$EF_E = 19 + 5 = 24$

$ES_F = \max \begin{Bmatrix} ES_C \\ ES_E \end{Bmatrix} = \max \begin{Bmatrix} 25 \\ 24 \end{Bmatrix} = 25$

$EF_F = 25 + 5 = 30$

根据 $T = EF_n$，可得计划工期 $T = 30$。

(3) 工作最迟必须完成时间(LF)。

计算工作最迟时间应从网络图的结束节点开始，逆着箭线方向逐项地计算到开始节点。结束工作的最迟必须完成时间应保证总工期不被拖延，所以网络图结束节点的最迟必须完成时间应等于该节点的最早可能完成时间，即 $LF_n = EF_n = T$，则：$LS_n = LF_n - t_n$。

工作 i 的最迟必须完成时间 LF_i 应等于紧后工作 j 的最迟必须完成时间 LF_j 与其工作持续时间 t_j 之差的最小值，即：

$$LF_i = \min\{LF_j - t_j\} = \min\{LS_j\} \tag{3-21}$$

工作的最迟必须完成时间也等于紧后工作中最迟必须开始时间的最小者，这是因为任何一项工作的完成时间都不应影响紧后工作的最迟必须开始时间。

(4) 工作最迟必须开始时间(LS)。

工作最迟必须开始时间的计算公式为：

$$LS_i = LF_i - t_i \tag{3-22}$$

以图 3-41 为例，利用式(3-21)和式(3-22)计算单代号网络图的各项工作的最迟时间，并将工作的最迟时间参数计算结果标注在图 3-41 的图例对应位置上。

计算过程为：

$LF_F = EF_F = 30$，则：$LS_F = LF_F - t_F = 30 - 5 = 25$

$LF_E = LS_F = 25$，则：$LS_E = LF_E - t_E = 25 - 5 = 20$

$LF_M = LS_E = 20$，则：$LS_M = LF_M - t_M = 20 - 4 = 16$

$LF_C = LS_F = 25$，则：$LS_C = LF_C - t_C = 25 - 10 = 15$

$LF_D = LS_E = 20$，则：$LS_D = LF_D - t_D = 20 - 5 = 15$

$LF_E = LS_F = 25$，则：$LS_E = LF_E - t_E = 25 - 5 = 20$

而：

$$LF_B = \min\begin{Bmatrix} LS_C \\ LS_M \end{Bmatrix} = \min\begin{Bmatrix} 15 \\ 16 \end{Bmatrix} = 15$$

$$LS_B = 15 - 10 = 5$$

$$LF_A = \min\begin{Bmatrix} LS_B \\ LS_D \end{Bmatrix} = \min\begin{Bmatrix} 5 \\ 15 \end{Bmatrix} = 5$$

$$LS_A = 5 - 5 = 0$$

由此可见,利用公式逐项计算工作的最早时间和最迟时间参数是很麻烦的。在单代号网络图中,控制性工作时间参数,同样可以采用图上计算法直接计算,并将所得的计算结果直接标在图上,如图3-41所示。

2. 时差参数计算

(1)工作总时差(TF)。

在单代号网络计划图中,工作总时差的概念与双代号网络图完全相同,利用已经计算的各项工作最早开始和最迟开始时间,可方便地计算各项工作的总时差,所以工作的总时差计算公式为:

$$TF_i = LS_i - ES_i = LF_i - EF_i \tag{3-23}$$

(2)工作局部时差(FF)。

单代号网络图中工作的局部时差概念也与双代号网络图相同,但是在单代号网络图中,本项工作有若干项紧后工作时,紧后工作的最早可能开始时间不一定相同。此时应取紧后工作最早可能开始时间的最小值,减去本工作的最早可能完成时间。所以工作的局部时差的计算公式为:

$$FF_i = \min\{ES_j\} - EF_i \tag{3-24}$$

以图3-42为例,计算结果见图3-42的图例位置。其计算过程如下:

$TF_A = LS_A - ES_A = 0 - 0 = 0; FF_A = \min\{ES_B, ES_D\} - EF_A = 0$

$TF_B = LS_B - ES_B = 5 - 5 = 0; FF_B = \min\{ES_C, ES_M\} - EF_B = 0$

$TF_D = LS_D - ES_D = 15 - 5 = 10; FF_D = ES_E - EF_D = 19 - 10 = 9$

$TF_C = LS_A - ES_A = 15 - 15 = 0; FF_C = ES_F - EF_C = 25 - 25 = 0$

$TF_M = LS_M - ES_M = 16 - 15 = 1; FF_M = 19 - 19 = 0$

$TF_E = 20 - 19 = 1; FF_E = 25 - 24 = 1$

$TF_F = 25 - 25 = 0; FF_F = 0$

3. 关键线路的确定

单代号网络图中确定关键线路的方法与双代号网络图基本相同,单代号网络图主要采用关键工作法确定关键线路,即首先连接工作总时差为零的关键工作自始至终的线路,然后使用条件 $EF_i = ES_j$ 和 $LF_i = LS_j$ 则可判断就是关键线路。在图3-41中关键工作为A、B、C、F,由此连成的路线即为关键线路,用双线标出,见图3-41中的双实线。用图算法直接计算如图3-42所示。

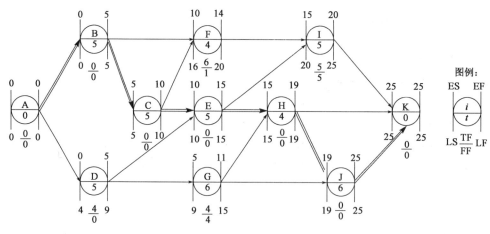

图 3-42 图算法直接计算单代号

第七节 工程进度控制的监理工作

一、工程进度监理的工作内容

(1) 控制施工准备阶段的工作进度。
(2) 审批施工单位提交的施工组织设计和施工总进度计划。
(3) 审批施工单位根据总进度计划编制的年度计划、月度计划和资金流量计划。
(4) 适时发布开工令,并监督施工单位尽快开工。
(5) 在施工过程中检查和监督进度计划的实施。
为完成以上工作任务,监理在施工阶段控制进度应抓住以下工作要点:
(1) 认真审批施工单位提交的各种详细计划和变更计划,严格控制关键分部分项工程、关键工序的开工时间和完工时间。
(2) 督促施工单位做好分项工程开工准备工作,及时审批分项工程开工报告,督促分项工程按时开工。
(3) 控制施工单位的材料、设备按计划供应,技术管理人员和劳动力及时到位,以保证工程按计划实施。
(4) 协调好各施工单位之间的施工安排,尽可能减少相互干扰,以保证工程顺利进行。
(5) 定期检查施工单位的实际进度与计划进度是否相符,当对总体工程进度起控制作用的分项工程的实际进度明显滞后于计划进度,且施工单位未获得延期批准时,必须督促施工单位采取有效措施加快进度,及时修改施工进度计划以保证按期完工。修改后的进度计划必须重新报监理工程师审批。
(6) 定期向建设单位报告工程进度情况。
(7) 公正合理地处理好施工单位的工期索赔要求。

二、工程进度的监理程序

为保证工程项目进度控制目标的达成,项目监理机构在确保工程质量和安全生产的基础上,应以合同约定的总工期和节点工期为目标,根据施工监理合同中建设单位授权和工程施工合同,按以下程序开展进度监理工作:

(1)指导施工单位按照工期目标制定科学合理的工程施工进度计划,并对进度计划进行审核。

(2)对工程施工进度计划实施过程进行跟踪检查,并做好相关记录。

(3)根据检查结果和报表,将工程实际进度与计划进度进行对比分析,确定进度偏差程度,并分析偏差原因。

(4)当实际进度与计划进度出现实质性偏差时,项目监理机构应督促施工单位及时采取相应的整改措施;施工单位采取措施后未有明显改进、可能导致工程难以按照合同节点工期或总工期要求完成时,监理机构应及时向建设单位提交专题报告,并按照合同约定进行处理;对于影响工程进度的有关问题,项目监理机构应通过工地例会、有关工程进度的专题会议等形式,予以协调解决。

三、工程进度监理的方法和措施

1. 进度监理的方法

进度监理的主要方法有进度表法、工程进度曲线法、工程进度管理曲线法和网络图法四种。

(1)进度表法。

施工进度表的表示方法很多,工程较常用的是横道图。

利用横道图进行进度控制时,首先编制横道图施工进度计划,进而可编制与此进度要求相适应的机械、劳务、材料和财务收支等各种表格。

开始施工后,定期地(每周或每月)将工程施工实际情况记录在施工进度表内,用以比较计划进度与实际进度,检查实际执行的结果是超前、落后,还是按照预定计划进行。若检查结果表明工程目前进度落后,则应进行详细分析,结合现场记录和各分项进度以及实际完成的工程量和工程支付的实际情况进行综合性评价,并采取必要措施改变进度落后状况。某码头工程计划进度与实际进度横道图见图3-43。

(2)工程进度曲线法。

利用施工进度表进行进度控制时,横道图进度表在计划与实际的对比上,很难从整体上准确地表示出实际进度较计划进度超前或落后的程度。要全面了解工程进度计划执行情况,准确掌握总体施工进度状况,有效地进行进度控制,可利用工程进度曲线。

工程进度曲线图一般横坐标代表工期,纵坐标代表工程完成数量的累计值(投资累计值、投资累计完成百分率或其他),将有关数据描绘在坐标纸上就可定出工程进度曲线。

利用工程进度曲线控制工程施工进度时,可预先按安排的进度计划绘制一条工程进度曲线,进而在同一坐标系内按实际工程进展作出另一条工程进度曲线,将两者进行比较,即可掌握工程进度情况并利用它来控制工程进度。某工程进度曲线比较图见图 3-44。

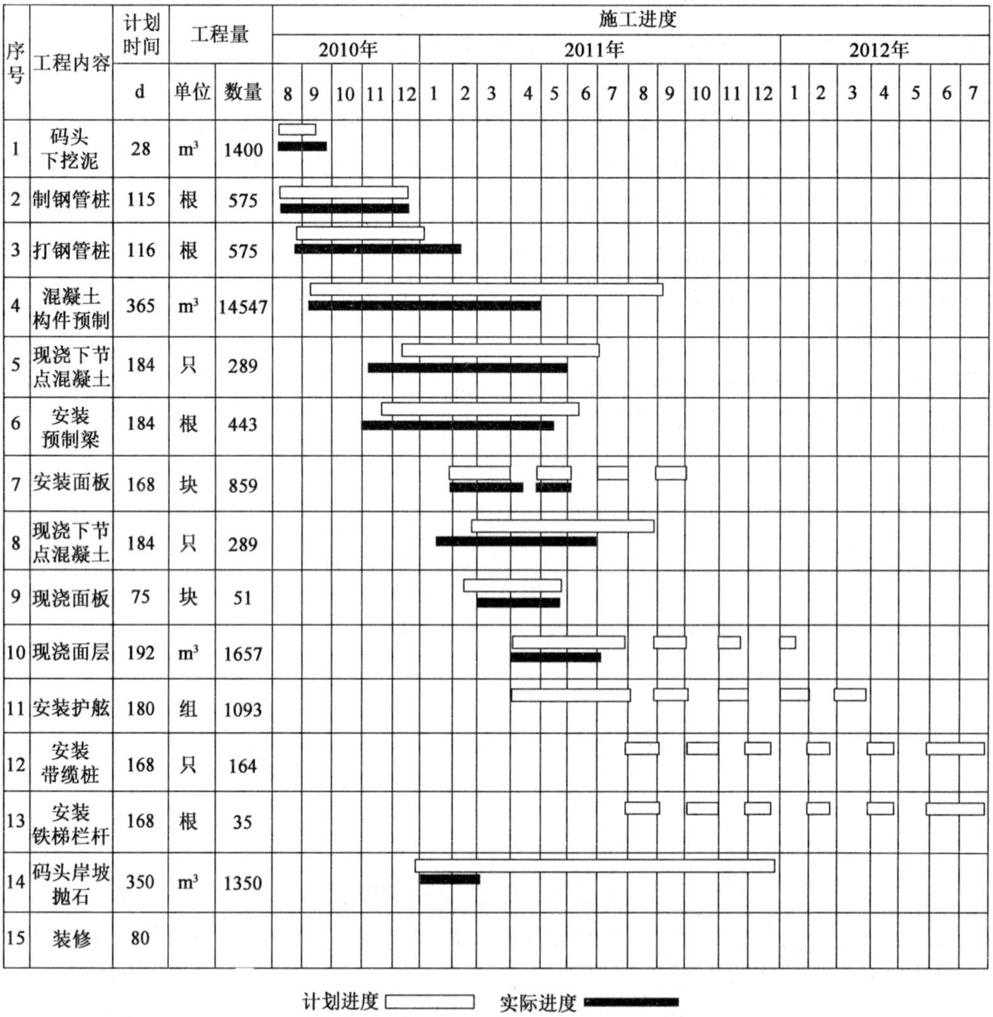

序号
工程内容
计划时间 d
工程量 单位 数量
施工进度
2010年 8 9 10 11 12
2011年 1 2 3 4 5 6 7 8 9 10 11 12
2012年 1 2 3 4 5 6 7
1 码头下挖泥 28 m³ 1400
2 制钢管桩 115 根 575
3 打钢管桩 116 根 575
4 混凝土构件预制 365 m³ 14547
5 现浇下节点混凝土 184 只 289
6 安装预制梁 184 根 443
7 安装面板 168 块 859
8 现浇下节点混凝土 184 只 289
9 现浇面板 75 块 51
10 现浇面层 192 m³ 1657
11 安装护舷 180 组 1093
12 安装带缆桩 168 只 164
13 安装铁梯栏杆 168 根 35
14 码头岸坡抛石 350 m³ 1350
15 装修 80
计划进度
实际进度

图 3-43　某码头工程计划进度与实际进度横道图

累计完成百分比
100%
c
计划
预测
b
a
实际
时间
T_a
ΔT_a
ΔT_b
T_b
T
ΔT_c
检查日期
检查日期

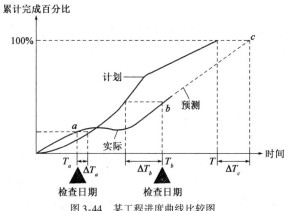

图 3-44　某工程进度曲线比较图

(3)工程进度管理曲线法。

由于受各种外界因素的干扰,实际施工进度不可能完全按某一曲线运行,只要将实际施工进度控制在某一区域内,则可认为施工进度处于可控状态,这种方法称为工程进度管理曲线法。

工程进度管理曲线是两条工程进度曲线组合成的闭合曲线。从理论上讲,任何工程项目的进度计划总是分为最早和最迟两种开始与完成时间的。因此,任何工程项目的施工进度计划都可以绘制出两条曲线:其一是以各项工作的计划最早开始时间绘制的工程进度曲线,称为ES曲线;其二是以各项工作的计划最迟开始时间安排进度而绘制的工程进度曲线,称为LS曲线。两条曲线的起点和终点分别是项目的开工时刻和完工时刻,因此两条曲线是闭合的,围成形似香蕉的曲线,俗称香蕉曲线。

利用工程进度管理曲线控制施工进度时,只要实际进度点处在ES和LS两条工程进度曲线围成的香蕉形区域内,则认为工程进度合理。工程进度管理曲线图如图3-45所示。

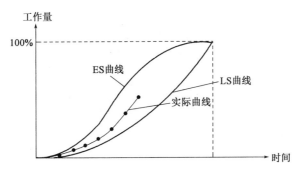

图3-45 工程进度管理曲线图

(4)网络图法。

网络图法是用于制定施工进度计划和进行工程进度控制的一种最有效方法,它可以使得工序安排紧凑,便于抓住关键,保证施工机械、人力、财力、时间,均能获得合理的分配和利用。除此以外,它还有较好的可控性。

工程施工不仅可采用网络图编制施工进度计划,更具有价值的是可利用网络图进行工程进度控制。

2. 进度监理的措施

为了实现对进度的有效控制,监理工程师需要根据工程建设的具体情况,按照各阶段进度控制的要求,认真制定进度控制的措施,以确保进度控制目标的实现。进度控制的措施包括组织措施、技术措施、合同措施、经济措施。

1)组织措施

(1)建立进度控制目标体系,制定各阶段进度控制的分目标和主要控制节点,落实监理机构中进度控制的人员、具体任务和职能分工。

(2)要求施工单位进行项目分解,编制符合进度目标要求的进度计划,并将工作任务落实到施工班组,督促施工单位做好施工机械、人员、资金和材料的组织调度工作。

(3)建立工程进度报告制度及进度信息沟通网络,保证建设单位、监理工程师和施工单位之间进度信息渠道畅通。

（4）建立进度协调工作制度，包括进度协调会议举行的时间、地点以及与会的单位、部门和参加人员等。

（5）建立设计交底、图纸会审、工程变更等管理制度。

2）技术措施

（1）审查施工单位的施工技术方案，使施工单位在合理的状态下施工。鼓励技术创新，建议施工单位采用各种先进的技术手段和施工方法加快施工进度。

（2）编制进度控制工作细则，指导现场专业监理工程师和监理员实施进度控制。

（3）建立计算机网络系统，采用信息化施工管理手段，对工程进度实施动态控制。

3）合同措施

（1）建议建设单位采用分别发包和分阶段发包的招标方式，协调合同工期与进度计划之间的关系，保证合同中进度目标的实现。

（2）严格合同履约管理，保证施工单位主要技术管理人员、主要机械设备及时有效到位，加强对施工单位履约担保的管理，确保施工单位资金流正常。

（3）严格控制合同变更，对各方提出的工程变更，监理工程师应严格按照规定程序进行管理。

（4）加强风险管理，在合同中应充分考虑风险因素对进度的影响，以及相应的处理方法。

（5）加强工程延期和索赔管理，经常与建设单位沟通，及早处理可能引起延期和索赔的各种因素，尽可能避免和减少工程延期和索赔，并公正地处理工程延期和索赔。

4）经济措施

（1）提醒建设单位按合同用款计划组织好资金供应，及时办理工程预付款并做好日常计量支付工作，为施工单位实施工程进度计划提供资金支持。

（2）分解进度目标，制订主要节点进度里程碑计划。建议建设单位组织开展劳动竞赛，对施工单位提前完工和提前完成节点进度目标给予奖励。

（3）严格履约管理，若施工单位延误工期，按合同规定进行误期经济赔偿，直至建设单位根据合同条款终止施工承包合同，对剩余工程量进行强制分包。

（4）建议建设单位与施工单位协商，对非施工单位原因造成的应急赶工给予合理的赶工费用。

四、进度计划的审批

（一）进度计划的提交

根据现行《中华人民共和国标准施工招标文件（2007年版）》（以下简称《标准施工招标文件》）规定，承包人应按专用合同条款约定的内容和期限，编制详细的施工进度计划和施工方案说明报送监理人。监理人应在专用合同条款约定的期限内批复或提出修改意见，否则该进度计划视为已得到批准。经监理人批准的施工进度计划称合同进度计划，是控制合同工程进度的依据。承包人应根据合同进度计划，编制更为详细的分阶段或分项进度计划，报监理人审批。合同进度计划应按照关键线路网络图和主要工作横道图两种形式分别编绘，并应包括每月预计完成的工作量和形象进度。

在中标通知书发出后合同规定的时间内,监理工程师应要求施工单位书面提交以下文件(即总体进度计划):

(1)一份详细和格式符合要求的工程总体进度计划及必要的各项关键工程的进度计划;

(2)一份有关全部支付的现金流动估算;

(3)一份有关施工方案和施工方法的总说明(即通过施工组织设计提出)。

施工单位应在每年11月底前,根据已同意的合同进度计划或其修订的计划,向监理人提交两份格式和内容符合监理人合理规定的下一年度的施工计划,以供审查。该计划应包括本年度估计完成的和下一年度预计完成的分项工程数量和工作量,以及为实施此计划将采取的措施。

在将要开工以前或在开工以后合理的时间内,监理工程师应要求施工单位提交以下文件(即阶段性进度计划文件):

(1)年度进度计划及现金流动估算;

(2)月度进度计划及现金流动估算;

(3)分项(或分部)工程的进度计划。

(二)进度计划的审批

监理工程师在接到施工单位提交的工程进度计划之后,应对进度计划进行认真审核,其目的是检查施工单位所制订的工程进度计划是否合理,有无可能实现,是否适合工程的实际条件和现场情况,避免以空洞的、不切实际的工程进度计划来指导施工,造成工期延误。

1. 进度计划的审查步骤

审查工作应按以下程序进行:

(1)阅读文件、列出问题、进行调查了解;

(2)提出问题,与施工单位进行讨论或澄清;

(3)对有问题的部分进行分析,向施工单位提出修改意见;

(4)审查批准施工单位修改后的进度计划。

2. 监理工程师审查的内容

监理工程师在审查施工单位的工程进度计划时应注意下列事项:

(1)工期和时间安排的合理性。

①施工单位提交的工程总进度计划的总工期必须符合工程项目的合同工期,即计划总工期应少于或等于合同工期。

②各施工阶段或单位工程(包括分部、分项工程)的施工顺序和时间安排与材料和设备的进场计划相协调;施工的开始时间和结束时间合理,尽可能使施工对资源的要求趋于均衡。

③易受冰冻、低温、炎热、雨季等气候影响的工程应安排在适宜的时间,并应采取有效的预防和保护措施。

④对动员、清场、假日及天气影响的时间,应有充分的考虑并留有余地。

(2)施工准备的可靠性。

①所需主要材料和设备的运送日期是否已有保证;

②主要骨干人员及施工队伍的进场日期是否已经落实;

③施工测量、材料检查及标准试验的工作是否已经安排;

④驻地建设、进场道路及供电、供水等是否已经解决或已有可靠的解决方案。

(3)计划目标与施工能力的适应性。

①各阶段或单位工程计划完成的工程量及投资额应与施工单位的设备和人力实际状况相适应;

②各项施工方案和施工方法应与施工单位的施工经验和技术水平相适应;

③关键线路上的施工力量安排应与非关键线路上的施工力量安排相适应。

当监理工程师通过调查了解,落实了上述对工程进度的计划有关的条件和因素并经过评价后,如确认施工单位为完成工程而提供的工程进度计划是合理的,而且计划切实可行,则应在合理的时间内同意施工单位的进度计划并通知施工单位可以按照计划安排施工。

3.监理工程师审批进度计划的权限

监理工程师应在合同规定的期限内审批施工单位提交的进度计划。对于实施二级监理机构模式的工程项目,监理工程师审批进度计划的权限分工如下:

合同工程的总体进度计划应由总监办的总监审核批准,并报送建设单位。

年度进度计划由驻地办的驻地监理工程师审核批准时,还应报送总监办和建设单位。

季度和月进度计划应由驻地办的驻地监理工程师审核批准,并报送总监办和建设单位。

工程后期或工期较短的工程(工期在半年左右),建设单位或总监办认为必要时还应编制和审批旬计划或周计划。

监理机构批准的各类进度计划文件均应报送建设单位。

五、进度计划的检查和调整

(一)进度计划的检查

监理机构应通过对工程施工进度计划的审核(批)、对工程施工进度计划实施过程的跟踪检查与分析等手段对工程进度实施控制。

监理机构对工程施工进度计划的过程控制应符合下列要求:

(1)监理人员应对施工单位资源投入、工程是否按计划进行等工程实施进展情况进行跟踪检查,并做好相关记录。

(2)项目监理机构应按建设单位项目管理要求审核与工程进度有关的报表,并将工程实际进度与计划进度进行比较和分析。

(3)当实际进度相比计划进度出现实质性偏差时,监理机构应督促施工单位及时采取相应的整改措施;当关键线路工期滞后时,总监理工程师应签发监理通知单,要求施工单位采取保证合同工期的措施,并向监理机构报送相应的监理通知回复单,监理机构应检查有关措施的落实情况并签署意见。

(4)监理机构应通过工地例会、有关工程进度的专题会议等形式,协调解决影响工程进度的有关问题。

(二)进度计划的调整

1. 工程进度分析

作为负责进度控制的监理工程师必须要监控工程进度的有关要素,掌握工程进展的反馈信息,以便必要时采取措施或通知施工单位进行调整。

2. 工程进度分析步骤

为了分析工程进度计划的完成情况,监理工程师必须确定所有信息的可靠来源,取得有关数据,再进行影响因素的分析,找出其中起关键性作用的因素,并采取对策进行调整。

分析步骤一般分为三个阶段:第一阶段是找出工程完成情况差的原因;第二阶段是进行因素分析,找出影响最重要的因素;第三阶段是提出建议和结论。如此反复进行,直到工程竣工为止。

3. 影响工程进度的因素

为了进行进度控制,无论是监理工程师还是施工单位,都必须在施工进度计划实施前充分考虑影响施工进度的诸多因素,提出保证施工进度计划成功实施的措施。

影响工程进度实施的因素很多,如经济原因、技术原因、地质条件、气候条件、人文社会条件、人力原因、材料设备原因、资金原因、组织协调原因和政治原因等,涉及建设单位、施工单位、勘察设计单位、监理单位、设备制造和运输单位、社会环境和自然环境条件以及政府职能部门等,都需要监理工程师和施工单位在进度控制中仔细分析,以实现对工程进度的主动控制。

4. 工程进度分析的内容

当工程实际进展情况相比与原定计划出现较大偏差时,应进行分析,找出影响的因素及起关键作用的因素,以便制定对策并进行调整。

工程进度分析的主要内容包括以下几项:

(1)分析工程进度计划完成的比率(工程量、工作量完成的百分率),是否影响按期竣工。

(2)考察关键线路、关键工作是否出现拖延,非关键线路时差是否用完,并已转变为关键线路。

(3)考察有哪些工作(工程项目)影响了工程的工期。

(4)对上述这些工作进行详细的分析,确定影响各工作计划的关键因素。详细分析的内容主要有以下几点:

①劳动力情况分析。

实际投入劳动力数量与计划劳动力数量的关系,直接生产工人与管理人员的比例;施工顺序、工作流程是否合理;返工率和废品率状况;劳动组织与生产效率是否满意;工程变更和事故率是否正常;天气情况等。

②材料情况分析。

材料供应是否及时,有无待料情况,料场布置是否合理,材料的运距是否太远,材料的储备周期是否合理等。

③机械设备情况分析。

机械设备是否满足工程进展的要求,利用率和完好率如何,机械设备是否陈旧,设备的停工时间所占总时间的百分比有多大,工地是否有备用零件,维修是否及时,有没有预防性的维修计划,机械设备的生产率是否能达到额定的要求等。

④试验检测情况分析。

工地的试验仪器和设备能否满足工程的需要;试验和检测的组织体系是否健全和有效;试验人员是否满足试验检测工作的需要;试验的数据和成果是否在有效的时间内反馈到各有关人员手中等。

⑤财务情况分析。

施工单位是否有足够的资金垫付材料、设备、人员工资等款项;建设单位是否按期支付工程进度款;各种资金的支出是否比例失调等。

⑥其他情况分析。

天气是否特别恶劣;建设单位是否履行了应尽的义务,有无责任,如延迟占用土地、延期交图、工程暂停、额外或附加工程等;监理工程师是否正确履行了职责,如文件是否及时批复、监理人员是否不足、是否及时检测验收等。

(5)针对上述分析得出的主要因素,拟定采取的措施,加以改进,以使工程按期完工。

5.进度计划调整

通过对实际进度与施工进度计划的比较,可以发现进度偏差。如果这种偏差严重到无法确保工程按期完工,就有必要对计划进行调整。计划的调整是施工单位的责任。监理工程师在发现实际进度相比于计划有较大偏差时,就必须要求施工单位对进度计划进行调整,以符合实际施工的需要。

计划执行中的调整,一般有以下几种原因:

(1)因某种原因需要将网络计划中的某些工作删除。

(2)由于编制网络计划时考虑不周或设计变更,需要在网络计划中新添工作。

(3)由于实际工程进度有提前或拖延现象,需要修改某些工作的持续时间等。

(4)因为施工组织方式改变,需要改变网络计划中某些工作的衔接关系。

施工进度计划的调整可通过工期优化来进行,调整的方法主要有以下两类:

(1)缩短关键线路的持续时间。

通过增加关键线路上工作的人力和设备等施工力量,以缩短关键工作持续时间。一般来说,关键线路缩短势必引起资源需要量的增加,可能会带来新的矛盾。因此,缩短关键线路上工作的持续时间,需要增加资源时应尽量从内部解决;在时差范围内将其工作时间错开,从而避开资源利用的高峰;将有关工作持续时间延长,减小该工作的资源强度,以便从中抽出部分资源支援其他需要缩短持续时间的工作。如果通过分析计算确认内部资源不足,则应考虑从外部调入资源。

(2)改变网络计划的逻辑关系。

改变网络计划的逻辑关系进行工期优化,要求通过重新考虑施工作业方式、采用不同施工方法和设备、合理安排施工顺序来缩短网络计划的工期。改变网络逻辑关系包括两个方面:

①改变施工作业方式。在条件允许的前提下,施工中一般应尽量组织流水作业,以使得资源需要量和工期两者都较合理;不便组织流水作业时,也应尽可能采用搭接施工,以缩短总工作时间。如果需要赶工,则可将其中某些关键工作改为平行作业。

②合理安排工程项目的施工顺序。通过流程优化合理安排施工顺序,以缩短工期。这可以通过对那些无工艺技术逻辑关系的工作安排出最合理的施工顺序来进行。

六、工期的提前或拖延

(一)工期提前(工期缩短/提前交工/进度的加快)

1.《标准施工招标文件》的规定

(1)条文规定。

《标准施工招标文件》第11.6款规定:发包人要求承包人提前竣工,或承包人提出提前竣工的建议能够给发包人带来效益的,应由监理人与承包人共同协商采取加快工程进度的措施和修订合同进度计划。发包人应承担承包人由此增加的费用,并向承包人支付专用合同条款约定的相应奖金。

(2)监理工程师的工作。

监理人与承包人共同协商采取加快工程进度的措施。督促承包人修订合同进度计划。审批修订后的合同进度计划。

审核发包人应承担承包人由此增加的费用,以及专用合同条款约定的相应奖金。

2.《建设工程安全生产管理条例》的规定

(1)条文规定。

《建设工程安全生产管理条例》第七条规定,建设单位不得压缩合同约定的工期。《建设工程质量管理条例》第五十六条规定,建设单位有下列行为之一的,责令改正,处20万元以上50万元以下的罚款:

迫使承包方以低于成本的价格竞标的;

任意压缩合理工期的;

明示或暗示设计单位或者施工单位违反工程建设强制性标准,降低工程质量的;

……

(2)监理工程师的工作。

监理工程师应注意监督并及时制止建设单位任意压缩合理工期的行为,对于工程设计变更或施工分包、不可抗力等因素引起的合同工期调整应予支持。

对于施工单位提出的提前交工的建议,监理工程师应认真对待,严格审查施工单位保证工程质量和安全所采取的措施是否充分,检查建设单位同意提前交工而提供的条件是否足够等。

工期的提前或称提前竣工(交工)、工程施工进度的加快,即合同工期的提前(工期缩短),一经施工单位提出并经建设单位和施工单位协商一致和确认,监理工程师应做好以下工作:

①监督建设单位和施工单位签订工期提前或称工期缩短、提前竣工(交工)的协议,即签订施工合同补充协议,作为合同文件的组成部分;

②督促施工单位修订合同工程进度计划,即编制新的施工进度计划;

③审批修订后的进度计划;

④督促施工单位加大施工资源投入,科学组织施工,在确保工程施工质量和施工安全的前

提下执行新的施工进度计划(加快工程施工进度);

⑤检查修订后的进度计划的执行情况,直至施工单位按照补充协议确定的新合同工期内全面完成合同工程施工任务;

⑥协调处理因合同工期缩短而引起的费用增加事宜。对于建设单位提出的工期提前,根据补充协议的约定确定建设单位是否应向施工单位支付相应的工期提前奖金以及支付多少;对于施工单位提出的工期提前,除需要征得建设单位、监理机构的审核和批准外,一般地应由施工单位承担相应的费用,补充协议有约定的除外;

⑦因工期提前,监理机构应与建设单位完善因工期提前的监理合同之补充协议,补充因工期提前影响下的监理费用支付方式等内容,并作为监理合同文件的组成部分。

(二)工期延误(或称工期延长/工程延期/延期交工)

工期延误分为承包人的工期延误、非承包人的工期延误两大类。非承包人的工期延误又可分为发包人原因引起的工期延误、非发包人与非承包人引起的工期延误(如天气原因、地震等不可抗力、骚乱、战争等)。

1. 承包人引起的工期延误

《标准施工招标文件》第11.5款"承包人的工期延误"规定,由于承包人的原因,未能按合同进度计划完成工作,或监理人认为承包人施工进度不能满足合同工期要求的,承包人应采取措施加快进度,并自我承担加快进度所增加的费用。由于承包人原因造成工期延误,承包人应向发包人支付逾期竣工(交工)违约金。即承包人无权要求发包人延长工期和增加费用,无权要求支付合理利润。同时规定,承包人向发包人支付逾期违约金,不免除承包人完成工程及修补缺陷的义务。

出现工期延误时,监理工程师可依据合同授予的权力,指令施工单位加快工程进度,并向建设单位报告提出采取措施的建议供其决策,包括采取约见法定代表人、强制分包或终止合同等。这时,加快施工、强制分包、终止合同等造成的一切经济损失,均应由施工单位承担。

监理工程师应注意的是,在《公路工程标准施工招标文件》(2018年版)和《水运工程标准施工招标文件》(JTS 110-8—2008)的专用合同条款中均补充细化了以下内容:

(1)承包人应严格执行监理人批准的合同进度计划,对工作量计划和形象进度计划分别控制。若承包人的实际工程进度曲线处于合同进度管理曲线规定的安全区域的下限之外时,则监理人有权认为本合同工程的进度过慢,并通知承包人采取必要措施,以便加快工程进度,确保能在约定的工期内交工。承包人应采取措施加快进度,并承担加快进度所增加的费用。

(2)如果承包人在接到监理人通知后的14天内,未能采取加快工程进度的措施,致使实际工程进度进一步滞后,或承包人虽采取了措施,但仍无法按预定工期交工时,监理人应立即通知发包人。发包人在向承包人发出书面警告通知14天后,发包人可按《公路工程标准施工招标文件》(2018年版)第22.1款规定终止对承包人的雇佣,也可将本合同工程中的一部分工作交由其他承包人或其他分包人完成。

(3)由于承包人原因造成工期延误,承包人应向发包人支付逾期交工违约金。如果在合

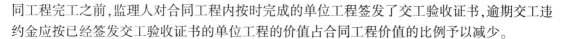

同工程完工之前,监理人对合同工程内按时完成的单位工程签发了交工验收证书,逾期交工违约金应按已经签发交工验收证书的单位工程的价值占合同工程价值的比例予以减少。

2. 发包人引起的工期延误

《标准施工招标文件》第11.3款"发包人的工期延误"规定,在合同履行过程中,由于发包人的下列原因造成工期延误的,承包人有权要求发包人延长工期和增加费用,并支付合理利润。

(1)增加合同工作内容;
(2)改变合同中任何一项工作的质量要求或其他特性;
(3)发包人延迟提供材料、工程设备或变更交货地点的;
(4)因发包人原因导致的暂停施工;
(5)提供图纸延误;
(6)未按合同约定及时支付预付款、进度款;
(7)发包人造成工期延误的其他原因。

监理工程师应注意的是,在《公路工程标准施工招标文件》(2018年版)和《水运工程标准施工招标文件》(JTS 110-8—2008)的专用合同条款中补充细化的内容:即使由于上述原因造成工期延误,如果受影响的工程并非处在工程施工进度网络图的关键线路上,承包人也无权要求延长合同总工期。

3. 施工单位有权提出工程延期的情形

(1)任何形式的额外或附加工程;
(2)未能给出施工用地占有权;
(3)化石、文物的发掘处理;
(4)图纸、指令等的延迟发出;
(5)工程暂时停工;
(6)增加的样品和试验检测;
(7)不利的实物障碍或自然条件;
(8)异常恶劣的气候条件;《标准施工招标文件》通用合同条款第11.4款规定由于出现专用合同条款约定的异常恶劣气候的条件导致工期延误的,承包人有权要求发包人延长工期;
(9)发包人造成的延误、障碍等;
(10)其他特殊情况。

4. 施工单位自身原因造成的工期延误情形

(1)未能及时进驻施工现场;
(2)施工设备不能满足施工需要;
(3)人力投入不足;流动资金投入不足;
(4)材料供应不及时或不合格;
(5)组织协调不力;
(6)出现工程质量问题甚至发生工程质量事故、生产安全事故等。

七、工程停工与复工

(一) 工程停工

1. 承包人暂停施工的责任

《标准施工招标文件》通用合同条款第 12.1 款规定,因下列原因暂停施工增加的费用和(或)工期延误由承包人承担:

(1) 承包人违约引起的暂停施工。
(2) 由于承包人原因为工程合理施工和安全保障所必需的暂停施工。
(3) 承包人擅自暂停施工。
(4) 承包人其他原因引起的暂停施工。
(5) 专用条款约定由承包人约定的其他暂停施工。

2. 发包人暂停施工的责任

《标准施工招标文件》通用合同条款第 12.2 款规定,由于发包人原因引起的暂停施工造成工期延误的,承包人有权要求发包人延长工期和(或)增加费用,并支付合理利润。

3. 监理人暂停施工指示

《标准施工招标文件》通用合同条款第 12.3 款规定,监理人认为有必要时,可向承包人作出暂停施工的指示,承包人应按监理人指示暂停施工。不论由于何种原因引起的暂停施工,暂停施工期间承包人应负责妥善保护工程并提供安全保障。

由于发包人的原因发生暂停施工的紧急情况,且监理人未及时下达暂停施工指示的,承包人可先暂停施工,并及时向监理人提出暂停施工的书面请求。监理人应在接到书面请求后的 24 小时内予以答复,逾期未答复的,视为同意承包人的暂停施工请求。

4. 暂停施工持续 56 天以上

《标准施工招标文件》通用合同条款第 12.5 款规定,监理人发出暂停施工指示后 56 天内未向承包人发出复工通知,除了该项停工属于承包人自身原因导致的停工外,承包人可向监理人提交书面通知,要求监理人在收到书面通知后 28 天内准许已暂停施工的工程或其中一部分工程继续施工。如监理人逾期不予批准,则承包人可以通知监理人,将工程受影响的部分视为可取消工作。如暂停施工影响到整个工程,可视为发包人违约,应按第 22.2 款的规定办理,即:

(1) 承包人有权暂停施工。

承包人可向发包人发出通知,要求发包人采取有效措施纠正违约行为。发包人收到承包人通知后的 28 天内仍不履行合同义务,承包人有权暂停施工,并通知监理人,发包人应承担由此增加的费用和(或)工期延误,并支付承包人合理利润。

(2) 承包人有权解除合同。

承包人按规定暂停施工 28 天后,发包人仍不纠正违约行为的,承包人可向发包人发出解除合同通知。但承包人的这一行动不免除发包人承担的违约责任,也不影响承包人根据合同约定享有的索赔权利。

(3)解除合同后的付款。

因发包人违约解除合同的,发包人应在解除合同后 28 天内向承包人支付相关费用。

(4)解除合同后的承包人撤离。

因发包人违约而解除合同后,承包人应妥善做好已竣工工程和已购材料、设备的保护和移交工作,按发包人要求将承包人设备和人员撤出施工场地。

5. 承包人原因造成停工的监理处理

由承包人责任引起的暂停施工,如承包人在收到监理人暂停施工指示后 56 天内不认真采取有效的复工措施,造成工期延误,可视为承包人违约,应按以下规定办理:

(1)监理人可向承包人发出整改通知,要求其在指定的期限内改正。承包人应承担其违约所引起的费用增加和(或)工期延误。

(2)经检查证明承包人已采取了有效措施纠正违约行为,具备复工条件的,可由监理人签发复工通知复工。

(3)监理人发出整改通知 28 天后,承包人仍不纠正违约行为的,发包人可向承包人发出解除合同通知。合同解除后,发包人可派员进驻施工场地,另行组织人员或委托其他承包人施工。发包人因继续完成该工程的需要,有权扣留使用承包人在现场的材料、设备和临时设施。但发包人的这一行动不免除承包人应承担的违约责任,也不影响发包人根据合同约定享有的索赔权利。

(4)合同解除后的估价、付款和结清。

(5)协议利益的转让。

因承包人违约解除合同的,发包人有权要求承包人将其为实施合同而签订的材料和设备的订货协议或任何服务协议利益转让给发包人,并在解除合同后的 14 天内,依法办理转让手续。

(二)工程复工

《标准施工招标文件》通用合同条款第 12.4 款规定,暂停施工后,监理人应与发包人和承包人协商,采取有效措施积极消除暂停施工的影响。

当工程具备复工条件时,承包人应及时提交复工申请,监理人应立即审核承包人的复工申请,及时批准承包人复工。或者监理人应督促承包人提交复工申请,或者直接向承包人发出复工令(通知)。

承包人收到复工批复或复工令(通知)后,应在监理人指定的期限内复工。

承包人复工后,监理人应做好现场旁站、巡视、检查验收等监理工作。

承包人无故拖延和拒绝复工的,由此增加的费用和工期延误由承包人承担;因发包人原因无法按时复工的,承包人有权要求发包人延长工期和(或)增加费用,并支付合理利润。

(三)公路/水运工程监理规范关于工程停工令与复工令的规定

《公路工程施工监理规范》(JTG G10—2016)第 3.0.5 条规定,总监及总监办可以签发单位工程和合同段的停工令及复工令;第 3.0.6 条规定,驻地监理工程师及驻地办可以签发分部分项工程的停工令及复工令。

《水运工程施工监理规范》(JTS 252—2015)第3.0.5.1条规定,总监可以签发工程停工令及复工令,总监代表无权签发工程停工令及复工令。在其附录A中给出了工程暂停令、工程复工令的表式(本书略)。

第四章 工程费用监理

> **学习备考要点**
>
> 1. 资金的时间价值(现值、终值、资金等值的概念和计算等)。
> 2. 经济分析评价方法(经济分析评价的概念,经济分析评价的净现值法、净年值法、内部收益率法、投资回收期法)。
> 3. 不确定性分析方法(不确定性的概念,盈亏平衡分析法、敏感性分析法、概率分析法)。
> 4. 价值工程方法(价值工程的概念,价值工程方法的特点、工作程序,价值工程方法的应用)。
> 5. 项目资本金制度和投融资模式(项目资本金制度,项目融资模式的分类,特许经营项目融资模式,PPP、BOT、PFI、ABS模式,特许经营项目融资过程等)。
> 6. 合同计价方式和工程量清单(合同计价方式、合同价款的约定、工程量清单等)。
> 7. 工程招标方式和招标控制价(必须招标的工程项目范围、招标方式、评标方法、招标控制价的编制和审核、投标报价的编制和报价决策、不平衡报价的识别等)。
> 8. 工程计量(工程计量的概念、工程计量的依据、工程计量的原则、工程计量应具备的条件、工程计量的周期、工程计量的组织方式和计量程序、工程量的计算方法、工程计量的单位和精度要求、工程量的计算规则等)。
> 9. 费用支付(费用支付的依据、程序,费用支付的分类,清单项目支付;合同管理项目支付包括预付款的支付及其扣回、质量保证金的扣留与返还、工程变更、费用索赔、价格调整、逾期竣工违约金、提前竣工奖金、合同中止后的支付、合同解除后的支付等)。
> 10. 工程费用控制的监理工作(工程费用监理的依据、程序、措施,工程支付申请的审核,工程支付证书的编制和签发等)。

第一节 资金的时间价值

一、资金时间价值的概念

资金的价值随着时间的变化而增值或贬值,其增值的这部分资金就是原有资金的时间价值。资金与时间之间具有函数关系。生产经营活动的一项基本原则就是充分利用资金的时间价值并最大程度地获得时间价值,这就要求加速资金的周转,及时回收资金,并不断从事利润较高的投资活动。

影响资金时间价值的因素有很多,主要包括资金的开始使用时间、资金的数量、资金投入和回收的特点、资金周转的速度等。因为资金具有时间价值,使得不同时间点发生的资金无法直接进行比较,只有通过一系列换算,将不同时间的资金等值折算到同一个时间点进行对比,才符合客观实际情况,这种换算称为资金等值计算。资金等值是考虑了资金的时间价值的等值;由于发生的时间不同,其价值并不一定相等;反之,在不同时间上发生的金额不等,其资金的价值却可能相等。

二、资金时间价值的计算

利润和利息是资金时间价值的具体表现形式。在借贷关系中的利息反映了资金的时间价值,利息是银行占用储户资金应付的代价,或者说利息是储户放弃使用资金应该所得的报酬。利息通常有单利计息和复利计息之分。

(一)单利、复利的计息

利息是资金时间价值的一种重要表现形式。在借贷过程中,债务人支付给债权人超过原借贷金额的部分就是利息。利息是资金的一种机会成本。利息的计算有单利、复利之分。

1. 单利计息

单利计息时,每期只对原始本金计息。其利息的计算公式为:

$$I_n = P \cdot i \cdot n \tag{4-1}$$

式中:n——年数(计息期数量);

P——原始本金;

i——利率(年利率);

I_n——n 年后的利息。

注意式中的计息期与利率一定是对应的,计息期可能为日、月、季度、半年、一年、三年等,其利率也是不一样的。除特殊说明外,工程建设项目一般是指年利率,计息期以年为单位。若要计算 n 年后的本金和利息共为多少,设 n 年后本利和为 F,则:

$$F = P(1 + i \cdot n) \tag{4-2}$$

2. 复利计息

复利计息时,不仅计算当期本金的利息,而且还要计算前期利息的利息,即将上期的利息并入本金作为本周期计算利息的本金继续计息。其利息的计算公式为:

$$I_n = P \cdot (1+i)^n - P = P[(1+i)^n - 1] \tag{4-3}$$

通过上述计算所得到的利息就是本金 P 经过 n 个计息期得到的资金增加值,即资金的时间价值。从资金在整个生产过程中运动的实际情况来看,采取复利计息更符合资金的运动规律。在技术经济方案分析中,对资金时间价值一般都采用复利法计算。

在经济分析中,按复利计息,资金随时间变化而增值,时间增值按复利计息的,称为动态计算;时间增值按单利计息的,称为半动态(或半静态)计算;不考虑时间因素(不计时间价值)计算的,则称为静态计算。

(二)现值、终值的计算

1. 现金流量

对于商品生产活动而言,所产生的物质消耗及产品价值都可以用资金的形式来描述,通常把各个时间点上实际发生的所有资金流出和资金流入统称为现金流量。

这里的"现金"是广义的现金,它不仅包括各种货币资金,还包括工程项目投入企业拥有的非货币资源的变现价值。现金流量可以分为现金流入量、现金流出量和净现金流量。

对于同一个时间点上的现金流入量(记作 CI_t)与现金流出量(记作 CO_t)的差额,称为净现金流量(记作 CF_t),即:

$$CF_t = CI_t - CO_t \tag{4-4}$$

在一个时间点发生的资金金额换算成另一个时间点的等值金额的过程,称为资金等值计算。把将来某一时间点的资金金额换算成当前时间点的等值金额的计算过程称之为折现,其折现后的资金金额称为现值。与现值等价的将来某个时间点的资金金额称为终值或未来值。在技术经济分析中,为了分析评价方案的经济效果,常常应该对方案在不同时间点发生的全部费用和全部收益进行计算,并且通过资金的等值计算,将它们换算到同一个时间点上进行分析(因为资金具有时间价值),才能分析评价方案的可行与否。

2. 现金流量表和现金流量图

在项目的寿命期内,各种现金流量的发生时间和数额都不尽相同,为便于分析不同时间点上的现金流入和现金流出,计算其净现金流量,可采用现金流量表的形式来表示特定项目在一定时间内发生的现金流量。而现金流量图是一种反映经济系统资金运动状态的图示,即把经济系统的现金流量绘入时间坐标图中,表示出各现金流入、流出与相应时间的对应关系。现金流量图可全面、形象、直观地表达经济系统的资金运动状态。

(1)现金流量图的三要素。

现金流量的大小(资金数额)、方向(资金流入或流出)和作用点(资金发生的时间点)是现金流量图的三个要素,如图 4-1 所示。

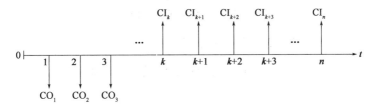

图 4-1 现金流量图

(2)现金流量图的绘制规则和方法。

以横轴为时间轴,向右延伸表示时间的延续,轴上每一刻度表示一个时间单位,可取年、半年、季或月等;0 表示时间序列的起点,n 表示时间序列的终点。

垂直于时间坐标的箭线代表不同时点的现金流量情况,现金流量的性质(流入或流出)是对特定的对象而言的。对投资人而言,在横轴上方的箭线表示现金流入,即表示效益;在横轴下方的箭线表示现金流出,即表示费用。在各箭线上方(或下方)注明现金流量的数额。箭线与时间轴的交点即为现金流量发生的时间单位末。

一般在项目分析中只指明现金流量发生在哪一年是不够准确的,因为该项费用既可发生在该年年初,也可发生在该年年末。现金流量图已经成为经济分析人员的共同语言,绘制时必须遵照以下有关时间的常规约定:

①全部投资费用均发生在年初,如初始一笔投资,即指发生在分析期初的零点处,如无特殊说明,在分析期内发生的集中投资,均定义为该年年初。

②每年都会发生的现金流量(年收益、年支出或年费用),不管其实际如何,收入和支出均规定其发生在每年的年末。

③若分析项目方案有残值,则残值必然发生在分析期末,即最后一年的年末。

④终值(未来值)均定义为发生在年末(除特殊说明)。

(三)资金等值的计算

由于资金具有时间价值,项目实施带来的费用和效益,不仅与其货币的票面额大小有关,而且与其发生的时间有关。不同时刻发生的数额不等而经济价值相等的资金称为等值资金。

资金等值取决于三个因素,即资金金额的大小、资金发生时间的早晚和利率的高低。

在资金等值计算的公式中,各符号表示的意义如下:

P——本金,指一笔集中的现金流量(投资额),表示资金的现值,一般出现在时间轴上的零点,或定义为发生在年初;

F——终值(未来值),也是一笔集中的现金流量。它出现在时间轴上除零点以外的任何一个时点上,定义为该年的年末;

A——系列年值(或称等额年金),表示一系列等额的现金流量,每一个 A 值均发生在每一年的年末;

i——表示时间价值的百分率(利率或折现率);

n——时间,计算分析期年数。

现值与终值之间的关系:

$$现值 + 复利利息 = 终值$$
$$终值 - 复利利息 = 现值$$

(四)复利法资金时间价值计算的基本公式

根据资金的不同支付方式,资金时间价值计算的基本公式如下:

1. 一次支付终值公式

如果有一笔资金 P 按年复利利率(简称年利率)i 进行投资,即期初一次投入的现值为 P,n 期末的终值为 F,其 n 期末的复本利和应为多少?即已知 P、i、n,求 F。即:

$$F = P(1+i)^n \tag{4-5}$$

式(4-5)给出了终值 F 与现值 P 的关系,其中 $(1+i)^n$ 称为一次支付复利终值系数。也可用函数符号 $(F/P, i, n)$ 表示。

2. 一次支付现值公式

已知终值 F,求现值 P,是一次支付复利终值公式的逆运算,由式(4-5)直接推导得:

$$P = F(1+i)^{-n} \tag{4-6}$$

系数$(1+i)^{-n}$称为一次支付现值系数,也可记为$(P/F,i,n)$,它和一次支付终值系数互为倒数。即$(P/F,i,n) \times (F/P,i,n) = 1$。

3. 等额资金终值公式

在经济评价中,经常遇到连续在若干期的期末支付等额的资金,需要计算最后期末所积累起来的资金。例如,从第1年到第n年,逐年年末将等额资金A存入银行,到第n年末一次取出终值F,即已知A、i、n,求F。

$$F = A\frac{(1+i)^n - 1}{i} \tag{4-7}$$

式中:$\frac{(1+i)^n - 1}{i}$——年金终值系数,记为$(F/A,i,n)$。

4. 等额资金偿债基金公式

为了在第n年末能够筹集一笔资金来偿还债款F,按年复利利率i计算,拟从现在起至第n年的每年末等额存储一笔资金A,以便到第n年末偿清F,必须存储的A为多少?即已知F、i、n,求A。

$$A = \frac{F \times i}{(1+i)^n - 1} \tag{4-8}$$

式中:$\frac{i}{(1+i)^n - 1}$——偿债资金系数,记为$(A/F,i,n)$。

【例4-1】 某交通运输企业在第5年末应偿还一笔50万元的债务,按年复利利率2.79‰计算,该企业从现在起连续5年每年末应向银行存入多少资金,才能使其复本利和正好偿清这笔债务?

解: 已知$F = 50, i = 2.79‰, n = 5$,则$A = \frac{F \times i}{(1+i)^n - 1} = 50 \times 0.1892 = 9.46$(万元)。

5. 等额资金回收公式

若在第一年年初以年利率i存入一笔资金P,希望在今后从第1年起至第n年止,把复利本和在每年年末以等额资金A的方式取出,每年末可得到的A为多少?即已知P、i、n,求A。

$$A = P \times i \times \frac{(1+i)^n}{(1+i)^n - 1} \tag{4-9}$$

式中:$i \times \frac{(1+i)^n}{(1+i)^n - 1}$——资金回收系数,记为$(A/P,i,n)$。

6. 等额资金现值公式

在n年内按年利率i计算,为了能在今后几年中每年年末可提取相等金额的资金A,现在必须投资多少?即现值P为多少?即已知A、i、n,求P。

$$P = A \times \frac{(1+i)^n - 1}{i \times (1+i)^n} \tag{4-10}$$

式中:$\frac{(1+i)^n - 1}{i \times (1+i)^n}$——年金现值系数,记为$(P/A,i,n)$。

第二节 经济分析评价方法

一、经济分析评价的概念

关于技术方案的经济分析评价,一般包括财务评价、国民经济评价和综合评价。财务评价又称企业经济评价,是从企业本身利益出发,评价建设项目给企业带来多大的经济效益,是一种微观评价。国民经济评价是宏观评价,它是从国民经济建设、规划的整体利益出发,评价建设项目或方案为国民经济建设带来多大的效益。综合评价是在财务评价、国民经济评价的基础上,考虑社会效益、环境效益、社会平衡发展等政治、经济、社会因素,是一种复杂的综合性评价分析。

二、经济分析评价的基本方法

经济分析评价的基本方法包括净现值法、净年值法、内部收益率法、投资回收期法等。

1. 净现值法

净现值是实践中常用来评价项目方案经济效果的指标,它可以反映出项目在经济寿命期内的获利能力。选定基准折现率,把每个方案的所有现金流量都换算到基准时间点(分析期的零点处),各方案收益的总现值减去支出(费用)的总现值,其代数和为净现值。用净现值对方案进行评价,称净现值法。用公式表示为:

$$NPV = \sum_{t=0}^{n} \frac{CF_t}{(1+i_0)^t} \tag{4-11}$$

式中:NPV——净现值;
CF_t——t 年的净现金流量,$CF_t = CI_t - CO_t$;
CI_t——t 年现金流入;
CO_t——t 年现金流出;
n——分析计算期;
i_0——基准收益率。

根据 NPV 值的大小,可以做出以下判断:
(1)当 NPV>0 时,说明项目实施后的经济效益,不仅达到了基准收益率的要求,而且还有富余。
(2)当 NPV=0 时,说明项目实施后的投资收益率正好达到基准收益率。
(3)当 NPV<0 时,说明项目实施后的经济效益达不到基准收益率的要求。

因此,用净现值法对方案评价时,对于单个的独立方案而言,当 NPV≥0 时,则认为方案是可取的。对于多个方案,不仅要求方案 NPV≥0,且选择一个方案时,应选 NPV 值中最大的。使用净现值法进行经济评价时,应注意以下几点:
(1)如果该方案有残值,且残值是正的,则表示期末有一笔资金回收;如果残值是负的,则表示期末要支出一笔拆除、清理费用。

(2) 折现率越大,其净现值越小。说明在取用的折现率较高时,残值对现值的影响很小,所以在分析年限较长时,对较小的残值可估计为 0(或称不计残值);反之亦然。

(3) 用净现值法比较方案,有时会出现两个方案净现值相同或相近,但投资额却相差很大的情况。从净现值的角度看,两方案的净现值可看成同一量级,相差不多,但两个方案对投资者的吸引力却截然不同,因此,我们可以从两方案的净现值率(即单位投资所得的净现值)或益本比(效益总现值与费用总现值之比)进一步比较出两方案的优劣。

(4) 净现值 = 收益现值 - 费用现值。由此可延伸出净现值法、收益现值法和费用现值法,三者统称为现值法。在费用(成本)相同时,可使用收益现值法进行比较,优选收益现值大者方案;在收益(产品及产量)相同时,可使用费用现值法进行比较,优选费用现值小者方案。

【例 4-2】 某交通工程机械厂计划投资 2500 万元,投产后年经营成本为 500 万元,年销售额 1500 万元。若计算期为 5 年,基准收益率为 10%,不计残值,试计算投资项目的净现值。

解:(1) 绘制现金流量图(略)。

(2) 净现值计算:

$NPV = -2500 + (1500 - 500) \times (P/A, 10\%, 5) = -2500 + 1000 \times 3.7908 = 1290.8 (万元)$。

分析:该项目净现值 $NPV > 0$ 且为 1290.8 万元,说明该项目实施后的经济效益除了达到 10% 的收益率外,还有 1290.8 万元的净现值,项目是经济合理的。

【例 4-3】 现有三个互斥方案的现金流量情况见表 4-1,基准收益率为 10%,试分析比较,哪个方案为最优。

三个互斥方案的现金流量情况表 表 4-1

方案	投资(万元)	年净现金流量(万元)	残值(万元)	分析年限(年)
方案Ⅰ	2000	300	0	20
方案Ⅱ	4000	500	0	20
方案Ⅲ	10000	900	1000	20

解:(1) 绘制现金流量图(略)。

(2) 计算三个方案的净现值:

方案Ⅰ:

$NPV_1 = -2000 + 300 \times (P/A, 10\%, 20) = -2000 + 300 \times 8.5136 = 554 (万元) > 0$。

所以,方案Ⅰ可行。

方案Ⅱ:

$NPV_2 = -4000 + 500 \times (P/A, 10\%, 20) = -4000 + 500 \times 8.5136 = 257 (万元) > 0$。

所以,方案Ⅱ可行。

方案Ⅲ:

$NPV_3 = -10000 + 900 \times (P/A, 10\%, 20) + 1000 \times (P/F, 10\%, 20)$

$= -10000 + 900 \times 8.5136 + 1000 \times 0.1487$

$= -2189 (万元) < 0$。

所以,方案Ⅲ不可行。

(3) 分析比较:

将三个方案的净现值进行比较,方案Ⅲ的 $NPV < 0$,该方案不可行。在可行方案Ⅰ和方案

Ⅱ中选取净现值比较大的。方案Ⅰ具有最大的净现值,因此选取方案Ⅰ。

2. 净年值法

净年值是通过资金的等值计算将项目的净现值分摊到寿命期(分析期)内各年(从第1年到第n年)末的等额年值。净年值的计算公式如式(4-12)所示:

$$NAV = \left[\sum_{t=0}^{n}\frac{CF_t}{(1+i_0)^t}\right](A/P,i_0,n) \tag{4-12a}$$

即:

$$NAV = NPV \cdot (A/P,i_0,n) \tag{4-12b}$$

式中:NAV——净年值。

根据NAV值的大小,可以做出以下判断:

(1)当NAV>0时,说明建设项目实施后平均每年的经济效益不仅达到了基准收益率的要求,而且还有富余。

(2)当NAV=0时,说明项目实施后平均每年的经济效益正好达到基准收益率。

(3)当NAV<0时,说明项目实施后平均每年的经济效益达不到基准收益率的要求。

因此,用净年值法对方案评价时,对于单个的独立方案而言,只要NAV≥0,则认为方案是可取的;对于多个方案,不仅要求NAV≥0,且在互斥方案中,选取NAV中的最大值为佳。

需要说明的是:净年值=收益年值-费用年值。由此可延伸出净年值法、收益年值法和费用年值法,三者统称为年值法。在费用(成本)相同时,可使用收益年值法进行比较,优选收益年值大者方案;在收益(产品及产量)相同时,可使用费用年值法进行比较,优选费用年值小者方案。

年值法与现值法的不同之处为:用现值法进行比较时,要求不同方案的分析期长短相等;而使用年值法比较时,不考虑方案分析期的长短,同样可以用净年值法、收益年值法或者费用年值法对方案进行分析比较。

【例4-4】 某投资方案的现金流量如图4-2所示,设基准收益率为10%,求该方案的净年值,并且对其评价。

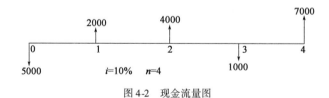

图4-2 现金流量图

解:由式(4-12)可得:

$$\begin{aligned}NAV = &[-5000+2000\times(P/F,10\%,1)+4000\times(P/F,10\%,2)-\\&1000\times(P/F,10\%,3)+7000\times(P/F,10\%,4)]\times(A/P,10\%,4)\\=&1311(万元)>0\end{aligned}$$

计算结果表明,该项目方案实施后,不仅能达到10%的收益率,而且每年还有1311万元的富余。因此,该方案是可接受的。

3. 内部收益率法

如果将净现值、净年值指标作为价值型指标,那么内部收益率就是一个比率型指标。在所有经济评价指标中,除净现值外,内部收益率是另一个重要的指标,该指标是投资项目财务盈利性分析的重要评价依据。所谓内部收益率是指把某项目方案的所有现金流量在某一个折现率(未知)的基础上均折现到基准时间点(分析期的零点处),其收益总现值与支出总现值代数和为0,这一个折现率即为该项目方案的内部收益率。简单来说,就是项目方案净现值为0时的折现率。项目的内部收益率可以理解为是该项目本身具有的收益能力,它是一个无因次量(%),也称内部报酬率、内部回收率、内部获利率等。此项指标用来评价项目的盈利能力,其数学公式为:

$$\sum_{t=0}^{n} \frac{CF_t}{(1+IRR)^t} = 0 \tag{4-13}$$

式中:IRR——内部收益率。

式(4-13)是一个"一元多次方程",要求解这个方程是很麻烦的,通常需要反复试算,再通过近似估算求得。其求解步骤为:

(1) 选取一个 i_1,以 i_1 为折现率,求得净现值 $NPV_1 > 0$(NPV_1 为一个比较接近0的正值),即:

$$NPV_1 = \sum_{t=0}^{n} \frac{CF_t}{(1+i_1)^t} > 0 \tag{4-14}$$

(2) 再选取一个 i_2,要求 $i_2 > i_1$,因为随着折现率的增大,其净现值减小,使净现值为一个接近0的负值,即 $NPV < 0$,则:

$$NPV_2 = \sum_{t=0}^{n} \frac{CF_t}{(1+i_2)^t} < 0 \tag{4-15}$$

(3) 因为试算,除要求 $i_1 < i_2$,还要求 i_2 与 i_1 相差甚小,相差越小,其估算越准确。式(4-13)的试算过程,实际上相当于寻找一条曲线与横坐标相交的点(图4-3),即为 $NPV = 0$ 时的折现率就是 IRR。当然 $IRR > i_1$,$IRR < i_2$,IRR 在 i_1 与 i_2 之间。

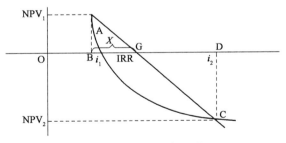

图4-3 IRR 线性插值法图解

(4) 用线性插值法可近似求得内部收益率 IRR。当曲线上任意两点靠得很近时,我们可近似地用直线代替曲线,即用直线与横坐标交点 G,代替曲线与横坐标交点,从图4-3中可知:

△ABG ~ △CDG,即:

AB : CD = BG : DG

$NPV_1 : |NPV_2| = X : [(i_2 - i_1) - X]$

则,

$$\text{IRR} = i_1 + \frac{\text{NPV}_1}{\text{NPV}_1 + |\text{NPV}_2|} \times (i_2 - i_1) \quad (4\text{-}16)$$

式中：i_1——试算用的低折现率；

i_2——试算用的高折现率；

NPV_1——用 i_1 计算的项目净现值(正值)；

$|\text{NPV}_2|$——用 i_2 计算的项目净现值(负值)的绝对值。

图 4-3 中，直线段 AC 近似净现值函数曲线段 AC，其与横坐标交点 G，即为该项目内部收益率 IRR 的近似值。设基准收益率为 i_0，项目方案求得的内部收益率为 IRR。

根据 IRR 值的大小，可以做出以下判断：

(1) 当 IRR ≥ i_0 时，说明项目在经济上可行合理，即接受该项目。

(2) 当 IRR < i_0 时，说明项目不可行、不合理，应予拒绝。

【例 4-5】 某机制砂加工项目，初期投资 130 万元，每年净收益 35 万元，不考虑固定资产的残值，设基准收益率为 10%，试计算该项目投资的内部收益率 IRR，并对项目作评价。

解：设 $i_1 = 15\%$，$i_2 = 16\%$，计算结果列于表 4-2 中。

净现金流量折现计算表　　　　表 4-2

项目	年份(年)						
	0	1	2	3	4	5	6
现金流出量(万元)	-130						
现金流入量(万元)		35	35	35	35	35	35
折现系数($i_1 = 15\%$)	1.000	0.870	0.756	0.658	0.572	0.497	0.432
现值(万元)	-130	30.5	26.5	23.0	20.0	17.4	15.1
折现系数($i_2 = 16\%$)	1.000	0.862	0.743	0.641	0.552	0.476	0.410
现值(万元)	-130	30.17	26.01	22.42	19.33	16.66	14.36

设 $i_1 = 15\%$ 时，

$\text{NPV}_1 = -130 + 35 \times (P/A, 15\%, 6) = -130 + 132.5 = 2.5 (万元)$。

设 $i_2 = 16\%$ 时，

$\text{NPV}_2 = -130 + 35 \times (P/A, 16\%, 6) = -130 + 128.95 = -1.05 (万元)$。

则：$\text{IRR} = 15\% + \dfrac{2.5}{2.5 + |-1.05|} \times (16\% - 15\%) = 15.7\% \geq i_0 = 10\%$。

说明该项目在经济上是有效益的，方案可以接受。

4. 投资回收期法

投资回收期又称投资偿还期，它是指建设项目以其每年的净收益抵偿其全部投资所需的时间长度。投资回收期是考察项目在财务上投资回收能力的综合性指标。一般情况下，这一指标越短越好。投资回收期若小于国家规定的标准投资回收期，则建设项目可行。反之，则不可行。

考察投资回收期的方法有静态投资回收期和动态投资回收期两种，常使用的是动态投资

回收期。动态投资回收期是指考虑资金的时间价值,以建设项目所产生的净收益来抵偿其总投资所需要的时间长度。其计算公式为:

$$\sum_{t=0}^{T}\frac{\mathrm{CF}_t}{(1+i_0)^t}=0 \quad (4\text{-}17)$$

式中:T——以年表示的投资回收期;

CF_t——t 年的净现金流量;

t——年份。

投资回收期也可按照内部收益率试算的基本原理进行试算,基本公式为:

$$T=T_1+\frac{|\mathrm{NPV}_1|}{\mathrm{NPV}_2+|\mathrm{NPV}_1|}\times(T_2-T_1) \quad (4\text{-}18)$$

式中:T_1——累计净现值为负值的某个年份(最好是最后一个年份);

T_2——累计净现值开始出现正值的年份(最好是最早的一个年份);

NPV_1——为 T_1 年当年的累计净现值;

NPV_2——为 T_2 年当年的累计净现值;

T——投资回收期。

上述公式求出的投资回收期 T,要与行业的基准投资回收期 T_0 比较。

根据 T 值的大小,可以做出以下判断:

(1)当 $T\leqslant T_0$ 时,说明项目是可以接受的。

(2)当 $T>T_0$ 时,说明项目不可取,应予拒绝。

【例 4-6】 某交通运输工程项目的期初投资额为 1000 万元,估计每年净收益 230 万元,折现率取 $i=6\%$,基准投资回收期 T_0 为 8 年,试计算该项目的投资回收期,并且加以评价。

解:列表计算(万元),见表 4-3。

净现金流量计算表 表 4-3

年份	净现金流量	折现系数 ($i=6\%$)	净现值	累计净现值	年份	净现金流量	折现系数 ($i=6\%$)	净现值	累计净现值
0	−1000	1.0000	−1000		4	230	0.7921	182.18	−203.03
1	230	0.9434	216.98	−783.02	5	230	0.7473	171.88	−31.15
2	230	0.8900	204.7	−578.32	6	230	0.7050	162.15	131.0
3	230	0.8396	193.11	−385.21	7	230	0.6651	152.97	283.97

从表中可知 T,在第 5 年与第 6 年之间,利用式(4-18)计算得:

$$T=5+\frac{31.15}{31.15+131}=5.19(\text{年})<T_0=8 \text{ 年}$$

所以,该投资项目可行。

投资回收期作为经济评价的指标之一,其优点在于:

(1)它反映了资金的周转速度,以建设项目投资回收的快慢作为决策依据。在我国建设资金短缺的情况下,它是一个较好的评价依据。

(2)它能为决策提供一个原始投资未得到回收抵偿以前必须承担风险的时间。

(3)它具有概念直观、通俗易懂、易于接受的特点。

但是,使用投资回收期对方案进行分析评价时,对回收期以后的情况,包括净效益的大小和时间、投资的寿命以及投资盈利率都没有考虑,正是因为有这些不足,投资回收期法趋向于使用在分析期较短的方案中。

【例 4-7】 某交通建设工程施工企业 4 年前以原始费用 220 万元建设了水泥混凝土搅拌机生产线,估计该生产线还可以继续使用 6 年,年经营成本为 75 万元,到第 6 年末估计残值为 20 万元。现在市场上出现了计算机自动化控制生产线,估计建设新生产线需投入 240 万元,生产能力与老设备相当,使用时间为 10 年。第 10 年末估计残值为 40 万元,年经营成本为 35 万元。现有两个方案:A. 继续使用原生产线;B. 将生产线出售,目前售价是 80 万元,然后购买新生产线。已知基准折现率为 15%。试比较这两个方案的优劣。

解:(1)分析题意可得:A 方案的现金流量是年经营成本为 75 万元、残值为 20 万元、使用年限 6 年;B 方案的现金流量是投入 240 万元、年经营成本为 35 万元、出售原生产线收入 80 万元、使用年限 10 年、残值为 40 万元;新老设备的生产能力相同。结论:年收入相同、分析周期不同,可以考虑用年值法来分析评价,分析哪个方案的费用年值低,费用年值低者为优选方案。

(2)计算费用年值。

A 方案:

$AF_1 = 75 + 20 \times (A/F, 15\%, 6) = 75 + 20 \times 0.11424 = 77.28(万元)$。

B 方案:

$AF_2 = 35 + (240 - 80) \times (A/P, 15\%, 10) + 40 \times (A/F, 15\%, 10)$

$= 35 + 160 \times 0.19925 + 40 \times 0.04925$

$= 68.85(万元)$。

(3)分析评价:

因为 $AF_1 = 77.28$ 万元 $> AF_2 = 68.85$ 万元。所以,优选 B 方案。

第三节 不确定性分析方法

一、不确定性的概念

所谓不确定性是指由于对项目将来面临的运营条件、技术发展和各种环境缺乏准确的知识而产生的决策没有把握性。习惯上,当这些不确定性的结果可以用发生的概率来加以表述和分析时,称为概率分析(或称风险分析);反之,不能用概率表述和分析的,称为不确定性分析。

不确定性分析就是对生产、经营过程中各种事前无法控制的外部因素变化与影响所进行的估计和研究。工程的建设决策在实施过程中,将受到许多因素的影响。产生不确定性的主要因素包括未来经济形势(物价)的变化;技术装备和生产工艺的变革;生产能力的变化;建设资金和工期的变化;国家经济政策和法规的变化等。

不确定性分析的基本方法包括盈亏平衡分析法(也称临界分析法)、敏感性分析法、概率分析法三种。

二、盈亏平衡分析法

1. 盈亏平衡分析的概念

盈亏平衡分析是在一定市场和经营管理条件下,根据达到设计生产能力时的成本费用与收入数据,通过求取盈亏平衡点,研究分析成本费用与收入平衡关系的一种方法。随着相关因素的变化,企业的盈利与亏损会有个转折点,称为盈亏平衡点 BEP(Break-even Point)。在该点上销售收入(扣除销售税金与附加)等于总成本费用,刚好盈亏平衡。

盈亏平衡分析可以分为线性盈亏平衡分析和非线性盈亏平衡分析,投资项目决策分析与评价中一般仅进行线性盈亏平衡分析。

盈亏平衡点的表达形式有多种,可以用产量、产品售价、单位可变成本和年总固定成本等绝对量表示,也可以用某些相对值表示。投资项目决策分析与评价中最常用的是以产量和生产能力利用率表示的盈亏平衡点,也有采用产品售价表示的盈亏平衡点。

2. 盈亏平衡分析的作用

通过盈亏平衡分析可以找出盈亏平衡点,考查企业(或项目)对市场导致的产出(销售)量变化的适应能力和抗风险能力。用产量和生产能力利用率表示的盈亏平衡点越低,表明企业适应市场需求变化的能力越大,抗风险能力越强;用产品售价表示的盈亏平衡点越低,表明企业适应市场价格下降的能力越大,抗风险能力越强。

3. 线性盈亏平衡分析的条件

一般地,进行线性盈亏平衡分析应具备以下几个条件:

(1)产量等于销售量,即当年生产的产品(扣除自用量)当年完全销售。
(2)产量变化,单位可变成本不变,即总成本费用是产量的线性函数。
(3)产量变化,产品售价不变,即销售收入是销售量的线性函数。
(4)只生产单一产品,或者生产多种产品,但可以换算为单一产品计算。

4. 盈亏平衡点的计算

盈亏平衡点的计算可以采用公式计算,也可以采用图解法求取。

(1)公式法计算。

设 B 为销售收入;C 为总成本;P 为单位产品价格;Q 为产品销售量;C_f 为固定成本;C_v 为单位产品变动成本,则:

销售收入函数:$B = PQ$;总成本函数:$C = C_f + C_v Q$。

在盈亏平衡点,销售收入 B 等于总成本费用 C,设项目生产能力为 Q,则有盈亏平衡产量:

$$Q = \frac{C_f}{P - C_v} \tag{4-19}$$

若项目设计生产能力为 Q_C,则盈亏平衡生产能力利用率 E:

$$E = \frac{Q}{Q_C} \times 100\% \tag{4-20}$$

若按设计能力进行生产和销售,则盈亏平衡销售价格:

$$P = \frac{B}{Q_C} = \frac{C}{Q_C} = \frac{C_f}{Q_C} + C_v \qquad (4\text{-}21)$$

(2) 图解法计算。

盈亏平衡点可以采用图解法求得,如图 4-4 所示。图中销售收入线(如果销售收入和成本费用都是按含税价格计算的,销售收入中还应减去增值税)与总成本费用线的交点即为盈亏平衡点,这一点所对应的产量即为 BEP(产量),也可换算为 BEP(生产能力利用率)。

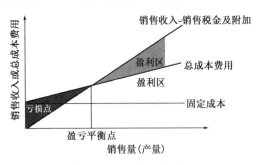

图 4-4 盈亏平衡分析图

5. 非线性盈亏平衡分析

在实际中,某些项目产品的销售收入和成本与销售量并不呈线性关系。因为项目的生产销售活动将明显地影响市场供求状况,随着该项目产品销售量的增加,产品价格有所下降,所以,这时销售收入与销售量之间不再是线性关系。

另外,变动成本总额中的大部分与产品产量呈正比例关系,也有一部分变动成本与产品产量不成正比例关系,如与生产批量有关的某些消耗性材料费用、模具费及运输费等,这部分变动成本随产量变动的规律一般是呈阶梯形曲线,通常称这部分变动成本为半变动成本。

【例 4-8】 根据交通强国建设的需要,某筑路机械厂进行扩建投资,年计划生产顶升工具车的能力为 10 万台,年固定成本为 75600 万元,顶升工具车的成本为 9.20 万元/台,销售价格为 11.60 万元/台。试确定盈亏平衡点。

解:设年产量为 Q 台,则:

收入函数:$B = $ 产品销价 × 产量 $= P \times Q = 11.60Q$(万元)。

总成本函数:$C = $ 年固定成本 + 单位产品的成本 × 产量 $= 75600 + 9.20Q$(万元)。

产量盈亏平衡点 = 固定成本 ÷ (单价 − 单位变动成本) = 75600 ÷ (11.60 − 9.20) = 31500(台)。

销售收入平衡点 = 31500 × 11.60 = 365400(万元)。

生产能力利用率平衡点 = 3.15 ÷ 10 × 100% = 31.5%。

价格盈亏平衡点 = 9.20 + 75600 ÷ 100000 = 9.956(万元/台)。

【例 4-9】 某施工单位计划 20 个月完成水泥混凝土的浇筑施工,开工前就混凝土的自建拌和站现场拌和或外购进行了测算分析。

采用外购商品混凝土的方案时,混凝土的到场单价为 410 元/m³。

采用自建拌和站方案时,拌合站的临时用地、场地硬化、其他建设等一次性投资为 360 万元,拌合设备的租金和维修费等每月需要 8 万元,生产混凝土的成本是 390 元/m³。

通过计算说明混凝土的数量不少于多少万 m³ 时,选用自建拌和站的方案比较经济?

解:设混凝土的数量不少于 X 万 m^3 时选用自建拌和站的方案比较经济,采用外购商品混凝土时需要的总费用为 $F_1=410X$(万元),采用自建拌和站现场拌和混凝土时需要的总费用为 $F_2=360+20\times 8+390X$(万元)。

当 $F_2 \leqslant F_1$ 时,应选择自建拌合站现场拌合混凝土的方案。即

$360+20\times 8+390X \leqslant 410X$

解得 $X \geqslant 26$(万 m^3)

即混凝土的数量不少于 26 万 m^3 时,选用自建拌合站的方案比较经济。

三、敏感性分析法

1. 敏感性分析的概念

所谓敏感性分析是对影响经济效果的各种参数的变化作出估计和预测,并对经济效果的变化作出相应的分析和计算,从而判断经济参数变化时经济效果的敏感程度。通过敏感性分析,可以找出对建设项目经济效果影响最敏感的因素,并采取有效的措施和对策,保证经济效果的准确性。

假设某个特定的因素,其数值的波动,甚至是较大幅度的波动,并不能影响方案的经济效果,则认为该方案对此特定因素不敏感,反之,如果这个因素即使发生微小波动,也会严重影响方案的经济效果,则认为该方案对此因素十分敏感,所以可以用敏感性分析来测定不确定因素对一个方案的经济效果的影响程度。

2. 敏感性分析的作用

敏感性分析是投资项目经济评价中应用十分广泛的一种技术,用以考察项目涉及的各种不确定因素对项目效益的影响,找出敏感因素,估计项目效益对它们的敏感程度,粗略预测项目可能承担的风险,为进一步的风险分析打下基础。敏感性分析对投资项目财务评价和国民经济评价同样适用。

3. 敏感性分析的方法与步骤

(1)敏感性分析中不确定因素的选取。不确定因素指那些在投资项目决策分析与评价过程中涉及的对项目效益有一定影响的基本因素。

(2)敏感性分析中不确定因素变化程度的确定。敏感性分析通常是针对不确定因素的不利变化进行,为绘制敏感性分析图的需要也可考虑不确定因素的有利变化。不确定因素变化的幅度通常可能为 $\pm 10\%$。

(3)敏感性分析中项目效益指标的选取。投资项目经济评价有一整套指标体系,敏感性分析选定其中一个或几个主要指标进行。

最基本的分析指标是内部收益率,通常财务评价敏感性分析中必选的分析指标是项目财务内部收益率,根据项目的实际情况也可选择净现值或其他评价指标,必要时可同时针对两个或两个以上的指标进行敏感性分析。

(4)敏感性分析的计算指标。

①敏感度系数。是项目效益指标变化的百分率与不确定因素变化的百分率之比。敏感度系数高,表示项目效益对该不确定因素敏感程度高,应重视该不确定因素对项目效益的影响。

敏感度系数计算公式如下:

$$某不确定因素敏感度系数 = \frac{评价指标相对基本方案的变化率}{该不确定因素变化率} \quad (4-22)$$

②临界点。是指不确定因素的极限变化,即该不确定因素使项目内部收益率等于基准收益率或净现值变为零时的变化百分率。当该不确定因素为费用科目时,即为其增加的百分率;当其为效益科目时为降低的百分率。可以通过敏感性分析图求得临界点的近似值,但由于项目效益指标的变化与不确定因素变化之间不是直线关系,有时误差较大,因此最好采用专用函数求解临界点。

③敏感性分析图。以横轴为不确定因素的变化率,以纵轴为内部收益率。

4. 敏感性分析的内容

敏感性分析的做法为:改变一种或多种不确定因素的数值,计算其对项目效益指标的影响,通过计算敏感度系数和临界点,估计项目效益指标对它们的敏感程度,进而确定关键的敏感因素。通常将敏感性分析的结果汇总于敏感性分析表,也可通过绘制成敏感性分析图,以显示各种因素的敏感程度并求得临界点。

敏感性分析包括单因素敏感性分析和多因素敏感性分析。单因素敏感性分析指每次只改变一个因素的数值来进行分析,估算单个因素的变化对项目效益产生的影响。多因素分析则同时改变两个或两个以上因素进行分析,估算多因素同时发生变化的影响。为了找出关键的敏感性因素,通常进行单因素敏感性分析。

5. 单因素敏感性分析

实施敏感性分析,一般都要考虑几个可变参数。但为了简便起见,通常假设各参数之间是相互独立的,每次只研究一项可变参数,其他参数则保持不变,这就是单因素敏感性分析。

【例4-10】 某投资方案用于确定性分析的现金流量如表4-4所示。表中数据是对未来最可能出现的情况预测估算得到的。由于未来影响经济环境的某些因素的不确定性,预计各参数的最大变化范围为 -30% ~ +30%,基准折现率为12%。试对各参数分别作敏感性分析。

现金流量表　　　　　　　　　　　　　　　　表4-4

参数	单位	预测值
投资额(K)	元	170000
年收益(AR)	元	35000
年支出(AC)	元	3000
残值(L)	元	20000
寿命期(n)	年	10

解:本例取净现值作为分析指标。

净现值的未来最可能值为:

$$NPV = -K + (AR - AC)(P/A, 12\%, 10) + L(P/F, 12\%, 10)$$
$$= -170000 + (35000 - 3000) \times 5.650 + 20000 \times 0.3220$$
$$= 17240(元)。$$

下面就投资额、年收益、年支出、残值和寿命期这 5 个不确定因素作敏感性分析。设投资额变动的百分比为 a,分析投资额变动对方案净现值影响的计算式为:

$NPV = -K(1+a) + (AR - AC)(P/A,12\%,10) + L(P/F,12\%,10)$。

设年收益变动的百分比为 b,分析年收益变动对方案净现值影响的计算式为:

$NPV = -K + [AR(1+b) - AC](P/A,12\%,10) + L(P/F,12\%,10)$。

设年支出变动的百分比为 c,分析年支出变动对方案净现值影响的计算式为:

$NPV = -K + [AR - AC(1+c)(P/A,12\%,10) + L(P/F,12\%,10)]$。

设残值变动的百分比为 d,分析残值变动对方案净现值影响的计算式为:

$NPV = -K + (AR - AC)(P/A,12\%,10) + L(1+d)(P/F,12\%,10)$。

设寿命期变动的百分比为 e,分析寿命期变动对方案净现值影响的计算式为:

$NPV = -K + (AR - AC)[P/A,12\%,10(1+e)] + L[P/F,12\%,10(1+e)]$。

按照上述 5 个公式,使用表 4-4 中数据,a,b,c,d,e 分别取 $\pm 10\%$,$\pm 20\%$,$\pm 30\%$,可以计算出各不同变动幅度下方案的净现值,计算结果如表 4-5 所示。

各因素变动净现值计算结果表 表 4-5

不确定因素	变动幅度						
	-30%	-20%	-10%	0	+10%	+20%	+30%
投资额(K)	68240	51240	34240	17240	240	-16760	-33760
年收益(AR)	-42085	-22310	-2535	17240	37015	56790	76565
年支出(AC)	22325	20630	18935	17240	15545	13850	12155
残值(L)	15308	15952	16596	17240	17884	18528	19172
寿命期(n)	-14906	-2496	7708	17240	25766	33342	40152

根据表 4-5 数据,可以绘制出敏感性分析图(图 4-5)。

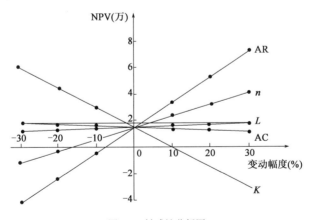

图 4-5 敏感性分析图

由表 4-5 和图 4-5 可以看出,在同样的变动幅度下,年收益的变动对方案净现值的影响最大,以下依次为投资额、寿命期和年支出的变动,残值变动的影响最小。

上述方法为相对测定法。若反过来求解上述五个计算方案净现值的公式,即分别令

NPV=0,解出各因素变动的百分比,以此来寻求敏感因素,这就是绝对测定法。

令第一个净现值公式为零,可解得:$a=10.14\%$。

同样,分别令第二、第三、第四和第五个净现值公式为零,则可解得:

$b=-8.72\%$,$c=101.71\%$,$d=-267.70\%$,$e=-17.34\%$。

该结果表明,当其他因素不变,投资额增加超过10.14%;或其他因素不变,年收益降低超过8.7%时;或其他因素不变,年支出增加超过101.71%时;或其他因素不变,残值减少超过267.70%(实际最多为100%)时;或其他因素不变,寿命缩短超过17.34%时,方案的净现值将小于零,方案变得不可接受。从不确定因素变动百分比的含义来看,百分比的绝对值越小,其对应的因素就越敏感。

按此原则,本例中敏感性由强到弱的因素依次为年收益、投资额、寿命期、年支出和残值,排序与相对测定法相同。

6. 多因素敏感性分析

在进行单因素敏感性分析的过程中,当计算某特定因素的变动对经济效果指标的影响时,假定其他因素均不变。实际上,许多因素的变动具有相关性,一个因素的变动往往也伴随着其他因素的变动。所以,单因素敏感性分析有其局限性。改进的方法是进行多因素敏感性分析,多因素敏感性分析要考虑可能发生的各种因素不同变动幅度的多种组合,即考查多个因素同时变动对方案经济效果的影响,以判断方案的风险情况。

7. 敏感性分析的应用

应对敏感性分析图显示的结果进行文字说明,将不确定因素变化后计算的经济评价指标与基本方案评价指标进行对比分析,注重以下三个方面:

(1)确定敏感因素,结合敏感度系数及临界点的计算结果,按不确定因素的敏感程度进行排序,找出哪些因素是较为敏感的不确定因素,敏感度系数较高者或临界点较低者为较为敏感的因素。

(2)定性分析临界点所表示的不确定因素变化发生的可能性。

(3)归纳敏感性分析的结论,指出最敏感的一个或几个关键因素,粗略预测项目可能的风险,提请项目发包人、投资者和有关各方在决策和实施中注意,以尽可能降低风险,实现预期效益。

四、概率分析法

敏感性分析是在不确定条件下,分析经济效果的可靠性,用来描述当经济参数存在估计误差或发生变化时,该项目的经济效果的相应变化,以及变化的敏感程度。

而概率分析则不同于敏感性分析,它可根据各种可变参数的概率分布来推求一个条件下获利的可能性大小,或者是项目所承担的风险大小。因此,概率分析也称为风险分析。工程项目的风险可用某一效益指标的不利值(如净现值NPV≤0)发生的概率来度量,或用某一效益指标的期望值、方差来表示。我们把通过求解效益指标不利值的概率来估计项目风险的分析方法称之为概率分析。

概率分析的方法,包括蒙特卡洛法和决策树法两种方法。

1. 蒙特卡洛法

蒙特卡洛法是一种模拟法或统计试验法,它是通过多次模拟试验,随机选取自变量的数值来求效益指标特征值的一种方法。它的主要优点是无须复杂的数学运算,只要经过多次反复试验,便能获得足够准确的近似结果(均值、方差及概率分布等),由于这种方法的试验次数很多,需要借助计算机模拟才能有效地进行(手算会显得烦琐)。

蒙特卡洛法的实施步骤如下:

(1)分析哪些原始参数应属于随机变量,并确定出这些随机变量的概率分布。

(2)通过模拟试验随机选取各随机变量的值,并使选取的随机值符合各自的概率分布,随机数可使用随机数表,或直接用计算机求出随机数。

(3)建立经济评价指标的数学模型。

(4)根据模拟试验结果,计算出经济评价指标的一系列样本值。

(5)经过多次模拟试验,求出经济评价指标的概率分布或其他特征值。

(6)检验试验次数是否满足预定的精度要求。

2. 决策树法

决策树法是利用一种树形决策网络来描述与求解风险型决策问题的方法。它的优点是能使决策问题形象直观,便于思考与集体讨论。特别在多级决策活动中,有着层次分明、一目了然、计算简便的特点。风险型决策问题一般都具有多个备选方案,每个方案又有多种客观状态,因此决策由左向右,由简入繁,形成一个树形图。

运用决策树进行方案决策的三个步骤:

第一步,绘制决策树。根据决策问题的内容(备选方案及其概率、利润率、可能的利润等)。自左向右,形成树状,其分枝使用直线,决策点、自然状态点、损益值点,分别使用不同的符号,其画法如下:

(1)先画一个方框"□",作为决策点,并在方框内编号为1。

(2)再从决策点向右引出若干直(折)线形成方案枝,每条线段代表一个方案,方案的名称标注在线段的上(下)方。在每个方案枝末端画一个圆圈"○",代表自然状态点。在圆圈内编号,继决策点一起顺序排列。

(3)从自然状态点引出若干直(折)线形成概率分枝,发生的概率标注在线段的上方(多数情况下标注在括号内)。

(4)如果问题只需要一级决策,则在概率分枝末端画一个三角形"△"表示终点,终点右侧标注该自然状态点的损益值。

(5)如果需要进行第二阶段决策,则用决策点"□"代替终点"△",再重复上述步骤继续画出决策树。

第二步,计算期望值。决策树绘制完成以后,从终点逆向即从右向左计算各个方案在自然状态点处的期望值 E_i,即各个概率分枝的概率与其损益值(损失值或收益值)之积。

$$E_i = \sum P_i \times B_i \tag{4-23}$$

式中:P_i、B_i——分别表示概率分枝的概率和损益值。

一般地,将计算出的期望值 E_i 直接标注于该自然状态点的下面。

第三步,确定决策方案。比较不同方案的损失值或收益值综合计算得到的期望值的大小,取舍决策方案。在比较方案时,若考虑的是收益值,则取期望值最大的方案;若考虑的是损失值,则取期望值最小的方案。

【例 4-11】 某潜在投标人拟参加某工程项目施工的投标。该工程招标文件已明确,采用固定总价发包,估算直接成本为 1500 万元,投标人根据有关专家的咨询意见,认为该工程项以 10%、7%、4% 的利润率投标的中标概率分别为 0.3、0.6、0.9。中标后如果承包效果好能够达到预期利润率,其概率为 0.6;中标后效果不好,所得利润将低于预期利润 2 个百分点。投标成本(含编制投标文件的费用等)为 5 万元。试帮助投标人确定投标方案。

解:(1) 计算各投标方案的利润,形成各投标方案利润表,见表 4-6。

各投资方案的利润表　　　　　　　　　　　　表 4-6

不同利润的方案	效果	概率	利润(万元)
10% 利润率	好	0.6	150
	差	0.4	120
7% 利润率	好	0.6	105
	差	0.4	75
4% 利润率	好	0.6	60
	差	0.4	30

投标利润率 10%、承包效果好的利润:1500 × 10% = 150(万元)。
投标利润率 10%、承包效果不好的利润:1500 × 8% = 120(万元)。
投标利润率 7%、承包效果好的利润:1500 × 7% = 105(万元)。
投标利润率 7%、承包效果不好的利润:1500 × 5% = 75(万元)。
投标利润率 4%、承包效果好的利润:1500 × 4% = 60(万元)。
投标利润率 4%、承包效果不好的利润:1500 × 2% = 30(万元)。

(2) 绘出决策树,标明各方案的概率和利润,如图 4-6 所示。

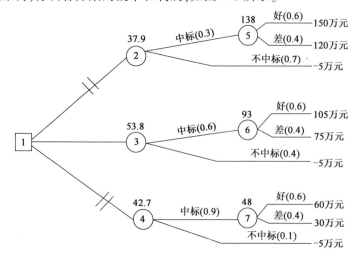

图 4-6　决策树分析示意图

(3)计算图中各自然状态点的期望值。

由点⑤:150×0.6+120×0.4=138(万元);可得点②:138×0.3−5×0.7=37.9(万元)。

由点⑥:105×0.6+75×0.4=93(万元);可得点③:93×0.6−5×0.4=53.8(万元)。

由点⑦:60×0.6+30×0.4=48(万元);可得点④:48×0.9−5×0.1=42.7(万元)。

(4)分析比较决策点②、③、④的期望值。

考虑比较的是收益值,可见决策点③的期望值最大,因此,选择利润率为7%的投标方案。相应的投标报价=1500×(1+7%)=1605(万元)。

第四节　价值工程方法及其应用

一、价值工程方法

(一)价值工程方法的概念

价值工程方法(Value Engineering,VE)是以提高产品或作业价值为目的,通过有组织的创造性工作,寻求用最低的寿命周期成本,可靠地实现使用者所需功能的一种管理方法,简称价值工程。它不仅应用于产品设计和产品开发,而且可以用于工程建设中。价值工程方法中"工程"的含义是指为实现提高价值的目标所进行的一系列分析研究的活动;价值工程方法中的"价值"是指作为某种产品或作业所具有的功能与获得该功能的全部费用的比值,它不是评价对象的使用价值,也不是对象的经济价值和交换价值,而是评价对象的比较价值,是作为评价事物有效程度的一种尺度提出来的。

价值工程方法(以下简称价值工程)涉及评价对象的价值、功能、成本三个基本要素,三者之间的关系用数学公式表示为:

$$V = \frac{F}{C} \tag{4-24}$$

式中:V——评价对象的价值;

F——评价对象的功能;

C——评价对象的成本,或称寿命周期成本。

(二)价值工程的特点

价值工程是一种旨在提高所评价对象价值的思想方法和管理技术。其基本原理是通过各相关领域的协作,对所评价对象的功能与费用进行系统分析,不断创新,最终以评价对象的最低寿命周期成本可靠地实现使用者所需功能,以获取最佳的综合效益。价值工程具有以下特点:

(1)价值工程的目标是以最低的寿命周期成本,实现产品必须具备的所有功能,简言之就是以提高对象的价值为目标。

寿命周期成本是指产品在其寿命期内所发生的全部费用,包括生产成本和使用成本两部分。生产成本是指发生在生产企业内部的成本,包括研究开发、设计以及制造过程中的费用;

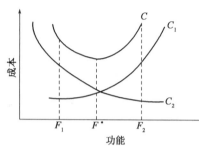

图4-7 产品成本与功能的关系

使用成本是指用户在使用过程中支付的各种费用的总和,包括运输、安装、调试、管理、维修和耗能等方面的费用。

在图4-7中,C_1表示生产成本,随着产品功能的增加,生产成本越来越高;C_2表示使用成本,随着功能的增加,使用成本越来越低;C表示寿命周期成本,$C=C_1+C_2$,它的变化趋势是随着产品功能的增加,先下降,后上升。从图中可以看出,在F_1点产品功能较少,此时虽然生产成本较低,但由于不能满足使用者的基本要求,使用成本较高,因而使用寿命周期成本较高;在F_2点,虽然使用成本较低,但由于存在多余的功能,因而致使生产成本过高,同样寿命周期成本较高。只有在F^*点,产品功能既能满足用户的需要,又使得寿命周期成本较低,体现了比较理想的功能与成本的关系。

(2)价值工程的核心是对产品进行功能分析。

功能是指评价对象能满足某种需要的一种属性,即产品的具体用途。功能可分为必要功能和不必要功能,其中必要功能是指用户所要求的功能,以及与实现用户所需求功能有关的功能。

价值工程的功能,一般是指必要功能。因为用户购买某一产品,其目的不是为了获得产品本身,而是通过购买该产品获得其所需要的功能。因此,价值工程对产品的分析,首先是对其功能的分析,通过功能分析,弄清哪些功能是必要的,哪些功能是不必要的或过剩的。从而在改进方案中去掉不必要的功能,削减过剩的功能,补充不足的功能,使产品的功能结构更加合理,达到可靠地实现使用所需功能的目的。

(3)价值工程将产品价值、功能、成本作为一个整体同时进行考虑。

价值工程研究评价和改进的问题涉及产品的整个寿命周期,涉及面广,研究评价过程复杂,因此在企业开展价值工程活动时,一般需要由技术人员、管理人员、有经验的工作人员,甚至用户,以适当的组织形式组织起来,共同研究评价,发挥集体智慧,灵活运用各方面的知识和经验,才能达到既定的目标。

(4)价值工程强调不断改革和创新,开拓新构思和新途径,获得新方案,创造新功能载体。

开展价值工程,要组织科研、设计、制造、管理、采购、供销、财务等各方面有经验的人员参加,组成一个智力结构合理的集体,发挥各方面、各环节人员的知识、检验和积极性进行产品设计,以达到提高产品价值的目的。价值工程是以集体的智慧开展的有计划、有组织、有领导的管理活动。

(三)提高产品或作业价值的主要途径

(1)双向型——提高功能,成本降低。这是最理想的提高价值的途径。
(2)改进型——提高功能,成本保持不变。
(3)节约型——功能不变,成本有所降低。
(4)投资型——功能大幅提高,成本略有增加。
(5)牺牲型——功能略有下降,成本大幅度降低。

价值工程不单纯地强调"物美",即改善功能,也不单纯地强调"价廉",即降低成本,而是要求提高二者的比值,这样,对企业和用户都是有益的。

二、价值工程的工作程序

价值工程的工作程序包括准备、分析、创新、实施与评价等四个阶段,如表4-7所示。其工作步骤实质上就是针对产品功能和成本提出问题、分析问题、解决问题的过程。

价值工程工作程序　　　　　　表4-7

工作阶段	工作步骤	对应问题
准备阶段	对象选择; 组建价值工程工作小组; 制定工作计划	研究对象是什么; 需要做哪些准备工作
分析阶段	收集整理资料; 功能定义; 功能整理; 功能评价	价值工程对象的功能是什么; 价值工程对象的成本是什么; 价值工程对象的价值是什么
创新阶段	方案创造; 方案评价; 提案编写	有无其他方法可以实现同样功能; 新方案的成本是多少; 新方案能满足目标要求吗
实施与评价阶段	方案审批; 方案实施; 成果评价	如何保证新方案的实施; 价值工程活动的效果如何

可见,价值工程工作步骤的实质就是针对产品的功能和成本提出问题、分析问题和解决问题的过程。

三、价值工程方法的应用

(一)价值工程评价对象的选择原则

一般来说,选择价值工程的评价对象需要遵循以下原则:

(1)从设计方面看,对产品结构复杂、性能和技术指标差距大、体积大、重量大的产品进行价值工程活动,可使产品结构、性能、技术水平得到优化,从而提高产品价值。

(2)从生产方面看,对量多面广、关键部件、工艺复杂、原材料和能源消耗高、废品率高的产品,特别是对量多、产值比重大的产品,只要成本下降,所取得的经济效益就大。

(3)从市场销售方面看,选择用户意见多、系统配套差、维修能力低、竞争力差、利润率低、寿命周期长、竞争激烈的产品,选择新产品、新工艺等。

(4)从成本方面看,选择成本高于同类产品、成本比重大的,如材料费、管理费、人工费等。

根据以上原则,对生产企业的产品组合,有以下情况之一者,应优先选择为价值工程的研究对象:结构复杂或落后的产品;制造工序多或制造方法落后及手工劳动较多的产品;原材料种类繁多和互换材料较多的产品;在总体成本中占比重大的产品等。

(二)价值工程评价对象的选择方法

价值工程是就某个具体对象开展的有针对性的分析评价和改进,能否正确选择评价对象是价值工程收效大小与成败的关键。

价值工程评价对象的选择往往要兼顾定性分析与定量分析。因此,对象选择的方法有多种,不同的方法适用于不同的价值工程评价对象。

1. 因素分析法

因素分析法又称经验分析法,是根据价值工程对象选择应考虑的各种因素,凭借分析人员的经验,集体研究确定选择对象的一种方法。因素分析法是一种定性分析法,特别是在被评价对象彼此相差较大以及时间紧迫的情况下比较适用。研究对象选择的正确与否,主要决定于价值工程活动人员的检验和工作态度。

2. ABC 分析法

ABC 分析法,又称重点选择法或不均匀分布定律法,是指应用数理统计分析的方法来选择评价对象。这种方法由意大利经济学家提出,其基本原理为"关键的少数和次要的多数",抓住关键的少数可以解决问题的大部分,这种方法的工作步骤是:

首先,将一个产品的各种部件按成本的大小由高到低排列起来,然后绘制成费用累积分配图。

然后,将占总成本 70% ~80% 而占零部件总数 10% ~20% 的零部件划分为 A 类零部件;将占总成本 5% ~10% 而占零部件总数 60% ~80% 的零部件划分为 C 类零部件;其余为 B 类。其中,A 类零部件为价值工程的主要研究对象。

3. 百分比分析法

百分比分析法是通过分析某种费用或资源对企业的某个技术经济指标的影响程度的大小(百分比),来选择价值工程评价对象的方法。

4. 价值指数法

价值指数法是通过比较各个评价对象之间的功能水平位次和成本位次,寻找价值较低的评价对象,并将其作为价值工程改进对象的一种方法。

5. 强制确定法

强制确定法是以功能重要程度作为选择价值工程评价对象的一种定量分析方法。具体做法是:先求出评价对象的成本系数、功能系数,然后计算得出价值系数,以揭示出评价对象的功能与成本之间的相符程度。如果不相符,价值低的则被选为价值工程的改进对象。具体做法是通过 0-1 评分法或 0-4 评分法确定对象的功能系数,计算成本系数,进而求出对象的价值系数。然后,根据价值系数的大小,确定价值工程的改进对象。

强制确定法是人为打分,不能准确反映出功能差距的大小,只适用于部件间功能差别不大且比较均匀的对象,而且一次分析的部件数目也不能太多,以不超过 10 个为宜。在零部件很多时,可以先用 ABC 法、经验分析法选出重点部件,然后再用强制确定法筛选。

(三)价值工程的功能和功能分析、功能评价

功能分析是价值工程活动的核心。功能分析的目的是加强必要功能,剔除多余功能,进行功能载体替代,以便提供价值高的产品,更好地满足用户的需求。功能分析评价一般包括功能定义、功能分类、功能整理与功能评价等部分。

1. 功能定义

功能定义就是用简洁的语言对产品(方案)的功能加以描述,常用"动词+名词"的方式进行描述,如土木工程的基础部分的基本功能是承受荷载和传递荷载。

2. 功能分类

(1)按功能的重要程度,分为基本功能与辅助功能。基本功能,是指为达到其(使用)目的所必不可少的功能,是产品的主要功能,如果不具备这种功能,产品就失去其存在的价值。如灯泡的基本功能是照明。辅助功能是为了更好地实现基本功能而附加的功能,是次要功能。

(2)按功能的性质,分为使用功能与美学功能。使用功能是指满足用户的实际物质需求的那部分功能,可以给用户带来效用。美学功能是从产品的外观反映的艺术属性,是外观功能。

(3)按用户需求,分为必要功能和不必要功能。必要功能是指用户所要求的功能以及与实现用户所需求功能有关的功能,如使用功能、美学功能、基本功能、辅助功能都是必要功能。不必要功能是不符合用户需求的功能,包括多余功能、重复功能、过剩功能等。

(4)按功能的量化标准,分为过剩功能和不足功能。

总之,价值工程中的功能,一般是指必要功能。通过功能的分析,弄清哪些是必要功能,从而在创新方案中去掉不必要的功能,补充不足功能,可靠实现用户所需的必要功能。

3. 功能整理

功能整理是用系统的观点将已经定义的功能加以系统化,找出各局部功能之间的逻辑关系,并用图表形式表达,以明确产品的功能系统,从而为功能评价和方案构思提供依据。功能整理的结果是形成功能系统图。

功能系统图是按照一定的原则和方式将定义的功能连接起来,从单个到局部,再从局部到整体而形成的一个完整的功能体系。

功能整理的一般程序如下:

(1)在功能定义的基础上,编制功能卡片。
(2)区分基本功能与辅助功能。
(3)明确各功能之间的关系。
(4)排列辅助功能系列。
(5)添加辅助功能系列。

一般地,功能整理是从整体工程 F 开始,由左向右逐级展开,在位于不同级的相邻两个功能之间,左边的功能(上级/上位,如 F_1、F_2、F_3)是右边功能(下级/下位,如 F_{11}、F_{12}、F_{13},F_{21}、F_{22}、F_{23}、F_{31}、F_{32}、F_{33})的目标,而右边的功能(下级/下位)是左边功能(上级/上位)的手段。

4. 功能评价

在功能定义和功能计量的基础上进行功能评价,即找出实现功能的最低费用作为功能的目标成本(又称功能评价值 F),以功能目标成本为基准,通过与功能现实成本的比较,求出两者的比值(功能价值 V)和两者的差值(期望值),然后选择功能价值低、改善期望值大的功能作为价值工程活动的重点改进对象。

功能评价值 F 的计算方法较多,以下重点介绍功能重要性系数评价法。

功能重要性系数评价法是一种根据功能重要性系数确定功能评价值的方法,是把功能划分为几个功能区(即子系统),并根据各功能区的重要程度和复杂程度,确定各个功能区在总功能中所占的比重,即功能重要性系数;然后将产品的目标成本按功能重要性系数分配给各功能区作为该功能区的目标成本,即功能评价值 F。

功能重要性系数又称功能系数或功能指数,是指评价对象(如零部件)的功能在整体功能中所占的比率。确定功能重要性系数的关键是对功能进行打分,常用的打分方法包括强制打分法(0-1评分法或0-4评分法)、多比例评分法、逻辑评分法、环比评分法等。

强制打分法,又称 FD 法,主要包括 0-1 评分法或 0-4 评分法。它采用一定的评分规则,采用强制对比打分来评定评价对象的功能重要性。

5. 计算功能价值,分析成本和功能的合理匹配程度

通过计算得到功能价值,进而分析成本、功能的合理匹配程度,从而确定价值工程的改进对象。

功能价值的计算方法,包括功能成本法和功能指数法两种。

(1)功能成本法,又称绝对值法,是通过一定的测算方法,测定实现功能所必须消耗的最低成本(即功能评价值),同时计算为实现功能所消耗的现实成本,经过分析、对比,求得评价对象的价值系数,确定价值工程的改进对象。

评价对象的价值系数和成本降低期望值的计算公式如式(4-25)、式(4-26)所示:

$$V_i = \frac{F_i}{C_i} \quad (4\text{-}25)$$

$$\Delta V_i = |V_i - 1| \quad (4\text{-}26)$$

式中:V_i——第 i 个评价对象的价值系数;

F_i——第 i 个评价对象的功能评价值;

C_i——第 i 个评价对象的功能现实成本,即实际投入或寿命周期成本;

ΔV_i——第 i 个评价对象的价值系数的绝对偏差,ΔV_i 值越大,就是说偏离 $V_i = 1$ 这条线越远,方案越急需(优先)改进。

(2)功能指数法,又称功能重要性系数法、相对值法。功能的价值用价值指数 V_i 来表示,通过评定各对象功能的重要程度,即功能指数 F_i,然后与相对应的成本指数 C_i 进行比较,得出该评价对象的价值指数 V_i,从而确定改进对象。其计算公式为:

$$\text{第 } i \text{ 个评价对象的价值指数 } V_i = \frac{\text{第 } i \text{ 个评价对象的功能指数 } F_i}{\text{第 } i \text{ 个评价对象的成本指数 } C_i} \quad (4\text{-}27)$$

根据上述计算公式,价值指数 V_i 计算结果有以下三种判断情况:

①当 $V_i = 1$ 时,表明评价对象的功能比重与成本比重相平衡。可以认为功能的现实成本分配合理,该方案无须改进。

②当 $V_i < 1$ 时,表明评价对象的成本比重大于其功能比重。相对于系统内的其他对象而言,目前所占的成本偏高而功能重要性不高。此时,改进的方向是降低成本或者剔除多余的、

不必要的功能。

③当 $V_i>1$ 时,表明评价对象的成本比重小于其功能比重。出现这种情况的原因可能有三种:

第一,由于现实成本偏低,不能满足评价对象实现其应具有的功能的要求,致使对象功能偏低,改进的方向是增加成本;

第二,评价对象目前具有的功能可能超过其应该具有的水平,即存在着过剩的功能,改进的方向是降低功能水平;

第三,评价对象在技术、经济等方面具有某些特征,在客观上存在着功能很重要而消耗的成本却很少的实际情况,这种情况下可以不列为改进对象。

(四)方案创造

方案创造是从提高对象的功能价值出发,在正确的功能分析和评价的基础上,针对应改进的具体目标,通过创造性的思维活动,提出能够可靠地实现必要功能的新方案。方案创造是决定价值工程成败的关键阶段。

方案创造的理论依据是功能载体具有替代性。这种功能载体替代的重点应放在以功能创新的新产品替代原有产品和以功能创新的结构替代原有结构方案。

方案创造的常用方法包括头脑风暴法、歌顿法、专家意见法等。

头脑风暴法是指自由奔放地思考问题,以 5~10 人的小型会议的方式进行,在非常融洽和不受限制的气氛中进行讨论、座谈,打破常规、互相启发、集思广益,提出创新方案。

哥顿法是美国人哥顿在 1964 年提出的,这种方法也是在会议上提出方案,但研究什么问题、目的是什么,只有会议的主持人知道,会议主持人只对参会者作一番抽象笼统的介绍,要求大家提出各种设想以激发出有价值的创新方案。

专家意见法,又称德尔菲法,是由组织者将研究对象的问题和要求,函寄给若干有关的专家,专家返回设想意见,经整理归纳出合理的方案和建议,从而确定新的功能实现方案。

(五)方案评价和改进

方案(或功能区域、零部件)的技术评价,主要评价方案能否实现所要求的功能,以及方案在技术上能否实现。技术评价包括功能实现程度(性能、质量、寿命等)、可靠性、可维修性、可操作性、安全性、整个系统的协调性、与环境条件的协调性等。方案的经济评价包括费用的节省、对企业或公众产生的效益、产品的市场销路以及能保持盈利的年限。方案的社会评价是指产品大量投产后对社会产生影响,诸如污染、噪声、能源的耗费等。

利用价值工程方法对方案进行分析评价和改进,就是确定方案是否需要改进、改进的方向或确定优先改进对象。

(六)计算示例

【例 4-12】 对某工程项目的施工方案进行评价,拟定了四个方案,经过分析评价,得出方案 A、B、C、D 的功能评价值分别为 880、800、840、816 万元,现实生产成本分别为 800、800、1000、800 万元。

问题:通过计算价值系数判断改进对象,并根据成本降低期望值的绝对值大小排列出改进对象的优先顺序。

解：根据价值系数的计算公式和成本降低期望值计算公式，计算结果如表 4-8 所示。

价值系数计算结果表　　　　　　　　　　　　表 4-8

施工方案名称	方案 A	方案 B	方案 C	方案 D
功能评价值 F	880	800	840	816
现实成本值 C	800	800	1000	800
价值系数 V	1.10	1.00	0.84	1.02
成本降低期望值 ΔC_i	-80	0	160	-16
价值系数的绝对偏差 ΔV_i	0.10	0.00	0.16	0.02

分析判断：从上表可知，方案 B 的价值系数等于 1，方案是无须改进的。

价值系数小于 1 的方案有 C 方案，说明方案 C 是急需优先改进的，现实成本配备偏高或者功能开发欠佳。对于成本降低期望值小于 0 的方案，如方案 A、D，也应作为改进对象。方案 A、C、D 的优先改进顺序为方案 C、A、D。

【**例 4-13**】 监理工程师在某交通运输工程的设计变更中，采用价值工程的方法对该工程的变更设计方案和编制的施工方案进行了全面的技术经济评价，取得了良好的经济效益和社会效益。

有 5 个变更设计方案，经有关专家对上述方案进行技术经济分析和论证，得出了各方案的功能重要性评分表（表 4-9），以及方案功能得分和单方工程费用（表 4-10）。

功能重要性评分表　　　　　　　　　　　　表 4-9

方案功能	F_1	F_2	F_3	F_4	F_5
F_1	0	4	2	3	2
F_2	4	0	3	4	2
F_3	2	3	0	2	2
F_4	3	4	2	0	1
F_5	2	2	2	1	0

方案功能得分和单方工程费用　　　　　　　　表 4-10

方案功能	方案功能得分				
	A	B	C	D	E
F_1	9	10	9	7	7
F_2	10	9	10	8	8
F_3	9	8	7	8	10
F_4	7	9	8	7	6
F_5	8	7	8	9	9
单位造价（元/m³）	2200	2100	2000	1900	1800

问题：(1)计算功能重要性系数；

(2)计算功能指数；

(3)计算成本指数；

(4)计算价值指数并进行方案选择。

解：(1)计算功能重要性系数。

F_1得分 $= 4 + 2 + 3 + 2 = 11$；

F_2得分 $= 4 + 3 + 4 + 2 = 13$；

F_3得分 $= 2 + 3 + 2 + 2 = 9$；

F_4得分 $= 3 + 4 + 2 + 1 = 10$；

F_5得分 $= 2 + 2 + 2 + 1 = 7$；

总得分 $= 11 + 13 + 9 + 10 + 7 = 50$。

F_1功能重要性系数 $= 11 \div 50 = 0.22$；

F_2功能重要性系数 $= 13 \div 50 = 0.26$；

F_3功能重要性系数 $= 9 \div 50 = 0.18$；

F_4功能重要性系数 $= 10 \div 50 = 0.20$；

F_5功能重要性系数 $= 7 \div 50 = 0.14$。

(2)计算功能指数。

各方案的功能得分：

方案 A 得分 $= 9 \times 0.22 + 10 \times 0.26 + 9 \times 0.18 + 7 \times 0.20 + 8 \times 0.14 = 8.72$；

方案 B 得分 $= 10 \times 0.22 + 9 \times 0.26 + 8 \times 0.18 + 9 \times 0.20 + 7 \times 0.14 = 8.76$；

方案 C 得分 $= 9 \times 0.22 + 10 \times 0.26 + 7 \times 0.18 + 8 \times 0.20 + 8 \times 0.14 = 8.56$；

方案 D 得分 $= 7 \times 0.22 + 8 \times 0.26 + 8 \times 0.18 + 7 \times 0.20 + 9 \times 0.14 = 7.72$；

方案 E 得分 $= 7 \times 0.22 + 8 \times 0.26 + 10 \times 0.18 + 6 \times 0.20 + 9 \times 0.14 = 7.88$；

总得分 $= 8.72 + 8.76 + 8.56 + 7.72 + 7.88 = 41.64$。

功能指数计算：

方案 A 的功能指数 $= 8.72 \div 41.64 = 0.209$；

方案 B 的功能指数 $= 8.76 \div 41.64 = 0.210$；

方案 C 的功能指数 $= 8.56 \div 41.64 = 0.205$；

方案 D 的功能指数 $= 7.72 \div 41.64 = 0.185$；

方案 E 的功能指数 $= 7.88 \div 41.64 = 0.189$。

(3)计算成本指数。

方案 A 的成本指数 $= 2200 \div 10000 = 0.22$；

方案 B 的成本指数 $= 2100 \div 10000 = 0.21$；

方案 C 的成本指数 $= 2000 \div 10000 = 0.20$；

方案 D 的成本指数 $= 1900 \div 10000 = 0.19$；

方案 E 的成本指数 $= 1800 \div 10000 = 0.18$。

(4) 价值指数的计算，如表 4-11 所示。

成本指数及价值指数计算表　　　　　表 4-11

方案名称	单位造价（元/m²）	成本指数	功能指数	价值指数	结论
A	2200	0.220	0.209	0.950	
B	2100	0.210	0.210	1.000	该方案无须改进
C	2000	0.200	0.205	1.025	
D	1900	0.190	0.185	0.974	
E	1800	0.180	0.189	1.050	
合计	10000	1.000	1.00	—	—

(5) 通过以上计算，可以得出以下结论：

①方案 B 无须改进。因为方案 B 的价值指数不但最接近 1 而且恰好等于 1。

②需要最优先改进的是 A 方案，因为该方案实现其功能所分配的成本偏高，或者必要功能不足；其次需要改进的是 D 方案。

第五节　项目资本金制度和投融资模式

一、项目资本金制度

投资项目资本金是指投资项目总投资中，由投资者认缴的出资额，对投资项目来说属于非债务性资金，项目法人不承担该部分资金的任何利息和债务。投资者按其出资比例依法享有所有者权益，也可转让其出资，但不得以任何方式抽回。

《国务院关于调整和完善固定资产投资项目资本金制度的通知》（国发〔2015〕51 号）规定，为进一步解决当前重大民生和公共领域投资项目融资难、融资贵问题，增加公共产品和公共服务供给，补短板、增后劲，扩大有效投资需求，促进投资结构调整，保持经济平稳健康发展，国务院决定对固定资产投资项目资本金制度进行调整和完善。各行业固定资产投资项目的最低资本金比例按以下规定执行：

(1) 城市和交通基础设施项目：城市轨道交通项目由 25% 调整为 20%，港口、沿海及内河航运、机场项目由 30% 调整为 25%，铁路、公路项目由 25% 调整为 20%。

(2) 房地产开发项目：保障性住房和普通商品住房项目维持 20% 不变，其他项目由 30% 调整为 25%。

(3) 产能过剩行业项目：钢铁、电解铝项目维持 40% 不变，水泥项目维持 35% 不变，煤炭、电石、铁合金、烧碱、焦炭、黄磷、多晶硅项目维持 30% 不变。

(4) 其他工业项目：电力等其他项目维持 20% 不变。

(5) 城市地下综合管廊、城市停车场项目，以及经国务院批准的核电站等重大建设项目，可以在规定最低资本金比例基础上适当降低。

项目资本金可以用货币出资，也可以用实物、工业产权、非专利技术、土地使用权、资源开采权作价出资,除国家对采用高新技术成果有特殊规定外,其比例不得超过项目资本金总额的20%。

二、项目融资模式的分类、特点和项目融资程序

融资,是指为了建设一个项目而进行的资金筹措行为。项目融资主要是依赖项目本身良好的经营状况和项目建成、投入使用后的现金流量作为偿还债务的资金来源,同时将项目的资产作为借入资金的抵押,而不是以项目发起人或投资者的信用或者项目有形资产的价值作为担保来获得贷款。

1. 按照融资信用主体分类

按照形成项目的融资信用主体进行划分,项目融资的模式分为新设项目法人融资与既有项目法人融资。

项目融资的参与者,一般包括三类:一是项目发起人,可能是企业也可能是政府,可能是一家也可能是多家,它们是项目实际的投资决策者,通常也是项目公司的股东;二是项目公司,它是投资决策产生的结果,因而无法对投资决策负责,只负责项目投资、建设运营、偿贷;三是当需要债务资金支持时,银行(及其他债务资金提供方)要作出信贷决策。

1)新设项目法人融资模式

新设项目法人融资又称为项目融资(以下称项目融资)。项目融资是指为了实施新项目,由项目的发起人及其他投资人出资,建立新的独立承担民事责任的法人——项目公司(公司法人或事业法人),由项目公司完成项目的投资建设和经营还贷,以项目投资所形成的资产、未来的收益或权益作为建立项目融资信用的基础,取得债务融资。

新设项目法人融资具有项目导向、有限追索、风险分担、非公司负债型融资、信用结构多样化、融资成本较高等特点,其中最突出的特点是有限追索。追索是指在债务人(借款人)不能按期偿还债务时,债权人(贷款人)有要求以已经抵押、质押资产之外的其他资产偿还未清偿债务的权利。作为有限追索的项目融资,项目的发起人或股本投资只对项目的借款承担有限的担保责任,即项目公司的债权人只能对项目公司的股东或发起人追索有限的责任。

2)既有项目法人融资模式

既有项目法人融资又称公司融资,是指由现有公司筹集资金并完成项目的投资建设,无论项目建成之前或之后,都不出现新的独立法人,负债由既有项目法人及其合作伙伴公司承担。公司融资是以已经存在的公司本身的资信对外进行融资,取得资金用于项目投资与经营。

公司融资的特点包括公司承担借款偿还的完全责任、进行投资决策和信贷决策、项目资本金来自公司自有资金等特点。

2. 按照项目是否需要得到政府的特许授权分类

按照需要融资的项目是否需要得到政府的特许授权划分,项目融资模式分为公司融资和具有有限追索或无追索特性的特许经营项目融资。

公司融资是指公司利用自身的资信能力为某一工程项目所进行的融资活动。

在工程项目的融资实践中,有些基础设施、公用事业或自然资源开发项目在融资过程中往往需要得到政府的特许授权,人们将这类工程项目融资统称为特许经营项目融资。

3. 项目融资程序

项目融资的先后程序包括投资决策分析、融资决策分析、融资结构设计、融资谈判和融资执行等五个阶段。

(1)投资决策分析。投资决策分析的结论是投资决策的主要依据,这些分析包括宏观经济形势的趋势判断、项目的行业、技术和市场分析,以及项目的可行性研究等内容。一旦投资者作出投资决策,随后的首要工作就是确定项目的投资结构。

(2)融资决策分析。这一阶段的主要内容是项目投资者将决定采用何种融资方式为项目开发筹集资金。项目建设是否采用项目融资方式主要取决于项目的贷款数量、时间、融资费用、债务责任分担以及债务会计处理等方面的要求。

(3)融资结构设计。这一阶段的一个重要步骤是对与项目有关的风险因素进行全面的分析、判断和评估,确定项目的债务承受能力和风险,设计出切实可行的融资方案和抵押保证结构。

(4)融资谈判。在项目融资方案确定后,项目融资进入谈判阶段。融资顾问将选择性地向商业银行或其他金融机构发出参加项目融资的建议书,组织银团贷款,并起草项目融资的有关文件,随后与银行进行谈判。

(5)融资执行。在签署项目融资法律文件后,项目融资就进入执行阶段。贷款银行将委派融资顾问为经理人,经常性地监督项目的进展情况,根据资金预算和项目建设进度表安排贷款。

三、特许经营项目的融资模式

特许经营项目融资是政府授权民营机构或外商从事某些原本由政府负责的项目建造和运作的一种长期(项目全寿命期)合作关系,项目对民营机构的补偿是通过授权民营机构在和政府约定的特许期内向项目的使用者收取费用,由此回收项目的投资、经营和维护等成本并获得合理的回报,特许期满后将项目移交给政府。特许经营项目的融资模式有多种多样,主要包括新型的 PPP 模式和传统的 BOT(建造—经营—移交)、PFI(私营主动融资)、ABS(以资产担保的证券化)等四种模式及其变种模式。

1. PPP 融资模式

PPP,是 Public-Private Partnership 的缩写,即"政府和社会资本合作(或称公私合伙/政企合伙)",简称 PPP 模式、3P 模式,是公共基础设施中的一种项目运作模式。在该模式下,鼓励私营企业、民营资本与政府进行合作,参与公共基础设施的建设。

伙伴关系、利益共享、风险共担,是 PPP 模式的三大特征。

PPP 模式是一种新型的项目融资模式,可以使民营资本更多地参与到项目中,以提高效率,降低风险。政府的公共部门与民营企业以特许权协议为基础进行全程的合作,双方共同对项目运行的整个周期负责。PPP 模式更加强调政府在项目中的所有权(占有股份)。

PPP 模式分为融资性质的 PPP、非融资性质的 PPP 两种。

2023 年 11 月 3 日,《国务院办公厅转发国家发展改革委、财政部〈关于规范实施政府和社会资本合作新机制的指导意见〉的通知》(国办函〔2023〕115 号)中指出:政府和社会资本合作应全部采取特许经营模式实施,根据项目实际情况,合理采用建设—运营—移交(BOT)、转让—运营—移交(TOT)、改建—运营—移交(ROT)、建设—拥有—运营—移交(BOOT)、设计—建设—融资—运营—移交(DBFOT)等具体实施方式,并在合同中明确约定建设和运营期间的资产权属,清晰界定各方权责利关系。对市场化程度较高、公共属性较弱的项目,应由民营企业独资或控股;对关系国计民生、公共属性较强的项目,民营企业股权占比原则上不低于35%。根据国家有关规定和项目建设投资、运营成本、投资回收年限等,合理确定特许经营期限,原则上不超过40年;投资规模大、回报周期长的特许经营项目可以根据实际情况适当延长,法律法规另有规定的除外。

2024年3月20日,国家发展改革委办公厅又印发了《政府和社会资本合作项目特许经营方案编写大纲(2024年试行版)》(发改办投资〔2024〕227号),进一步明确指出新建项目可采用BOT、BOOT、DBFOT、BOO等方式,改扩建项目可采用ROT方式,存量资产盘活可采用TOT等方式。

2. BOT融资模式

BOT,是Build-Operate-Transfer的缩写,即"建造—经营—移交",是相对比较简单或典型的特许经营项目融资模式。BOT是指政府通过特许经营协议授权外商或民营机构进行项目的融资、设计、建造、经营、维护,在约定的特许期内(通常为10~30年)向该项目的使用者收取费用,由此回收项目的融资、经营、维护等成本,并获得合理利润回报,特许期满后项目将移交政府(一般是免费移交)。

BOT项目融资最早于1984年由土耳其首相提出并应用于土耳其公共基础设施的私有化过程中,之后引起了世界各国的广泛关注和应用,并逐渐演变为大型项目融资的一种流行方式。就最常用的项目融资模式而言,BOT有以下三种基本形式:

(1)BOT模式,即Build-Operate-Transfer(建造—经营—移交),它是最经典的BOT形式,项目公司没有项目的所有权,只有建设和经营权。

(2)BOOT模式,即Build-Own-Operate-Transfer(建造—拥有—经营—移交),它与BOT的区别是项目公司既有项目的建设、经营权,也有所有权,政府允许其在一定范围、一定时期内将项目资产为了融资的目的抵押给银行,以获得更优惠的贷款条件,从而使项目的产品和服务价格更低,但是其特许期可能比BOT模式稍长。

(3)BOO模式,即Build-Own-Operate(建造—拥有—经营),它与前两者的区别是项目公司不需要将项目移交给政府,即为永久私有化,其目的是鼓励项目公司从项目全寿命期的角度合理建设和经营设施,提高项目产品和服务的质量,追求全寿命期的总成本降低和效率的提高。

除了上述3种基本形式外,各国在应用BOT的过程中还出现了很多衍变形式,以反映项目的主要特点,例如:BT(Build-Transfer,建造—移交);OT(Operate-Transfer,经营—移交);BOOST(Build-Own-Operate-Subsidy-Transfer,建造—拥有—经营—补贴—移交);ROT(Rehabilitate-Operate-Transfer,修复—经营—移交);ROO(Rehabilitate-Own-Operate,修复—拥有—经营);BLOT(Build-Lease-Operate-Transfer,建造—租赁—经营—移交);BLT(Build-Lease-Transfer,建造—租赁—移交);DBOT(Design-Build-Operate-Transfer,设计—建造—经营—移交);DB(Design-Build,设计—建造);BTO(Build-Transfer-Operate,建设—移交—运营)等。

3. PFI 融资模式

PFI，是 Private Finance Initiative 的缩写，即"私营主动融资"。与特许经营项目融资中的其他概念相比，PFI 更强调的是私营企业在融资中的主动性和主导性。PFI 旨在加强公共部门与私营部门的合作伙伴关系。

PFI 是对 BOT 项目融资的优化，指政府部门根据社会对基础设施的需求，提出需要建设的项目，通过招投标，由获得特许权的私营部门进行公共基础设施项目的建设与运营，并在特许期（通常为 30 年左右）结束时将所经营的项目完好地、无债务地归还政府，而私营部门则从政府部门或接受服务方收取费用以回收成本的项目融资方式。私营部门和政府方双方共同承担风险。

4. ABS 融资模式

ABS，是 Asset-Backed-Securitization 的缩写，即"以资产担保的证券化"。它是以项目（包括未建项目）所属的全部或部分资产为基础，用该项目资产所能带来的稳定的预期收益作保证，经过信用评级和增级，通过资本市场发行证券来募集资金的一种项目融资方式。ABS 是 20 世纪 80 年代首先在美国兴起的一种新型资产变现方式，根据资产类型的不同，主要有信贷资产证券化和不动产证券化两种。

四、特许经营项目的融资过程

特许经营项目融资的过程包括项目选择阶段、招投标阶段、合同组织阶段、项目建设开发阶段、移交阶段等。

项目特许经营期满后，以 BOT、PPP、PFI 等模式融资的工程项目需要移交给项目所在国政府或其指定机构。移交前，项目公司要解除项目的所有债务和抵押权、质权、留置权等担保物权，并且项目的各项质量技术指标应符合移交标准。移交时，项目公司应将全部固定资产的所有权和利益、场地使用权，以及项目的设计、运营、维修等重要技术资料移交给政府的指定机构。以 BOO、ROO、DB 等模式融资的工程项目因没有移交环节，项目最终无须移交给政府。

第六节　合同计价方式和工程量清单

一、合同计价方式

建设工程承包合同的计价方式可分为总价合同、单价合同、成本加酬金合同等三种基本方式。不同的合同计价方式，其价款约定方式与内容也有差异，工程项目建设过程中，应根据工程项目特点选择合适的合同计价方式。

1. 总价合同

总价合同是合同总价格不因工程量变化而变化的固定价合同类型。

采用总价合同的计价模式的招标文件中，招标人可以不提供工程量清单，由投标人自行编制工程量清单并报价；招标人也可以给出工程量清单，但对工程量清单中的工程量不承担责任。

总价合同可以分为固定总价合同和可调总价合同两类。

固定总价合同的价格计算是以设计图纸、工程量及计价规范(或称计量规则)为依据,发包、承包双方就承包工程协商一个固定总价,一笔包死,无特定情况不作变化。由承包方承担合同履行过程中的主要风险,承包方可能要为许多不可预见的因素付出代价,所以会加大不可预见费用致使投标价格偏高。目前,在"设计—采购—施工"总承包模式中常使用固定总价合同方式。

可调总价合同的总价一般也是以设计图纸、计价规范(或称计量规则)为依据,在报价及签约时,按招标文件的要求和当时的物价计算合同总价。在合同执行过程中,由于通货膨胀而使得工料成本增加,可以对合同总价进行调整。这样就合理分担了风险。工期超过一年的工程项目比较适合这种计价方式。

2. 单价合同

单价合同是指承包方按发包方提供的工程量清单的分部分项工程内容填报单价,并据此汇总总报价和签订承包合同,而实际总价是按实际完成的工程量与合同单价计算确定,合同履行过程中无特殊情况,一般不得变更单价。

单价合同的核心就是按照工程量清单计价模式进行招投标并签订施工承包合同,这种合同类型的适用范围比较广,其风险得到合理的分摊,一般由建设单位承担工程量变化的风险,施工单位承担价格变化的风险。这类合同能够成立的关键在于合同双方对分部分项工程的单价和工程量计算方法的认同。签订单价合同或者采用单价合同的方式签约,均离不开工程量清单。单价合同的工程量清单内所列的分部分项工程量为估算工程量而非准确的工程量,最终实际结算总价可能大于原合同价,也可能小于原合同价。

单价合同也被称为开口合同。

单价合同可以分为固定单价合同和可调单价合同两类。

固定单价合同,又可以分为估算工程量单价合同(即提供估算工程量的固定单价合同)和纯单价合同(即不提供工程量的固定单价合同)。

可调单价合同,一般是在工程招标文件中规定合同中签订的单价可以进行调整,如有的招标文件规定工程量清单中的分部分项工程的实际完成的工程量超过原工程量清单表中的±20%时可以调整其单价,并给出固定的调整系数(如0.9或1.1)。

总价合同中可能有单价子目,单价合同中也可能有总价子目。总价子目,就是在已经标价的工程量清单中以"个""项"或"总额"等为计量单位、以总价计价的子目。

3. 成本加酬金合同

成本加酬金合同是将工程项目的实际投资划分成直接成本费和承包人完成工程后应得酬金两部分。工程施工过程中发生的直接成本费由发包人实报实销,再按合同约定的方式另外支付给承包人相应报酬。

按照酬金的计算方式不同,成本加酬金合同可以分为四种形式,即成本加固定百分比酬金合同、成本加固定金额酬金合同、成本加奖罚合同、最高限额成本加固定最大酬金合同。

紧急抢险、救灾以及施工技术特别复杂的工程项目可以考虑采用成本加酬金合同。

4. 影响合同计价方式选择的因素

选择合同计价方式时应考虑的因素有项目的复杂程度、设计工作的深度、施工难易程度、工期进度要求的紧迫程度、是否为应急抢险或灾后恢复工程等。

二、合同价款的约定

《标准施工招标文件》通用合同条款的使用总说明第 2 条中指出"合同条款是以发包人委托监理人管理工程合同的模式设定合同当事人的权利、义务和责任,区别于由发包人和承包人双方直接进行约定和操作的合同管理模式。监理人作为发包人授权的合同管理者对合同实施管理,发出的任何指示均被视为已取得发包人同意,但监理人无权免除或变更合同约定的发包人和承包人的权利、义务和责任"。第 5 条指出"合同条款同时适用于单价合同和总价合同"。

《标准施工招标文件》通用合同条款的第 1.1.5 条给出了"合同价格和费用"的定义。签约合同价是指签订合同时合同协议书中写明的,包括了暂列金额、暂估价的合同总金额;合同价格是指承包人按合同约定完成了包括缺陷责任期在内的全部承包工作后,发包人应付给承包人的金额,包括在履行合同过程中按合同约定进行的变更和调整。

工程施工合同价款应由发包人、承包人双方依据招标文件和中标人的投标文件,用书面合同的方式进行约定。合同约定不得违背招标文件、投标文件中关于工程质量、安全、工期、造价等方面的实质性内容。

发包人、承包人双方应在合同条款中对下列事项进行约定:

(1)预付工程款的数额、支付时间(或次数、比例)以及扣回方式、时间、计算方法。

(2)材料设备预付款的比例、支付时间以及扣回方式、时间、计算方法。

(3)工程质量保证金的预留时间、比例、限额以及退还的时间、计算方法。

(4)安全文明施工费用的比例及支付方法。

(5)工程计量的截止时间,支付工程进度款的时间、最低限额等。

(6)工程价款的调整方法、程序、周期、支付时间。

(7)费用索赔的程序、金额确定与支付时间。

(8)违约责任以及合同争议的解决方法、程序、支付。

(9)与履行合同、支付价款有关的其他事项。

三、工程量清单

1. 工程量清单的含义

工程量清单是指编制人按照招标文件及技术规范、计量规则的有关规定将合同工程进行合理分解,据此明确工程内容和范围,并将有关工程内容数量化的一套工程数量明细表。

工程量清单的编制质量直接关系到投标人的投标报价以及建设单位的投资控制情况。

工程量清单应按有关图纸、工程地质报告、施工规范、计量规则(计价规范)、设计图集等要求和规定进行编制,应由具备编写招标文件能力的招标人或招标人委托的具有相应资质的造价咨询单位编制。这是招标人编制标底的依据,是投标方报价的依据,也是竣工结调整的依据。

标价后的工程量清单包括合同中各工程子目的单价、合价,各潜在的投标人可以各自编制。

工程量清单是合同文件的重要组成部分,是一份与技术规范相对应的文件,它是单价合同的产物。使用工程量清单计价的施工承包合同,一般采用单价合同的方式,即中标单价不变、清单工程量可变,除非工程量的变化超出一定的幅度才变更单价。

2. 工程量清单的作用

(1)在招投标阶段,招标工程量清单为投标人的投标竞争提供了一个平等和共同的基础。工程量清单将要求投标人完成的工程项目及其相应工程实体数量全部列出,为投标人提供拟建工程的基本内容、实体数量和质量要求等信息。这使所有投标人所掌握的信息相同,受到的待遇是客观、公正和公平的。

(2)工程量清单是工程计价的依据。在招投标过程中,招标人根据工程量清单编制招标工程的招标控制价;投标人按照工程量清单所表述的内容,依据企业定额计算投标价格,自主填报工程量清单所列项目的单价与合价。

(3)工程量清单是工程付款和结算的依据。发包人根据承包人是否完成工程量清单规定的内容,以投标时在工程量清单中所报的单价作为支付工程进度款和进行结算的依据。

(4)工程量清单是调整工程量、进行工程索赔的依据。在发生工程变更、索赔、增加新的工程项目等情况时,可以选用或者参照工程量清单的分部分项工程或几家项目与合同单价来确定变更项目或索赔项目的单价和相关费用。

3. 工程量清单的组成

工程量清单应该有统一的工程项目编码、项目名称、计量单位、工程内容、项目特征(工程量计算规则)等。

工程量清单由说明、工程量清单表、计日工明细表、暂估价表、工程量清单汇总表和工程量清单单价分析表等组成。

(1)工程量清单说明。

工程量清单是根据招标文件中包括的、有合同约束力的工程量清单计量规则、图纸以及有关工程量清单的国家标准、行业标准、合同条款中约定的规则(即工程量计量规则)编制。约定计量规则中没有的子目,其工程量按照有合同约束力的图纸所标示尺寸的理论净量计算。计量采用中华人民共和国法定计量单位。

工程量清单应与招标文件中的投标人须知、通用合同条款、专用合同条款、工程量计量规则、技术规范及图纸等一起阅读和理解。

工程量清单中所列工程数量是估算的或设计的预计数量,仅作为投标报价的共同基础,不能作为最终结算与支付的依据。实际支付应按实际完成的工程量,由承包人按工程量清单计量规则规定的计量方法,以监理人认可的尺寸、断面计量,按中标工程量清单的单价和总额价计算支付金额;或者根据具体情况,按合同条款第15.4款的规定,按监理人确定的单价或总额价计算支付金额。

工程量清单中各章的工程子目的范围与计量,应与工程量清单计量规则、技术规范中的范围、计量与支付条款结合起来理解或解释。

工程量清单中所列工程量的变动，丝毫不会降低或影响合同条款的效力，也不免除承包人按规定的标准进行施工和修复缺陷的责任。图纸中所列的工程数量表及数量汇总表仅是提供资料，不是工程量清单的外延。当图纸与工程量清单所列数量不一致时，以工程量清单所列数量作为报价的依据。

（2）投标报价说明。

工程量清单中的每一工程子目须填入单价或价格，且只允许有一个报价。工程量清单中有标价的单价和总额价项目均已包括了为实施和完成合同工程所需的劳务、材料、机械、质检（自检）、安装、缺陷修复、管理、保险、税费、利润等费用，以及合同明示或暗示的所有责任、义务和一般风险。

工程量清单中没有填入单价或总额价的子目，其费用应视为已分摊在工程量清单的其他相关子目的单价或价格之中，承包人必须按监理人指令完成工程量清单中未填入单价或价格的工程子目，但不能得到结算与支付。

承包人用于合同工程的各类装备的提供、运输、维护、拆卸、拼装等支付的费用，已经包括在工程量清单的单价与总额价之中。

（3）计日工说明。

在招标时，计日工的劳务、材料、机械由招标人（或发包人）列出正常的估计数量，投标人报出单价，计算出计日工总额后列入工程量清单汇总表中并进入评标价。工程中标实施时，未经监理人书面指令，任何工程不得按计日工施工；接到监理人按计日工施工的书面指令，承包人也不得拒绝。计日工不参与调价。

计日工劳务的工资的工时，应从工人到达施工现场并开始从事指定的工作算起，到返回原出发地点为止，扣去用餐和休息的时间。只有直接从事指定工作且能胜任该工作的工人才能计工，随同工人一起做工的班长应计算在内，但不包括领工（工长）和其他质检管理人员。

四、公路工程的工程量清单

详见本套参考书之《交通运输工程目标控制（公路工程专业知识篇）》。

五、水运工程的工程量清单

详见本套参考书之《交通运输工程目标控制（水运工程专业知识篇）》。

第七节 招标方式和招标控制价

一、必须招标的工程项目范围

1.《关于促进建筑业持续健康发展的意见》中完善招投标制度的内容

《关于促进建筑业持续健康发展的意见》（国办发〔2017〕19号）中规定，为进一步深化建筑业"放管服"改革，加快产业升级，促进建筑业持续健康发展，为新型城镇化提供支撑，经国

务院同意,提出促进建筑业持续健康发展的意见。意见中第二(二)条完善招投标制度的内容如下:

完善招投标制度。加快修订《工程建设项目招标范围和规模标准规定》,缩小并严格界定必须进行招标的工程建设项目范围,放宽有关规模标准,防止工程建设项目实行招标"一刀切"。在民间投资的房屋建筑工程中,探索由建设单位自主决定发包方式。将依法必须招标的工程建设项目纳入统一的公共资源交易平台,遵循公平、公正、公开和诚信的原则,规范招标投标行为。进一步简化招标投标程序,尽快实现招标投标交易全过程电子化,推行网上异地评标。对依法通过竞争性谈判或单一来源方式确定供应商的政府采购工程建设项目,符合相应条件的应当颁发施工许可证。

2.《必须招标的工程项目规定》的内容

国家发改委于2018年发布了《必须招标的工程项目规定》,内容如下:

第一条 为了确定必须招标的工程项目,规范招投标活动,提高工作效率、降低企业成本、预防腐败,根据《中华人民共和国招标投标法》第三条的规定,制定本规定。

第二条 全部或部分使用国有资金投资或国家融资的项目包括:

(一)使用预算资金200万元人民币以上,并且该资金占投资额10%以上的项目;

(二)使用国有企业事业单位资金,并且该资金占控股或主导地位的项目。

第三条 使用国际组织或外国政府贷款、援助资金的项目包括:

(一)使用世行、亚行等国际组织贷款、援助资金的项目;

(二)使用外国政府及其机构贷款、援助资金的项目。

第四条 不属于本规定第二条、第三条规定情形的大型基础设施、公用事业等关系社会公共利益、公众安全的项目,必须招标的具体范围由国务院发展改革部门会同国务院有关部门按照确有必要、严格限定的原则制订,报国务院批准。

第五条 本规定第二条、第三条和第四条规定范围内的项目,其勘察、设计、施工、监理以及与工程建设有关的重要物资、材料等采购达到下列标准之一的,必须招标:

(一)施工单项合同估算价在400万元人民币以上;

(二)重要物资、材料等货物采购,单项合同估算价在200万元人民币以上;

(三)勘察、设计、监理等服务的采购,单项合同估算价在100万元人民币以上。

同一项目中可以合并进行的勘察、设计、施工、监理以及与工程建设有关的重要物资、材料等的采购,合同估算价达到前款规定标准的,必须招标。

第六条 本规定自2018年6月1日起施行。

二、招标方式

根据《中华人民共和国招标投标法》的规定,招标方式分为公开招标和邀请招标。

1. 公开招标

公开招标是指招标人以招标公告的方式邀请不特定的法人或者其他组织投标,又称为无限竞争性招标。所有符合条件的供应商或承包人都可以平等参加投标竞争,从中择优中标者的招标方式。

公开招标方式的优点是:投标的施工单位多,竞争激烈,发包人有较大的选择余地;有利于降低工程造价,提高工程质量和缩短工期。其缺点是:由于投标的承包人多,一般招标工作量大,耗时较长,需花费的成本也较大。此招标方式主要适用于投资额度大、工艺复杂的较大型工程建设项目。

2. 邀请招标

邀请招标是指招标人以投标邀请书的方式邀请特定的法人或者其他组织投标,又称为有限竞争性招标或选择性招标。采用邀请招标方式,应当向三个及三个以上具备承担招标项目的能力、资信良好的特定法人或者其他组织发出投标邀请书。

《中华人民共和国招标投标法实施条例》规定,国有资金占控股或者主导地位的依法必须进行招标的项目应当公开招标;但有下列情形之一的,可以邀请招标:(1)技术复杂、有特殊要求或者受自然环境限制,只有少量潜在投标人可供选择;(2)采用公开招标方式的费用占项目合同金额的比例过大。

三、评标方法

《标准施工招标文件》中规定的评标方法包括合理低价法、技术评分最低标价法、综合评分法和经评审的最低投标价法等四种。一般地,评标办法应设置"评标办法前附表"。"评标办法前附表"用于明确评标的办法、因素、标准和程序。招标人应根据招标项目的特点和实际需要详细列明全部评标因素、标准,没有列明的因素、标准不得作为评标的依据。

1. 合理低价法

合理低价法是综合评分法的评分因素中评标价得分为100分,其他评分因素分值为0分的特例。合理低价法中,第一个信封(商务及技术文件)的评定应采用合格制。

2. 技术评分最低标价法

评标价相等时,评标委员会依次按照以下优先顺序推荐中标候选人或确定中标人:投标报价低的投标人优先;被招标项目所在地省级交通运输主管部门评为较高信用等级的投标人优先;商务和技术得分较高的投标人优先;或者其他规定。

3. 综合评分法

综合评分法是其评分因素中评标价得分与其他评分因素分值合计为100分的评标方法。

招标人根据招标项目具体特点和实际需要,详细列明全部评审因素、标准,没有列明的因素和标准不得作为评标的依据。

分值构成:总计分值100分。评标分值构成分为施工组织设计、主要人员、技术能力、财务能力、业绩、履约信誉、其他因素等。各方面所占比例和具体分值由招标人自行确定,并在招标文件中明确载明。

招标人应根据项目具体情况确定各评分因素及评分因素权重分值,并对各评分因素进行细分(如有)、确定各评分因素细分项的分值,各评分因素权重分值合计应为100分。

4. 经评审的最低投标价法

(1)初步评审标准:包括形式评审标准;资格评审标准;响应性评审标准。

（2）详细评审标准：招标人应根据招标项目具体特点和实际需要，在评标办法前附表中详细列明全部评审因素、标准，包括形式评审标准、资格评审标准、响应性评审标准、施工组织设计和项目管理机构评审标准。

（3）评标价计算：经评审的投标价（评标价）＝修正后的投标报价－修正后的暂估价－修正后的暂列金额（不含计日工总额）。

若投标人按照招标人提供的工程量固化清单电子文件填写工程量清单的，则：

经评审的投标价（评标价）＝投标函文字报价－暂估价－暂列金额（不含计日工总额）。

四、招标控制价的编制与审核

《中华人民共和国招标投标法》规定，招标人可以设标底。当招标人不设标底时，为有利于客观、合理地评审投标报价和避免哄抬标价，造成国有资产流失，招标人必须编制招标控制价，作为投标人的最高投标限价及招标人能够接受的最高交易价格。

《中华人民共和国招标投标法实施条例》规定，招标人可以自行决定是否编制标底。一个招标项目（或一个招标合同包）只能有一个标底。在开标前标底必须保密。招标人设有最高投标限价的，应当在招标文件中明确最高投标限价或者最高投标限价的计算方法。招标人不得规定最低投标限价。工程招投标实践中，最高投标限价一般是由招标人在出售招标文件后、开标之前通过补遗书的形式发送给各投标人。

1. 招标控制价的概念、编制人

招标控制价是招标人根据国家或省级、行业建设主管部门颁发的有关计价依据和计价办法、招标文件、市场行情，按照项目施工设计图纸等具体条件编制调整的，对招标项目限定的最高工程造价，也称为最高投标限价、拦标价、预算控制价等。

投标人的投标报价高于招标控制价的，其投标应当予以拒绝。招标人编制的最高限价高于成本，具有一定的利润空间或者合适的利润空间。招标控制价不同于标底，无需保密，应在招标文件中公布，不应上调或下浮。招标人应将招标控制价及有关资料报送工程所在地工程造价管理机构备查。

国有资金投资的工程建设项目应实行工程量清单招标，必须编制招标控制价。

招标控制价应由具有编制能力的招标人编制。当招标人不具有编制招标控制价的能力时，可委托具有相应资质的工程造价咨询人编制。工程造价咨询人不得同时接受招标人和投标人对同一工程的招标控制价和投标报价进行编制。

2. 招标控制价的作用

（1）招标人有效控制项目投资，防止恶性投标带来的投资风险。

（2）增强招标过程的透明度，有利于正常评标。

（3）利于引导投标方投标报价，避免投标方无标底情况下的无序竞争。

（4）招标控制价反映的是社会平均水平，为招标人判断最低投标价是否低于成本提供参考依据。

（5）可为工程变更新增项目确定单价提供计算依据。

（6）作为评标的参考依据，避免出现较大偏离。

(7)投标人根据自己的企业实力、施工方案等报价,不必揣测招标人的标底,提高了市场交易效率。

(8)减少了投标人的交易成本,使投标人不必花费人力、财力去套取招标人的标底。

(9)招标人把工程投资控制在招标控制价范围内,提高了交易成功的可能性。

3. 招标控制价的编制原则

(1)我国对国有资金投资项目的投资控制,实行投资概算审批制度,国有资金投资的工程原则上不能超过批准的投资概算。

(2)根据《中华人民共和国招标投标法》的规定,国有资金投资的工程进行招标,招标人可以设标底。当招标人不设标底时,为有利于客观、合理地评审投标报价和避免哄抬标价,造成国有资产流失,招标人应当编制招标控制价。《中华人民共和国招标投标法实施条例》第二十七条规定,招标人设有最高投标限价的,应当在招标文件中明确最高投标限价的金额或者最高投标限价的计算方法。招标人不得规定最低投标限价。

(3)国有资金投资的工程,招标控制价是招标人在工程招标时能接受投标人报价的最高限价。所有国有资金投资的工程,投标人的投标报价不能高于招标控制价,否则,其投标将被拒绝。

(4)招标控制价应在招标文件中注明,不应上调或下浮,招标人应将招标控制价及有关资料报送工程所在地工程造价管理机构备查。招标控制价超过批准的概算时,招标人应将其报原概算审批部门审核。投标人的投标报价高于招标控制价的,其投标应予拒绝。

4. 招标控制价的编制依据

(1)《公路工程工程量清单计量规则》或《水运工程工程量清单计价规范》(JTS/T 271—2020),以及相应的概预算定额及其编制办法。

(2)国家或省级、行业建设主管部门颁发的计价定额和计价办法。

(3)建设工程设计文件及相关资料。

(4)招标文件中的工程量清单及有关要求。

(5)与建设项目相关的标准、规范、技术资料。

(6)工程造价管理机构发布的工程造价信息,工程造价信息没有发布的参照市场价。

(7)其他相关资料,主要指施工现场情况、工程特点及常规施工方案等。

按上述依据进行招标控制价编制,应注意使用的计价标准、计价政策应是国家或省级、行业建设主管部门颁布的计价定额和相关政策规定;采用的材料价格应是工程造价管理机构通过工程造价信息发布的材料单价,工程造价信息未发布材料单价的材料,其材料价格应通过市场调查确定;国家或省级、行业建设主管部门对工程造价计价中费用或费用标准有规定的,应按规定执行。

5. 编制最高招标限价需考虑的因素

(1)最高招标限价必须适应目标工期的要求,对提前工期因素有所反映。

(2)最高招标限价必须适应招标方的质量要求,对高于国家验收规范的质量因素有所反映。

(3)最高招标限价必须适应建筑材料采购渠道和市场价格的变化,考虑材料差价因素,并将差价列入最高招标限价。

(4)最高招标限价必须合理考虑招标工程的自然地理条件和招标工程范围等因素。

(5)最高招标限价价格应根据招标文件或合同条款的规定,按规定的工程发承包模式,确定相应的计价方式,考虑相应的风险费用。

6. 招标控制价的审核

招标控制价的审核工作由编制人负责,如果建设单位需要监理工程师事先参与,监理工程师应协助建设单位进行审核。审核的重点内容包括:

(1)审核工程量计算的准确性。审核工程量的准确性,应从以下两方面入手:一是根据既有项目的基本指标结合拟建项目的基本情况,对工程量计算是否准确做一个大体的衡量,对超出主要指标偏差较大的项目及与本项目基本情况不符的项目,应要求工程造价咨询人重点复核,对个别清单项目的计算规则在本工程中有单独约定的也应要求工程造价咨询人进行重点复核;二是要求工程造价咨询人对计算量过程进行标准化,要求工程造价咨询人加强对招标图纸的熟悉度,对一些图纸中不明确但又影响造价的地方应及时提出,共同商定处理办法。

采用的计量单位、计算精度、计算说明以及计算依据是否明确;使用的法定计量单位和计算方式是否合适等。

(2)审核工程量清单项目特征描述是否正确。在审核时应特别注意特征描述的准确与全面,避免将来施工中面对承包人的索赔或不平衡报价,以利于减小工程造价控制的风险。

(3)审核分部分项工程量清单综合单价的合理性。重点审核定额套用是否准确、是否有漏套定额或重复套用定额的情况;对需要换算工程量的项目,换算是否正确;对借用类似定额组价或者自编定额的项目,审核其借用的定额或自编定额是否合理;审核综合单价是否按照招标期已公布的造价调整文件进行调整等。

(4)审核材料价格的合理性。目前对材料价格一般是执行权威部门的信息价,没有信息价的材料应按合理市场价格计取。这就要求工程造价咨询人在启动清单编制工作后,及时对设备、材料市场的价格进行调查和收集,这样既有利于优化设计又有利于编制工程量清单与控制价。同时在不断地积累过程中收集、整理和完善设备、材料价格信息库,为今后的工程建设做参考依据。

(5)审核措施费清单项目的合理性。措施费在编制工程量清单控制价中大约占工程造价的 10% ~20%,不同的工程项目措施费用差异很大。应充分考虑项目的工程特点、详细研究地勘资料、周围环境,并结合目前施工水平以及配套国家、地方规范性政策文件严格地编制。

(6)审核各项税、费率计取的准确性。审查各项取费、计税标准是否符合现行规定,尤其应注意是否符合当地的规定和定额要求,以避免错算、重算和漏算。税金计取是否符合当地要求,特别是处于营改增的时期是否满足财税的实施细则及要求、是否存在抵扣、税率适用是否适当等。对于二次搬运、冬雨季施工、夜间照明、定位复测费是否按定额规定计取,计取基数是否符合定额规定等。

(7)审核清单编制总说明。清单编制总说明是编制招标控制价及投标报价的重要依据,要求工程造价咨询人必须在公司提供的说明模板基础上结合项目实际情况进行相应调整,重点关注清单总说明与招标图纸、招标文件、清单项目特征描述、工程量计算方式、组价方式、措施费计取、暂估价列项等内容的一致性。如该项目的计量规则、计价方法与计价规范或定额有出入时,应进行明确的说明。

五、投标报价的编制与报价决策

1. 投标报价的概念、编制人

投标报价是指投标人采取投标方式承揽工程项目时,通过分析、计算和确定承包该工程施工任务的总价格。投标报价是投标人希望达成工程承包交易的期望价格。

投标人可以自己组织编制投标报价,也可以委托具有相应资质的工程造价咨询人编制投标报价。

2. 投标报价的编制原则

(1)投标报价由投标人自主确定,但是必须执行公路或水运工程的预算定额、预算编制办法等。

(2)投标人的投标报价不得低于工程成本。

(3)投标人必须按招标人提供的工程量清单填报单价、合价等信息。

(4)投标报价要以招标文件中设定的承发包双方责任划分,作为设定投标报价费用项目和费用计算的基础。

(5)应以施工方案、技术措施等作为投标报价计算的基本条件。

(6)报价计算方法要科学严谨,简明适用。

3. 投标报价的一般程序

(1)研究招标文件。研究招标文件的目的是全面了解承包人在合同中的权利和义务,深入分析施工承包中所面临的和需要承担的风险,缜密研究招标文件中的漏洞和疏忽,为制定投标策略寻找依据,创造条件。

(2)现场考察、调查地材等价格。现场考察是投标前全面了解现场施工环境、风险的重要途径,是投标人做好投标报价的先决条件。通常,在招标过程中,发包人会组织正式的现场考察,按照国内招标的有关规定,投标人应参加发包人安排的正式现场考察,不参加正式考察者,可能会被拒绝参与投标。投标人提出的报价应当是在现场考察的基础上编制出来的,而且应包括施工中可能遇见的各种风险和费用。在投标有效期内及工程施工过程中,承包人无权以现场考察不周、情况不了解为由而提出修改标书或调整标价给予补偿的要求。因此,投标人在报价以前,必须认真地进行现场考察,全面、细致地了解工地及其周围的政治、经济、地理、法律等情况,收集与报价有关的各种风险与数据。

(3)复核工程数量。招标文件工程量清单是固化的,其中的细目工程是各投标人进行报价的基准工程量,是相对准确的工程量。由于种种原因,工程量清单中的工程数量有时会和图纸中的数量存在不一致的现象。复核工程量的准确程度,将影响承包人的经营行为:一是根据复核后的工程量与招标文件提供的工程量之间的差距,考虑相应的投标策略,决定报价尺度;二是根据工程量大小采取合适的施工方法,选择适用、经济的施工机具设备,确定投入使用的劳动力数量等,从而影响到投标人的询价过程。

(4)编制总体施工组织设计文件、专项施工方案。在计算标价之前,应先依据设计图纸、规范、经过复核的工程量清单、现场施工条件、开工、竣工的日期要求、机械设备来源、劳动力来源等文件资料编制总体施工组织设计文件、专项施工方案。编制一个好的总体施工组织设计文件可以降低标价,规避风险,提高竞争力。编制的原则是在保证工期、工程质量和施工安全的前提下,尽可能使工程成本最低、投标价格合理。

(5)投标价的计算、汇总(略)。

(6)报价决策。投标人的报价策略一般包括赢利策略、微利保本策略、冒险投标策略、附加策略等。其中,附加策略包括优化设计策略、缩短工期策略、附加优惠策略、先低价中标后施工索赔策略等。

六、不平衡报价的识别

工程量清单中的工程量是反映承包人的义务量大小及影响造价管理的重要数据。招标人或监理人整理工程量的依据是设计图纸和技术规范,整理工程量是一项技术工作,绝不是简单地罗列设计文件中的工程量。在整理工程量时,应根据设计图纸及调查所得的数据,在技术规范的计量与支付方法的基础上进行综合计算。同一工程子目,其计量方法不同,所整理出来的工程量会不一样。

设计文件中工程量所对应的计算方法与技术规范中的计量方法不一定一致,这就需要在整理工程量的过程进行技术处理。在工程量的整理计算中,应认真、细致,保证其准确性,做到不重不漏,不发生计算、汇总等错误。

一旦工程量存在错误,潜在的投标人有权利用"不平衡报价法"报价,即当实际工程量与清单工程量出入很大时,投标人会在总报价维持不变的基础上对实际工程量会增加的子目(分项工程)填报较高的单价,使得在施工过程中按实际工程量计量支付时,该项目费用会增加很多,从而获得较多的利润。因此,招标人或监理人应注意识别投标人的不平衡报价问题,招标人有权要求投标人书面澄清某子目(分项工程)的单价,并提供单价构成分析,进一步与招标人编制的"标底"类的各分项工程单价进行"关联度"比较分析,从而判断投标人不平衡报价的程度。

【例4-14】 某单价合同中包括 A、B、C 三个工程子目,发包人提供的工程量清单中的工程量和某一投标人根据图纸核定的工程量,以及该投标人采用平衡报价法和不平衡报价法的单价如表4-12所示。合同条款规定分项工程量变化超过25%时调价。请分析该投标人的报价竞争性和中标后的收益情况。

工程量及报价单价一览表 表4-12

工程子目	工程量(m³)		单价(元/m³)	
	发包人提供	投标人核定后预计	平衡报价时	不平衡报价时
A	43000	33550	85.00	70.60
B	35000	41899	120.00	131.00
C	22070	22070	191.00	191.00

解:(1)分析该投标人按照发包人提供的工程量清单数量进行报价的竞争性:
①由于 C 工程没有采用不平衡报价方式,可以只比较 A、B 两工程子目。
②利用不平衡报价法的报价金额 = 43000×70.60 + 35000×131.00 = 7620800.00(元)。
③利用平衡报价法的报价金额 = 43000×85.00 + 35000×120.00 = 7855000.00(元)。

④不平衡报价法的竞争性 = ② - ③ = -234200.00(元)。

可见,不高于平衡报价法,且较平衡报价法降价比例近3%,能够保持竞争优势。

(2)分析该投标人一旦中标后的实际收益:

①由于 C 工程没有采用不平衡报价方式,可以只比较 A、B 两工程子目。

②判断 A、B 两工程子目是否会因工程量的变化超过25%而调价:

A 工程:$(33550/43000 - 1) \times 100\% = -21.97\% < 25\%$;

B 工程:$(41899/35000 - 1) \times 100\% = 19.71\% < 25\%$。因此,可以采用不平衡报价法。

③利用不平衡报价法的实际收益 = $33550 \times 70.60 + 41899 \times 131.00 = 7857399.00$(元)。

④利用平衡报价法的实际收益 = $33550 \times 85.00 + 41899 \times 120.00 = 7879630.00$(元)。

⑤不平衡报价法的实际受益净金额 = ④ - ③ = 22231.00(元)。较平衡报价法的报价受益率增加比例近2%。

(3)结论。

若该投标人中标,合同实施过程中将额外获益22231.00元。

第八节 工 程 计 量

一、工程计量的概念

1. 工程计量的概念

工程计量是按照《标准施工招标文件》的规定,遵守工程量清单计价规范或计量规则的规定,施工单位对已经完成的、符合要求的工程或工作进行检查、测量、计算、汇总其工程数量,报请监理机构进行现场检查、审核、共同确认其工程数量或工作量的过程。

2. 工程计量的内涵

(1)工程计量的任务是确认结算工程数量的多少。《标准施工招标文件》通用合同条款第17.1.4款规定,已标价工程量清单中的单价子目工程量为估算工程量,是承包人投标报价的依据,不能作为承包人应予完成的工程之实际和确切的结算工程量。结算工程量的多少只有通过计量才能揭示和确定。按实际完成的结算工程量付款可以减少工程量的估计误差给双方带来的风险,增强工程费用结算结果的公平性与合理性,这正是单价合同的优点之一。

(2)计量必须准确、真实、合法和及时。《标准施工招标文件》通用合同条款第17.1.4款规定,承包人对已经完成的工程进行计量,向监理人提交进度付款申请单、已完成工程量报表和有关计量资料。监理人对承包人提交的工程量报表进行复核,以确定实际完成的工程量。监理人对工程数量有异议的或者监理人认为必要时,可要求承包人共同进行测量、计算和复核。承包人未按照监理人要求参加复核,监理人复核或修正的工程量视为承包人实际完成的工程量。

(3)工程计量不解除合同中约定的承包人应尽的义务和责任。监理人对工程的计量是确认承包人完成的工程量,仅是支付的依据,并不表示发包人和监理人接收了该工程,也不表示承包人对已经被计量的工程完全履行了合同义务,解除了承包人对被计量工程的维修及缺陷修复责任。《标准施工招标文件》通用合同条款第3.1.3款明确规定,合同约定应由承包人承担的义务和责任,不因监理人对承包人提交文件的审查或批准,对工程、材料和设备的检查和检验,以及为实施监理作出的指示等职务行为而减轻或解除。

二、工程计量的依据

工程计量的依据包括工程量清单说明和工程量清单计价规范或计量规则、施工合同文件和施工图纸、质量合格资料等。

1. 工程量清单说明、工程量清单计价规范或计量规则

工程量清单说明和工程量清单是确定计量方法的依据。因为工程量清单说明和工程量清单的计价规范或计量规则,规定了工程量清单中每一项工程数量的计算方法,同时明确规定了该项目单价所包括的工作内容和范围,它们是工程计量十分重要的依据。

2. 施工合同文件和施工图纸

除了工程量清单中的工程项目以外,在合同文件中通常还规定了一些包干项目(如直接分包的项目等)和其他支付项目;合同文件中还明确规定了监理人进行计量的权限和职责等等内容。

单价合同以实际完成的工程数量进行结算,其实际完成的工程量是指被监理人计量确认的工程数量,而不是承包人实际施工的数量。监理人对承包人超出设计图纸尺寸增加的工程量和由于自身原因造成返工的工程数量,不予计量。即计量的几何尺寸应以设计图纸为准,而不是以工程施工实际尺寸计算。

3. 质量合格资料

对于承包人已完成的工程数量,并不是全部进行计量,而只是质量达到合同标准的工程量才准许计量。因此,工程计量必须与质量监理紧密配合,经过监理人检验,工程质量达到合同规定标准后,由监理人签发质量合格证书类资料(如《中间交工证书》),有了质量合格证书类资料的工程才准许计量。所以说质量监理是计量的基础,计量又是质量监理的保障,通过工程计量可大大强化承包人的质量意识。

三、工程计量的原则

工程计量不仅直接涉及发包人与承包人双方的经济利益,而且是监理人的重要权力和监理手段,在工程计量中遵守有关基本原则,是做好监理工作的有效保障:

(1)履行合同原则。

监理人在进行工程计量时,必须全面理解合同条件、施工图纸和工程量清单等合同文件的各组成部分。如工程量清单计价规范或计量规则对计量方法的规定,详细说明了各工程细目的内容及要求,对哪些内容不单独计量和支付,其价值如何分摊,都具体作了规定。工程量清单中的单价是承包人按招标文件的要求和合同条件的规定填报的,是支付的单价依据。因此,监理人必须严格遵守合同中的有关规定来进行计量,使每一项工程的计量都符合合同要求。

(2)公正性原则。

监理人在工程计量环节中拥有广泛的权力,承包人与发包人的货币收支是否合理,取决于

监理人签认的工程量是否准确和真实。只有监理人保持公正的立场和恪守公正的原则,才能使他在计量与支付工作中正确地使用权力,准确地计量,实事求是地处理好发包人与承包人之间的有关纠纷,合理地确定工程费用。如果监理人不公正,他就无法做出正确的判断。特别是当施工过程中发生工程变更、工程索赔和各种特殊风险时,就更要求监理人公正而独立地做出判断和估价。因此,监理人在工程计量中,必须认真负责,以实事求是的精神和客观公正的态度做好每一项工作,确保发包人与承包人之间的交易公平。唯有公正,才能分清发包人和承包人各自的权利和责任,才能准确地协调好双方之间的利益关系,才能保证工程计量的准确、真实和合法。

(3)时限性原则。

工程计量具有严格的时间要求,时限性极强。计量不及时,会影响承包人的施工进度;支付不及时,也会影响承包人的施工进度,并可能直接产生合同纠纷。《标准施工招标文件》在第17条中对计量与支付严格规定了时间限制,同时也规定了计量与支付复核的时间限制。因此,监理人一定要按时进行计量和支付。

(4)程序性原则。

为了保证工程计量准确、真实和合法,合同条款和各项目的监理组织都规定了严格的程序。这些程序规定了各项工程细目和各项工程费用进行计量与支付的条件、办法以及计算、复核、审批的环节,是从合同上、组织上和技术上对计量与支付加以严格管理,以确保准确和公正。如计量必须以质量合格为前提,支付必须以计量为基础等。因此,工程计量必须遵守严格的程序,通过按程序办事来提高数据的准确性、真实性和合法性,以保证工程计量准确、合理。

(5)监理人最终确认计量结果的原则。

《标准施工招标文件》第17.1.4(5)项规定承包人完成工程量清单中每个子目的工程量后,监理人应要求承包人派员共同核实最终结算的工程量。承包人未按监理人要求派员参加的,监理人最终核实的工程量视为承包人完成该子目的准确工程量。

(6)监理人有权修正前期计量、付款错、漏或重复的原则。

《标准施工招标文件》第17.3.4款规定,在对以往历次签发的进度付款证书进行汇总和复核中发现错、漏或重复的,监理人有权予以修正,承包人也有权提出修正申请。经双方复核同意的修正,应在本次进度付款中支付或扣除。

四、工程计量应具备的条件

工程计量工作,一方面是准确地测定和计算已完工程的数量,另一方面是对已完工程进行综合评价。因此,进行计量时,必须满足以下条件。

1. 计量的项目符合合同规定

合同约定的工程计量项目,一般包括以下三个方面:

(1)清单中的工程细目。工程量清单中的工程细目全部需要进行计量,合同文件约定不需填写单价与金额的项目,其费用已包括在清单的其他单价或款项中,因此,对于清单中没有填写单价与金额的项目,仍需进行计量,以确认承包人是否按合同条款完成了该项工程。

(2)合同文件中约定的项目。除了清单中的工程细目外,在合同文件中通常还约定了一些"包干"项目,对于这些项目,也必须根据合同文件约定进行计量。

(3)工程变更项目。工程变更中一般附有工程变更清单,工程变更清单同工程量清单具有相同的性质,因此,对于工程变更清单项目亦必须按合同有关要求进行计量。

上述合同约定以外的项目,例如承包人为完成上述项目而进行的一些辅助工程,监理人没有进行计量的义务。因为,这些辅助工程的费用已包括在上述项目的单价中。

2. 计量的项目已经完成且质量合格

需要计量的分项工程或主要工序细目的工程施工已经实际完成而且质量经施工单位自检合格、经监理人检查验收合格后,才能由监理人签发中间交工证书,在此基础上方可进行工程计量,填写工程计量单或工程计量表。工程质量不合格的任何分项工程或工序,一律不得进入工程计量程序。

3. 质量检验、计量计算等资料签认齐全

对一个分项工程或一道工序的质量检查、验收,应有以下资料和手续:
(1)监理人批准的开工申请表。
(2)承包人自检合格的现场测量、质量检验数据表和试验数据表。
(3)监理人抽检合格的质量资料表和试验数据表。
(4)监理工程师签署的分项工程中间交工证书等。

五、工程计量的周期(时间)

《标准施工招标文件》通用合同条款第 17.1.3 款"计量周期"中规定:除专用合同条款另有约定外,单价子目已完成工程量应按月定期计量,总价子目的计量周期按规定的计量支付分解比例确定。

每月进行计量,便于掌握工程进度情况及核定月进度款(即期中支付证书),为此,监理人一般须按月审定"中间计量单"。对于隐蔽工程,则须在工程覆盖之前随时进行计量。

在实际工作中,工程建设单位或者总监办会给出计量周期的起止时间。例如,约定工程计量截至本月的 25 日,即从上一个月的 26 日至本月的 25 日为一个计量周期,计量该时间段内实际完成的合格的分项工程项目和总额子目,即在这一个计量周期内填写并经监理人审定的工程计量单有可能进入本月的工程支付。

六、工程计量的组织方式与程序

1. 工程计量的组织方式

工程计量的组织方式有三种。无论如何,计量必须符合合同的要求,其结果必须由监理人审核、签字确认。

(1)承包人和监理人共同进行的计量方式。这种计量方式有两种实现路径,一是监理人通知承包人一起进行现场计量,二是承包人申请计量,监理人同意并约定时间一起进行现场计量。这两种方式均有利于消除双方的疑虑,当场解决分歧,减少争议,又能较好地保证计量结果的公正性和准确性,简化程序,节约时间。公路水运工程的计量组织方式多采用承包人先申请、监理人同意并共同计量、以监理人审核结果为准的方式完成工程计量工作。

(2)监理人独立计量的组织方式。监理人独立计量时,可以由监理人完全控制被计量的工程部位,质量不合格的工程肯定不会被计量,也很少出现多计的情况,能够确保记录结果的准确性。但监理人的工作量较大,且容易引起承包人的异议而延误计量工作时间。

(3)承包人独立计量方式。这种方式可以减轻监理人的工作量,但由于是承包人自行计量,可能会出现多估冒算和超前计量、非计量项目也填报计量单的问题,甚至计量细目、计算方法、算术性计算错误也时有发生,或者质量不合格的分项工程也可能被计量。

2. 承包人、监理人应完成的工程计量工作

《标准施工招标文件》通用合同条款第17.1.4款"单价子目的计量"中规定:

(1)已标价工程量清单中的单价子目工程量为估算工程量。结算工程量是承包人实际完成的,并按合同约定的计量方法进行计量的工程量。

(2)承包人对已完成的工程进行计量,向监理人提交进度付款申请单、已完工程量报表和有关计量资料。

(3)监理人对承包人提交的工程量报表进行复核,以确定实际完成的工程量。对数量有异议的,可要求承包人按第8.2款约定进行共同复核和抽样复测。承包人应协助监理人进行复核并按监理人要求补充计量资料。承包人未按监理人要求参加复核,监理人复核或修正的工程量视为承包人实际完成的工程量。

(4)监理人认为有必要时,可通知承包人共同进行联合测量、计量,承包人应遵照执行。

(5)承包人完成工程量清单中每个子目的工程量后,监理人应要求承包人派员共同对每个子目的历次计量报表进行汇总,以核实最终结算工程量。监理人可要求承包人提供补充计量资料,以确定最后一次进度付款的准确工程量。承包人未按监理人要求派员参加的,监理人最终核实的工程量视为承包人完成该子目的准确工程量。

(6)监理人应在收到承包人提交的工程量报表后的7天内进行复核,监理人未在约定时间内复核的,承包人提交的工程量报表中的工程量视为承包人实际完成的工程量,据此计算工程价款。

《标准施工招标文件》通用合同条款第17.1.5条"总价子目的计量"中规定:

总价子目就是在已标价工程量清单中以"项"或"总额"为计量单位、以总价计价的子目,一般用于不能按约定的工程量计算规则确定数量的子目。除专用合同条款另有约定外,总价子目的分解和计量按照下述约定进行:

(1)总价子目的计量和支付应以总价为基础,不因第16.1款中的因素而进行调整。承包人实际完成的工程量,是进行工程目标管理和控制进度支付的依据。

(2)承包人在合同约定的每个计量周期内,对已完成的工程(或工作)进行计量,并向监理人提交进度付款申请单、专用合同条款约定的合同总价支付分解表所表示的阶段性或分项计量的支持性资料,以及所达到工程形象目标或分阶段需完成的工程量和有关计量资料。

总价子目的支付分解一般有三种形式:一是对于工期较短的项目,将总价子目的价格按合同约定的计量周期平均;二是对于合同价值不大的项目,按总价子目的价格占签约合同价的百分比,以固定百分比的方式均摊支付;三是根据合同约束力的进度计划、预先确定的里程碑形象进度节点、组成总价子目的价格要素的性质(与时间、方法、当期完成合同价的关联性)将

总价子目的价格分解到各个形象进度节点(或支付周期中),汇总形成支付分解表,经监理人审核批准后产生合同约束力。

(3)监理人进行复核,以确定分阶段实际完成的工程量和工程形象目标。对其有异议的,可要求承包人共同复核和抽样复测。

(4)除合同变更外,总价子目的工程量(工作量)是承包人用于结算的最终工程量(工作量)。

七、工程量的计算方法

工程计量包括单价子目的工程量计量和总价子目的计量,其数量计算方法一般有以下几种:

(1)凭证法(票据法)。凭证法就是根据合同的要求,承包人应提供费用支付发票类票据才能计量支付的方法,如保险费就是以承包人每次交付费用的凭证或单据才能进行计量支付。又如对承包人有些索赔项目的计量,有时可根据实际发生的费用进行计量,而实际发生的费用就需要有票据或凭证作证明。

(2)均摊法。均摊法就是将在合同工期内每月都有发生的"总价子目",按照合同约定的阶段性目标分解表进行分解计量,一般采用按月均摊的方法计量,如竣工文件费、承包人驻地建设和施工标准化费用等项目。

(3)分解计量法。分解计量就是将某一个项目分成若干个子项(或工序),对已完成的各子项(或工序)先行计量,按各子项(或工序)所占总量的比例,计算支付款额,但各子项(或工序)支付的合计款额应与整体项目款额相等。例如,一个相对独立的人行通道工程,其计量规则规定按"延米"计量,当其施工工期大于一个支付期限(一个月)时,这个工程项目的计量支付就有必要分次进行,这时可采用分解计量法。

(4)图纸计算法。对于钢筋混凝土结构物中的钢筋、钻孔灌注桩的桩长、路面工程的铺筑面积等,一般采用图纸计算法。

(5)断面测量计算法。如土石方开挖和填筑工程的计量,基础工程中结构物的混凝土浇筑方量的体积计算,需要测量其断面进行计算。

(6)计件清点法。如场地清理过程中的砍伐树木,按照"棵"进行计数;桥梁的盆式支座,按照"个"进行计数;道路交通标志牌,按照"个"进行计数;计日工按现场记录的"人·工日"计算等。

八、工程计量的单位与精度要求

根据《标准施工招标文件》通用合同条款第 17.1.1 款规定,计量采用国家法定的计量单位。

《中华人民共和国计量法》第 3 条规定,国际单位制计量单位和国家选定的其他计量单位为国家法定计量单位。

计量单位分两类,一类是物理计量单位,一类是自然计量单位。物理计量单位以公制单位计量,自然计量单位通常采用十进位自然数计算。

对于物理计量单位,长度常用米、延米、千米、公里,面积常用平方米、千平方米、公顷,体积常用立方米、千立方米,质量常用克、千克。对于自然计量单位,常用个、片、座、棵等。

《标准施工招标文件》通用合同条款规定,所有工程计量的精度,均以净值为准。

对于精度,为方便起见,浮点数须四舍五入至小数点后恰当的位数,如两位数,应对不同的细目分别作出规定。

监理人还应注意核对各细目的数量计量单位、单价的单位等必须与工程量清单中所用单位一致。

九、工程量的计算规则

公路工程应根据《公路工程工程量清单计量规则》对已经完成的工程量进行计算和汇总,详见本套参考书之《交通运输工程目标控制(公路工程专业知识篇)》。

水运工程应根据《水运工程工程量清单计价规范》(JTS/T 271—2020)对已经完成的工程量进行计算和汇总,详见本套参考书之《交通运输工程目标控制(水运工程专业知识篇)》。

第九节　费用支付

一、费用支付的原则

监理人员在工程费用支付中责任重大,必须站在公正的立场上,客观、准确地评价承包人的施工活动,仔细、正确地计算各项工程费用,并及时签发付款证书。为了做好这一工作,监理人员必须遵循以下几个基本原则:

1. 必须以合同为依据

招标文件中的合同条款、工程量计量规则、工程量清单是办理支付的合同依据。

2. 必须遵循规定的程序

由于费用支付工作涉及各方面的利益,且又需要大量的资料和表格,工作十分繁杂,所以一方面必须加强对支付工作的管理,另一方面支付必须严格遵循规定的程序。

3. 必须以工程计量为基础

对于单价合同,没有准确的计量就不可能有准确的支付,质量合格是工程计量的前提,而计量则是支付的基础,所以工程费用支付就必须在质量监理和准确计量的基础上进行。因此,在进行工程费用支付时,应当对这两个环节的工作进行严格检查和认真分析,以确保费用支付准确可靠。

4. 必须准确、及时

准确、及时支付工程费用是合同的基本要求。

《标准施工招标文件》通用合同条款第17.3.3款给出了"进度付款证书和支付时间"的规定:

(1)监理人在收到承包人进度付款申请单以及相应的支持性证明文件后的14天内完成核查,提出发包人应支付给承包人的金额以及相应的支持性材料,经发包人审查同意后,由监理人向承包人出具经发包人签认的进度付款证书。监理人有权扣发承包人未能按照合同要求履行任何工作或义务的相应金额。

(2)发包人应在监理人收到承包人进度付款申请单后的 28 天内,将进度应付款支付给承包人。发包人不按期支付的,应按专用合同条款的约定支付逾期付款违约金。

(3)监理人出具进度付款证书,不应视为监理人已同意、批准或接受了承包人完成的该部分工作。

《标准施工招标文件》通用合同条款第 17.3.4 款给出了"进度付款的修正"的规定;在对以往历次已签发的进度付款证书进行汇总和复核中发现错、漏或重复的,监理人有权予以修正,承包人也有权提出修正,经双方复核同意的修正,应在本次进度付款中支付或扣除。

5. 支付货币必须与招标文件一致

涉及世行、亚行等国际金融组织贷款或利用国外政府、外商投资、援外的工程项目,工程费用中人民币与外汇的比例应按招标文件的投标函附录中规定的百分比确定。

二、费用支付的分类

1. 按支付时间分类

按照工程款支付时间的先后划分,可分为前期支付(如开工预付款)、中期支付(也称期中支付、进度付款)、交工验收后的支付、竣工验收后的支付以及缺陷责任期结束后的最终结清支付五种情形。

2. 按支付内容分类

按照工程款支付内容是否为工程量清单的款项划分,可分为工程量清单内的项目支付和工程量清单外的项目支付。

工程量清单内的项目支付,就是监理人员首先按照招标文件、合同条款、技术规范、工程量计量规则(或计价规范)和工程量清单的有关规定进行计量,确认已完成的实际工程量,然后根据已确认的工程数量和合同单价,计算和支付工程量清单中各项工程费用,业界习惯上称之为清单支付,如图 4-8 所示。

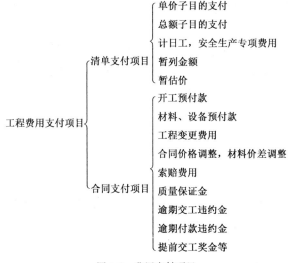

图 4-8 费用支付项目

工程量清单外的支付,就是监理人员按照招标文件、合同条款、施工合同的约定,根据日常记录、现场实证资料和工程实际进展情况,审核确定并计算和支付工程量清单以外的各项费用,包括工程变更费用、费用索赔、价格调整、违约金等费用支付款项,业界习惯上称之为合同支付。

3. 按工程内容分类

对于清单支付项目,按照计量的分部分项工程的不同进行划分。如公路工程的支付可分为路基土石方工程、路面工程、桥梁工程、隧道工程、排水防护工程、交通安全设施工程等支付内容。

4. 按合同执行情况分类

按照合同执行情况是否正常、顺利进行划分,可分为常规支付和违约支付、合同终止、合同解除时的支付等。

常规支付,是指发包人与承包人双方共同努力使整个合同得以顺利履行而产生的支付结果。

违约支付,一种是发包人违约而向承包人支付的违约金,形式上可能是承包人向发包人提出费用索赔;另一种是承包人违约而向发包人缴纳的违约金(违约罚金),形式上可能是发包人向承包人提出费用索赔,内容上可能是发包人直接扣留承包人应得的工程款项。

合同解除支付,是指由于工程遇到战争、疫情、骚乱等合同约定的特殊风险,承包人违约以及发包人违约等方面的原因导致合同无法继续履行而出现的支付结果。无论何种原因导致合同解除,监理人员都应按照技术规范、施工合同等有关文件的规定处理好各项费用的结清与支付工作。

三、费用支付的程序

施工单位负责编制工程款支付申请,监理机构负责编制支付证书并经总监理工程师审核签字后报送建设单位核准支付。在监理机构内部,应由总监理工程师组织专业监理工程师审核工程款支付申请,审核无误后编制支付证书,经总监理工程师签字后报送建设单位核准拨款。

费用支付的工作程序可以分为期中进度付款的支付程序、竣工验收后的支付程序、缺陷责任期终止后最终结清的支付程序。

(一)期中进度付款的支付程序

期中支付是合同在履行过程中每月所发生的付款申请、审查和支付工作。根据《标准施工招标文件》通用合同条款的规定,期中支付的程序见图4-9。

1. 承包人递交付款申请

承包人应在每个付款周期末,按监理人批准的格式和专用合同条款约定的份数,向监理人提交进度付款申请单(一般为月结账单),并附相应的支持性证明文件。除专用合同条款另有约定外,付款申请单应包括下列内容:

(1)自开工截至本期末止已完成的工程价款;

(2)自开工截至上期末止已完成的工程价款;
(3)本期完成的(应结算的)工程价款,即(1)和(2);
(4)本期完成的应结算的计日工价款;
(5)本期应支付的暂列金额价款;
(6)本期应支付的材料设备预付款;
(7)根据合同约定本期应结算的其他款项;
(8)价格调整及法规变更引起的费用;
(9)本应扣留的保证金、材料设备预付款及开工预付款;
(10)根据合同约定,本期应扣除的其他款项。

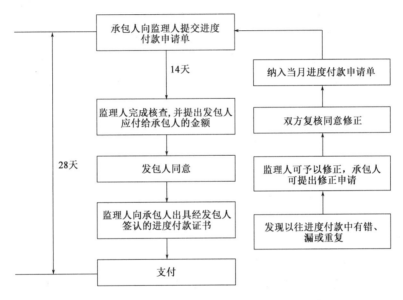

图 4-9 期中支付程序

2.监理人的审查

监理人在收到承包人进度付款申请单以及相应的支持性证明文件后的 14 天内完成核查,提出发包人到期应支付给承包人的金额以及相应的支持性材料,经发包人审查同意后,由监理人向承包人出具经发包人签认的进度付款证书。监理人有权扣发承包人未能按照合同要求履行任何工作或义务的相应金额。

监理人审查的主要工作有:

(1)对承包人所完成的工程价款,应审查各工程子目所完成的工程量是否质量合格(有质量验收单或中间交工证书),是否有相应的计量证书,所采用的单价是否与清单中的单价相符,计算结果是否准确无误。

(2)对计日工付款申请,应审查计日工是否有监理人的书面指示,计日工数量是否有监理人的签字和认可,计日工单价是否与清单中的单价相符,计日工金额是否计算无误。

(3)对材料设备预付款申请,应审查是否是合同约定应给予预付款的主要材料和设备,到场材料和设备是否有监理人的现场计量和确认,是否提交了材料和设备的付款发票或费用凭证,支付百分率是否与投标函附录的规定相符,金额是否计算无误。

(4)对变更工程付款申请,应审查是否有监理人的书面变更指令,所完成的变更工程量是否已通过质量验收,所采用的单价是否符合合同条款第 15 条的约定,是否有相应的计量证书,计算结果是否准确无误。

(5)对价格调整付款申请,应审查调价方法是否符合合同约定,所调查的人工与材料价格指数是否准确,调整金额的计算结果是否正确无误。

(6)在审查其他款项的付款申请过程中,对逾期付款违约金(延迟付款利息),应审查其计算方法和计算结果是否正确;对费用索赔,应审查是否有相应的索赔审批证书。

以上是审查期中支付申请中应重点审查的主要内容。要求期中支付申请书做到:申请的格式和内容应满足合同要求;各项资料、证明文件手续齐全;所有款项计算与汇总无误。

审查中若发现各项资料、证明文件不齐全,则要求承包人补充;若发现所列出的数量不正确或者任何一个工程项目的质量不符合要求,则调整承包人的月报表;如各方面出入较大,计算有重大错误,则完全可以拒绝签发付款证书,退回给承包人重做或累积到下期付款申请中重新审查签证。

在审查完应付款项后,对应扣回的各种款项,特别是开工预付款、材料和设备预付款以及质量保证金等,应认真计算并及时从月结账单中扣回或扣留。

3. 期中支付证书的签发

(1)监理人审核并修正承包人的支付申请后,计算付款净金额(计算付款净金额时,应将需扣留的保证金和扣回的预付款从承包人月报表中应得的金额中扣除)。

(2)将付款净金额与合同中约定的支付最低限额比较。如果该付款周期应结算的价款经扣留和扣回后的款额少于项目专用合同条款数据表中列明的进度付款证书的最低金额,则该付款周期监理人可不核证支付,上述款额将按付款周期结转,直至累计应支付的款额达到项目专用合同条款数据表中列明的进度付款证书的最低金额为止。若净金额大于最低限额,监理人应向发包人签发期中支付证书,副本抄送承包人。

(3)除了特殊项外(如计日工、暂列金额和费用索赔等),监理人签发的期中支付证书中的支付数量应基本正确;对工程变更、费用索赔等支付项目,如一时难以确定,监理人可先确定一笔临时付款金额。

(4)监理人在签发期中支付证书时应做好分级审查工作,做到不重不漏、准确无误。

4. 发包人的期中付款工作

根据《标准施工招标文件》通用合同条款第 17.3.3 款的有关规定,发包人应在监理人收到进度付款申请单后的 28 天内,将进度应付款支付给承包人。

发包人不按期支付的,按项目专用条款数据表中约定的利率向承包人支付逾期付款违约金。承包人可向发包人发出通知,要求发包人采取有效措施纠正违约行为。发包人收到承包人通知后的 28 天内仍不履行付款义务,承包人有权暂停施工,并通知监理人,发包人应承担由此增加的费用和(或)工期延误,并支付承包人合理利润。暂停施工 28 天后,发包人仍不纠正违约行为的,承包人可向发包人发出解除合同通知。

(二)竣工验收后的支付程序

1.承包人的竣工支付申请

竣工支付又称竣工结算,竣工支付程序见图4-10。

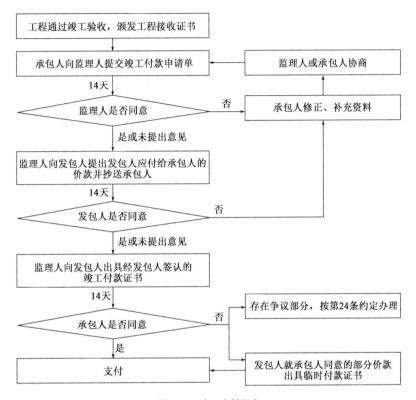

图4-10 竣工支付程序

《标准施工招标文件》通用合同条款第17.5.1款规定:工程接收证书颁发后,承包人应按专用合同条款约定的份数和期限向监理人提交竣工付款申请单,并提供相关证明材料。除专用合同条款另有约定外,竣工付款申请单应包括:竣工结算合同总价;发包人已支付承包人的工程价款;应扣留的质量保证金;应支付的竣工付款金额。

通常情况下,竣工支付的付款内容和付款范围比期中支付更广泛。一方面,在所完成的工程价款中,合同中的全部工程子目都已发生,都需要办理结算;另一方面,有些工程变更、费用索赔等支付项目在期中支付中并未完全解决,需要全面清理;再者,有些竣工支付中独有的支付项目需要专门处理,如逾期交工违约金(拖期损失偿金)的扣留、提前竣工奖金的支付等。

2.竣工支付申请的审定与竣工付款证书的签认

《标准施工招标文件》通用合同条款第17.5.2款给出了"竣工付款证书及支付时间"的规定:

(1)监理人在收到承包人提交的竣工付款申请单后的14天内完成核查,提出发包人到期应支付给承包人的价款,送发包人审核并抄送承包人。发包人应在收到后14天内审核完毕,由监理人向承包人出具经发包人签认的竣工付款证书。监理人未在约定时间内核查,又未提出具体意见的,视为承包人提交的竣工付款申请单已经监理人核查同意;发包人未在约定时间内审核又未提出具体意见的,监理人提出发包人到期应支付给承包人的价款视为已经发包人同意。

(2)发包人应在监理人出具竣工付款证书后的14天内,将应支付款支付给承包人。发包人不按期支付的,按合同条款的约定,将逾期付款违约金支付给承包人。

承包人对发包人签认的竣工付款证书有异议的,发包人可出具竣工付款申请单中承包人已同意部分的临时付款证书。存在争议的部分,按合同约定办理。

竣工支付的审查要求与期中支付的审查要求相同,但其难度更大,也更复杂。例如,遗留下来的工程变更、费用索赔的处理,需要监理人在时过境迁的情况下进一步查实索赔(或变更)原因和核实索赔(或变更)金额,这本身就是一项难度很大的工作;又如,要确定拖期损失偿金的扣留或提前竣工奖金的支付,首先需要根据合同约定工期以及合理延期,运用网络计划技术确定项目是提前完工还是推迟完工。

(三)最终结清的支付程序

根据《标准施工招标文件》通用合同条款的规定,最终支付程序见图4-11。

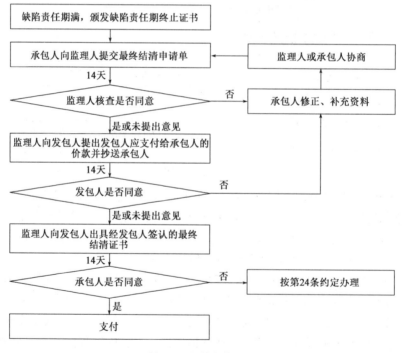

图4-11 最终支付程序

1.最终支付申请

《标准施工招标文件》通用合同条款第17.6.1款给出了"最终结清"的规定:

(1)缺陷责任期终止证书签发后,承包人可按专用合同条款约定的份数和期限向监理人提交最终结清申请单,并提供相关证明材料。

(2)发包人对最终结清申请单内容有异议的,有权要求承包人进行修正和提供补充资料,由承包人向监理人提交修正后的最终结清申请单。

承包人向监理人提交最终结清申请单(包括相关证明材料)的份数在项目专用合同条款数据表中约定。最终结清申请单中的总金额应认为是代表了根据合同约定应付给承包人的全部款项的最后结算。

2. 最终结清证书和支付时间

《标准施工招标文件》通用合同条款第17.6.2款给出了"最终结清证书和支付时间"的规定：

(1)监理人收到承包人提交的最终结清申请单后的14天内，提出发包人应支付给承包人的价款，送发包人审核并抄送承包人。发包人应在收到后14天内审核完毕，由监理人向承包人出具经发包人签认的最终结清证书。监理人未在约定时间内核查，又未提出具体意见的，视为承包人提交的最终结清申请已经监理人核查同意；发包人未在约定时间内审核又未提出具体意见的，监理人提出应支付给承包人的价款视为已经发包人同意。

(2)发包人应在监理人出具最终结清证书后的14天内，将应支付款支付给承包人。发包人不按期支付的，按合同条款的约定，将逾期付款违约金支付给承包人。

(3)承包人对发包人签认的最终结清证书有异议的，按合同条款的约定办理。

最终结清时，如果发包人扣留的质量保证金不足以抵减发包人损失的，承包人还应承担不足部分的赔偿责任。

四、清单项目的支付

工程量清单项目的支付简称清单项目支付，就是按照招标文件、合同协议和计量规则(或计价规范)，通过监理人员进行的质量检查、工程量确认，然后按确认的工程数量与中标工程量清单的单价，结算和支付工程量清单中的各项工程费用。清单支付在工程费用支付中所占比重很大，包括单价子目支付、总额子目支付、计日工支付、安全生产费用、暂列金额和暂估价支付等。

(一)单价子目的支付

工程量清单中的绝大部分工程内容是以单价子目计量和支付的，其支付条件和费用计算方法应满足下列要求：

(1)支付条件是完成了技术规范和设计图纸所规定的工作内容，且质量合格，计量结果准确无误，并附相应的符合合同要求的支持性证明文件。

(2)单价子目支付一般按期(月)支付。每期(月)付款是根据承包人每期(月)实际完成的符合质量要求并经监理人计量确认的工程数量乘以相应的单价计算确定，即：

$$单价子目支付 = \sum_{1}^{n} 本月实际完成的合格工程数量 \times 相应单价 \quad (4-28)$$

如果某一项目是一次完成的，则十分简单；如果是分多次完成的，则应在计量单上列出设计数量、上期累计完成数量和本期完成数量并附上计算公式和简图。

(二)总额子目的支付

工程量清单第100章中的工程项目多数是总额支付项目，其"工程数量"均为"1"，计量的

"单位"为"总额",例如保险费、竣工文件资料整理编制费用、承包人的驻地建设费用等都属于总额支付项目。这些项目的特点是总额包干,因此,在合同有关文件中被称为总额支付子目。为做好这些项目的支付工作,根据《标准施工招标文件》通用合同条款第17.1.5款的规定,总额子目的计量和支付应以总额为其最终工程量。

承包人在合同约定的每个计量周期内对已完成的"总额子目"工程进行计量,即按照专用合同条款约定的分期支付比例,或者分期等量数额提出计量申请,并向监理人提交进度付款申请。

(三)计日工的支付

计日工是指对零星工作采取的一种计价方式,按合同中的计日工子目及其单价计价付款。合同中通常含有计日工明细表,表中列有不同劳务、材料、施工设备的估计数量,计日工单价由承包人报价,然后将汇总的计日工价合计在投标总价中。工程实施中,按监理工程师的指令进行。

根据《标准施工招标文件》通用合同条款,发包人认为有必要时,由监理工程师通知承包人以计日工方式实施变更的零星工作。其价款按列入已标价工程量清单中的计日工计价子目及其单价进行计算。

采用计日工计价的任何一项变更工作,应从暂列金额中支付,承包人应在变更的实施过程中,每天将下列报表和有关凭证报送监理工程师审批:

(1)工作名称、内容和数量;
(2)投入该工作所有人员的姓名、工种、级别和耗用工时;
(3)投入该工作的材料类别和数量;
(4)投入该工作的施工设备型号、台数和耗用台时;
(5)监理工程师要求递交的其他资料和凭证。

计日工由承包人汇总后,按合同的约定列入进度付款申请单,由监理人员复核并经发包人同意后列入进度付款。

(四)安全生产费用的支付

根据财政部、应急部印发的《企业安全生产费用提取和使用管理办法》(财资〔2022〕136号)的规定,安全生产费用是指企业按照规定标准提取在成本中列支,专门用于完善和改进企业或者项目安全生产条件的资金。

安全生产费用按照"企业提取、政府监管、确保需要、规范使用"的原则进行管理。其中规定建设工程施工企业以建筑安装工程造价为依据,于月末按工程进度计算提取企业安全生产费用。提取标准如下:

(1)矿山工程3.5%;
(2)铁路工程、房屋建筑工程、城市轨道交通工程3%;
(3)水利水电工程、电力工程2.5%;
(4)冶炼工程、机电安装工程、化工石油工程、通信工程2%;
(5)市政公用工程、港口与航道工程、公路工程1.5%。

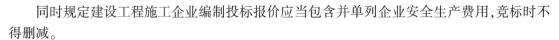

同时规定建设工程施工企业编制投标报价应当包含并单列企业安全生产费用,竞标时不得删减。

根据《标准施工招标文件》,公路水运工程的专用合同条款第 9.2.5 款规定,安全生产费用应为投标价(不含安全生产费及建筑工程一切险及第三者责任险的保险费)的 1.5%;若发包人公布了最高投标限价时,按最高投标限价的 1.5% 计。安全生产费用是工程施工合同费用中的一项专项费用,应用于施工安全防护用具及设施的采购和更新、安全施工措施的落实、安全生产条件的改善,不得挪作他用。

在评标和合同谈判时,安全生产费用为不可竞争性费用。工程实施中,专款专用,分阶段按照一定的比例予以计量和支付。

(五)环保费用的支付

工程施工期间的环保费用支付属于工程量清单的支付项目,应根据中标工程量清单和计量规则(或计价规范)进行计量和支付。

施工环保费用属于总额支付项目,属于清单支付项目,列在工程量清单的第 100 章中进行计量与支付。

(六)标准化建设费用的支付

工程施工期间的标准化建设费用支付属于工程量清单的支付项目,应根据中标工程量清单和计量规则(或计价规范)进行计量和支付。

承包人的驻地建设费用、施工标准化费用等都属于总额支付项目,属于清单支付项目,均列在第 100 章中进行计量与支付。

(七)暂列金额的支付

《标准施工招标文件》通用合同条款第 1.1.5.4 项规定,暂列金额是指已标价工程量清单中所列的暂列金额,用于在签订协议书时尚未确定或不可预见变更的施工及其所需材料、工程设备、服务等的金额,包括以计日工方式支付的金额。

暂列金额下的项目具有如下特点:

1. 项目的不确定性

暂列金额所对应的支付项目并不确定。它们是某些新增的附属工程、零星工程等变更工程,也可能是提供货物、材料、设备或劳务等工作,还有可能是因不可预见因素引起的一些意外事件的费用(如索赔、价格调整等发生的费用)。

2. 金额的不确定性

暂列金额中的项目到底需要多少金额事先并不确定。因此,工程量清单中的相应金额是"暂列"的,有时与实际情况有较大差距。如计日工清单中的数量完全是假定的,实践中具体会发生多少事先根本不知道,因此,可能与实际情况有较大差距。

3. 承担单位的不确定性

暂列金额中的项目具体由谁承担,事先并不确定,可能由承包人承担,也可能由特殊分包人或其他第三者承担。

《标准施工招标文件》通用合同条款第15.6款规定,暂列金额只能按照监理人的指示使用,并对合同价格进行相应调整。

暂列金额应由监理人报发包人批准后,方可指令全部或部分地使用,或者根本不予动用。

对于经发包人批准的每一笔暂列金额,监理人有权向承包人发出实施工程或提供材料、工程设备或服务的指令。这些指令应由承包人完成,监理工程师应根据合同条款约定的变更估价原则和规定,对合同价格进行相应调整。

当监理工程师提出要求时,承包人应提供有关暂列金额支出的所有报价单、发票、凭证和账单或收据,除非该工作是根据已标价工程量清单列明的单价或总额价进行的估价。

(八) 暂估价的支付

《标准施工招标文件》通用合同条款第1.1.5.5项规定,暂估价指发包人在工程量清单中给定的用于支付必然发生但暂时不能确定价格的材料、设备以及专业工程的金额。

在工程招标阶段已经确定的材料、工程设备或工程项目,但又无法在当时确定准确价格,而可能影响招标效果时,发包人在工程量清单中给定一个暂估价。因此,暂估价是用于支付必然发生但暂时不能确定价格的材料、设备以及专业工程的金额。

暂估价在工程实施过程中,对于不同类型的材料与专业工程采用不同的计价方法。

《标准施工招标文件》通用合同条款第15.6款给出了"暂估价"的规定:

(1) 发包人在工程量清单中给定暂估价的材料、工程设备和专业工程属于依法必须招标的范围并达到规定的规模标准的,由发包人和承包人以招标的方式选择供应商或分包人。发包人和承包人的权利义务关系在专用合同条款中约定。中标金额与工程量清单中所列的暂估价的金额差以及相应的税金等其他费用列入合同价格。

(2) 发包人在工程量清单中给定暂估价的材料和工程设备不属于依法必须招标的范围或未达到规定的规模标准的,应由承包人按第5.1款的约定提供。经监理工程师确认的材料、工程设备的价格与工程量清单中所列的暂估价的金额差以及相应的税金等其他费用列入合同价格。

(3) 发包人在工程量清单中给定暂估价的专业工程不属于依法必须招标的范围或未达到规定的规模标准的,由监理工程师按照第15.4款进行估价,但专用合同条款另有约定的除外。经估价的专业工程与工程量清单中所列的暂估价的金额差以及相应的税金等其他费用列入合同价格。

五、合同管理项目的支付(清单之外的支付)

工程量清单外项目的支付,就是那些没有包括在工程量清单以内,但是时有发生,一旦发生就应根据招标文件、合同协议的约定支付其费用的项目,称为合同管理其他事项的支付,简称合同管理项目的支付或合同项目支付。

合同管理项目的支付包括:工程开工预付款和材料预付款的支付与扣回、质量保证金的扣留与返还、工程变更费用、价格调整费用、索赔费用、逾期竣(交)工违约金、提前竣(交)工奖金和合同中止后的、合同解除后的费用支付等。

(一) 开工预付款的支付与扣回

工程预付款包括开工预付款、材料预付款、设备预付款等。开工预付款和材料预付款多用在公路水运工程,特别是高速公路工程等重大工程的施工过程中。设备预付款多指构成永久性工程的设备需要支付的预付款,而不是支付工程施工机械设备的预付款。

工程项目是否实行预付款制度,取决于合同工程的规模大小、合同工期的长短以及发包人在招标文件中的约定。

1. 开工预付款的含义

开工预付款是一项由业主提供给承包人用作开工费用的提前付款(又称"前期付款"),用于承包人为合同工程施工购置材料、工程设备、施工设备、修建临时设施以及组织施工队伍进场等。根据合同约定,承包人有权得到发包人提供的一笔相当于合同价值一定比例的无息开工预付款,用于支付开工初期各项准备工作的款项。

2. 开工预付款的支付条件

开工预付款的支付条件包括施工项目中标人与发包人签订了施工合同协议书,承包人提交了履约保函、开工预付款保函,承包人承诺的主要设备已经进场等。开工预付款保函的担保金额应与开工预付款的金额相等。保函的担保金额可根据预付款扣回的金额相应递减。

预付款必须专用于合同工程。承包人不得将该开工预付款用于与本工程无关的支出,监理工程师有权监督承包人对该项费用的专款专用,如经查实承包人滥用开工预付款,发包人有权立即向银行索赔履约保证金,并解除合同。

3. 开工预付款的额度规定、计算和支付的时间

开工预付款的预付比例在合同工程的专用条款数据表中约定,一般为5%~30%,通常约定为有效合同价的10%。所谓有效合同价,是指工程量清单第100章至第700章的合计金额,不包括计日工、暂列金额、暂估价等费用。

开工预付款总金额 F 计算公式:

$$F = P \times \alpha \tag{4-29}$$

式中:P——有效合同价(元);

α——开工预付款的比例,如有效合同价的7%。

有的工程项目的招标文件或合同专用条件约定,开工预付款在施工准备阶段分两次支付,如第一次支付开工预付款的70%,第二次支付30%。无论如何,承包人都应向监理机构提交开工预付款的支付申请,监理机构应在召开第一次工地会议之前编制完成支付证书报送发包人进行核定支付。

4. 开工预付款的扣回

开工预付款属于发包人的预付,因此要在进度付款中扣回,扣回办法在专用合同条款中约定。扣回的货币种类和比例应与预付款时的货币种类和比例相一致。

《标准施工招标文件》通用合同条款第17.2.3款规定,预付款在进度付款中扣回,扣回办法在专用合同条款中约定。在颁发工程接收证书前,由于不可抗力或其他原因解除合同时,预付款尚未扣清的,尚未扣清的预付款余额应作为承包人的到期应付款。

(1)《公路工程标准施工招标文件(2018年版·第一册)》通用合同条款第17.2.3款规定,开工预付款在进度付款证书的累计金额未达到签约合同价的30%之前不予扣回,在达到签约合同价30%之后,按工程进度以固定比例分期从各月的进度付款证书中扣回,全部金额在进度付款证书的累计金额达到签约合同价的80%时扣完。

(2)《水运工程标准施工招标文件》(JTS 110-8—2008)专用合同条款第17.2.3款规定,当工程进度款累计支付比例达到合同总价的20%时,开始扣回预付款,工程进度款累计支付至80%时扣清,中间每期扣回比例相同。

实际工作中,开工预付款从进度款支付中扣回的方式有三种:

①第一种是分次等额扣回法,如在工程开工第5个月开始分4次等额扣回,计算简单,有利于施工单位保持一定的流动资金进行工程施工。

②第二种是按时间等额扣回法,即规定在一定的时间内全部予以扣回。其扣回的时间开始于进度款支付证书中工程量清单项目累计支付金额超过合同总价20%的当月,止于合同规定竣工日期前3个月。在这段时间内,从每月进度款支付证书中等额扣回。

其计算公式为:

$$K_t = \frac{F}{T-(t-1)-3} \quad (4\text{-}30)$$

式中:K_t——每月扣回动员预付款金额;

F——已付预付款总额;

T——合同工期(月);

t——支付证书中工程量清单项目累计支付额达到合同总价20%的时间(月)。

【例4-15】 某建设工程项目合同价为30000万元,合同工期为36个月,动员预付款在标书附录中规定的额度为合同价的20%,到第4个月时累计支付工程款金额为6200万元,试计算扣回动员预付款的金额。

解:已知,$t=4$,$T=36$,$F=30000 \times 20\% = 6000$(万元)

则,$K_t = F/[T-(t-1)-3] = 6000/[36-(4-1)-3] = 200$(万元/月)

因此,前3个月不扣,从第4个月开始,每月扣回动员预付款为200万元,30个月内扣完。

③第三种是固定比例扣回法,如扣回时间开始于期中支付证书中工程量清单累计支付金额超过合同价值的 β 的当月,止于支付金额达合同价值的80%的当月。其计算公式如下:

$$K_t = \frac{\sum M_t - \sum M_{t-1}}{(80\%-\beta) \times P} \times (P \times \alpha) = \frac{\sum M_t - \sum M_{t-1}}{80\%-\beta} \times \alpha \quad (4\text{-}31)$$

式中:K_t——第 t 个月开工预付款的扣回金额(元);

M_t——第 t 个月末的累计完成金额,$M_t \leq 80\% P$(元);

M_{t-1}——第 $t-1$ 个月末的累计完成金额,$M_{t-1} \geq \beta P$(元);

β——对于公路工程,$\beta = 30\%$;对于水运工程,$\beta = 20\%$。

【例4-16】 某公路工程签约合同价为1500万元,在投标函附录中规定的开工预付款额度为8%。下达合同工程开工令后第4个月末累计支付工程款金额为430万元,第5个月末累计支付工程款金额为600万元,第6个月末累计支付工程款金额为850万元,判断起扣开工预付款的月份并计算有关月份应扣回开工预付款的金额。

解：(1) 该工程开工预付款的总金额：$F = P \times \alpha = 1500 \times 8\% = 120$（万元）。

(2) 判断开工预付款的起扣月份（起扣点工作量金额）M_{t-1}：

$M_{t-1} = 30\% P = 30\% \times 1500 = 450$（万元）。

对本工程而言，第 4 个月末累计支付工程款金额为 430 万元，占签约合同价 1500 万元的 28.7% < 30%，即未达到起扣点工作量金额；第 5 个月末累计支付工程款金额 600 万元，占签约合同价 1500 万元的 40% > 30%，已经达到并超过起扣点金额。

(3) 计算第 5 个月的扣回金额：

$$K_5 = \frac{\sum M_t - \sum M_{t-1}}{80\% - 30\%} \times \alpha = \frac{600 - 450}{50\%} \times 8\% = 24（万元）$$

(4) 计算第 6 个月的扣回金额：

$$K_6 = \frac{\sum M_t - \sum M_{t-1}}{50\%} \times \alpha = \frac{850 - 600}{50\%} \times 8\% = 40（万元）$$

【**例 4-17**】 某水运工程的有效合同价为 3000 万元，开工预付款在投标函附录中规定的额度为 10%。每一个月完成的工作量如表 4-13 所示。合同约定在期中进度付款证书的累计金额达到有效合同价的 20% 之后，开始按工程进度以固定比例分期从各月的进度付款证书中扣回，全部金额在进度付款证书的累计金额达到有效合同价的 80% 时扣完。试计算开工预付款的扣回金额。

某工程的月完成工作量 表 4-13

月份	1	2	3	4	5	6	7	8	9	10	11
工作量（万元）	100	100	200	200	400	200	600	500	300	300	100

解：(1) 已知 $\alpha = 10\%$，所以，开工预付款的预付总金额 $F = 3000 \times 10\% = 300$（万元）。

(2) 每个月末完成的累计工作量及其百分比计算如表 4-14 所示。

某工程的月完成工作量计算 表 4-14

月份	1	2	3	4	5	6	7	8	9	10	11
工作量（万元）	100	100	200	200	400	200	600	500	300	300	100
累计工作量（万元）	100	200	400	600	1000	1200	1800	2300	2600	2900	3000
累计百分比（%）	3	6	13	20	33	40	60	76	86	96	100

可见，第 5 个月末的累计完成金额 $\sum M_5 > 20\% H$，应从第 5 个月末开始扣回已经支付的开工预付款。第 5 个月末及其以后各月末开工预付款的累计扣回金额计算如下：

由式 (4-31) 得知，对于水运工程，每月应扣回开工预付款的金额应按式 (4-32) 计算：

$$K_t = \frac{\sum M_t - \sum M_{t-1}}{80\% - \beta} \times \alpha = \frac{\sum M_t - \sum M_{t-1}}{80\% - 20\%} \times 10\% = \frac{\sum M_t - \sum M_{t-1}}{6} \quad (4-32)$$

$$K_5 = (1000 - 600)/6 = 66.67$$

$$K_6 = (1200 - 1000)/6 = 33.33$$

$$K_7 = (1800 - 1200)/6 = 100.00$$

$$K_8 = (2300 - 1800)/6 = 83.33$$
$$K_9 = (2600 - 2300)/6 = 50.00$$

(3)核对验算：

以上各月扣回金额的合计值：$\sum K = 66.67 + 33.33 + 100.00 + 83.33 + 50.00 = 333.33$（万元）$> F = 300$（万元）

$\Delta F = F - \sum K = 300 - 333.33 = -33.33$（万元）

监理工程师应当注意，当各月实际扣回金额的合计金额与预付总金额不相等时，应在最后一期的扣回表格进行核对和计算，使扣回和预付相等。因此：第9个月末实际应扣回的开工预付款金额为：

$K_9 = 50.00 + \Delta F = 50.00 - 33.33 = 16.67$（万元）。

（二）材料、设备预付款的支付和扣回

材料、设备预付款是由发包人预先支付给承包人的一定比例的材料、设备款项，以供购进将用于和安装在永久工程中的各种设备、材料。材料、设备预付款按项目专用合同条款数据表中所列主要材料、设备单据费用（进口的材料、设备为到岸价，国内采购的为出厂价或销售价，地方材料为堆场价）的百分比支付。该费用支付和扣回应严格按合同文件的约定进行。甲方（建设单位）供应的材料，简称甲供材料，不予支付材料预付款。

1. 材料、设备预付款的支付条件

材料、设备预付款的预付条件一般包括：

(1)材料、设备已经在施工现场交货；

(2)材料、设备的质量符合规范要求并经监理人员检查认可；

(3)承包人已出具了采购材料、设备的费用凭证或支付单据的原件、复印件（或扫描件）；

(4)存储良好，存储方法符合规范要求并经监理人员检查认可等。

监理人应将此项金额作为材料、设备预付款计入下一次的进度付款证书中。

2. 材料、设备预付款的预付

对承包人已经到场并经监理人员检验合格的工程材料、设备，在没有形成工程实体的情况下结算一部分款项，即材料、设备预付款，监理人应将此项金额计入材料、设备到场后下一次的进度付款证书中，即当月进度付款申请截止日期前进场并经监理人检验合格的材料、设备的预付款应当计入当月的进度付款证书中。

工程材料、设备预付款的预付比例一般不低于60%，按照合同工程项目的专用合同条款的约定执行。多数工程项目的专用合同条款约定，预付的比例为70%~75%。

材料、设备的预付款计算公式：

$$C = \sum H \times \alpha \tag{4-33}$$

式中：C——材料、设备预付款的金额；

$\sum H$——进场材料、设备的费用凭证的汇总金额；

α——材料、设备预付款的比例，如75%。

3. 材料、设备预付款的扣回

《标准施工招标文件》专用合同条款第17.2.3款规定，当材料、设备已用于或安装在永久

工程之中时,材料、设备预付款应从进度付款证书中扣回,扣回期不超过3个月。多数工程项目规定为3个月内等额扣回。已经支付材料、设备预付款的材料、设备的所有权应属于发包人。

对于材料预付款的扣回方式,工程实践中常采用下列两种方法。

(1)按月等额扣回法。

按月等额扣回法是指按照工程进度月份自材料、设备进场的次月起,在3个月内等额扣回。该方法意味着在支付申请截止日期前到现场的材料、设备,在当月支付预付款,从下一个月开始扣回预付款,在最近的连续3个月内扣完。监理人应注意核对扣回的金额,应做到不差一角一分。为便于计算,监理人可以和承包人达成"取整"的一致意见,即预付款的金额计算至元,扣回时前两个扣回月的金额取整,第3个月内核对扣回总金额,使得扣回的预付款金额等于已经支付的预付款金额。

【例4-18】 某工程合同工期为10个月,合同约定材料预付款的支付额度为材料、设备价值的75%,分3个月等额扣回。经监理人每月对现场材料盘点和审核,每月现场材料价值如表4-15所示。计算出每月材料预付款的支付金额列于表4-15右侧。

某工程项目的材料预付款支付与扣回金额计算示例(单位:元) 表4-15

月份	预付情况		扣回情况									
	凭证金额	预付金额	1	2	3	4	5	6	7	8	9	10
1	100	75	0	25	25	25						
2	224	168		0	56	56	56					
3	300	225			0	75	75	75				
4	551	413				0	137	137	139			
5	600	450					0	150	150	150		
6	400	300						0	100	100	100	
7	400	300							0	100	100	100
8	260	0								0	0	0
9	200	0								0	0	0
10	177	0								0	0	0
	—	—	0	25	81	156	268	362	389	350	200	100
合计	1931		1931									

(2)起扣点扣回法。

起扣点扣回法是指从未完工程尚需的材料价值相当于已经预付的材料款金额时起扣,按照材料占比从工程后期每次期中进度付款中抵扣材料预付款,直至工程交工前全部扣完,也称为工程后期起扣点扣回法。

起扣点的计算公式:

$$R = H - \frac{C}{\beta} \tag{4-34}$$

式中:R——起扣点,即开始扣回预付款时累计完成的工程款金额;

H——有效合同价格；

C——材料预付款的总额；

β——材料占有效合同价的比例。

扣还预付款的金额计算公式：

当第 t 个月末累计完成的工程款金额超过起扣点金额时，开始扣还预付款(第 1 次扣回)，计算公式如下：

$$G_{t1} = (\sum h_t - R) \times \beta \qquad (4\text{-}35)$$

式中：G_{t1}——第 t 个月末应扣回的材料预付款金额(元)；

$\sum h_t$——第 t 个月末累计完成的工程款金额(元)，$\sum h_t \geq T$。

第 m 次($m \geq 2$，第 $t+m-1$ 个月末)扣还的预付款金额计算公式：

$$G_{(t+m-1)m} = h_{t+m-1} \times \beta \qquad (4\text{-}36)$$

式中：$G_{(t+m-1)m}$——第 $t+m-1$ 个月应扣回的材料预付款金额(元)；

h_{t+m-1}——第 $t+m-1$ 个月内完成的工程款金额(元)。

【例 4-19】 某沥青混凝土路面工程的有效合同价为 610 万元，沥青材料预付款额度为有效合同价的 25%，假定沥青材料占合同价的比例为 60%，此工程各月实际完成的施工产值如表 4-16 所示。问：如何扣回材料预付款？

各月实际完成的施工产值(单位:万元)　　　表 4-16

2月	3月	4月	5月	6月	7月
69	181	200	98.54	41.46	20

解：(1) 材料预付款：$C = 610 \times 25\% = 152.50$(万元)；

(2) 起扣点金额：$R = 610 - 152.50 \div 60\% = 356$(万元)，将从 4 月份开始扣还；

(3) 第 4 个月末(第 1 次)应扣回的材料预付款金额：$G_{41} = (450 - 356) \times 60\% = 56.40$(万元)；

(4) 第 5 个月末(第 2 次)应扣回的材料预付款金额：$G_{52} = 98.54 \times 60\% = 59.12$(万元)；

(5) 第 6 个月末(第 3 次)应扣回的材料预付款金额：$G_{63} = 41.46 \times 60\% = 24.87$(万元)；

(6) 第 7 个月末(第 4 次)应扣回的材料预付款金额：$G_{74} = 20 \times 60\% = 12.00$(万元)。

(7) 核对验算：

监理人应注意检查核对实际扣回的预付款金额的累计值是否等于已经实际支付的预付款总金额，即用减法核对最后一次扣回的金额是否准确。本例题中，经核对，第 7 个月末实际应扣回的材料预付款金额为 12.11 万元，因为：

$G_7 = 12.00 + (152.50 - 56.40 - 59.12 - 24.87 - 12.00) = 12.11$(万元)。

(三) 质量保证金的扣留与返还

《标准施工招标文件》通用合同条款第 17.4 款规定了质量保证金的扣留与返还方式。质量保证金是指发包人与承包人在工程承包合同中约定，从应付的工程款中扣留，用以保证承包人在缺陷责任期内履行缺陷修复义务的金额。

1. 质量保证金的扣留

《标准施工招标文件》通用合同条款第17.4.1款规定,监理人应从第一个支付周期开始,在发包人的进度付款中按照专用合同条款的约定扣留质量保证金,直至扣留的质量保证金总额达到专用合同条款约定的金额或比例为止。扣留质量保证金时的计算额度或计算基数,不包括预付款的支付、扣回以及价格调整的金额。

质量保证金的计算基数 = 本月完成的工程价款 + 本月完成的计日工 + 本月应支付的暂列金额 + 根据合同规定本月应结算的其他款额 + 费用和法规的变更发生的款额。

质量保证金的金额按项目专用合同条款数据表规定的百分比扣留。例如,采用国务院2017年6月7日的常务会议决定的建设工程质量保证金扣留金额上限由工程结算金额的5%降至3%。或者在某一时期(如疫情期间、施工高峰期间)执行国家或地方建设单位确定的更低的扣留比例(如1.5%),甚至是暂时不扣留的措施。

缺陷责任期内,承包人应认真履行合同约定的责任,由承包人原因造成的缺陷,承包人应负责维修,并承担鉴定及维修费用。如承包人不维修也不承担费用,发包人可按合同约定扣除保证金,并由承包人承担违约责任。承包人维修并承担相应费用后,不免除对工程的一般损失赔偿责任。由他人原因造成的缺陷,发包人负责组织维修,承包人不承担费用,且发包人不得从质量保证金中扣除费用。

缺陷责任期满时,承包人没有完成缺陷责任的,发包人有权扣留与未履行责任剩余工作所需金额相应的质量保证金余额,并有权根据约定要求延长缺陷责任期,直至完成剩余工作为止。

【例4-20】 某施工合同约定质量保证金的扣留比例为3%,设承包人在该月完成的工程价款为400万元,完成的计日工价款为20万元,发生的暂列金额为60万元,设备、材料预付款为80万元,其他应付费用为20万元。求本月应扣的质量保证金。

解:本月应扣的质量保证金为:$(400+20+60+20)\times 3\% = 15$(万元)。

2. 质量保证金的返还

《标准施工招标文件》通用合同条款第17.4.2款规定,在约定的缺陷责任期满,且质量监督机构按照规定对工程质量检测鉴定合格时,承包人应向发包人申请到期应返还承包人剩余的质量保证金,如无异议,发包人应当在核实后返还承包人。

逾期支付的,从逾期之日起,按照同期银行贷款利率计付利息,并承担违约责任。

(四)工程费用变更的支付

1. 工程变更的依据

工程变更的依据是监理人下达的工程变更令和监理人对变更项目所确定的变更费用清单(工程变更清单),支付方式采用列入进度款支付证书的形式,支付货币的种类与其他支付项目相同,即按承包人投标时提出的货币种类和比例进行付款。具体的变更支付依据包括:

(1)对于发包人提出的设计变更,要有反映发包人变更要求的监理人的变更令和设计变更图纸及说明,同时,还要有工程变更清单。

(2)对于监理人提出的现场变更,必须有监理人变更令。特别指出,工程变更的权力在总监理工程师,不得进行委托。有些合同还在专用条件中对监理人进行工程变更的权力作了某种限制,超过一定限度时,必须由发包人授权。

(3)对于承包人提出的变更意见,必须有监理人的确认或批准、批复的文件。

(4)对于因工程变更引起的价格调整(材料单价调整、分项工程支付单价调整、合同价格调整),要有双方协商一致的计算办法;协商结果可以用会议纪要等文件作证明。

(5)对于某方不履行合同义务造成的变更,要有相应的旁证材料。

鉴于工程变更项目的复杂性和特殊性,监理人应对工程变更项目的审批制定严格的管理程序。

2.《标准施工招标文件》关于工程变更的规定

1)变更的范围和内容

《标准施工招标文件》第15.1款指出,除专用合同条款另有约定外,在履行合同中发生以下情形之一,应按照本条规定进行变更:

(1)取消合同中任何一项工作,但被取消的工作不能转由发包人或其他人实施。

(2)改变合同中任何一项工作的质量或其他特性。

(3)改变合同工程的基线、高程、位置或尺寸。

(4)改变合同中任何一项工作的施工时间或改变已批准的施工工艺或顺序。

(5)为完成工程需要追加的额外工作。

2)变更权和变更程序

《标准施工招标文件》第15.2款指出,在履行合同过程中,经发包人同意,监理人可按第15.3款约定的变更程序向承包人作出变更指示,承包人应遵照执行。没有监理人的变更指示,承包人不得擅自变更。

《标准施工招标文件》第15.3款对变更的提出程序明确规定如下:

(1)在合同履行过程中,可能发生第15.1款约定情形的,监理人可向承包人发出变更意向书。变更意向书应说明变更的具体内容和发包人对变更的时间要求,并附必要的图纸和相关资料。变更意向书应要求承包人提交包括拟实施变更工作的计划、措施和竣工时间等内容的实施方案。发包人同意承包人根据变更意向书要求提交的变更实施方案的,由监理人按第15.3.3款约定发出变更指示。

(2)在合同履行过程中,发生第15.1款约定情形的,监理人应按照第15.3.3款约定向承包人发出变更指示。

(3)承包人收到监理人按合同约定发出的图纸和文件,经检查认为其中存在第15.1款约定情形的,可向监理人提出书面变更建议。变更建议应阐明要求变更的依据,并附必要的图纸和说明。监理人收到承包人书面建议后,应与发包人共同研究,确认存在变更的,应在收到承包人书面建议后的14天内作出变更指示。经研究后不同意作为变更的,应由监理人书面答复承包人。

(4)若承包人收到监理人的变更意向书后认为难以实施此项变更,应立即通知监理人,说明原因并附详细依据。监理人与承包人和发包人协商后确定撤销、改变或不改变原变更意向书。

3)变更估价

《标准施工招标文件》第15.3.2款对变更的估价程序明确规定如下:

(1)除专用合同条款对期限另有约定外,承包人应在收到变更指示或变更意向书后的14天内,向监理人提交变更报价书,报价内容应根据第15.4款约定的估价原则,详细开列变更工作的价格组成及其依据,并附必要的施工方法说明和有关图纸。

(2)变更工作影响工期的,承包人应提出调整工期的具体细节。监理人认为有必要时,可要求承包人提交提前或延长工期的施工进度计划及相应施工措施等详细资料。

(3)除专用合同条款对期限另有约定外,监理人收到承包人变更报价书后的14天内,根据第15.4款约定的估价原则,按照第3.5款商定或确定变更价格。

4)变更指示(指令)

《标准施工招标文件》第15.3.3款对变更指示规定如下:

(1)变更指示只能由监理人发出。

(2)变更指示应说明变更的目的、范围、变更内容以及变更的工程量及其进度和技术要求,并附有关图纸和文件。承包人收到变更指示后,应按变更指示进行变更工作。

5)变更的估价原则

《标准施工招标文件》第15.4款对变更的估价原则明确规定,除专用合同条款另有约定外,因变更引起的价格调整按照本款约定处理。

(1)已标价工程量清单中有适用于变更工作的子目的,采用该子目的单价。

(2)已标价工程量清单中无适用于变更工作的子目,但有类似子目的,可在合理范围内参照类似子目的单价,由监理人按第3.5款商定或确定变更工作的单价。

(3)已标价工程量清单中无适用或类似子目的单价,可按照成本加利润的原则,由监理人按第3.5款商定或确定变更工作的单价。

3. 做好变更工程的费用监理途径

1)工程变更原因分析

按引发的原因不同,工程变更一般可归纳为如下几种情况:

(1)因设计不合理而引起的工程变更。

(2)发包人想扩大工程规模、提高设计标准或加快施工进度而出现的工程变更。

(3)为满足地方政府的要求而不得不进行的工程变更。

(4)为优化设计方案而出现的工程变更。

(5)因发包人风险或监理人责任等原因而引起的工程变更。

(6)因承包人的施工质量事故而引起的工程变更。

2)监理人处理工程变更的注意事项

(1)工程变更的范围不能随意扩大。工程变更主要涉及的是设计图纸和技术规范文件的变更,而且在合同条款中对其范围作了清楚的说明。因此,超出这一范围,就不应该视为工程变更,而只能作为其他形式的合同变更去处理,也就是说,此时不能按合同条款第15条的约定由监理人去处理,而只能由发包人、承包人去协商解决。

(2)工程变更通常伴随工程数量的改变,但工程数量的改变并不意味着一定有工程变更的发生。例如,施工过程中,经常出现实际工程量与工程量清单中的估算工程量不一致的现象,如果设计图纸不发生修改,则这种现象完全是由于估算误差造成的,这时的工程量增减并不属于工程变更的范围。

(3)承包人在执行工程变更前,必须以监理人的书面变更令为依据,即使紧急情况下执行监理人口头指令的工程变更,也应在执行过程中要求监理人尽快予以书面确认,否则这样的变更将视为无效变更,即使对发包人有利,也不一定能得到认可或补偿。工程变更的提出可以是发包人、监理人、设计单位、承包人及当地政府,但不管属于何种情况,最后须由监理人组织实施。

(4)尽管工程变更情况很多,但变更后的工程一般应该是原合同中已有的同类型工程,否则承包人的施工质量(或履行能力)无法保证,而且可能引起复杂的施工索赔,并增大工程结算和费用监理的难度。

3)做好变更工程费用控制的监理工作途径

(1)严格按合同中约定的变更估价确定原则来确定变更工程的造价。

(2)加强变更工程的计量工作,尤其是要加强变更工程开、竣工测量工作,工程隐蔽部位的计量工作。

(3)对采用计日工形式计价的变更工程项目,监理人应及时对发生的计日工数量进行检查和清点,以保证计日工数量的准确性。另外,对大型变更工程应避免使用计日工形式计价,因为该方式不利于促进施工效率的提高,甚至增大工程造价,降低投资效益。

(4)当工程量清单中没有相应工程子目的单价而需要监理人和承包人协商确定新的单价时,监理人应参照公路工程预算定额及编制办法,尽量依据承包人在投标时的报价分析资料和工程量清单中的单价来协商确定其价格。

(5)当整个过程项目的工程造价出现合同专用条款约定的合同价格调整现象时,监理人应本着公平合理原则,在全面分析承包人的施工成本和利润的基础上,确定需要增加或减少的合同款额。

(6)在变更工程的造价管理过程中,应严格按管理程序执行分级审批制度,加强内部监督,做到层层把关,以杜绝利用工程变更钻空子的行为。

(7)对有不平衡报价的合同,应加强单价分析,并对与此相关的工程子目和工程量加强全面综合控制。以下是在造价管理中应加强控制的工程变更:

①工程规模扩大的工程变更;

②工程性质改变的工程变更;

③单价偏高的工程子目其工程量会增大的工程变更;

④单价偏低的工程子目其工程量会减小的工程变更。

4. 单价变更的计算公式和计算案例

(1)当 $Q_1/Q_0 \times 100\% > (1+K)$ 时,应调整单价,新单价 $P_1 = m_0 P_0$(m_0 为工程量增加时的单价调整系数);应结算的工程款:

$$V_1 = [Q_0(1+K)]P_0 + [Q_1 - Q_0(1+K)]P_1 \tag{4-37}$$

(2)当 $Q_1/Q_0 \times 100\% < (1-K)$ 时,应调整单价,新单价 $P_1 = m_1 P_0$(m_1 为工程量减少时的单价调整系数);应结算的工程款:

$$V_1 = Q_1 P_1 \tag{4-38}$$

(3)当 $Q_1/Q_0 = 1+K$ 或 $Q_1/Q_0 = 1-K$ 时,不调整单位,应结算的工程款:

$$V_1 = Q_1 P_0 \quad (4-39)$$

式中：Q_0——合同工程量清单的分项工程数量；

Q_1——实际完成的分项工程量；

V_1——应予结算的工程款；

P_0——工程量清单的单价；

P_1——变更后相应工程量结算的新单价；

K——实际完成的工程量超过或低于工程量清单的比例（如20%）。

【例4-21】 某工程项目，发包人与承包人签订了工程施工承包合同。其中，土方填筑分项工程的工程量清单数量 $Q_0 = 600000\text{m}^3$，合同单价 $P_0 = 30$ 元/m^3。合同条款规定，分项工程的工程量发生变化后可以调整单价，当实际完成的工程量超过（或低于）工程量清单的20%（即 $K = 20\%$）时，调整单价，调价系数为0.9（或1.1）。该合同工程中的土方填筑分项工程，经监理工程师计量确认的最终实际完成数量 $Q_1 = 870000\text{m}^3$，承包人提出了单价变更的申请。请计算该分项工程应予结算的工程费用。

解：（1）判断实际完成的工程量是否超过20%，是否应予调整单价：

$Q_1/Q_0 \times 100\% = 870000/600000 \times 100\% = 145\% > (1 + K) = 120\%$，应予调整单价。

（2）应予结算的工程费用：

$600000 \times (1 + 20\%) \times 30 + [870000 - 600000 \times (1 + 20\%)] \times 30 \times 0.9 = 2565$（万元）。

【例4-22】 某高速公路工程的路面底基层使用水泥稳定碎石混合料铺筑，其半幅设计宽度为22m，厚度为20cm，其批准的配合比为5∶95，最大干重度为2.3kg/m^3。水泥、碎石的现场损耗率为2%，碎石的松方重度为1.6kg/m^3。招标文件规定，水泥、碎石由建设单位提供，单价分别为550元/t、120元/m^3。合同工程开工后，路面底基层施工前，因为疫情等原因，水泥、碎石的单价上涨，分别为750元/t、130元/m^3。

合同条款规定，当甲方供应的材料的实际单价变化超过招标文件规定的10%时，调整材料单价，且在最终支付进行调差。该合同工程中的水泥稳定碎石分项工程，实际铺筑了50km。

请计算材料调差金额和实际支付金额。

解：（1）材料用量计算：

水泥：$Q_1 = 50000 \times 22 \times 0.2 \times 2.3 \times 5\% \times (1 + 2\%) = 11220$（t）；

碎石：$Q_2 = 50000 \times 22 \times 0.2 \times 2.3 \times 95\% \times (1 + 2\%) \div 1.6 = 306446.3$（$\text{m}^3$）。

（2）判断材料单价变化是否超过10%：

水泥：$(750 - 550)/550 = 0.364 > 10\%$，可见，单价应予调整；

碎石：$(130 - 120)/120 = 0.083 < 10\%$，可见，单价不可调整。

（3）计算材料调差：

水泥调差金额 $= 11220 \times [750 - 550 \times (1 + 10\%)] = 1626900$（元）；

碎石调差金额 $= 0$（元）；

因此，合计调差金额为1626900元；

实际支付金额 $= 11220 \times 500 + 1626900 = 7236900$（元）。

(五)费用索赔与反索赔的支付

1. 索赔的概念

索赔是工程承包中经常发生的正常现象。由于施工现场和气候条件的变化、施工进度及物价的变化,合同条款、规范、标准和施工图纸等合同的变更等因素的影响,使得工程实施过程中不可避免地出现索赔。

关于索赔的定义,可以从多个方面来解释:从"索赔"的词面上看,"索赔"是指一方向另一方索取赔偿的行为。从经济合同的履行角度来看,"索赔"是当事人一方因对方不履行或不完全履行既定的合同义务,或者由于对方的行为使权利人受到损失时,要求对方补偿损失的权利。在工程承包合同的履行过程中,"索赔"可定义为:由于发包人的原因或其他非承包人自身的原因,使承包人的经济利益受到损失时,承包人根据合同约定,通过监理人,要求发包人补偿损失的行为。

《标准施工招标文件》通用合同条款第 23 条规定,索赔是合同双方的权利。由于一方不履行或不完全履行合同义务而使另一方遭受损失时,受损方有权提出索赔要求。

2. 索赔的分类

索赔的分类方法很多,有的按当事人划分,有的按发生索赔的原因划分,有的按索赔的目的划分等。这些划分方法从各个角度剖析了索赔工作的性质和内容。

1)按索赔涉及有关当事人分类
(1)承包人同发包人之间的索赔。
(2)承包人同分包人之间的索赔。
(3)承包人同供货人之间的索赔。
(4)承包人向保险公司的索赔。

2)按索赔发生的原因分类
(1)地质条件变化引起的索赔。
(2)施工中人为障碍引起的索赔。
(3)工程变更指令引起的索赔。
(4)工期延长引起的索赔。
(5)加速施工引起的索赔。
(6)设计图纸错误引起的索赔。
(7)施工图纸拖延引起的索赔。
(8)增减工程量引起的索赔。
(9)发包人拖延付款引起的索赔。
(10)发包人风险引起的索赔。
(11)不可抗拒的自然灾害引起的索赔。
(12)暂停施工引起的索赔等。

3)按索赔目的分类
(1)工期索赔,目的是延长施工时间,使原约定的完工日期顺延,避免支付工期延误违约金的风险。

(2)费用索赔,目的是得到费用补偿,使承包人所遭遇到的、超出工程计划成本的附加开支得到补偿。

3. 索赔成立的基本条件

(1)承包人按工程承包合同条款,在索赔事件发生后的规定时间内,向监理人和发包人提交了索赔意向报告。

(2)索赔报告中引用的合同条款正确,所报事件真实、资料齐全;报告中所提供的资料和证据应能说明索赔事件的全过程、索赔理由、索赔影响和索赔费用等;提供的相应证据(文书),应足以证明索赔事件已经造成了实际的、额外的费用增加或工期损失,且不是承包人应承担的风险所致。否则,监理人可退回报告,要求重新补充证据。

(3)索赔报告中提出的索赔要求基本合理,索赔费用在合同中没有被包含。对合同中明示或暗示的不予支付的费用和已包含在合同其他项目中支付的费用不得提出索赔。

(4)索赔事件对承包人的影响是客观存在的。

4. 索赔的基本程序

1)承包人提出索赔意向通知书

在索赔事件发生后,承包人会抓住索赔机会,迅速作出反应,在合同约定的时间内(28天)向监理人和发包人递交索赔意向通知,声明将为此索赔事件提出索赔。该项通知是承包人就具体的索赔事件向监理人和发包人表示的索赔愿望和要求。如果超出这个期限,监理人和发包人有权拒绝承包人的索赔要求。

2)承包人对索赔事件进行分析

一旦索赔事件发生,承包人应进行索赔处理工作,直到正式向监理人和发包人提交索赔报告。这一阶段要做许多具体的、复杂的工作,主要有:

(1)事态调查,找准索赔机会。通过对合同实施的跟踪、分析、诊断,发现索赔机会,对它进行详细调查和跟踪,以了解事件经过、前因后果,掌握事件详细情况。

(2)索赔事件原因分析。即分析这些干扰由谁引起,它的责任该由谁来承担。一般只有非承包人责任的干扰事件才有可能提出索赔。在实际工作中,干扰事件责任常常是多方面的,故必须进行责任分解,划分各人的责任范围,按责任大小,分担损失。这里特别容易引起合同双方争执。

(3)索赔根据分析、研究索赔理由。主要是指对合同条文的研究分析,必须按合同约定判明这些干扰事件是否违反合同,是否在合同约定的赔(补)偿范围之内。只有符合合同约定的索赔要求才有合法性,才能成立。

(4)损失调查,即对干扰事件的影响分析。主要表现为工期的延长和费用的增加。如果干扰事件不造成损失,则无索赔可言。损失调查的重点是收集、分析、对比实际和计划的施工进度,工程成本和费用方面的资料,在此基础上计算索赔值。

(5)收集证据。索赔事件一发生,承包人应该抓紧进行证据的收集工作,并在干扰事件持续期间一直保持有完整的当时记录,这是索赔有效的前提条件。如果在索赔报告中提不出证明其索赔理由、干扰事件的影响、索赔值计算等方面的详细资料,索赔是不能成立的。在实际工程中,许多索赔要求因没有或缺少书面证据而得不到合理的解决。承包人应按监理人的要求做好并保持当时记录,并接受监理人的审查。

(6)起草索赔报告。索赔报告是上述各项工作的结果和总结,是由合同管理人员在其他项目管理职能人员配合和协助下起草的;它表达了承包人的索赔要求和支持这个要求的详细依据;它将经监理人、发包人或调解人或仲裁人的审查、分析、评价,所以其决定了承包人的索赔地位,是索赔要求能否得到有利、合理解决的关键。

3)承包人提交索赔报告

承包人必须在合同约定的时间内向监理人和发包人提交索赔报告,或在经监理人同意的合理时间内递交索赔报告。如果干扰事件持续时间长,则承包人应按监理人要求的合理时间间隔,提交中间索赔报告(或阶段索赔报告),并于干扰事件影响结束后的28天内提交最终索赔报告。

4)监理人对索赔报告进行审查、处理

(1)在承包人提出索赔意向通知后,监理人有权指令承包人作当时记录,并可以随时检查这些记录。

(2)监理人对承包人的索赔报告进行分析,通过分析索赔理由、索赔事件过程、索赔值计算,以评价索赔要求的合理性和合法性。如果认为理由不足,可以要求承包人作出解释,或进一步补充证据,或要求承包人修改索赔要求,除去不合理的索赔要求。监理人作出索赔处理意见,并提交发包人。

(3)发包人在接到监理人的处理意见后,继续审查、批准承包人的索赔要求。此时常常需要承包人作出进一步的解释和补充证据,监理人也需就处理意见作出说明。三方就索赔的解决进行磋商,这里可能有复杂的谈判过程,经过多次讨价还价。对达成一致意见的,或经监理人和发包人认可的索赔要求(或部分要求),承包人有权在工程进度付款中获得支付。如果达不成协议,则监理人有最后决定的权利。如果有一方或双方都不满意监理人的处理意见(或决定),则产生了争议。此时,双方可以按照合同约定的程序解决争议。

(4)对合理的索赔要求,监理人有权将它纳入中期支付中,出具付款证书,发包人应在合同约定的期限内支付。

5.《标准施工招标文件》关于索赔处理的有关规定

1)承包人索赔的提出

根据合同约定,承包人认为有权得到追加付款和(或)延长工期的,应按以下程序向发包人提出索赔:

(1)承包人应在知道或应当知道索赔事件发生后28天内,向监理人递交《索赔意向通知书》,并说明发生索赔事件的事由。承包人未在前述28天内发出《索赔意向通知书》的,丧失要求追加付款和(或)延长工期的权利。

(2)承包人应在发出《索赔意向通知书》后28天内,向监理人正式递交《索赔通知书》。《索赔通知书》应详细说明索赔理由以及要求追加的付款金额和(或)延长的工期,并附必要的记录和证明材料。

(3)索赔事件具有连续影响的,承包人应按合理时间间隔继续递交延续索赔通知,说明连续影响的实际情况和记录,列出累计的追加付款金额和(或)工期延长天数。

(4)在索赔事件影响结束后的28天内,承包人应向监理人递交最终索赔通知书,说明最终要求索赔的追加付款金额和延长的工期,并附必要的记录和证明材料。

2)承包人索赔处理程序

(1)监理人收到承包人提交的《索赔通知书》后,应及时审查《索赔通知书》的内容、查验承包人的记录和证明材料,必要时监理人可要求承包人提交全部原始记录副本。

(2)监理人应按第3.5款商定或确定追加的付款和(或)延长的工期,并在收到上述索赔通知书或有关索赔的进一步证明材料后的42天内,将索赔处理结果答复承包人。

(3)承包人接受索赔处理结果的,发包人应在作出索赔处理结果答复后28天内完成赔付。承包人不接受索赔处理结果的,按第24条约定的争议解决方式办理。

3)承包人提出索赔的期限

(1)承包人按第17.5款的约定接收竣工付款证书后,应被认为已无权再提出在合同工程接收证书颁发前所发生的任何索赔。

(2)承包人按第17.6款的约定提交的最终结清申请单中,只限于提出工程接收证书颁发后发生的索赔。提出索赔的期限自接受最终结清证书时终止。

4)争议的解决

发包人和承包人在履行合同中发生争议的,可以友好协商解决或者提请争议评审组评审。合同当事人友好协商解决不成,不愿提请争议评审或者不接受争议评审组意见的,可在专用合同条款中约定,采用向约定的仲裁委员会申请仲裁或者向有管辖权的人民法院提起诉讼方式中的一种解决。

(1)友好解决。在提请争议评审、仲裁或者诉讼前,以及在争议评审、仲裁或诉讼过程中,发包人和承包人均可共同努力友好协商解决争议。

(2)争议评审。友好协商解决不了的争议可采用争议评审,争议评审的程序包括:

①成立争议评审组。发包人和承包人应在开工日后的28天内或在争议发生后,协商成立争议评审组。争议评审组由有合同管理和工程实践经验的专家组成。

②提交申请报告。由申请人向争议评审组提交一份详细的评审申请报告,并附必要的文件、图纸和证明材料,申请人还应将上述报告的副本同时提交给被申请人和监理人。

③提交答辩报告。被申请人在收到申请人评审申请报告副本后的28天内,向争议评审组提交一份答辩报告,并附证明材料。被申请人应将答辩报告的副本同时提交给申请人和监理人。

④举行调查会。争议评审组在收到合同双方报告后的14天内(专用合同条款另有约定的除外),邀请双方代表和有关人员举行调查会,向双方调查争议细节;必要时争议评审组可要求双方进一步提供补充材料。

⑤作出书面评审。在调查会结束后的14天内(专用合同条款另有约定的除外),争议评审组应在不受任何干扰的情况下进行独立、公正的评审,提出书面评审意见,并说明理由。在争议评审期间,争议双方暂按总监理工程师的决定执行。

⑥执行评审意见。发包人和承包人接受评审意见的,由监理人根据评审意见拟定执行协议,经争议双方签字后作为合同的补充文件,并遵照执行。

(3)仲裁或起诉。发包人或承包人不接受评审意见,并要求提交仲裁或提起诉讼的,应在收到评审意见后的14天内将仲裁或起诉意向书面通知另一方,并抄送监理人,但在仲裁或诉讼结束前应暂按总监理工程师的指令执行。

合同争议发生后,除双方均同意停工外,双方都应继续履行合同,否则视为违约。

6. 索赔费用的计算

索赔费用的主要组成部分同工程款的内容相似,一般包括直接费、间接费、利润和税金。直接费包括人工费、材料费和机械使用费;间接费包括工地管理费、保险费、利息、总部管理费等。

1) 索赔费用的计算原则

索赔费用都以赔(补)偿实际损失为原则,在索赔费用计算中主要体现以下两个原则:

(1) 索赔的费用应反映实际损失。索赔事件对承包人工程成本和费用的实际影响,这个实际影响也就是费用索赔值。实际损失包括直接损失和间接损失两个方面,直接损失是指承包人财产的直接减少,在实际工程中,常常表现为成本的增加和实际费用的超支;间接损失是指承包人可能获得利益的减少。

(2) 实际损失必须是索赔事件引起。所有索赔事件直接引起的实际损失,以及这些损失的计算,都应有详细、具体的证明材料。在索赔报告中必须出具这些证明,没有证据,索赔是不能成立的。这些证据包括各种费用支出的账单、工资表(工资单)、现场用工、用料、用机证明,财务报表,工程成本核算资料等。

2) 计算内容及方法

(1) 人工费。

对于索赔费用中的人工费用部分而言,人工费是指完成合同之外的额外工作所花费的人工费用和由于非承包人责任的工效降低所增加的人工费用。其计算方法是:

$$人工费用索赔额 = 各类人员的工资单价(按合同约定或计日工资) \times 数量 \quad (4-40)$$

(2) 材料费。

由于发包人修改了工程内容,或需要重新施工,致使工程材料用量增加,则承包人可向发包人提出材料费用索赔。其计算方法是:

$$材料费用索赔额 = (实际使用的材料数量 - 原来材料数量) \times 使用材料的单价 \quad (4-41)$$

(3) 机械使用费。

机械使用费的索赔包括:由于完成额外工作增加的机械使用费;非承包人责任工效降低增加的机械使用费;由于发包人或监理人原因导致机械停工的窝工费。台班窝工费的计算,如系租赁设备,一般按实际台班租金加上每台班分摊的机械调进调出费用计算;如系承包人自有设备,一般按台班折旧费计算,而不能按台班费计算,因台班费中包括了设备使用费。其计算方法是:

$$机械费索赔额 = 新增机械费用 + 工效降低费用 + 停机窝工费用 \quad (4-42)$$

$$新增机械费用 = 使用台班 \times 机械台班合同单价 \quad (4-43)$$

$$工效降低费用 = 合同约定的单价 \times 台班 \times 工效降低系数 \quad (4-44)$$

$$停机窝工费用 = 机械停机数量 \times 停机时间 \times 合同约定的窝工单价 \quad (4-45)$$

(4) 分包费用。

分包费用索赔指的是分包人的索赔费,一般包括人工、材料、机械使用费的索赔。分包人的索赔应如数列入总承包人的索赔款总额以内。

(5)工地管理费、利润。

索赔款中的工地管理费是指承包人完成额外工程、索赔事项工作以及工期延长期间的工地管理费,包括管理人员工资、办公费等。但如果对部分工人窝工损失索赔时,因其他工程仍然进行,可不予计算工地管理费索赔。

由于工期延长而导致承包人付出了额外的工地管理费,承包人可以索赔管理费和利润。

工地管理费、利润索赔额计算方法如下:

$$G = h \times K_1 \times t/T \tag{4-46}$$

$$R = h \times (1 + K_1) \times K_2 \times t/T \tag{4-47}$$

式中:G——工地管理费索赔额;

R——利润索赔额;

K_1——工地管理费费率;

K_2——利润率;

h——直接费;

T——合同工期;

t——延期时间。

(6)利息。

索赔款额通常包括利息。利息的索赔通常发生于下列情况:

①延期付款的利息。

②由于工程变更和工程延误增加投资的利息。

③索赔款的利息。

④错误扣款的利息。

至于这些利息的具体利率应是多少,在实践中可采用不同的标准,主要有以下几种规定:按当时的银行贷款利率;按当时的银行透支利率;按合同双方协议的利率。

7. 索赔费用的审查

1)索赔报告中通常存在的问题

发包人和承包人在对待同一索赔事件的态度上是相反的,对索赔事件的处理总希望能对自己有利,任何一份索赔报告,都会存在漏洞和薄弱环节。在索赔报告中常见的问题如下:

(1)对合同理解的错误。承包人片面地从自己的利益和观点出发解释合同,这是一种正常现象。人们对合同常常不能客观全面地分析,都作有利于自己的解释,导致索赔要求存在片面性和不客观性。索赔报告中没有贯彻合同精神,或没有正确引用合同的条文,所以索赔理由不足。

(2)承包人有推卸责任、转移风险的企图。在索赔报告中所列的干扰事件可能全部是或部分是承包人管理不善造成的问题,或索赔要求中包括属于合同约定是承包人自己风险范围内的损失。

(3)扩大事实,夸大干扰事件的影响,或提出一些不真实的干扰事件和没有根据的索赔要求。

(4)在索赔报告中未能提出支持其索赔的详细资料,无法对索赔要求作出进一步解释,属于索赔证据不足,或没有证据。

(5)索赔值的计算不合理,多估冒算,漫天要价。按照通常的索赔策略,索赔者常常要扩大索赔额,给自己留有充分的余地,以争取有利的解决方案。例如将自己因管理不善造成的损失和属于自己风险范围内的损失纳入索赔要求中;扩大干扰事件的影响范围;采用对自己有利而不合理的计算方法等。

2)监理人对索赔报告的审查

监理人对承包人提交的索赔报告可以从以下几个方面进行审查、核实:

(1)审查索赔事件的真实性。

不真实,不肯定,没有根据或仅出于猜测的事件是不能提出索赔的。事件的真实性可以从以下两个方面证实:

①承包人索赔报告中的证据。不管事实怎样,只要承包人在索赔报告中未提出事件经过的有力证据,监理人可要求承包人补充证据,或否定索赔要求。

②监理人注意合同跟踪。从合同管理中寻找承包人不利的因素和条件,构成否定承包人索赔要求的证据。

(2)分清索赔事件的责任。

有些干扰事件和损失往往是存在的,但责任并不完全在发包人。通常有以下三种情况:

①责任在于索赔者承包人自己,由于承包人自己疏忽大意、管理不善造成损失,或在干扰事件发生后未采取有力有效的措施降低损失,或未遵守监理人的指令和通知等。

②干扰事件是其他方面原因引起的,不应由发包人赔偿。

③合同双方都有责任,则应按各自的责任分担损失。

(3)分析索赔理由。

监理人应在审查索赔报告的同时,努力为发包人寻找对发包人有利的合同条文,尽力推卸发包人的合同责任;或找到对承包人不利的合同条文,使承包人不能推卸或不能完全推卸自己的合同责任,这样可以从根本上否定承包人提出的索赔要求。例如:

①承包人未能在合同约定的索赔有效期内提出索赔,故该索赔无效。

②索赔事件在合同约定的承包人应承担的风险范围内,不能提出索赔要求,或应从索赔中扣除这部分。

③索赔要求不在合同约定的赔(补)偿范围内,如合同未明确约定,或未具体约定补偿条件、范围、补偿方法等。

④索赔事件的责任虽然是发包人的责任,但合同约定发包人没有赔偿责任,例如合同中有对发包人的免责条款,或合同约定不予赔偿等。

(4)分析索赔事件的影响程度和范围。

分析索赔事件和影响之间是否存在因果关系,分析干扰事件的影响范围。如在某工程中,承包人负责的某种材料未能及时运达工地,使分包人分包的工程受到干扰而拖延,但拖延天数在该工程活动的自由时差范围内,不影响工期。且承包人已事先通知分包人,而施工计划又允许人力做调整,则不能对工期和劳动力损失提出索赔。又如发包人拖延交付图纸造成工程延期,但在此期间,承包人又未能按合同约定日期安排劳动力和管理人员进场,则工期可以顺延,但工期延长对费用影响比较小,不存在对承包人窝工费用的赔偿。又如干扰事件发生后,承包

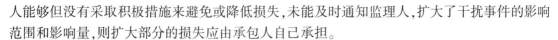

人能够但没有采取积极措施来避免或降低损失,未能及时通知监理人,扩大了干扰事件的影响范围和影响量,则扩大部分的损失应由承包人自己承担。

(5)审查索赔证据的可靠性。

对证据不足、证据不当或仅具有片面证据的索赔,监理人可认为该索赔的证据缺乏可靠性,索赔不成立。证据不足,即证据不足以证明干扰事件的真相、全过程或证明事件的影响,需要重新补充。证据不当,即证据与本索赔事件无关或关系不大,证据的法律证明效力不足。片面的证据,即承包人仅具有对自己有利的证据。

例如,合同双方在合同实施过程中,对某问题进行过两次会谈,做过两次不同决议,则按合同变更次序,第二次决议(备忘录或会议纪要)的法律效力应优先于第一次决议。如果在该问题相关的索赔报告中仅出具第一次会议纪要作为双方决议的证明,则它是片面的、不完全的。

又例如,尽管对某一具体问题合同双方有过书面协商,但未达成一致意见,或无最终确定,或没有签署附加协议,则这些书面协商无法律约束力,不能作为证据。

(6)审核索赔费用的计算。

监理人在对索赔项目和索赔内容审核的基础上,还应该对承包人关于索赔费用的计算进行审查,主要审查用于费用计算的单价和费率。在监理工作实践中,可按前文的规定和原则确定单价或者费率。

8. 索赔的证据

(1)招标文件、施工合同文本及附件,其他各种签约(如备忘录、修正案等),经认可的工程实施计划、各种工程图纸、技术规格书等。这些索赔的依据可在索赔报告中直接引用。

(2)双方的往来信件。

(3)各种会议纪要。在施工合同履行过程中,发包人、监理人和承包人定期或不定期的会谈所作出的决议或决定,是施工合同的补充,应作为施工合同的组成部分,但会议纪要只有经各方签署后才可作为索赔的依据。

(4)施工进度计划和具体的施工进度安排。施工进度计划和具体的施工进度安排是工程变更索赔的重要证据。

(5)施工现场的有关文件。如施工记录、施工备忘录、施工日报、工长或检查员的工作日记、监理人填写的施工记录等。

(6)工程照片。照片可以清楚、直观地反映工程具体情况,照片上应注明日期。

(7)气象资料。

(8)工程检查验收报告和各种技术鉴定报告。

(9)工程中送停电、送停水、航行通告、道路开通和封闭的记录和证明。

(10)官方的物价指数、人工工资指数。

(11)各种会计核算资料。

(12)建筑材料的采购、订货、运输、进场、使用方面的凭据。

(13)国家有关法律、法令、政策文件。

9. 费用索赔的支付

一旦确定了索赔金额,就应当及时支付给承包人,一般在中期支付证书中将其作为一个支付项目来处理。

由于索赔的争议较大,许多索赔项目往往需要经历一段时间才能处理完毕。因此,如果出现整项索赔没有结果的情况,通常可将监理人已经认可的那一部分在中期支付中进行暂定支付,这种支付就是一项持续索赔的临时付款。由此可见,索赔的处理过程虽然繁杂,但是索赔费用的支付却十分简单。

10. 减少或杜绝费用索赔的监理工作途径

1）引起索赔的原因分析

按引发施工索赔的原因不同,施工索赔一般可归纳为如下几种情况:

(1)发包人应承担的责任而引起的索赔。主要包括发包人在施工过程中违约,或发包人未能完全履行合同义务,或属于发包人应承担的其他责任,如监理人违反合同规定、设计图纸错误或未及时提供等,按《标准施工招标文件》的规定,属于发包人应承担的责任引起的施工索赔,发包人应向承包人补偿工期、施工成本及利润等损失。

(2)不利物质条件引起的施工索赔。不利物质条件,除专用合同条款另有约定外,是指承包人在施工场地遇到的不可预见的自然物质条件、非自然的物质障碍和污染物,包括地下和水文条件,但不包括气候条件。按《标准施工招标文件》的规定,不利物质条件引起的施工索赔,发包人应向承包人补偿工期和施工成本。

(3)异常恶劣气候引起的施工索赔。异常气候是指项目所在地30年以上一遇的罕见气候现象(包括温度、降水、降雪、风等),按《标准施工招标文件》的规定,异常恶劣气候引起的施工索赔,发包人应向承包人补偿工期。

(4)不可抗力引起的施工索赔。不可抗力是指承包人和发包人在订立合同时不可预见,在工程施工过程中不可避免发生并不能克服的自然灾害和社会性突发事件。按《标准施工招标文件》的规定,不可抗力引起的施工索赔,原则上发包人和承包人各自承担由于不可抗力给各自造成的损失,不能按期竣工的,应合理延长工期,承包人不需支付逾期竣工违约金,发包人要求赶工的,承包人应采取赶工措施,赶工费用由发包人承担。

(5)承包人应承担的责任而引起的索赔。主要包括承包人在施工过程的停工、工期延误、质量缺陷或安全隐患等,以及施工过程中承包人的违约行为,按《标准施工招标文件》的规定,属于承包人应承担的责任引起的施工索赔,承包人的所有损失由承包人承担。

2）减少或杜绝费用索赔事件的监理工作途径

(1)全面、深入、细致地理解和掌握合同条款。在工程施工中,引起施工索赔的原因众多,所涉及的合同条款也多,就需要监理人全面、深入、细致地理解和掌握合同条款,按照合同条款的约定,详细分析施工过程的具体情况及适用的合同条款,对施工索赔作出既满足合同要求,又可以维护合同双方当事人正当权益的处理意见。

(2)熟悉和掌握施工现场的详细情况。工程施工的现场情况千差万别,要熟悉和掌握施工过程的详细情况,包括气象、水文、地质、地貌等施工条件的现状,结合合同约定来处理施工索赔,即使施工中发生的同一事件,在不同的施工条件下,施工索赔的处理就会不同,要求监理人结合合同条款的约定和现场实际情况,对施工索赔作出合理的处理意见。

(3)熟悉和掌握施工进展情况和施工进度计划。施工过程中的索赔,往往许多施工索赔是时间索赔和费用索赔同时发生的,监理人应详细分析施工进度及影响施工进度的原因,分析计算应补充的工期,然后根据需要补偿的工期,合理确定需补偿的工程费用。

(4) 熟悉和掌握工程经济知识。如前所述,施工索赔发生的原因众多,承包人要求补偿的工程费用项目和数量也多,需要监理人全面熟悉和掌握合同条款,结合施工现场的实际情况,利用工程经济的专业知识和技能,详细分析承包人提出的费用索赔项目是否合理,费用计算是否正确,提出合理的处理意见。

11. 反索赔的处理

1) 反索赔的概念

索赔是指承包人向发包人的索赔。反之,若承包人给发包人造成了经济损失,或承包人不履行相应义务,或承包人承担的风险责任,发包人也有权向承包人要求补偿经济损失和(或)延长工期等而提出索赔要求。发包人的这种索赔,称为反索赔。根据《标准施工招标文件》通用合同条款约定,反索赔是通过监理人从拟支付给承包人的合同价款中扣除,或由承包人以其他方式支付给发包人来完成的。

设置反索赔条款的目的,一是保护发包人的合法权益,二是促使承包人认真履行合同义务。当承包人的施工质量不符合要求时,通过反索赔有利于促进施工质量的提高;当承包人的施工进度达不到合同要求时,通过反索赔有利于保证施工进度;当合同中某些费用或风险由承包人承担时,通过反索赔有利于合理控制工程造价。总之,反索赔是质量控制、进度控制、造价控制的重要手段。

由于反索赔工作依靠监理人的扣款来完成的,因此,监理人从客观、公正和加强费用监理的要求出发,应积极主动地加强反索赔的处理工作。

2) 反索赔的类型

根据《标准施工招标文件》通用合同条款的约定,反索赔可以分为以下几种类型:

(1) 工程拖期反索赔

工程施工过程中进度滞后是常见的现象,原因也是多方面的,关键是拖期以后责任的确定。当工程拖期的责任在承包人一方,如开工拖后、设备材料进场不及时、施工人员安排不当、施工组织管理不善等,发包人则有权向承包人提出反索赔。如通用合同条款第 11.5 款规定:由于承包人原因,未能按合同进度计划完成工作,或监理人认为承包人施工进度不能满足合同工期要求的,承包人应采取措施加快进度,并承担加快进度所增加的费用。由于承包人原因造成工期延误,承包人应支付逾期竣工违约金。逾期竣工违约金的计算方法在专用合同条款中约定。承包人支付逾期竣工违约金,不免除承包人完成工程及修补缺陷的义务。若工程拖期是由于客观原因引起的,不属承包人的责任,如地震、海啸、瘟疫、水灾、骚乱、暴动等不可抗力原因造成,则发包人不能向承包人提出反索赔,这类性质的拖期,一般称作"可原谅、但不给经济补偿的拖期",不能按期竣工的,应合理延长工期,承包人不需要支付逾期竣工违约金。发包人要求赶工的,承包人应采取赶工措施,赶工费用由发包人承担。

(2) 施工缺陷反索赔

《标准施工招标文件》通用合同条款约定,如果承包人施工质量不符合施工技术规程的规定,或使用的设备和材料不符合合同约定,或者在缺陷责任期满以前未完成应进行修补的工程时,发包人有权向承包人追究责任,要求承担发包人所受的经济损失。如承包人在规定的期限内仍未完成应修补的缺陷工作,则发包人有权向承包人提出反索赔。

(3)其他损失反索赔

除上述两种之外,由于承包人未承担相应的义务及风险责任造成发包人的经济损失,向承包人提出反索赔。如承包人未履行保险义务而由监理人代办保险后的反索赔,由承包人承担的第三者责任引起的反索赔,因法规变更或物价下跌引起的反索赔,因工程变更引起的反索赔等。

12. 费用索赔的计算案例

【例4-23】 某一项目由于通行权地区内的电线杆、房屋和树木没有及时拆除,妨碍土方工程的进行,承包人根据《标准施工招标文件》通用合同条款第23条,提出如下索赔:

(1)要求延长时间:26天。

(2)闲置(窝工)费用:62220元。

针对该项索赔,监理人决定:

(1)尽管通行权地区的问题没有完全解决好,但实际上仍可通行,因此工程无须停工。

(2)由于没有及时拆除,确实给运土造成不便,引起一定的迟延和额外开支。

(3)结论:此项索赔有一部分是合理的,对合理部分计算索赔费用。

【例4-24】 某工程在招标时所编的招标文件标明,部分工地所需施工设备及材料可以由沿河的河堤上运送。但投标结束后,新的法律允许省航运局向堤上交通收费,并且,由于不知道这一新的法律,承包人已经利用河堤作为通道开始桥梁的打桩工程。航运部门封闭了河堤,不向承包人开放交通,并且要求承包人在为过去的交通付款的同时,交4万元作押金以保证将来的付款。由此,打桩工程只得停止,直到两个月后,发包人同意付款,承包人才重新开始打桩。

承包人由于索赔意识不强,没有提出索赔要求。但是,若他提出要求,他将有权获得如下款项:

(1)设备和人员闲置费。

(2)遣散员工和重新动员,以及停工期间对工地的监视和保护等费用。

(3)按原计划完成工程所需的赶工费。

此例讲的是后继法规的改变,分析了风险应由谁承担,以及由此而造成的各种费用细目。

【例4-25】 某工程项目的施工承包合同,签约合同价为8000万元(其中直接费为5200万元),建设工期为18个月,在施工过程中,发生如下5项事件:

事件1:由于发包人原因提出对原设计修改,造成全场性停工45天。

事件2:在基础开挖过程中,个别部位实际土质与发包人在招标时提供的参考资料中给定地质资料不符,造成施工直接费增加2万元,相应工序的持续时间增加了4天。

事件3:在基础施工中,承包人除了按设计要求对基底进行了妥善处理外,承包人为了保证质量,扩大了基坑底面尺寸,还将基础混凝土强度由C15提高到C20,造成施工直接费增加11万元,相应工序的持续时间增加了5天。

事件4:在桥墩施工过程中,因发包人提供的施工图纸有误,造成施工直接费增加4万元,相应工序的持续时间增加了6天。

事件5:进入雨季施工,恰逢50年一遇的大暴雨,造成停工损失3万元,工期增加了8天。

在以上事件中,除事件1和事件5外,其余工序均未发生在关键线路上。

施工过程中,承包人在合同约定的期限内向监理人提出工期和费用索赔。承包人提出如下索赔要求:

(1)增加合同工期68天;

(2)增加费用137.19万元,计算如下:

①发包人变更设计,图纸延误,损失45天(1.5月)的工地管理费和利润索赔:

工地管理费索赔 = 合同价 ÷ 工期 × 管理费费率 × 延误时间 = 8000 ÷ 18 × 12% × 1.5 = 80(万元);

利润索赔 = (合同价 + 管理费) ÷ 工期 × 利润率 × 延误时间 = (8000 + 80) ÷ 18 × 5% × 1.5 = 33.67(万元);

合计113.67万元。

②地质资料不符、混凝土强度提高、桥墩图纸错误、暴雨等因素造成的费用增加,计算如下:

直接费20万元;

管理费 = 20 × 12% = 2.4(万元);

利润 = (20 + 2.4) × 5% = 1.12(万元);

合计23.52万元。

问题:

(1)承包人针对施工过程中所发生的上述事件提出的费用索赔和工期索赔是否成立,为什么?

(2)承包人索赔计算方法是否正确?应如何计算?(计算以万元为单位,保留两位小数)

(3)如果在工程缺陷责任期间发生了由承包人原因引起的质量问题,在监理人多次书面指令承包人修复而承包人一再拖延的情况下,发包人另请其他承包人修复,则所发生的修复费用该如何处理?

解:

问题(1):

事件1:由于发包人修改设计,监理人同意索赔。

事件2:承包人针对事件2所提出的费用索赔和工期索赔均不成立。因为发包人提供的参考资料不构成合同文件,对于发包人提供的参考资料,承包人应对他自己就该资料的解释、推论和使用负责,这是承包人应承担的风险。

事件3:承包人针对事件3所提出的费用索赔和工期索赔均不成立。因为扩大基坑底面尺寸及提高混凝土强度等级并非监理人下达变更指令,该工作属于承包人采取的质量保证措施。

事件4:承包人针对事件4所提出的费用索赔成立,因为这是由于发包人提供的施工图纸有误。工期索赔不成立,因该延误未发生在关键线路上,对总工期并无影响。

事件5:承包人针对事件5所提出的费用索赔不成立;工期索赔成立。

因为该事件是由于异常恶劣的气候条件造成的,承包人不应得到费用补偿。

问题(2):

工期索赔为53天,即发包人修改设计(45天)和暴雨的影响(8天)可索赔工期;增加费用80.97万元,计算如下:

①发包人变更设计,图纸延误,损失 45 天(1.5月)的工地管理费和利润,计算基数应为直接费,不应为合同价。

可索赔的工地管理费 G 为:
$$G = h \times K_1 \times t/T = 5200 \times 12\% \times 1.5/18 = 52(万元)$$

可索赔的利润 R 为:
$$R = h \times (1 + K_1) \times K_2 \times t/T = 5200 \times (1 + 12\%) \times 5\% \times 1.5/18 = 24.27(万元)$$

小计:$52 + 24.27 = 76.27(万元)$。

②桥墩图纸错误造成的费用增加为:

直接费 $= 4$ 万元;

管理费 $= 4$ 万元 $\times 12\% = 0.48(万元)$;

利润 $= (4 + 0.48)$ 万元 $\times 5\% = 0.22(万元)$;

小计:$4 + 0.48 + 0.22 = 4.70(万元)$。

以上两项合计:$76.27 + 4.70 = 80.97(万元)$。

问题(3):

所发生的维修费用应由承包人承担,发包人可从质量保证金中扣除。

(六)价格调整的支付

1. 价格调整的含义

根据《标准施工招标文件》第 16 条的规定,价格调整包括两种情形,一是因物价波动引起的价格调整,二是因法律变化引起的价格调整。

价格调整多数是因为物价波动引起的,在合同履行过程中,当物价波动引起人工、材料、机械设备、运输等价格涨落,从而使得工程施工成本发生变化时,应进行的施工合同结算价格的调整工作称为价格调整。

价格调整是国际竞争性招标项目的通用做法,我国《标准施工招标文件》也给出了明确规定。施工合同中列明的价格调整条款,体现了物价变化的意外风险在发包人和承包人之间的公平、合理分配,从而既能使承包人报价时能合理计算标价并免除其中标后因劳动力或原材料上涨而带来的风险,又能保证发包人能获得较真实和可靠的报价以及在工程决算时能在一个合理的价格水平上承受工程费用。

从兼顾合同的公平性及简化合同管理的要求出发,对于工期较短(一年甚至更短)的项目,可不考虑设立价格调整条款,由承包人在报价中考虑相关风险费用(通常一个有经验的承包人能对短期内可能出现的物价上涨进行预测),以简化费用管理工作。但是,对于工期较长的合同,则应随劳动力、设备、原材料、燃料和运输价格等影响工程成本的因素变化进行价格调整。因此,凡是允许价格调整的施工项目,其合同价并不是一成不变的,只要符合合同条款的约定就可以进行价格调整。

2. 价格调整的方法

对合同价格的调整,一般采用三种方法。

(1)票证法。

票证法是以施工过程中各种资源价格(称为现行价格)与投标基准日期各种资源价格(称

为基本价格)差额为基础进行价格调整的一种方法。施工过程中的价格调整额根据其资源消耗量与资源价格变化量的乘积来确定。即:

$$价格调整额 = 资源消耗量 \times (现行价格 - 基本价格) \tag{4-48}$$

(2)采用造价信息调整价格差额法。

《标准施工招标文件》第16.1.2款规定,施工期内,因人工、材料、设备和机械台班价格波动影响合同价格时,人工、机械使用费按国家或省(自治区、直辖市)建设行政主管部门、行业建设管理部门或其授权的工程造价管理机构发布的人工成本基本信息、机械台班单价或机械使用费系数进行调整;需要进行价格调整的材料,其单价和采购数应由监理人复核,监理人确认需调整的材料单价及数量,作为调整工程合同价格差额的依据。

(3)价格指数法(定基指数公式法)。

价格指数法是以基本价格指数为基础进行价格调整的一种方法。价格指数应采用有关部门(省级物价局或统计局)提供的价格指数,缺乏上述价格指数时,可采用有关部门提供的价格代替。

价格指数分为基本价格指数和现行价格指数。

①基本价格指数是指基准日期的各可调因子的价格指数。在建设工程项目招投标过程中,基准日期(简称基期)和基本价格指数及其来源在投标函附录价格指数和权重表中约定,即发包人给出,各投标人默认(不确认时,可以问题澄清或放弃投标)。

一般地,约定投标截止时间前28天的日期为基准日期。

②现行价格指数简称现价指数。在一个价格指数数列中,每个指数都以本报告期(或称计算期、分析期)的前一时期为基期(或称对比期)计算得出的相对指数,即环比指数。环比指数可以按照对比的距离进行分类,即以本报告期与前一报告期的时间距离多少可以分为月距环比指数(以月为期)、季距环比指数(以季度为期)和年距环比指数(以一年为期)。例如,某工程项目2020年招标并于当年开工,针对碎石材料的价格水平,省统计局调查测算并报告的2020年度平均价格为200元/m^3,2021年度为216元/m^3、2022年度为240元/m^3、2023年度为228元/m^3。那么,2021年、2022年、2023年度碎石材料的现价指数(年距环比指数)分别是108%(216/200×100%)、120%(240/200×100%)、90%(216/240×100%),或者,现价指数比值分别是1.08、1.20和0.9。

我国公布的现价指数都是环比指数,即两个相邻报告期的价格之比,或称现价环比指数。

有了每个报告期(每月、季度、年)的环比指数,就可以利用环比指数计算定基指数值、同比指数等。

③定基指数是指在一个价格指数数列中,每个指数都是以某一固定期为基期计算得出的相对指数,是用连乘的方法计算得出的数值。我国利用世行、亚行贷款的工程项目以及国内大型建设工程项目,发包人在专用合同条款中多约定采用定基指数进行调价。调价计算公式如下:

$$ADJ = LCP(或 FCP) \times (A + \sum B_i D_i - 1) \tag{4-49}$$

式中: ADJ——合同价格调整的净值;

LCP(或 FCP)——调价阶段所完成合同金额的人民币(或外币)部分,例如我国世行贷款项目中 LCP 为人民币、FCP 为外汇美元;

A——定值权重(或称定值系数、固定系数、非调价因数,即不调价部分的权重),即支付中不进行调整的金额权重。不进行调整的金额指固定的间接费和利润、保险费和各类税收以及发包人以固定价格提供的材料和按现行价格支付的项目等;国际上一般取 5%~15%,少数合同低限取 0,高限取 25% 甚至 55%,取值越大对发包人越有利,对承包人而言,则要承担大部分物价风险;

B_i——各调价因子的变值权重(即可调部分的权重);

D_i——第 i 个工、料、机调价指标的定基指数值,即其现行价格指数与基本价格指数比值的连乘积,其值大于 1 说明物价上涨,反之说明物价下跌;

i——1,2,3,…,n,代表调价因子的数量。

④同比指数多指月同比指数,是用本年的某月与上年同月的价格之比计算得出的相对指数,如居民生活中某消费品价格今年 3 月份是 22 元/kg,上年 3 月份是 20 元/kg,那么,就可以说同比指数是 110%(22/20×100%)或者说今年 3 月与上年同期相比增长了 10%(110%-100%)。

3. 工程价格调整的合同规定

《标准施工招标文件》通用合同条款第 16 条对价格调整的约定如下:

(1)物价波动引起的价格调整。

除项目专用合同条款另有约定外,因物价波动引起的价格调整应按项目专用合同条款数据表的规定,按照通用合同条款第 16.1.1 款或第 16.1.2 款约定的原则处理。在合同执行期间(包括工期拖延期间),由于人工、材料和设备价格的上涨而引起工程施工成本增加的风险由承包人自行承担,合同价格不会因此而调整。

(2)价格调整公式。

因人工、材料和设备等价格波动影响合同价格时,根据投标函附录中的价格指数和权重表约定的数据,按式(4-50)计算差额并调整合同价格:

$$\Delta P = P_0 \left[A + \left(B_1 \times \frac{F_{t1}}{F_{01}} + B_2 \times \frac{F_{t2}}{F_{02}} + B_3 \times \frac{F_{t3}}{F_{03}} + \cdots + B_n \times \frac{F_{tn}}{F_{0n}} \right) - 1 \right] \quad (4\text{-}50)$$

式中: ΔP——需调整的价格差额净值;

P_0——第 17.3.3 项、第 17.5.2 款和第 17.6.2 款约定的付款证书中承包人应得到的已完成工程量的金额,此项金额应不包括价格调整,不计质量保证金的扣留和支付、预付款的支付和扣回,第 15 条约定的变更及其他金额已按现行价格计价的,也不计在内;

A——定值权重,即固定不调部分的权重,$A = 1 - (B_1 + B_2 + B_3 + \cdots + B_n)$;

$B_1、B_2、\cdots、B_n$——各可调因子的变值权重(即可调部分的权重)为各可调因子在投标函投标总报价中所占的比例;

$F_{t1}、F_{t2}、F_{t3}、\cdots、F_{tn}$——各可调因子的现行价格指数,指第 17.3.3 款、第 17.5.2 款和第 17.6.2 款约定的付款证书相关周期最后一天的前 42 天的各可调因子的价格指数;

$F_{01}、F_{02}、F_{03}、\cdots、F_{0n}$——各可调因子的基本价格指数,指基准日期的各可调因子的价格指数。

在采用价格调整公式进行调价时,还应遵守以下规定:

①以上价格调整公式中的各可调因子数量、定值权重和变值权重,以及基本价格指数及其来源等均由发包人在投标函附录价格指数和权重表中提供和约定,不需要承包人提供和计算。价格指数应首先采用国家或省(自治区、直辖市)价格部门或统计部门提供的价格指数,缺乏上述价格指数时,可采用上述部门提供的价格代替。

②对于价格调整公式中的变值权重,如果发包人在投标函附录价格指数和权重表中约定了一个范围,承包人在投标时应在此范围内测算并填写各可调因子的具体权重数值,合同实施期间将按此权重进行调价。

(3)暂时确定调整差额。

在计算调整差额时得不到现行价格指数的,可暂用上一次价格指数计算,并在以后的付款中再按实际价格指数进行调整。

(4)权重的调整。

按《标准施工招标文件》第15.1款约定的变更导致原定合同中的权重不合理时,由监理人与承包人和发包人协商后进行调整。

(5)承包人工期延误后的价格调整。

由于承包人原因未在约定的工期内竣工的,则对原约定竣工日期后继续施工的工程,在使用价格调整公式时,应采用原约定竣工日期与实际竣工日期两个价格指数中较低的一个作为现行价格指数。

(6)采用造价信息调整价格差额。

施工期内,因人工、材料、设备和机械台班价格波动影响合同价格时,人工、机械使用费按照国家或省(自治区、直辖市)建设行政管理部门、行业建设管理部门或其授权的工程造价管理机构发布的人工成本信息、机械台班单价或机械使用费系数进行调整;需要进行价格调整的材料,其单价和采购数应由监理人复核,监理人确认需调整的材料单价及数量,作为调整工程合同价格差额的依据。

(7)法律变化引起的价格调整。

在基准日后,因法律变化导致承包人在合同履行中所需要的工程费用发生除第16.1款约定以外的增减时,监理人应根据法律、国家或省(自治区、直辖市)有关部门的规定,按第3.5款商定或确定需调整的合同价款。法律变化包括税费调整、行政管理程序变更等情形。

4. 工程价格调整金额的有关计算

(1)确定调价因子。

建设工程项目的施工中所需资源除人工和机械外,需要投入的材料主要有:水泥、木材、钢材、钢绞线、沥青、普通碎石、中砂、粗砂、石灰、粉煤灰、汽油、柴油、砖、料石、片石以及各种预制件等。为了平衡物价风险,必须选择对工程投资、工程成本影响较大且投入数量较多的主要材料作为代表。一般来说,可参与调价的因子(简称可调因子 i)取 5~10 个为宜,以便于计算。

价格调整,最早来自世界银行贷款建设的水电工程、公路工程招投标项目,主要针对合同工期超过24个月的工程施工项目,而国内投资的工程项目招标人在招标文件中多数声明本工程不进行价格调整。在世界银行第二批贷款公路项目的京津塘高速公路以及世界银行第三批贷款公路项目的西三、成渝、济青、南九线的招标文件中都给定了8个调价因子,即劳动力、设备供应与维修、沥青、水泥、木材、钢材、碎石等地材以及运输。如果指标中的某几种材料由发包人以固定的价格提供给承包人,就不参与调价,则$i<8$。

《标准施工招标文件》通用合同条款第16条中规定,可调因子由发包人在投标函附录价格指数和权重表中约定,如表4-17所示。

价格指数和权重表　　　　　　　　　　　　　　　表4-17

名称		基本价格指数		权重			价格指数来源
		代号	指数值	代号	允许范围	投标人建议值	
定值部分				A			
变值部分	人工费	F_{01}		B_1	____至____		
	钢材	F_{02}		B_2	____至____		
变值部分	水泥	F_{03}		B_3	____至____		
	…	…		…	…		
合计						1.00	

(2)确定可调因子的变值权重或变值权重的范围。

可调因子的变值权重是指各类调价因子在造价中的权重,权重系数一般取至两位小数,其测算方法有指标费用计算法和百分比计算法两种。

所谓指标费用计算法,即由发包人根据招标控制价资料中所包含的劳动力、材料、设备、运输等费用进行计算,确定可调因子的变值权重,在招标文件中公布供各投标人填写使用。或者确定可调因子变值权重的范围,由各投标人根据投标资料中的投标总报价P中所包含的劳动力、材料、设备、运输等费用进行计算,确定可调因子的变值权重数值。

$$\left.\begin{array}{c} B_i = \dfrac{W_i}{P} \\ A = 1 - \sum B_i \end{array}\right\} \quad (4-51)$$

式中:B_i——第i个可调因子的变值权重;

W_i——第i个可调因子的费用,如钢筋材料等;

P——合同价金额;

A——定值权重。

【例4-26】 某工程建设项目的E1标段签约合同价P为24187万元,可调因子有8个,分析可调因子的变值权重。

解:以劳动力、钢材为例测算权重系数。经分析签约合同价格构成中劳动力费用占1208.4万元,钢材费用占3036.2万元,因而有:

$$B_1 = \frac{W_1}{P} = 1208.4 \div 24187 = 0.05 \text{；} B_2 = \frac{W_2}{P} = 3036.2 \div 24187 = 0.13$$

经全面测算,包括其他6个指标在内的汇总权重为0.84,则定值权重为:

$$A = 1 - \sum B_i = 1 - 0.84 = 0.16$$

根据《标准施工招标文件》,可调因子的变值权重的范围由发包人测算确定,在招标文件发出前填写;承包人在投标时在此范围内填写各可调因子的变值权重,合同实施期间将按此权重进行调价。

(3)确定基本价格指数。

基本价格指数及其来源由发包人在投标函附录的价格指数和权重表中约定。一般地采用基准日期的各可调因子的价格指数。

(4)收集现行价格指数。

我国对于建设工程项目的建筑材料、人工、运输等价格,由各省(自治区、直辖市)统计局每年公布一次本年度相对于上一年度的各种物价指数,公布(报告)时间一般为次年3月底之前。交通运输工程因其施工工期较长(三年甚至更长),在工程招标当年建设单位应与工程所在省级统计局签订物价指数提供合同,明确提供的调价因子及其提供方式、时间等。

(5)计算定基指数值。

在价格调整计算中,定基指数和现价指数之间有着密切的联系。如果不需加权或按同一个权数加权,那么各个报告期的现价指数比值的连乘之积等于本报告期调价的定基指数值,即本报告期末的调价定基指数值等于本期和本期之前所有现价指数($F_{in}/100$)的连乘积。

$$D_{ij} = F_{i1}/100 \times F_{i2}/100 \times F_{i3}/100 \times \cdots \times F_{in}/100 \qquad (4-52)$$

式中:D_{ij}——第 i 个可调因子第 j 年末的调价定基指数值;

F_{i1}——第 i 个可调因子第 1 年的现价指数(%);

F_{in}——第 i 个可调因子第 n 年的现价指数(%)。

【例 4-27】 某交通运输工程 2020 年 7 月 23 日招标,8 月 23 日开标,10 月 18 日合同工程开工。该工程所在地的省统计局公布(报告)的现行价格指数中,水泥材料 2020 年、2021 年、2022 年的现行平均价格 P 分别为 400 元/t、500 元/t、600 元/t。求各年度的现价指数和定基指数值。

解:2020 年 7 月招标并当年开工,所以,应以 2020 年为基期进行计算。

(1)现价指数。

招标并开工当年,$F_{2020} = P_0/P_0 = 400/400 \times 100\% = 100\%$

开工次 1 年,$F_{2021} = P_1/P_0 = 500/400 = 1.25$;或者 $F_{2021} = P_1/P_0 \times 100\% = 500/400 \times 100\% = 125\%$

开工次 2 年,$F_{2022} = P_2/P_1 = 600/500 = 1.20$;或者 $F_{2022} = P_2/P_1 \times 100\% = 600/500 \times 100\% = 120\%$

(2)定基指数值。

开工次 1 年,$D_{2021} = F_{2021}/100 = 125/100 = 1.25$;

开工次 2 年,$D_{2022} = F_{2021} \times F_{2022} = 125/100 \times 120/100 = 1.50$;或者

$D_{2021} = P_{2021}/P_{2020} = 500/400 = 1.25$;$D_{2022} = 500/400 \times 600/500 = 1.50$

【例 4-28】 某一交通运输工程项目,投标截止日期是 2015 年 6 月 30 日,钢材为其第 4 个调价指标。该省统计局每年公布的现价指数如表 4-18 所示,试计算各年度的定基指数值。

钢材现价指数表 表 4-18

年度	2016	2017	2018	2019
序号 j	1	2	3	4
环比指数 $P_{4j}(\%)$	112	120	125	140

解:招标文件规定基准日期为投标截止日期前 28 天,即投标截止日期前 28 天所在年份为 2015 年,因此应以 2015 年为基准日期(定基指数为 100%)计算 2016 年后的定基指数值。

(1) 2016 年的定基指数值:

$D_{41} = F_{41}/100 = 112/100 = 1.12$

(2) 2017 年的定基指数值:

$D_{42} = F_{41}/100 \times F_{42}/100 = 112/100 \times 120/100 = 1.344$

(3) 2018 年的定基指数值:

$D_{43} = F_{41}/100 \times F_{42}/100 \times F_{43}/100 = 1.344 \times 125/100 = 1.680$

(4) 2019 年的定基指数值:

$D_{44} = F_{41}/100 \times F_{42}/100 \times F_{43}/100 \times F_{44}/100 = 1.68 \times 140/100 = 2.352$;或者

$D_{44} = F_{41}/100 \times F_{42}/100 \times F_{43}/100 \times F_{44}/100 = 112 \times 120 \times 125 \times 140 \times 100^{-4} = 2.352$

【例 4-29】 某工程项目 2020 年 9 月份完成工程价款为 100 万元。其组成为:土方工程费 10 万元,占 10%;砌体工程费 40 万元,占 40%;钢筋混凝土工程费 50 万元,占 50%。这三个组成部分的人工费和材料费占工程价款 85%,人工材料费中各项费用比例如下:

(1) 土方工程费:人工费 50%、机具折旧费 26%、柴油 24%。

(2) 砌体工程费:人工费 53%、钢材 5%、水泥 20%、集料 5%、片石 12%、柴油 5%。

(3) 钢筋混凝土工程费:人工费 53%、钢材 22%、水泥 10%、集料 7%、木材 4%、柴油 4%。

根据合同约定,该工程按月调整合同价格,定值权重(即不调值的费用)占工程价款的 15%,求 2020 年价格调整金额。

解:计算出各项参与调值的费用占工程价款的比例如下。

人工费:$(50\% \times 10\% + 53\% \times 40\% + 53\% \times 50\%) \times 85\% \approx 45\%$

钢材:$(5\% \times 40\% + 22\% \times 50\%) \times 85\% \approx 11\%$

水泥:$(20\% \times 40\% + 10\% \times 50\%) \times 85\% \approx 11\%$

集料:$(5\% \times 40\% + 7\% \times 50\%) \times 85\% \approx 5\%$

柴油:$(24\% \times 10\% + 5\% \times 40\% + 4\% \times 50\%) \times 85\% \approx 5\%$

机具折旧:$26\% \times 10\% \times 85\% \approx 2\%$

片石:$12\% \times 40\% \times 85\% \approx 4\%$

木材:$4\% \times 50\% \times 85\% \approx 2\%$

具体的人工费及材料费的调值公式为:

$$\Delta P = P_0 \left[A + \left(B_1 \times \frac{F_{t1}}{F_{01}} + B_2 \times \frac{F_{t2}}{F_{02}} + B_3 \times \frac{F_{t3}}{F_{03}} + \cdots + B_n \times \frac{F_{tn}}{F_{0n}} \right) - 1 \right]$$

$$= P_0 \times \left[0.15 + \left(0.45 \times \frac{F_{t1}}{F_{01}} + 0.11 \times \frac{F_{t2}}{F_{02}} + 0.11 \times \frac{F_{t3}}{F_{03}} + 0.05 \times \frac{F_{t4}}{F_{04}} + 0.05 \times \frac{F_{t5}}{F_{05}} + \right. \right.$$

$$0.02 \times \frac{F_{t6}}{F_{06}} + 0.04 \times \frac{F_{t7}}{F_{07}} + 0.02 \times \frac{F_{t8}}{F_{08}}) - 1]$$

假定该合同的原始报价基准日期为2019年4月5日,2020年9月份完成的工程量价款为100万元,有关月报的工资、材料物价指数如表4-19所示。

工资、材料物价指数表 表4-19

费用名称	代号	2019年4月指数(%)	代号	2020年9月指数(%)
人工费	F_{01}	100.0	F_{t1}	116.0
钢材	F_{02}	153.4	F_{t1}	187.6
水泥	F_{03}	154.8	F_{t1}	175.0
集料	F_{04}	132.6	F_{t1}	169.3
柴油	F_{05}	178.3	F_{t1}	192.8
机具折旧	F_{06}	154.4	F_{t1}	162.5
片石	F_{07}	160.1	F_{t1}	162.0
木材	F_{08}	142.7	F_{t1}	159.5

则2020年9月份的工程款,经过调值后的净调值金额为:

$$\Delta P = P_0 \times [0.15 + (0.45 \times \frac{F_{t1}}{F_{01}} + 0.11 \times \frac{F_{t2}}{F_{02}} + 0.11 \times \frac{F_{t3}}{F_{03}} + 0.05 \times \frac{F_{t4}}{F_{04}} + 0.05 \times \frac{F_{t5}}{F_{05}} +$$

$$0.02 \times \frac{F_{t6}}{F_{06}} + 0.04 \times \frac{F_{t7}}{F_{07}} + 0.02 \times \frac{F_{t8}}{F_{08}}) - 1]$$

$$= 100 \times [0.15 + (0.45 \times \frac{116}{100} + 0.11 \times \frac{187.6}{153.4} + 0.11 \times \frac{175.0}{154.8} + 0.05 \times \frac{162.3}{132.6} + 0.05 \times$$

$$\frac{192.8}{178.3} + 0.02 \times \frac{162.5}{154.4} + 0.04 \times \frac{167.0}{160.1} + 0.02 \times \frac{159.5}{142.7}) - 1] = 13.3(万元)$$

(七)提前竣工奖金、逾期竣工违约金的支付

由于承包人原因,未能按合同进度计划完成工作,或监理人认为承包人施工进度不能满足合同工期要求的,承包人应采取措施加快进度,并承担加快进度所增加的费用。由于承包人原因造成工期延误,承包人应支付。逾期竣工违约金的计算方法在专用合同条款中约定。承包人支付逾期竣工违约金,不免除承包人完成工程及修补缺陷的义务。

逾期竣工违约金是承包人延误合同工期,使发包人造成损失而给予的一种赔偿,不是罚款。

1. 开、竣工日期

《标准施工招标文件》通用合同条款第11.1和11.2款规定,监理人应在开工日期7天前向承包人发出开工通知,监理人在发出开工通知前应获得发包人同意,工期自监理人发出的开工通知中载明的开工日期起计算;承包人应在开工日期后尽快施工,应在承包合同约定的期限内完成合同工程。

承包人完成合同工程或某区段或某单项工程的实际施工工期,开始于监理人发出的开工通知中载明的开工日期,终止于交接证书写明的竣工日期,按天计算。即:

实际施工工期(天) = 合同工期 + 批准的延长工期 ± 竣(交)工逾期工期　　(4-53)

逾期竣(交)工天数(天) = 实际施工工期 – 合同工期 – 批准的延长工期　　(4-54)

如果在合同工程竣(交)工之前,已对合同工程内的某区段或单项工程签发了交接证书,且上述交接证书中写明的竣工日期并未延误,而是合同工程中的其他部分产生了工期延误,则合同工程的逾期竣工违约金应予以减少,减少的幅度按已签发交接证书的某区段或某单项工程的价值占合同工程价值的比例计算。但这一规定不应该影响逾期竣(交)工违约金的限额。

2. 提前竣(交)工奖金、逾期竣(交)工违约金的限额

《标准施工招标文件》通用合同条款第11.6款规定,发包人要求承包人提前竣(交)工,或承包人提出提前竣工的建议能够给发包人带来效益的,应由监理人与承包人协商采取加快工程进度的措施和修订合同进度计划。发包人应承担承包人由此增加的费用,并向承包人支付专用合同条款约定的相应奖金。

一般地,提前工期奖金累计最高不得超过合同总价的5%。逾期竣(交)工违约金累计最高不得超过合同总价的5%。

3. 逾期竣(交)工违约金的支付

逾期竣(交)工违约金应从承包人履约保证金或进度款支付证书或最终支付证书中扣除,但要注意,此项扣除不应解除承包人对完成该项工程的义务或合同约定的其他义务和责任。

如果发包人在合同规定的时间内没有向承包人付款,则发包人在以后除了按款额付款外,还应向承包人支付逾期付款违约金;逾期付款违约金常常按迟付款利息的方式计算,按合同文件约定的利率,从约定的付款截止日期起至恢复付款日止,按照日复利率计算利息。

显而易见,逾期付款违约金对于发包人来说是一种约束,监理人应督促发包人按合同有关约定,及时付款给承包人。《标准施工招标文件》通用合同条款第17.3款规定,发包人应在监理人收到进度付款申请单后的28天内,将进度应付款支付给承包人,发包人不按期支付的,按专用合同条款的约定支付逾期付款违约金。

逾期付款违约金可按下式计算:

$$WYJ = P[(1+r)^n - 1]　　(4-55)$$

式中:WYJ——逾期付款违约金;

　　　P——逾期付款的金额;

　　　r——日复利率;

　　　n——逾期付款天数,逾期付款违约天数指发包人的实际付款时间超过约定进度款支付或最终支付的截止日期的天数。

【例4-30】 某工程项目第8期进度款支付证书,支付净额为5650000元,监理人于3月28日收到承包人的进度付款申请,监理人于4月7日发出支付证书,而发包人直到6月5日才支付该证书的付款,按照《标准施工招标文件》通用合同条款第17.3款规定,如果$r = 0.033\%$,那么这笔逾期付款违约金为多少?

解:(1)逾期付款天数计算:6月份4天,5月份31天,4月份30天,3月份3天。

$n = (3 + 30 + 31 + 4) - 28 = 40(天)$

$P = 5650000(元)$

（2）逾期付款违约金计算：

$$\begin{aligned} WYJ &= P \times [(1+r)^n - 1] \\ &= 5650000 \times [(1+0.033\%)^{40} - 1] \\ &= 75060(元) \end{aligned}$$

应当支付逾期付款违约金 75060 元。

（八）合同中止后的支付

在工程施工中，意外情况十分严重时将会导致合同中止的局面。合同中止往往是由不可抗力❶、承包人违约、发包人违约三个方面的原因引起的。

1．不可抗力

1）不可抗力事件的含义

《标准施工招标文件》第 21.1.1 款规定，不可抗力是指承包人和发包人在订立合同时不可预见，在工程施工过程中不可避免发生并不能克服的自然灾害和社会性突发事件，如地震、海啸、瘟疫、水灾、骚乱、暴动、战争和专用合同条款约定的其他情形。可见，不可抗力事件是指不可预见、不可避免、不能克服的事件，包括自然灾害和社会性突发事件。

2）不可抗力事件的确认

《标准施工招标文件》第 21.1.2 款规定，不可抗力发生后，发包人和承包人应及时认真统计所造成的损失，收集不可抗力造成损失的证据。合同双方对是否属于不可抗力或其损失的意见不一致的，由监理人按第 3.5 款商定或确定。发生争议时，按第 24 条的约定办理。

3）不可抗力事件的通知

《标准施工招标文件》第 21.2 款规定，合同一方当事人遇到不可抗力事件使其履行合同义务受到阻碍时，应立即通知合同另一方当事人和监理人，书面说明不可抗力和受阻的详细情况，并提供必要的证明。如不可抗力持续发生，合同一方当事人应及时向合同另一方当事人和监理人提交中间报告，并于不可抗力事件结束后 28 天内提交最终报告及有关资料。不可抗力事件结束或即将结束时，受不可抗力阻碍影响严重的一方应尽快通知合同另一方当事人和监理人，并在可能的情况下共同采取措施，尽快恢复履行合同义务。

4）不可抗力造成损失的责任分担原则

除专用合同条款另有约定外，不可抗力导致的人员伤亡、财产损失、费用增加和（或）工期延误等后果，由合同双方按以下原则承担：

（1）永久工程，包括已运至施工场地的材料和设备的损害，以及因工程损害造成的第三者人员伤亡和财产损失由发包人承担。

（2）承包人设备的损坏由承包人承担。

---

❶ 国际咨询工程师联合会（FIDIC）对《土木工程施工合同条件》（1989 年第四版、1992 年修订版）修订后出版了 1999 年版的《施工合同条件》，2017 年 12 月底出版了《施工合同条件》（第 2 版）。在《施工合同条件》（第 2 版）中 FIDIC 将"Force Majeure"（不可抗力）换为"Exceptional Events"，将其翻译为"特别事件"（例外事件）。截至 2024 年 6 月底，尚未根据《施工合同条件》（第 2 版）修改我国 2007 年版的《标准施工招标文件》，因此本套丛书继续使用《标准施工招标文件》（2007 年版）中的"不可抗力"一词及其有关规定。

(3)发包人和承包人各自承担其人员伤亡和其他财产损失及其相关费用。

(4)承包人的停工损失由承包人承担,但停工期间应监理人要求照管工程和清理、修复工程的金额由发包人承担。

(5)不能按期竣工的,应合理延长工期,承包人不需支付逾期竣工违约金。发包人要求赶工的,承包人应采取赶工措施,赶工费用由发包人承担。

5)不可抗力损失的避免和减少

不可抗力发生后,发包人和承包人均应采取措施尽量避免和减少损失的扩大,任何一方没有采取有效措施导致损失扩大的,应对扩大的损失承担责任。

6)因不可抗力解除合同的处理与付款

《标准施工招标文件》第21.3.4款规定,合同一方当事人因不可抗力不能履行合同的,应当及时通知对方解除合同。合同解除后,承包人应按照第22.2.5款规定撤离施工场地。已经订货的材料、设备由订货方负责退货或解除订货合同,不能退还的货款和因退货、解除订货合同发生的费用,由发包人承担,因未及时退货造成的损失由责任方承担。

合同解除后的付款,发包人应在解除合同后28天内向承包人支付下列金额,承包人应在此期限内及时向发包人提交要求支付下列金额的有关资料和凭证:

(1)合同解除日以前所完成工作的价款。

(2)承包人为该工程施工订购并已付款的材料、工程设备和其他物品的金额。发包人付还后,该材料、工程设备和其他物品归发包人所有。

(3)承包人为完成工程所发生的而发包人未支付的金额。

(4)承包人撤离施工场地以及遣散承包人人员的金额。

(5)由于解除合同应赔偿的承包人损失。

(6)按合同约定在合同解除日前应支付给承包人的其他金额。

发包人应按本项约定支付上述金额并退还质量保证金和履约担保,但有权要求承包人支付应偿还给发包人的各项金额。

2. 承包人违约

1)属于承包人违约的情形

《标准施工招标文件》第22.1.1款规定,在履行合同过程中发生下列情况属承包人违约:

(1)承包人违反第1.8款或第4.3款的约定,私自将合同的全部或部分权利转让给其他人,或私自将合同的全部或部分义务转移给其他人。

(2)承包人违反第5.3款或第6.4款的约定,未经监理人批准,私自将已按合同约定进入施工场地的施工设备、临时设施或材料撤离施工场地。

(3)承包人违反第5.4款的约定,使用了不合格材料或工程设备,工程质量达不到标准要求,又拒绝清除不合格工程。

(4)承包人未能按合同进度计划及时完成合同约定的工作,已造成或预期造成工期延误。

(5)承包人在缺陷责任期内,未能对工程接收证书所列的缺陷清单的内容或缺陷责任期内发生的缺陷进行修复,而又拒绝按监理人指示再进行修补。

(6)承包人无法继续履行或明确表示不履行或实质上已停止履行合同。

(7) 承包人不按合同约定履行义务的其他情况。

2) 对承包人违约的处理

承包人发生上述违约情形,无法继续履行或明确表示不履行或实质上已停止履行合同时,发包人可通知承包人立即解除合同。

对承包人发生的其他违约情形,监理人可向承包人发出整改通知,要求其在指定的期限内改正。监理人发出整改通知28天后,承包人仍不纠正违约行为的,发包人可向承包人发出解除合同通知。合同解除后,发包人可派员进驻施工场地,另行组织人员或委托其他承包人施工。发包人因继续完成该工程的需要,有权扣留使用承包人在现场的材料、设备和临时设施。但发包人的这一行动不免除承包人应承担的违约责任,也不影响发包人根据合同约定享有的索赔权利。

3) 合同解除后的估价、支付

《标准施工招标文件》第22.1.4和22.1.5款规定,因承包人违约合同解除后的估价、付款、结清和协议利益,按照以下原则处理:

(1) 合同解除后,监理人按第3.5款商定或确定承包人实际完成工作的价值,以及承包人已提供的材料、施工设备、工程设备和临时工程等的价值。

(2) 合同解除后,发包人应暂停对承包人的一切付款,查清各项付款和已扣款金额,包括承包人应支付的违约金。

(3) 合同解除后,发包人应按第23.4款的约定向承包人索赔由于解除合同给发包人造成的损失。

(4) 合同双方确认上述往来款项后,出具最终结清付款证书,结清全部合同款项。

(5) 发包人和承包人未能就解除合同后的结清达成一致而形成争议的,按第24条的约定办理。

(6) 因承包人违约解除合同的,发包人有权要求承包人将其为实施合同而签订的材料和设备的订货协议或任何服务协议利益转让给发包人,并在解除合同后的14天内,依法办理转让手续。

3. 发包人违约

1) 属于发包人违约的情形

《标准施工招标文件》第22.2.1款规定,在履行合同过程中发生下列情形的,属发包人违约:

(1) 发包人未能按合同约定支付预付款或合同价款,或拖延、拒绝批准付款申请和支付凭证,导致付款延误的。

(2) 发包人原因造成停工的。

(3) 监理人无正当理由没有在约定期限内发出复工指示,导致承包人无法复工的。

(4) 发包人无法继续履行或明确表示不履行或实质上已停止履行合同的。

(5) 发包人不履行合同约定其他义务的。

2) 对发包人违约的处理(承包人有权暂停施工)

发包人发生除第22.2.1(4)目以外的违约情况时,承包人可向发包人发出通知,要求发包人采取有效措施纠正违约行为。发包人收到承包人通知后的28天内仍不履行合同义务,承包人有权暂停施工,并通知监理人,发包人应承担由此增加的费用和(或)工期延误,并支付承包人合理利润。

3)承包人通知发包人解除合同

发包人发生第22.2.1(4)目的违约情况时,即发包人无法继续履行或明确表示不履行或实质上已停止履行合同的,承包人可书面通知发包人解除合同。

《标准施工招标文件》第22.2.3款规定,承包人按合同约定暂停施工28天后,发包人仍不纠正违约行为的,承包人可向发包人发出解除合同通知。但承包人的这一行动不免除发包人承担的违约责任,也不影响承包人根据合同约定享有的索赔权利。

4)解除合同后的支付

《标准施工招标文件》第22.2.4和22.2.5款规定,因发包人违约解除合同的,发包人应在解除合同后28天内向承包人支付下列金额:

(1)合同解除日以前所完成工作的价款。

(2)承包人为该工程施工订购并已付款的材料、工程设备和其他物品的金额。发包人付还后,该材料、工程设备和其他物品归发包人所有。

(3)承包人为完成工程所发生的,而发包人未支付的金额。

(4)承包人撤离施工场地以及遣散承包人人员的金额。

(5)由于解除合同应赔偿的承包人损失。

(6)按合同约定在合同解除日前应支付给承包人的其他金额。发包人应按本条约定支付上述金额并退还质量保证金和履约担保,但有权要求承包人支付应偿还给发包人的各项金额。

5)解除合同后的支付

《标准施工招标文件》第22.2.5款规定,因发包人违约而解除合同后,承包人应妥善做好已竣工工程和已购材料、设备的保护和移交工作,按发包人要求将承包人设备和人员撤出施工场地。承包人撤出施工场地应遵守第18.7.1款的约定,发包人应为承包人撤出提供必要条件。

(九)工程暂停后的支付

首先,应当明确,无论是什么原因导致停工,都将对工程的竣工和交付使用产生不利影响,从而使发包人的利益受到损害,例如现场管理费用和监理费用增加、资金占用时间延长、项目效益推迟产生等。在现金流量图上将表现为建设期加长、成本升高、效益减少,从而使投资回收期延长,投资收益率下降。出现这种情况时,尽管发包人可以要求承包人进行适当赔偿,例如要求承包人支付逾期违约损失偿金,但也只能在很小的程度上减少所造成的损失,对发包人遭受的各种潜在损失是无法补偿的。

其次,一旦停工,承包人也会受到损失,例如承包人的人员窝工、设备闲置、管理费用增加等,即使发包人给予一定的补偿,也只是一部分成本,而无法实现利润。

1. 承包人导致的停工及费用支付

由于承包人自己的工作失误或所承担的风险而导致工程停工,其所有费用必须由承包人自己承担。只是往往由于工程情况比较复杂,承包人总是设法将自己应承担的费用说成是由于发包人的原因,从而要求费用赔偿。因此,监理人必须掌握现场情况,对一些问题当机立断,明确其责任在谁。

《标准施工招标文件》第12.1款规定,因下列因素引起的暂停施工,造成的费用增加和(或)工期延误由承包人承担:

(1)承包人违约引起的暂停施工;

(2)由于承包人原因为工程合理施工和安全保障所必需的暂停施工;

(3)承包人擅自暂停施工;

(4)承包人其他原因引起的暂停施工;

(5)专用合同条款约定由承包人承担的其他暂停施工。

同时,一旦明确属于承包人责任,承包人除了自己负担有关损失外,如果停工影响到工程的竣工或影响到其他承包人的工作,则对于影响竣工的情况,应向发包人支付逾期违约损失偿金,如果严重影响工作,还可能被发包人驱逐;还应向被其影响的其他承包人支付相应的款项,只是这种支付也是通过发包人进行,一般通过从负有责任的承包人的付款中扣减的方式来实现。

如果承包人因合同条款第11条所指的恶劣气候而停工,则一方面发包人不但不能要求承包人赔偿,而且还应给予工程延期,另一方面承包人也不能向发包人提出停工的费用补偿要求。

2. 发包人导致的停工及费用支付

《标准施工招标文件》通用合同条款第12.2款规定,由于发包人原因引起的暂停施工造成工期延误的,承包人有权要求发包人延长工期和(或)增加费用。

由发包人造成的停工情况如表4-20所示。表中所指成本分为两类:一类是由于发生了各种事件,监理人要求承包人进行有关工作,这些工作的成本包括直接费和管理费;另一类是由于出现这些情况,承包人的工作停止进行,此时只支付人员窝工的工时费和机械设备的闲置费。总之,由于发包人方面的原因而造成的停工,应根据合同中相应的规定和条款,对承包人给予补偿。这种补偿的具体计算应视现场情况及随后采取措施的内容和设备的闲置情况来定,并且一般只支付成本。

停工原因及支付处理汇总表 表4-20

序号	停工原因	支付处理
1	合同文件内容出错	只付费用,不付利润
2	图纸延迟发出	支付费用(成本)
3	有关放线资料不准确	针对资料出错的补救工程,付成本+利润;若因此停工,只付成本
4	发包人风险造成的破坏	只付成本,不付利润
5	化石、矿石、文物等	根据现场情况,采用不同措施,通常情况只付成本
6	由于其他承包人的原因	视承包人被要求的工作情况付款,为其他承包人提供服务;成本+利润;由于其他承包人的原因停工,付成本
7	样品与试验	监理人下令的附加试验,付成本,无利润
8	工程的剥离、开孔或揭开	合格:成本+利润;不合格:不付费用
9	工程暂停	工程中所产生的费用,不付利润

续上表

序号	停工原因	支付处理
10	工地占用	只付费用,不付利润
11	后续法规	只付费用
12	延期付款	付延期部分利息及停工费用

3. 监理人暂停施工指示

《标准施工招标文件》通用合同条款第12.3.1款规定,监理人认为必要时,可以向承包人作出暂停施工指示,承包人应按监理人的指示暂停施工。暂停施工期间,承包人应妥善保护工程并提供安全保障。

由发包人原因造成暂停施工,且监理人未及时下达暂停施工指示的,《标准施工招标文件》通用合同条款第12.3.2款规定,承包人可先暂停施工,并及时向监理人提出暂停施工的书面请求。监理人在接到书面请求后的24小时内予以答复,逾期未答复的,视为已同意承包人的暂停施工请求。

(十)工程隐蔽部位覆盖后剥离或揭开重新检查费用的支付

《标准施工招标文件》通用合同条款第13.5.3款规定,承包人按照规定通知监理人检查并覆盖了工程隐蔽部位后,监理人对工程质量有疑问的,可要求承包人对已经覆盖的部位进行钻孔探测或揭开重新检验,承包人应遵照执行,并在检查后重新覆盖恢复原状。经检验证明工程质量符合合同要求的,由发包人承担由此增加的费用和工期延误,并支付承包人合理利润;经检验证明工程质量不符合合同要求的,由此增加的费用和工期延误由承包人承担。

(十一)合同解除后的支付

1. 承包人的违约

1)承包人违约的情形

《标准施工招标文件》通用合同条款第22.1.1款规定,在履行合同过程中,发生下列情况的属于承包人违约:

(1)承包人违反第1.8款或第4.3款的约定,私自将合同的全部或部分权利转让给其他人,或私自将合同的全部或部分义务转移给其他人。

(2)承包人违反第5.3款或第6.4款的约定,未经监理人批准,私自将已经按照合同约定进入施工场地的施工设备、临时设施或材料撤离施工场地。

(3)承包人违反第5.4款的约定,使用了不合格的材料或工程设备,工程质量达不到标准要求,又拒绝清除不合格工程。

(4)承包人未能按合同进度计划及时完成合同约定的工作,已经造成或预期造成工期延误。

(5)承包人在缺陷责任期内,未能对工程接收证书所列的缺陷清单的内容或缺陷责任期内发生的缺陷进行修复,而又拒绝按监理人指示再进行修补。

(6)承包人无法继续履行或明确表示不履行或实质上已停止履行合同。

(7)承包人不按合同约定履行义务的其他情况。

2)对承包人违约的处理

《标准施工招标文件》通用合同条款第22.1.2条规定,承包人发生第22.1.1(6)目约定的违约情形时,发包人可通知承包人立即解除合同。承包人发生第22.1.1(6)目约定以外的违约情形时,监理人可向承包人发出整改通知,经检查证明承包人已采取了有效措施纠正违约行为,具备复工条件的,可由监理人签发复工通知复工。

《标准施工招标文件》通用合同条款第22.1.3款规定,监理人发出整改通知28天后,承包人仍不纠正违约行为的,发包人可向承包人发出解除合同通知。合同解除后,发包人可派人进驻施工场地,另行组织人员或委托其他承包人施工。发包人因继续完成该工程的需要,有权扣留使用承包人在现场的材料、设备和临时设施。但发包人的这一行动不免除承包人应承担的违约责任,也不影响发包人根据合同约定享有的索赔权利。

3)合同解除后的估价、付款和结清

《标准施工招标文件》通用合同条款第22.1.4款规定,在发包人解除合同之后,监理人应通过协商和调查询问之后,尽快地确定并认证:

(1)合同解除后,监理人应商定或确定承包人实际完成工作的价值,以及承包人已提供的材料、施工设备、工程设备和临时工程等的价值。

(2)合同解除后,发包人应暂停对承包人的一切付款,查清各项付款和已扣款金额,包括承包人应支付的违约金。

(3)合同解除后,发包人可向承包人索赔由于解除合同给发包人造成的损失。

(4)合同双方确认上述往来款项后,出具最终结清付款证书,结清全部合同款项。

(5)发包人和承包人未能就解除合同后的结清达成一致而形成争议的,按《标准施工招标文件》通用合同条款第24条的约定办理。

根据合同约定,在发包人因承包人违约而解除承包人在本合同项下的承包情况下,发包人将暂停向承包人支付任何款额;在本工程缺陷责任期满之后,再由监理人查清承包人实施和完成本工程与缺陷修复应结算的费用、应扣除的完工逾期竣工违约金(如有)以及发包人已实际支付给承包人的各项费用,并予以证实。

在监理人查清证实后,承包人仅能得到原应支付给他的已完合格工程的款额,并扣除上述应扣款额之后的余额。如果应扣款额超过承包人应得到的原应支付给他的已完工程的款额,此超出部分款额应被视为承包人欠发包人的应还债务,由承包人支付给发包人。

2. 发包人的违约

1)发包人违约的情形

《标准施工招标文件》通用合同条款第22.2.1款规定,在履行合同过程中,发生下列情况的属于发包人违约:

(1)发包人未能按照合同约定支付预付款或合同价款,或拖延、拒绝批准付款申请和支付凭证,导致付款延误的。

(2)发包人原因造成停工的。

(3)监理人无正当理由没有在约定期限内发出复工指示,导致承包人无法复工的。

(4)发包人无法继续履行或明确表示不履行或实质上已经停止履行合同的。

(5)发包人不履行合同约定其他义务的。

2)承包人有权暂停施工

发包人发生除《标准施工招标文件》通用合同条款第22.2.1(4)目以外的违约情况时,承包人可向发包人发出通知,要求发包人采取有效措施纠正违约行为。

3)发包人违约解除合同

(1)发生《标准施工招标文件》通用合同条款第22.2.1(4)目的违约情况时,承包人可书面通知发包人解除合同。

(2)承包人按《标准施工招标文件》通用合同条款第22.2.2款暂停施工28天后,发包人仍不纠正违约行为的,承包人可向发包人发出解除合同通知。但承包人的这一行动不免除发包人承担的违约责任,也不影响承包人根据合同约定享有的索赔权利。

4)合同解除后的付款

《标准施工招标文件》通用合同条款第22.2.4款规定,因发包人违约解除合同的,发包人应在解除合同后28天内向承包人支付下列金额,承包人应在此期限内及时向发包人提交要求支付下列金额的有关资料和凭证:

(1)合同解除日以前所完成工作的价款。

(2)承包人为该工程施工订购并已付款的材料、工程设备和其他物品的金额。发包人付款后,该材料、工程设备和其他物品归发包人所有。

(3)承包人为完成工程所发生的,而发包人未支付的金额。

(4)承包人撤离施工场地以及遣散承包人人员的金额。

(5)由于解除合同应赔偿的承包人损失。

(6)按合同约定在合同解除日前应支付给承包人的其他金额。

发包人应按本项约定支付上述金额并退还质量保证金和履约担保,但有权要求承包人支付应偿还给发包人的各项金额。

5)合同解除后的承包人撤离

《标准施工招标文件》通用合同条款第22.2.5款规定,因发包人违约而解除合同后,承包人应妥善做好已完工的工程和已购材料、设备的保护和移交工作,按发包人要求将承包人的设备和人员撤出施工场地。

6)合同违约、解除的费用结清案例

【例4-31】 某工程项目由于发包人违约,合同被迫终止。终止前的财务状况如下:签约合同价为1000万元,利润目标为签约合同价的5%。违约时已完成合同工程造价800万元。每月扣质量保证金为合同工程造价的10%,质量保证金限额为签约合同价的5%。开工预付款为签约合同价的5%(未开始回扣)。承包人为工程合理订购材料80万元(库存量)。承包人已完成暂列金项目50万元,指定分包项目100万元,计日工10万元,其中指定分包管理费率10%。承包人设备撤回基地的费用为10万元(未单独列入工程量清单),承包人雇佣的所有人员的遣返费为30万元(未单独列入工程量清单)。已完成的各类工程及计日工均已按合同规定支付。假定该项工程实际工程量清单表中一致,且工程无调价。

问题:

(1)合同终止时,承包人共得到多少暂列金额付款?

(2)合同终止时,发包人已实际支付各类工程付款共计多少万元?

(3)合同终止时,发包人还需支付各类补偿款多少万元?

(4)合同终止时,发包人总共应支付多少万元的工程款?

解:

(1)合同终止时,承包人共得暂列金额付款 = 对指定分包人的付款 + 承包人完成的暂列金项目付款 + 计日工 + 对指定分包人的管理费 = 100 + 50 + 10 + 100 × 10% = 170(万元)。

(2)合同终止时,发包人已实际支付各类工程付款 = 已完成的合同工程价款 - 保留金 + 暂列金额付款 + 开工员预付款 = 800 - 1000 × 5% + 170 + 1000 × 5% = 970(万元)。

(3)合同终止时,发包人还需支付各类补偿款 = 利润补偿 + 承包人已支付的材料款 + 承包人施工设备的遣返费 + 承包人所有人员的遣返费 + 已扣留的保留金。

其中:

①利润补偿 = (1000 - 800) × 5% = 200 × 5% = 10(万元)。

②承包人已支付的材料款 = 80(万元),发包人一经支付,则材料即归发包人所有。

③承包人施工设备和人员的遣返费因在工程量清单表中未单独列项,所以承包人报价时,应计入总体报价。因此,发包人补偿时只支付合理部分。

④承包人施工设备的遣返费 = (1000 - 800) ÷ 1000 × 10 = 2(万元)。

⑤承包人所有人员的遣返费 = (1000 - 800) ÷ 1000 × 30 = 6(万元)。

⑥返还已扣保留金 = 1000 × 5% = 50(万元)。

发包人还需支付各类补偿款共计 = 10 + 80 + 2 + 6 + 50 = 148(万元)

(4)合同终止时,发包人总共应支付工程款 = 发包人已实际支付的各类工程付款 + 发包人还需支付的各类补偿付款 - 开工预付款 = 970 + 148 - 1000 × 5% = 1068(万元)。

(十二)费用支付的综合计算案例

工程费用支付的案例分析题目,一般包括工程计量、支付的基本知识,分项工程单价的分析确定或因工程量变化超出一定范围引起的单价调整,开工预付款、材料预付款的支付和扣回,月支付金额的计算,质量保证金的扣留,甚至包括索赔费用、价格调整等内容。有时可能用进度网络图的形式表示出每月完成的工程量情况或者工程变更、延期后的费用变化情况。

【例4-32】 某工程项目发包人与承包人签订了工程施工承包合同。合同中估算工程量为5300 m^3,合同单价为180元/m^3,合同工期为6个月,有关支付约定如下:

(1)开工前,发包人向承包人支付估算合同价20%的开工预付款。

(2)发包人从第1个月起,从承包人的工程款中按5%的比例扣留质量保证金。

(3)当累计实际完成工程量超过(或低于)估算工程量的10%时,合同单价应予调整,调价系数为0.9(或1.1)。

(4)总监每月签发付款证书的最低金额为15万元。

(5)开工预付款从承包人获得累计工程款超过估算合同价的30%以后的下一个月起,至第5个月末均匀扣回。

承包人每月实际完成并经签认认可的工程量,如表4-21所示。

承包人完成的工程量统计表   表4-21

工程量	单位	1月	2月	3月	4月	5月	6月
月内完成	m³	800	1000	1200	1200	1200	500
月末累计完成	m³	800	1800	3000	4200	5400	5900

问题：

(1)估算合同总价是多少？

(2)开工预付款是多少？开工预付款从哪个月起扣留？每月扣预付工程款是多少？

(3)每个月应结算的工程量价款是多少？应签证的工程款为多少？应签发的付款证书金额是多少？

(4)应扣留的质量保证金是多少？

解：

(1)估算合同总价的计算：5300×180=95.4(万元)。

(2)开工预付款的计算：95.4×20%=19.08(万元)。

因为第一、二期累计工程款为：1800×180=32.4(万元)>95.4×30%=28.62(万元)，根据合同约定，累计工程款超过估算合同价的30%以后的下一个月起至第5个月末均匀扣除，可知预付款应从第三个月开始扣留。

每月应扣预付款金额：19.08÷3=6.36(万元)。

(3)每月应结算的工程量价款、应签证的工程款、应签发的付款证书金额：

第1个月：

本月完成的工程款：800×180=14.4(万元)。

本月应扣留质量保证金：14.40×5%=0.72(万元)。

本月应签证的工程款：14.40×0.95=13.68(万元)<15(万元)。

本月不予付款。

第2个月：

本月完成的工程款：1000×180=18(万元)。

本月应扣留质量保证金：18×5%=0.90(万元)。

本月应签证的工程款：18×0.95=17.10(万元)。

本月应签发的工程款：17.01+13.68=30.78(万元)。

第3个月：

本月完成的工程款：1200×180=21.60(万元)。

本月应扣留质量保证金：21.60×5%=1.08(万元)。

本月应扣预付款：6.36万元。

本月应签证的工程款：21.60×0.95-6.36=14.16(万元)<15(万元)。

本月不予付款。

第4个月：

本月完成的工程款：1200×180=21.60(万元)。

本月应扣留质量保证金：21.60×5%=1.08(万元)。

本月应扣预付款:6.36万元。

本月应签证的工程款:21.60×0.95-6.36=14.16(万元)。

本月应签发的工程款:14.16+14.16=28.32(万元)。

第5个月:

本月末累计完成5400m³,比原估算的工程量超过100m³,但未超过估算10%,仍按原价估算工程价款:1200×180=21.60(万元)。

本月应扣留质量保证金:21.60×5%=1.08(万元)。

本月应扣预付款:6.36万元。

本月应签证的工程款:21.60×0.95-6.36=14.16(万元)<15(万元)。

本月不予付款。

第6个月:

本月末累计完成5900m³比原估算的工程量超过600m³,已超过估算10%,对超过部分应调整单价。应调整单价的工程量为:5900-5300×(1+10%)=70(m³)。

本月完成的工程价款:70×180×0.9+(500-70)×180=8.874(万元)。

本月应扣留质量保证金:8.874×5%=0.4437(万元)。

本月应签证的工程款:8.874-0.4437=8.43(万元)。

本月应签发的工程款为:14.16+8.43=22.59(万元)。

(4)应扣留的质量保证金:0.72+0.90+1.08+1.08+1.08+0.4437=4.4037(万元)。

第十节 工程费用控制的监理工作

一、工程费用监理的依据

项目监理机构及其监理人员开展费用监理工作的依据有:

(1)适用的建设工程法律、法规及工程建设标准、技术规范、概预算定额、概预算编制办法和监理规范。

(2)工程招标文件及其补遗书、修正书、澄清书。

(3)工程施工图纸、变更设计图纸、工程量清单。

(4)工程施工合同协议书、监理委托合同协议书及其补充合同文件。

(5)工程量清单计量规则(或计价规范)。

(6)与工程施工质量控制有关的测量、检验、试验类合格资料。

(7)工程施工过程中的会议纪要、往来文件等。

二、工程费用监理的程序

工程费用监理程序包括工程计量程序和费用支付程序。

1. 工程计量程序

工程计量程序如图4-12所示。

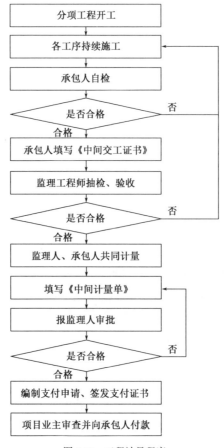

图 4-12　工程计量程序

2. 费用支付程序

费用支付程序如图 4-13 所示。

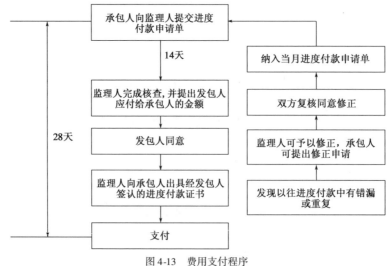

图 4-13　费用支付程序

三、工程费用监理的措施

工程费用监理的措施包括组织措施、经济措施、技术措施和合同措施等。经济措施与技术措施相结合是控制工程费用的有效手段。

1. 组织措施

（1）明确项目监理的组织结构。

（2）任命或更换费用监理人员，明确其工作任务、目标和职责分工。

（3）编制费用监理细则。

2. 经济措施

（1）督促施工单位编制资金使用计划，分解费用监理目标，对费用控制进行风险分析并制定防范性对策。

（2）及时进行工程计量。

（3）审核施工单位编制的费用支付申请表，编制并签发支付证书。

（4）定期进行费用控制的偏差分析，采取纠偏措施。

（5）协商确定工程变更、费用索赔、物价调整等价款。

3. 技术措施

（1）认真审核总体施工组织设计，对专项施工方案进行技术经济比较，对危险性较大工程的专项施工方案组织专家论证。

（2）对设计变更进行技术经济比较，严格控制设计变更。

4. 合同措施

（1）收集工程施工记录、监理记录，保管好各种施工图纸、往来文件，为处理好费用索赔积累资料、提供依据。

（2）参与合同协议的补充、补签工作，重点考虑影响费用控制的因素。

四、工程计量、支付申请的审核和支付证书的编制

1. 工程计量用表的组成、表式和监理审核重点

工程计量工作主要是针对分项工程的计量，包括工程数量的测量、计算、与施工图纸核对和汇总确认等工作过程。工程计量常用的表格包括工程计量单、工程计量计算附表（工程量计算书）、工程计量汇总表、计量资料审查确认表、计日工计量表和工程计量单汇编存档封面等。

（1）工程计量单。

工程计量单（又称工程计量确认单）是施工单位、监理单位共同使用的格式化的联合用表，如表4-22所示。由施工单位在相应的分项工程完成后或总额计量项目分期完成后随时计算数量并填写计量单，及时报送监理单位审核、签字确认。世界银行、亚洲银行贷款公路项目多使用三联式"托付证书"（等同于现在的计量单），而现阶段全部利用国有资金或者部分利用国有资金建设的高速公路工程项目多采用一联式计量单。

工程计量单 表4-22

施工单位： 合同段编号：
监理单位： 计量单编号：

施工单位填写的内容：				
下列工程已经完成，经自检工程质量合格、资料齐全，符合计量条件。请监理人员组织检查、验收和核定。				
清单编号：	工程名称：	计量单位：		申报数量：
附计算简图、公式和过程(或见附表)：				
施工单位计量工程师(签字)：				年　月　日
监理机构填写的内容：(监理审核情况说明，需要采取的整改措施等，审核确认的结果)				
监理机构专业监理工程师(签字)：				年　月　日
清单编号：	工程名称：	计量单位：		审定数量：
监理机构计量工程师(签字)：				年　月　日
工程变更的说明：				

　　工程计量单的主要内容包括施工合同段，说明需要计量的分项工程或总额项目名称及其完成情况、质量检验合格情况，还有工程量清单编号、计量单位、申请计量的数量和监理审核确定的数量，一般给出计算图式、公式、计算过程，复杂的项目可以单独附图附表。

　　计量支付监理工程师应重点审核计量项目是否符合合同约定(通过查看计量单后附的质量检验资料确认)，工程质量是否已经专业监理工程师认定合格，审核计量项目的清单编号与项目名称、计量单位的对应性，审核施工单位报送的计量数据的准确性，计量依据的施工图纸是否准确，工程量的计算图式、公式是否正确等。对于隐蔽工程和有争议的工程计量，监理工程师应组织施工单位、建设单位、设计单位代表到施工现场实地进行确认。

　　(2)工程计量计算附表(工程量计算书)。

　　工程量计算书是工程计量单的附表，如表4-23所示。按照总额计量的项目以及按照延米计量的分项工程可以不再单独附表。由施工单位在相应的工程计量项目完成后随时填写、计算，并及时报送监理单位的专业监理工程师或其授权的监理员进行审核、签字确认。工程量计算书的主要内容包括工程名称、计算的简图、计算的公式和计算过程、计量的数量结果，必要时附现场照片、视频资料等。施工单位、监理单位有关计量工程师、专业监理工程师或现场监理员的签字及其填写日期、确认日期等。

工程计量计算附表 表 4-23

施工单位:		合同段编号:	
监理单位:		计量单编号:	

工程量清单编号:		计量单位:	
分项工程名称:		工程部位:	
地点(桩号):		施工图号:	
工程结构尺寸简图、公式、过程及说明:			
申请计量数量:		核定计量数量:	
施工单位计量工程师(签字):　　　年　月　日		监理机构专监或监理员(签字):　　　年　月　日	
其他说明:			

计量支付监理工程师、专业监理工程师或其授权的监理员应重点审核工程量计算书依据的施工图纸是否准确,工程量的计算图式、公式是否正确,计算过程是否正确,计算或汇总的结果是否准确,是否使用工程量清单规定的计量单位表示最终结果等。

（3）工程计量汇总表。

工程量汇总表是工程计量单的汇总表或称明细表,是施工单位、监理单位共同使用的联合用表。由施工单位在相应的工程计量单审核完成后的月底汇总填写、计算。监理单位审核、签字确认。

分项工程计量汇总表的主要内容包括分项工程的工程名称、清单编号、计量单位、计量单编号、申请计量数量和核定计量数量等,还有施工单位、监理单位有关计量工程师的签字及其填写日期、确认日期等。

计量支付监理工程师应重点审核计量项目的清单编号与项目名称、计量单位的对应性,审核施工单位报送的工程量汇总计算是否正确,是否有重复计算或者漏项计算等。

2. 费用支付用表的组成、表式和监理审核重点

工程费用支付常用的表格包括支付证书、支付申请表,工程投资及支付月报表,清单支付月报表,计日工支付月报表,工程变更支付月报表、单价变更一览表、费用索赔月报表,价格调整差额计算表(采用价格指数法),永久性材料价格调整差额计算表(采用造价信息法),永久性材料达到现场计量及预付款计算表,扣回材料预付款月报表,开工预付款支付、扣回月报表,质量保证金的扣留、返还月报表,安全生产专项费用计量、支付月报表等十几个表格。

（1）支付申请表。

支付申请表是施工单位使用的一个工程款支付流程表,表格编号为"申表01"。支付申请表的主要内容包括工程量清单支付项目的支付金额、合同支付项目的支付金额、应扣款金额、本期应支付总金额和净金额等,以及项目经理的申请签字及日期等。

支付申请表由施工单位项目经理部的计量支付工程师根据已经确认的工程计量单、工程变更等内容编制,重点计算"到本期末累计完成的工程款金额""到上期末累计完成的工程款金额"以及"本期应申请建设单位支付的净金额"。

(2)工程投资及支付月报表。

工程投资及支付月报表也可简称为"支付月报表",是施工单位、监理单位共同使用的一个工程款支付流程表。支付月报表的主要内容同支付证书,包括工程量清单支付项目的支付金额、合同支付项目的支付金额、应扣款金额、本期应支付总金额和净金额等,以及施工单位项目经理、监理单位的驻地监理工程师/总监的签字及日期等。

支付月报表由施工单位的计量支付工程师根据已经确认的工程计量单、工程变更等内容编制,重点计算到本期末累计完成的工程款金额、到上期末累计完成的工程款金额以及本期应申请建设单位支付的净金额。由监理单位负责计量支付的监理工程师审核,提出修改意见并监督修改、再复审准确无误后,由施工单位的计量支付工程师、项目经理签字后随同支付系列表格一起报送监理单位;监理单位负责计量支付的监理工程师签字后报送驻地监理工程师/总监审核签字。

清单支付月报表横向栏目中的到本期末完成金额、到上期末完成金额、本期完成金额的计算结果与竖向清单支付项目、合同支付项目、支付总金额、支付净金额的计算结果的一致性,精确到人民币单位"分"的一致性,即支付金额的计算应该达到"一分钱也不差"的标准,这是监理审核的重点。"清单支付月报表"的监理审核重点也是如此。

(3)清单支付月报表。

清单支付月报表是施工单位、监理单位共同使用的一个工程款支付流程表。清单支付月报表的主要内容同支付证书,包括工程量清单支付项目的支付金额、合同支付项目的支付金额、应扣款金额、本期应支付总金额和净金额等,以及施工单位项目经理、监理单位的驻地监理工程师/总监的签字及日期等。

清单支付月报表由施工单位的计量支付工程师根据已经确认的工程计量单、工程变更等内容编制,重点计算到本期末累计完成的工程款金额、到上期末累计完成的工程款金额以及本期应申请建设单位支付的净金额。由监理单位负责计量支付的监理工程师审核,提出修改意见并监督修改、再复审准确无误后由施工单位的计量支付工程师、项目经理签字后随同支付系列表格一起报送监理单位;监理单位负责计量支付的监理工程师签字后报送驻地监理工程师/总监审核签字。

(4)计日工支付月报表。

计日工支付月报表是施工单位、监理单位共同使用的一个工程款支付流程表。计日工支付月报表的主要内容是使用计日工支付项目的支付金额,以及施工单位项目经理、监理单位的驻地监理工程师/总监的签字及日期等。由施工单位的计量支付工程师编制,经监理单位负责计量支付是监理工程师审核,提出修改意见并监督修改、再复审准确无误后由项目经理签字、驻地监理工程师/总监审核签字。计日工项目的符合合同约定性、程序合规性、计日工金额的计算、批准使用计日工证据的齐全真实性等是监理审核的重点。

(5)工程变更支付月报表。

工程变更支付月报表是施工单位、监理单位共同使用的一个工程款支付流程表,并附单价变更一览表。工程变更支付月报表的主要内容是工程变更项目的支付金额,以及施工单位项目经理、监理单位的驻地监理工程师的签字及日期等。由施工单位的计量支付工程师编制,经监理单位负责计量支付的监理工程师审核,提出修改意见并监督修改、再复审准确无误后由项

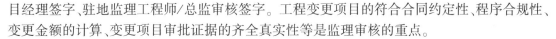

目经理签字、驻地监理工程师/总监审核签字。工程变更项目的符合合同约定性、程序合规性、变更金额的计算、变更项目审批证据的齐全真实性等是监理审核的重点。

(6) 费用索赔月报表。

费用索赔月报表是施工单位、监理单位共同使用的一个工程款支付流程表。费用索赔月报表的主要内容是工程索赔项目的支付金额,以及施工单位项目经理、监理单位的驻地监理工程师/总监的签字及日期等。由施工单位的计量支付工程师编制,经监理单位负责计量支付的监理工程师审核,提出修改意见并监督修改、再复审准确无误后由项目经理签字、驻地监理工程师/总监审核签字。索赔项目的符合合同约定性、程序合规性、索赔金额的计算、索赔证据的齐全真实性等是监理审核的重点。

(7) 价格调整差额计算表(采用价格指数法)。

价格调整差额计算表是施工单位、监理单位共同使用的一个工程款支付流程表。价格调整差额计算表(采用价格指数法)的主要内容是采用价格指数法对每年完成的工程款进行调价,以及施工单位项目经理、监理单位的驻地监理工程师/总监的签字及日期等。由施工单位的计量支付工程师编制,经监理单位负责计量支付的监理工程师审核,提出修改意见并监督修改、再复审准确无误后由项目经理签字、驻地监理工程师/总监审核签字。参与调价的金额、调价定基指数的计算、调价净值计算结果的准确性是监理审核的重点。

(8) 永久性材料价格调整差额计算表(采用造价信息法)。

永久性材料价格调整差额计算表是施工单位、监理单位共同使用的一个工程款支付流程表。永久材料价格调整差额计算表的主要内容是参与调价的材料名称、采用造价信息法对每月或每年完成的工程款进行调价,以及施工单位项目经理、监理单位的驻地监理工程师/总监的签字及日期等。由施工单位的计量支付工程师编制,经监理单位负责计量支付的监理工程师审核,提出修改意见并监督修改、再复审准确无误后由项目经理签字、驻地监理工程师/总监审核签字。参与调价的永久性材料名称、调价的现价、差额计算结果的准确性是监理审核的重点。

(9) 永久性材料达到现场计量及预付款计算表。

永久性材料达到现场计量及预付款计算表是施工单位、监理单位共同使用的一个工程款支付流程表。永久性材料达到现场计量及预付款计算表的主要内容包括永久性材料达到施工现场的数量计算、应据此支付的材料预付款金额,以及施工单位项目经理、监理单位的驻地监理工程师/总监的签字及日期等。由施工单位的计量支付工程师编制,经监理单位负责计量支付的监理工程师审核,提出修改意见并监督修改、再复审准确无误后由项目经理签字、驻地监理工程师/总监审核签字。到达施工现场的材料是否为永久性材料、永久性材料的名称、到场数量、合计金额以及预付款金额的准确性是监理审核的重点。

永久性材料达到现场计量及预付款计算表是扣回材料预付款月报表的辅助用表。

(10) 扣回材料预付款月报表。

扣回材料预付款月报表是施工单位、监理单位共同使用的一个工程款支付流程表。扣回材料预付款月报表的主要内容包括每月预付的材料预付款金额、每月扣回的材料预付款金额,以及施工单位项目经理、监理单位的驻地监理工程师/总监的签字及日期等。由施工单位的计量支付工程师编制,经监理单位负责计量支付的监理工程师审核,提出修改意见并监督修改、再复审准确无误后由项目经理签字、驻地监理工程师/总监审核签字。材料预付款开始扣回的时间、全部扣回的时间、每月扣回的金额、累计扣回的金额(预付款扣回的归零)是监理审核的重点。

永久性材料达到现场计量及预付款计算表是扣回材料预付款月报表的辅助用表。

(11)开工预付款支付、扣回月报表。

开工预付款支付、扣回月报表是施工单位、监理单位共同使用的一个工程款支付流程表。开工预付款支付、扣回月报表的主要内容包括施工准备阶段建设单位应预付给施工单位的开工预付款金额(包括一次支付,或者分两次支付的情况)、达到扣回条件后每月应扣回的预付款金额,以及施工单位项目经理、监理单位的驻地监理工程师/总监的签字及日期等。由施工单位的计量支付工程师编制,经监理单位负责计量支付的监理工程师审核,提出修改意见并监督修改,再复审准确无误后由项目经理签字、驻地监理工程师/总监审核签字。开工预付款的预付额度、开始扣回的时间、分期扣回的比例、每月扣回的金额、累计扣回的金额(预付款扣回的归零)是监理审核的重点。

(12)质量保证金的扣留、返还月报表。

质量保证金的扣留、返还(或称退还)月报表是施工单位、监理单位共同使用的一个工程款支付流程表。质量保证金的扣留、返还月报表的主要内容包括施工阶段建设单位应扣留施工单位的质量保证金的金额、交工验收合格后应退还的金额、缺陷责任期终止后应全部退还的金额,以及施工单位项目经理、监理单位的驻地监理工程师/总监的签字及日期等。由施工单位的计量支付工程师编制,经监理单位负责计量支付的监理工程师审核,提出修改意见并监督修改,再复审准确无误后由项目经理签字、驻地监理工程师/总监审核签字。质量保证金扣留的比例、扣留的限额额度、开始扣留的时间、每月扣回的金额、开始退还的金额(保留金退还的归零)是监理审核的重点。

(13)安全生产专项费用计量、支付月报表。

安全生产专项费用计量、支付月报表是施工单位、监理单位共同使用的一个计量、支付流程表。安全生产专项费用应专款专用,不得挪作他用,可以分期计量。安全生产专项费用计量、支付月报表的主要内容包括安全生产专项费用的每月计量比例、支付金额计算,以及施工单位项目经理、监理单位的驻地监理工程师/总监的签字及日期等。由施工单位的计量支付工程师编制,经监理单位负责计量支付的监理工程师审核,提出修改意见并监督修改,再复审准确无误后由项目经理签字、驻地监理工程师/总监审核签字。安全生产专项费用的规定比例(如发包人招标限价的1.5%)、每月计量的比例、支付的金额、累计支付的金额是监理审核的重点。

(14)工程进度S曲线表。

工程进度S曲线表也称工程进度表,是施工单位、监理单位共同使用的一个工程管理流程表,是计量支付表格的辅助表格。工程进度S曲线表的主要内容包括工程量清单支付项目的合同金额、每月计划进度横道图、进度完成情况曲线等,以及施工单位项目经理、监理单位的驻地监理工程师/总监的签字及日期等。

本图表主要反映工程项目计划与实际完成情况,表中的单价占合同价(%)即单项工程投资与合同价之比,单项完成(%)即单项完成投资与本项合同金额之比,完成占合同价(%)即单项工程完成投资与合同价之比。

本表对按月计划与实际完成的情况,以单项工程进度与项目总进度两种图形表示。

单项工程进度形象图(也称"条形图"),按施工组织设计绘出单项进度形象图,形象线上行数字表示单项工程按月计划完成百分数,形象线下行的数字表示实际完成百分数。

项目总进度的形象图(也称"S图"),计划进度曲线形象图以时间为横坐标,根据施工组织设计,以每月计划完成投资与合同之比为纵坐标,绘出计划进度曲线图,在表中以实线表示;而实际完成曲线形象图同样以时间为横坐标,以每月实际完成投资与合同总价之比为纵坐标来绘出,以虚线表示。

实际栏与计划栏:实际栏分上下两行,下行填写本月实际完成占合同总价百分数,上行填写累计实际完成占合同总价百分数。计算栏也分两行,上行填写本月计划完成投资占合同价百分数,下行填写累计计划完成投资占总合同价百分数。

工程进度 S 曲线表由施工单位的计量支付工程师根据已经确认的工程计量单、完成的工作量等内容编制,重点计算到本期末累计完成的工程款金额占有效合同价的百分比,包括计划完成的、实际完成的。由监理单位负责计量支付的监理工程师审核,提出修改意见并监督修改,在复审准确无误后由施工单位的计量支付工程师、项目经理签字后随同支付系列表格一起报送监理单位;监理单位负责计量支付的监理工程师签字后报送驻地监理工程师/总监审核签字。

3. 工程支付证书的编制和签发

支付证书表是监理单位使用的一个工程款支付流程表,表格编号为"支表01"。支付证书的内容同支付申请表,主要包括工程量清单支付项目的支付金额、合同支付项目的支付金额、应扣款金额、本期应支付总金额和净金额等,以及驻地监理工程师/总监的确认签字及日期等。

支付证书由负责计量支付的监理工程师根据审核施工单位报送的支付申请的结果而编制,监理工程师应重点审核、计算"到本期末应支付施工单位的工程款金额""到上期末应支付施工单位的工程款金额"以及"本期应支付施工单位的净金额",即:

$$A = A_n - A_{n-1} \tag{4-56}$$

式中:A——本期应支付施工单位的净金额;

A_n——到本期末应支付施工单位的工程款金额;

A_{n-1}——到上期末应支付施工单位的工程款金额。

负责计量支付的监理工程师应注意的是,施工准备阶段复核审定的工程量清单金额是工程计量与支付的"红线",一般不得突破,在每期的工程支付过程中应使用"减法"计算本期实际支付金额,而不得用"加法"计算本期末的累计完成。

《建设工程质量管理条例》第三十七条规定,未经总监理工程师签字,建设单位不得拨付工程款。可见,工程支付证书必须经过总监的审核和签字,总监签署后加盖监理机构公章后报送建设单位,由建设单位据此核支工程款。

第五章 安全生产管理的监理工作

学习备考要点

1. 安全生产管理的法律法规、规范性文件的主要条款。
2. 安全生产条件通用要求。
3. 平安工地建设。
4. 危险源识别。
5. 风险评估(风险,基本要求,风险评估、风险控制措施,风险评估报告及其评审)。
6. 安全风险管控和隐患排查治理、重大事故隐患判定(国务院安委会办公室制定的安全风险管控和隐患排查治理双重预防机制,交通运输部修订的公路工程施工安全重大事故隐患基础清单、水运工程施工安全重大事故隐患基础清单等)
7. 淘汰危及生产安全的施工工艺、材料和设备。
8. 危大工程专项施工方案(危大工程的类别和范围、专项施工方案的编制和审批等)。
9. 生产安全事故应急预案(应急预案体系,应急预案编制步骤,项目综合应急预案、合同段施工专项应急预案、现场处置方案等)。
10. 生产安全事故等级划分和事故报告、调查处理(事故等级划分、事故报告和调查、事故处理的"四不放过"原则等)。
11. 安全生产管理的监理工作(辨识,编制,审批,监督检查,指令,记录,报告等)。

第一节 安全生产管理的法律法规、规范性文件的主要条款

2002年10月,国家环境保护总局、交通部、国家电力公司等六部委(公司)联合下发了《关于在重点建设项目中开展环境监理试点的通知》(环发〔2002〕141号),要求进行环境监理试点。2004年2月1日施行的《建设工程安全生产管理条例》规定了监理在施工安全方面的内容和责任。2007年4月9日,交通部印发了《关于在公路水运工程建设监理中增加施工安全监理和施工环保监理内容的通知》(交质监发〔2007〕158号),要求在公路、水运工程施工监理工作中增加安全、环保监理职责。

一、《中华人民共和国安全生产法》的主要条款

该法于 2002 年 6 月 29 日第九届全国人民代表大会常务委员会第二十八次会议通过，2021 年 6 月 10 日第十三届全国人民代表大会常务委员会第二十九次会议《关于修改〈中华人民共和国安全生产法〉的决定》第三次修正。

下面摘录与工程监理有关的主要条款，其全部条文详见《交通运输工程监理相关法规文件汇编（公路工程专业篇）》。

第三条 安全生产工作坚持中国共产党的领导。

安全生产工作应当以人为本，坚持人民至上、生命至上，把保护人民生命安全摆在首位，树牢安全发展理念，坚持安全第一、预防为主、综合治理的方针，从源头上防范化解重大安全风险。

安全生产工作实行管行业必须管安全、管业务必须管安全、管生产经营必须管安全，强化和落实生产经营单位主体责任与政府监管责任，建立生产经营单位负责、职工参与、政府监管、行业自律和社会监督的机制。

第二十三条 生产经营单位应当具备的安全生产条件所必需的资金投入，由生产经营单位的决策机构、主要负责人或者个人经营的投资人予以保证，并对由于安全生产所必需的资金投入不足导致的后果承担责任。

有关生产经营单位应当按照规定提取和使用安全生产费用，专门用于改善安全生产条件。安全生产费用在成本中据实列支。

第二十四条 矿山、金属冶炼、建筑施工、运输单位和危险物品的生产、经营、储存、装卸单位，应当设置安全生产管理机构或者配备专职安全生产管理人员。

前款规定以外的其他生产经营单位，从业人员超过一百人的，应当设置安全生产管理机构或者配备专职安全生产管理人员；从业人员在一百人以下的，应当配备专职或者兼职的安全生产管理人员。

第三十条 生产经营单位的特种作业人员必须按照国家有关规定经专门的安全作业培训，取得相应资格，方可上岗作业。

第三十一条 生产经营单位新建、改建、扩建工程项目（以下统称建设项目）的安全设施，必须与主体工程同时设计、同时施工、同时投入生产和使用。安全设施投资应当纳入建设项目概算。

第四十条 生产经营单位对重大危险源应当登记建档，进行定期检测、评估、监控，并制定应急预案，告知从业人员和相关人员在紧急情况下应当采取的应急措施。

生产经营单位应当按照国家有关规定将本单位重大危险源及有关安全措施、应急措施报有关地方人民政府应急管理部门和有关部门备案。有关地方人民政府应急管理部门和有关部门应当通过相关信息系统实现信息共享。

第四十一条 生产经营单位应当建立安全风险分级管控制度，按照安全风险分级采取相应的管控措施。

生产经营单位应当建立健全并落实生产安全事故隐患排查治理制度，采取技术、管理措施，及时发现并消除事故隐患。事故隐患排查治理情况应当如实记录，并通过职工大会或者职

工代表大会、信息公示栏等方式向从业人员通报。其中,重大事故隐患排查治理情况应当及时向负有安全生产监督管理职责的部门和职工大会或者职工代表大会报告。

第四十二条 生产、经营、储存、使用危险物品的车间、商店、仓库不得与员工宿舍在同一座建筑物内,并应当与员工宿舍保持安全距离。

第八十一条 生产经营单位应当制定本单位生产安全事故应急救援预案,与所在地县级以上地方人民政府组织制定的生产安全事故应急救援预案相衔接,并定期组织演练。

第八十三条 生产经营单位发生生产安全事故后,事故现场有关人员应当立即报告本单位负责人。

单位负责人接到事故报告后,应当迅速采取有效措施,组织抢救,防止事故扩大,减少人员伤亡和财产损失,并按照国家有关规定立即如实报告当地负有安全生产监督管理职责的部门,不得隐瞒不报、谎报或者迟报,不得故意破坏事故现场、毁灭有关证据。

第八十六条 事故调查处理应当按照科学严谨、依法依规、实事求是、注重实效的原则,及时、准确地查清事故原因,查明事故性质和责任,评估应急处置工作,总结事故教训,提出整改措施,并对事故责任单位和人员提出处理建议。事故调查报告应当依法及时向社会公布。事故调查和处理的具体办法由国务院制定。

二、《建设工程安全生产管理条例》的主要条款

《建设工程安全生产管理条例》(国务院令第393号)经2003年11月12日国务院第28次常务会议通过,现予公布,自2004年2月1日起施行。

下面摘录与工程监理有关的主要条款,其全部条文详见《交通运输工程监理相关法规文件汇编(公路工程专业篇)》一书。

第二条 在中华人民共和国境内从事建设工程的新建、扩建、改建和拆除等有关活动及实施对建设工程安全生产的监督管理,必须遵守本条例。本条例所称建设工程,是指土木工程、建筑工程、线路管道和设备安装工程及装修工程。

第三条 建设工程安全生产管理,坚持安全第一、预防为主的方针。

第七条 建设单位不得对勘察、设计、施工、工程监理等单位提出不符合建设工程安全生产法律、法规和强制性标准规定的要求,不得压缩合同约定的工期。

第十四条 工程监理单位应当审查施工组织设计中的安全技术措施或者专项施工方案是否符合工程建设强制性标准。

工程监理单位在实施监理过程中,发现存在安全事故隐患的,应当要求施工单位整改;情况严重的,应当要求施工单位暂时停止施工,并及时报告建设单位。施工单位拒不整改或者不停止施工的,工程监理单位应当及时向有关主管部门报告。

工程监理单位和监理工程师应当按照法律、法规和工程建设强制性标准实施监理,并对建设工程安全生产承担监理责任。

第二十三条 施工单位应当设立安全生产管理机构,配备专职安全生产管理人员。

专职安全生产管理人员负责对安全生产进行现场监督检查。发现安全事故隐患,应当及时向项目负责人和安全生产管理机构报告;对违章指挥、违章操作的,应当立即制止。

第二十四条 建设工程实行施工总承包的,由总承包单位对施工现场的安全生产负总责。

总承包单位应当自行完成建设工程主体结构的施工。

总承包单位依法将建设工程分包给其他单位的,分包合同中应当明确各自在安全生产方面的权利、义务。总承包单位和分包单位对分包工程的安全生产承担连带责任。

分包单位应当服从总承包单位的安全生产管理,分包单位不服从管理导致生产安全事故的,由分包单位承担主要责任。

第二十五条 垂直运输机械作业人员、安装拆卸工、爆破作业人员、起重信号工、登高架设作业人员等特种作业人员,必须按照国家有关规定经过专门的安全作业培训,并取得特种作业操作资格证书后,方可上岗作业。

第二十六条 施工单位应当在施工组织设计中编制安全技术措施和施工现场临时用电方案,对下列达到一定规模的危险性较大的分部分项工程编制专项施工方案,并附具安全验算结果,经施工单位技术负责人、总监理工程师签字后实施,由专职安全生产管理人员进行现场监督:

(一)基坑支护与降水工程;

(二)土方开挖工程;

(三)模板工程;

(四)起重吊装工程;

(五)脚手架工程;

(六)拆除、爆破工程;

(七)国务院建设行政主管部门或者其他有关部门规定的其他危险性较大的工程。

对前款所列工程中涉及深基坑、地下暗挖工程、高大模板工程的专项施工方案,施工单位还应当组织专家进行论证、审查。

第二十九条 施工单位应当将施工现场的办公、生活区与作业区分开设置,并保持安全距离;办公、生活区的选址应当符合安全性要求。职工的膳食、饮水、休息场所等应当符合卫生标准。

施工单位不得在尚未竣工的建筑物内设置员工集体宿舍。

第三十六条 施工单位的主要负责人、项目负责人、专职安全生产管理人员应当经建设行政主管部门或者其他有关部门考核合格后方可任职。

施工单位应当对管理人员和作业人员每年至少进行一次安全生产教育培训,其教育培训情况记入个人工作档案。安全生产教育培训考核不合格的人员,不得上岗。

第三十七条 作业人员进入新的岗位或者新的施工现场前,应当接受安全生产教育培训。未经教育培训或者教育培训考核不合格的人员,不得上岗作业。

施工单位在采用新技术、新工艺、新设备、新材料时,应当对作业人员进行相应的安全生产教育培训。

第四十八条 施工单位应当制定本单位生产安全事故应急救援预案,建立应急救援组织或者配备应急救援人员,配备必要的应急救援器材、设备,并定期组织演练。

第四十九条 施工单位应当根据建设工程施工的特点、范围,对施工现场易发生重大事故的部位、环节进行监控,制定施工现场生产安全事故应急救援预案。实行施工总承包的,由总承包单位统一组织编制建设工程生产安全事故应急救援预案,工程总承包单位和分包单位按照应急救援预案,各自建立应急救援组织或者配备应急救援人员,配备救援器材、设备,并定期组织演练。

第五十条　施工单位发生生产安全事故,应当按照国家有关伤亡事故报告和调查处理的规定,及时、如实地向负责安全生产监督管理的部门、建设行政主管部门或者其他有关部门报告;特种设备发生事故的,还应当同时向特种设备安全监督管理部门报告。接到报告的部门应当按照国家有关规定,如实上报。

实行施工总承包的建设工程,由总承包单位负责上报事故。

三、《生产安全事故报告和调查处理条例》的主要条款

《生产安全事故报告和调查处理条例》(国务院令第493号)经2007年3月28日国务院第172次常务会议通过,现予公布,自2007年6月1日起施行。

下面摘录与工程监理有关的主要条款,其全部条文详见《交通运输工程监理相关法规文件汇编(公路工程专业篇)》一书。

第三条　根据生产安全事故(以下简称事故)造成的人员伤亡或者直接经济损失,事故一般分为以下等级:

(一)特别重大事故,是指造成30人以上死亡,或者100人以上重伤(包括急性工业中毒,下同),或者1亿元以上直接经济损失的事故;

(二)重大事故,是指造成10人以上30人以下死亡,或者50人以上100人以下重伤,或者5000万元以上1亿元以下直接经济损失的事故;

(三)较大事故,是指造成3人以上10人以下死亡,或者10人以上50人以下重伤,或者1000万元以上5000万元以下直接经济损失的事故;

(四)一般事故,是指造成3人以下死亡,或者10人以下重伤,或者1000万元以下直接经济损失的事故。

国务院安全生产监督管理部门可以会同国务院有关部门,制定事故等级划分的补充性规定。

本条第一款所称的"以上"包括本数,所称的"以下"不包括本数。

第四条　事故报告应当及时、准确、完整,任何单位和个人对事故不得迟报、漏报、谎报或者瞒报。

事故调查处理应当坚持实事求是、尊重科学的原则,及时、准确地查清事故经过、事故原因和事故损失,查明事故性质,认定事故责任,总结事故教训,提出整改措施,并对事故责任者依法追究责任。

第九条　事故发生后,事故现场有关人员应当立即向本单位负责人报告;单位负责人接到报告后,应当于1小时内向事故发生地县级以上人民政府安全生产监督管理部门和负有安全生产监督管理职责的有关部门报告。

情况紧急时,事故现场有关人员可以直接向事故发生地县级以上人民政府安全生产监督管理部门和负有安全生产监督管理职责的有关部门报告。

第十一条　安全生产监督管理部门和负有安全生产监督管理职责的有关部门逐级上报事故情况,每级上报的时间不得超过2小时。

第十二条 报告事故应当包括下列内容:
(一)事故发生单位概况;
(二)事故发生的时间、地点以及事故现场情况;
(三)事故的简要经过;
(四)事故已经造成或者可能造成的伤亡人数(包括下落不明的人数)和初步估计的直接经济损失;
(五)已经采取的措施;
(六)其他应当报告的情况。

第十三条 事故报告后出现新情况的,应当及时补报。自事故发生之日起30日内,事故造成的伤亡人数发生变化的,应当及时补报。道路交通事故、火灾事故自发生之日起7日内,事故造成的伤亡人数发生变化的,应当及时补报。

第十四条 事故发生单位负责人接到事故报告后,应当立即启动事故相应应急预案,或者采取有效措施,组织抢救,防止事故扩大,减少人员伤亡和财产损失。

第十九条 特别重大事故由国务院或者国务院授权有关部门组织事故调查组进行调查。重大事故、较大事故、一般事故分别由事故发生地省级人民政府、设区的市级人民政府、县级人民政府负责调查。省级人民政府、设区的市级人民政府、县级人民政府可以直接组织事故调查组进行调查,也可以授权或者委托有关部门组织事故调查组进行调查。未造成人员伤亡的一般事故,县级人民政府也可以委托事故发生单位组织事故调查组进行调查。

第二十九条 事故调查组应当自事故发生之日起60日内提交事故调查报告;特殊情况下,经负责事故调查的人民政府批准,提交事故调查报告的期限可以适当延长,但延长的期限最长不超过60日。

第三十条 事故调查报告应当包括下列内容:
(一)事故发生单位概况;
(二)事故发生经过和事故救援情况;
(三)事故造成的人员伤亡和直接经济损失;
(四)事故发生的原因和事故性质;
(五)事故责任的认定以及对事故责任者的处理建议;
(六)事故防范和整改措施。
事故调查报告应当附具有关证据材料。事故调查组成员应当在事故调查报告上签名。

四、《生产安全事故应急条例》的主要条款

《生产安全事故应急条例》(国务院令第708号)经2018年12月5日国务院第33次常务会议通过,现予公布,自2019年4月1日起施行。

下面摘录与工程监理有关的主要条款,其全部条文详见《交通运输工程监理相关法规文件汇编》一书。

第一章 总则

第一条 为了规范生产安全事故应急工作,保障人民群众生命和财产安全,根据《中华人民共和国安全生产法》和《中华人民共和国突发事件应对法》,制定本条例。

第四条 生产经营单位应当加强生产安全事故应急工作,建立、健全生产安全事故应急工作责任制,其主要负责人对本单位的生产安全事故应急工作全面负责。

第二章 应急准备

第五条 生产经营单位应当针对本单位可能发生的生产安全事故的特点和危害,进行风险辨识和评估,制定相应的生产安全事故应急救援预案,并向本单位从业人员公布。

第六条 生产安全事故应急救援预案应当符合有关法律、法规、规章和标准的规定,具有科学性、针对性和可操作性,明确规定应急组织体系、职责分工以及应急救援程序和措施。

有下列情形之一的,生产安全事故应急救援预案制定单位应当及时修订相关预案:

(一)制定预案所依据的法律、法规、规章、标准发生重大变化;

(二)应急指挥机构及其职责发生调整的;

(三)安全生产面临的风险发生重大变化的;

(四)重要应急资源发生重大变化的;

(五)在预案演练或者应急救援中发现需要修订预案的重大问题的;

(六)其他应当修订的情形。

第七条 易燃易爆物品、危险化学品等危险物品的生产、经营、储存、运输单位,矿山、金属冶炼、城市轨道交通运营、建筑施工单位,以及宾馆、商场、娱乐场所、旅游景区等人员密集场所经营单位,应当将其制定的生产安全事故应急救援预案按照国家有关规定报送县级以上人民政府负有安全生产监督管理职责的部门备案,并依法向社会公布。

第八条 易燃易爆物品、危险化学品等危险物品的生产、经营、储存、运输单位,矿山、金属冶炼、城市轨道交通运营、建筑施工单位,以及宾馆、商场、娱乐场所、旅游景区等人员密集场所经营单位,应当至少每半年组织1次生产安全事故应急救援预案演练,并将演练情况报送所在地县级以上地方人民政府负有安全生产监督管理职责的部门。

第十条 易燃易爆物品、危险化学品等危险物品的生产、经营、储存、运输单位,矿山、金属冶炼、城市轨道交通运营、建筑施工单位,以及宾馆、商场、娱乐场所、旅游景区等人员密集场所经营单位,应当建立应急救援队伍;其中,小型企业或者微型企业等规模较小的生产经营单位,可以不建立应急救援队伍,但应当指定兼职的应急救援人员,并且可以与邻近的应急救援队伍签订应急救援协议。

工业园区、开发区等产业聚集区域内的生产经营单位,可以联合建立应急救援队伍。

第十一条 应急救援队伍的应急救援人员应当具备必要的专业知识、技能、身体素质和心理素质。

应急救援队伍建立单位或者兼职应急救援人员所在单位应当按照国家有关规定对应急救援人员进行培训;应急救援人员经培训合格后,方可参加应急救援工作。

应急救援队伍应当配备必要的应急救援装备和物资,并定期组织训练。

第十二条 生产经营单位应当及时将本单位应急救援队伍建立情况按照国家有关规定报送县级以上人民政府负有安全生产监督管理职责的部门,并依法向社会公布。

第十三条 易燃易爆物品、危险化学品等危险物品的生产、经营、储存、运输单位,矿山、金属冶炼、城市轨道交通运营、建筑施工单位,以及宾馆、商场、娱乐场所、旅游景区等人员密集场所经营单位,应当根据本单位可能发生的生产安全事故的特点和危害,配备必要的灭火、排水、通风以及危险物品稀释、掩埋、收集等应急救援器材、设备和物资,并进行经常性维护、保养,保证正常运转。

第十四条 下列单位应当建立应急值班制度,配备应急值班人员:

(一)县级以上人民政府及其负有安全生产监督管理职责的部门;

(二)危险物品的生产、经营、储存、运输单位以及矿山、金属冶炼、城市轨道交通运营、建筑施工单位;

(三)应急救援队伍。

规模较大、危险性较高的易燃易爆物品、危险化学品等危险物品的生产、经营、储存、运输单位应当成立应急处置技术组,实行 24 小时应急值班。

第十五条 生产经营单位应当对从业人员进行应急教育和培训,保证从业人员具备必要的应急知识,掌握风险防范技能和事故应急措施。

第三章 应急救援

第十七条 发生生产安全事故后,生产经营单位应当立即启动生产安全事故应急救援预案,采取下列一项或者多项应急救援措施,并按照国家有关规定报告事故情况:

(一)迅速控制危险源,组织抢救遇险人员;

(二)根据事故危害程度,组织现场人员撤离或者采取可能的应急措施后撤离;

(三)及时通知可能受到事故影响的单位和人员;

(四)采取必要措施,防止事故危害扩大和次生、衍生灾害发生;

(五)根据需要请求邻近的应急救援队伍参加救援,并向参加救援的应急救援队伍提供相关技术资料、信息和处置方法;

(六)维护事故现场秩序,保护事故现场和相关证据;

(七)法律、法规规定的其他应急救援措施。

第二十一条 现场指挥部实行总指挥负责制,按照本级人民政府的授权组织制定并实施生产安全事故现场应急救援方案,协调、指挥有关单位和个人参加现场应急救援。

参加生产安全事故现场应急救援的单位和个人应当服从现场指挥部的统一指挥。

第四章 法律责任

第三十一条 生产经营单位未对应急救援器材、设备和物资进行经常性维护、保养,导致发生严重生产安全事故或者生产安全事故危害扩大,或者在本单位发生生产安全事故后未立即采取相应的应急救援措施,造成严重后果的,由县级以上人民政府负有安全生产监督管理职责的部门依照《中华人民共和国突发事件应对法》有关规定追究法律责任。

第三十二条 生产经营单位未将生产安全事故应急救援预案报送备案、未建立应急值班制度或者配备应急值班人员的,由县级以上人民政府负有安全生产监督管理职责的部门责令限期改正;逾期未改正的,处 3 万元以上 5 万元以下的罚款,对直接负责的主管人员和其他直接责任人员处 1 万元以上 2 万元以下的罚款。

五、《公路水运工程安全生产监督管理办法》的主要条款

《公路水运工程安全生产监督管理办法》(中华人民共和国交通运输部令 2017 年第 25 号)已于 2017 年 6 月 7 日经第 9 次部务会议通过,现予公布,自 2017 年 8 月 1 日起施行。

下面摘录与工程监理有关的主要条款,其全部条文详见《交通运输工程监理相关法规文件汇编》一书。

第三条 本办法所称公路水运工程,是指经依法审批、核准或者备案的公路、水运基础设施的新建、改建、扩建等建设项目。

本办法所称从业单位,是指从事公路、水运工程建设、勘察、设计、施工、监理、试验检测、安全服务等工作的单位。

第十一条 从业单位从事公路水运工程建设活动,应当具备法律、法规、规章和工程建设强制性标准规定的安全生产条件。任何单位和个人不得降低安全生产条件。

第十三条 公路水运工程施工招标文件及施工合同中应当载明项目安全管理目标、安全生产职责、安全生产条件、安全生产信用情况及专职安全生产管理人员配备的标准等要求。

第十四条 施工单位从事公路水运工程建设活动,应当取得安全生产许可证及相应等级的资质证书。施工单位的主要负责人和安全生产管理人员应当经交通运输主管部门对其安全生产知识和管理能力考核合格。

施工单位应当设置安全生产管理机构或者配备专职安全生产管理人员。施工单位应当根据工程施工作业特点、安全风险以及施工组织难度,按照年度施工产值配备专职安全生产管理人员,不足5000万元的至少配备1名;5000万元以上不足2亿元的按每5000万元不少于1名的比例配备;2亿元以上的不少于5名,且按专业配备。

第十五条 从业单位应当依法对从业人员进行安全生产教育和培训。未经安全生产教育和培训合格的从业人员,不得上岗作业。

第十六条 公路水运工程从业人员中的特种作业人员应当按照国家有关规定取得相应资格,方可上岗作业。

第十八条 特种设备使用单位应当依法取得特种设备使用登记证书,建立特种设备安全技术档案,并将登记标志置于该特种设备的显著位置。

第十九条 翻模、滑(爬)模等自升式架设设施,以及自行设计、组装或者改装的施工挂(吊)篮、移动模架等设施在投入使用前,施工单位应当组织有关单位进行验收,或者委托具有相应资质的检验检测机构进行验收。验收合格后方可使用。

第二十条 对严重危及公路水运工程生产安全的工艺、设备和材料,应当依法予以淘汰。从业单位不得使用已淘汰的危及生产安全的工艺、设备和材料。

第二十一条 从业单位应当保证本单位所应具备的安全生产条件必需的资金投入。

建设单位在编制工程招标文件及项目概预算时,应当确定保障安全作业环境及安全施工措施所需的安全生产费用,并不得低于国家规定的标准。

施工单位在工程投标报价中应当包含安全生产费用并单独计提,不得作为竞争性报价。

安全生产费用应当经监理工程师审核签认,并经建设单位同意后,在项目建设成本中据实列支,严禁挪用。

第二十二条 公路水运工程施工现场的办公、生活区与作业区应当分开设置,并保持安全距离。办公、生活区的选址应当符合安全性要求,严禁在已发现的泥石流影响区、滑坡体等危险区域设置施工驻地。

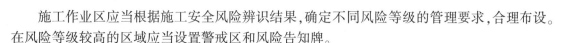

施工作业区应当根据施工安全风险辨识结果,确定不同风险等级的管理要求,合理布设。在风险等级较高的区域应当设置警戒区和风险告知牌。

施工作业点应当设置明显的安全警示标志,按规定设置安全防护设施。施工便道便桥、临时码头应当满足通行和安全作业要求,施工便桥和临时码头还应当提供临边防护和水上救生等设施。

第二十四条 公路水运工程建设应当实施安全生产风险管理,按规定开展设计、施工安全风险评估。

设计单位应当依据风险评估结论,对设计方案进行修改完善。

施工单位应当依据风险评估结论,对风险等级较高的分部分项工程编制专项施工方案,并附安全验算结果,经施工单位技术负责人签字后报监理工程师批准执行。

必要时,施工单位应当组织专家对专项施工方案进行论证、审核。

第二十五条 建设、施工等单位应当针对工程项目特点和风险评估情况分别制定项目综合应急预案、合同段施工专项应急预案和现场处置方案,告知相关人员紧急避险措施,并定期组织演练。

施工单位应当依法建立应急救援组织或者指定工程现场兼职的、具有一定专业能力的应急救援人员,配备必要的应急救援器材、设备和物资,并进行经常性维护、保养。

第二十八条 建设单位对公路水运工程安全生产负管理责任。依法开展项目安全生产条件审核,按规定组织风险评估和安全生产检查。

建设单位不得对勘察、设计、监理、施工、设备租赁、材料供应、试验检测、安全服务等单位提出不符合安全生产法律、法规和工程建设强制性标准规定的要求。不得违反或者擅自简化基本建设程序。不得随意压缩工期。工期确需调整的,应当对影响安全的风险进行论证和评估,经合同双方协商一致,提出相应的施工组织和安全保障措施。

第三十一条 监理单位应当按照法律、法规、规章、工程建设强制性标准和合同文件进行监理,对工程安全生产承担监理责任。

监理单位应当审核施工项目安全生产条件,审查施工组织设计中安全措施和专项施工方案。在实施监理过程中,发现存在安全事故隐患的,应当要求施工单位整改;情节严重的,应当下达工程暂停令,并及时报告建设单位。施工单位拒不整改或者不停止施工的,监理单位应当及时向有关主管部门书面报告,并有权拒绝计量支付审核。

监理单位应当如实记录安全事故隐患和整改验收情况,对有关文字、影像资料应当妥善保存。

第四十条 施工单位应当建立健全安全生产技术分级交底制度,明确安全技术分级交底的原则、内容、方法及确认手续。

分项工程实施前,施工单位负责项目管理的技术人员应当按规定对有关安全施工的技术要求向施工作业班组、作业人员详细说明,并由双方签字确认。

第四十一条 施工单位应当按规定开展安全事故隐患排查治理,建立职工参与的工作机制,对隐患排查、登记、治理等全过程闭合管理情况予以记录。事故隐患排查治理情况应当向从业人员通报,重大事故隐患还应当按规定上报和专项治理。

六、《交通运输工程施工单位主要负责人、项目负责人和专职安全生产管理人员安全生产考核管理办法》的主要内容

《交通运输工程施工单位主要负责人、项目负责人和专职安全生产管理人员安全生产考核管理办法》(交通运输部令2024年第2号)已于2023年12月29日经第30次部务会议通过,自2024年3月1日起施行。

(1)交通运输工程施工单位主要负责人、项目负责人和专职安全生产管理人员(以下统称安管人员)安全生产考核及监督管理,适用本办法。

(2)交通运输工程施工单位安管人员应当具备从事交通运输工程施工活动相应的安全生产知识和管理能力,通过安全生产考核后方可任职。

主要负责人,是指对施工单位生产经营活动具有决策权、全面负责安全生产工作的人员,主要包括董事长、经理。

项目负责人,是指取得相应执业资格、由施工单位书面确定、对建设工程项目的安全施工负责的人员,主要包括项目经理。

专职安全生产管理人员,是指在施工单位专职从事安全生产管理的人员。

(3)安管人员安全生产考核分为公路工程和水运工程两个领域,每个领域按照岗位类型均分为主要负责人考核、项目负责人考核和专职安全生产管理人员考核。

安管人员应当按照考核合格证书明确的工程领域、岗位类型从事相应的安全生产工作,依法履行安全生产管理职责。

(4)申请安管人员安全生产考核的人员,应当符合以下条件:①与公路工程或者水运工程施工单位已建立劳动关系;②安全生产考试成绩合格;③申请项目负责人安全生产考核的,还应当具备公路工程或者水运工程相关专业建造师执业资格。

安全生产考试成绩合格人员应当自取得考试成绩之日起1年内申请安管人员安全生产考核。逾期未申请的,应当在符合本办法规定的继续教育学时要求后方可申请。

考核合格证书在全国范围内有效,有效期3年。安管人员在考核合格证书有效期内,应当参加交通运输主管部门组织的继续教育,每年度不少于12学时。

考核合格证书有效期届满需要延续的,应当提前3个月向原考核部门提交延续申请。

第二节　公路水运工程安全生产条件通用要求

《公路水运工程安全生产条件通用要求》(JT/T 1404—2022)规定了公路水运工程安全生产条件的基本要求,机构、人员与费用,安全管理制度,安全技术保障,应急管理,临时设施与设备,通用作业,公路工程,水运工程,特殊季节与特殊环境施工等要求,具体内容如下。

一、主要术语和定义

(1)安全生产条件:从业单位为保障公路水运工程施工作业安全所需要的管理组织、制度、技术、人员、设备与环境等要素及其组合。

(2)风险辨识:发现、识别风险,并确定其特征和特性的过程。
(3)风险评估:对潜在的风险进行辨识、分析、估测并提出控制措施的系列工作。
(4)事故隐患:可能导致事故发生的人的不安全行为、物(环境)的不安全状态和管理上的缺陷。
(5)两区三场:公路水运工程建设项目中的生活区、办公区和钢筋加工场、拌和场、预制场的统称。

二、基本要求

(1)建设单位应严格执行基本建设程序,不应违反或者擅自简化基本建设程序。
(2)勘察、设计单位应提供真实准确的勘察设计文件,开展设计安全风险评估工作。
(3)建设单位应在招标文件中载明项目安全生产管理目标、安全生产职责、安全生产信用情况、安全生产费用及安全生产管理人员配备等安全生产管理的相关要求。
(4)建设单位、监理单位与施工单位应根据项目安全生产管理目标、安全风险特点、工程建设规模以及合同要求等建立健全安全生产管理体系,并保证其有效运行。
(5)建设项目应保证合理施工工期,任何单位不应随意压缩工期。确需调整的,应对影响安全的风险进行论证或评估,提出有效的安全保障措施。
(6)建设单位与施工单位及监理单位,施工单位与分包单位应在合同或安全生产协议中明确各方的安全生产责任和义务,履行各自的安全生产责任。
(7)从事公路水运工程建设项目施工活动的施工单位,应取得相应资质证书及安全生产许可证,且均应在有效期内。
(8)建设单位与监理单位应开展项目安全生产条件审核,施工单位应开展合同段安全生产条件自查自纠及平安工地建设自我评价。
(9)两个以上施工单位在同一作业区域进行施工,可能危及对方安全生产的,应书面明确各自职责和应采取的安全措施。
(10)涉及跨越公路、铁路、航道、管道等建设项目,应明确施工单位、相关管理部门或权属单位各方的安全生产管理职责和应采取的安全保障措施。
(11)从业单位采用新工艺、新技术、新材料、新结构或者使用新设备,应了解、掌握其安全技术特性,并提出保障施工作业人员安全和预防生产安全事故的要求。
(12)施工单位不应使用应当淘汰的、危及安全生产的施工工艺、设备和材料。
(13)进入施工现场的从业人员应接受进场、上岗、转岗、返岗安全教育培训,特种作业人员应进行专门的安全作业培训。
(14)施工单位应为从业人员包括短期雇佣的从业人员办理工伤保险,为施工现场从事危险作业的人员办理意外伤害保险。

三、机构、人员与费用

1.机构设置

(1)建设单位应牵头组建项目安全生产组织协调机制,建立项目安全生产管理体系,研究布置安全生产工作,督促保障安全生产条件,定期开展平安工地建设情况的检查评价。

(2)建设单位与施工单位应设置相应的项目安全生产管理机构,明确安全生产管理体系运行要求,组织落实安全生产工作。

2. 人员配备

(1)施工单位应当根据工程施工作业特点、安全风险以及施工组织难度,按照年度施工产值要求配备专职安全生产管理人员。

(2)施工单位主要负责人和安全生产管理人员应通过交通运输主管部门对其安全生产知识和管理能力考核合格,取得安全生产考核合格证书。

(3)电工、焊接与热切割作业人员、架子工等特种作业人员应取得作业资格证书后方可上岗作业,进场前宜接受技能测试。

3. 安全生产费用

(1)建设单位在编制工程招标文件时,安全生产费用应包含在工程投标报价中并单独计提,所需的安全生产费用不应低于国家规定的提取标准。

(2)公路水运工程建设项目应规范安全生产费用的使用,建设单位应明确使用范围和支付程序。

(3)施工单位应根据实际工程需要编制合同段安全生产费用使用计划,按程序计量安全生产费用,建立安全生产费用使用台账。

(4)设计变更导致工程量增加时,应相应调增安全生产费用。

四、安全管理制度

1. 制度编制

(1)从业单位应结合项目实际需要,建立健全项目安全生产责任制和安全生产规章制度,并根据情况变化及时修订。

(2)建设单位的安全管理制度应包含但不局限于以下内容:

①全员安全生产责任制;

②安全生产会议;

③安全教育培训;

④安全生产检查;

⑤安全风险管理;

⑥事故隐患排查治理;

⑦平安工地建设;

⑧安全生产奖惩;

⑨安全生产费用管理;

⑩生产安全事故报告;

⑪应急管理。

(3)施工单位的安全管理制度应包含但不局限于以下内容:

①全员安全生产责任制;

②专业(劳务)分包单位安全管理;
③特种作业人员管理;
④安全生产会议;
⑤安全教育培训;
⑥项目主要负责人带班生产;
⑦施工组织设计与专项施工方案编制;
⑧安全技术交底;
⑨安全生产检查;
⑩安全风险管理;
⑪事故隐患排查治理;
⑫平安工地建设;
⑬临时设施与设备安全管理;
⑭临时用电管理;
⑮劳动防护用品管理;
⑯民用爆炸物品管理;
⑰消防安全管理;
⑱安全生产奖惩;
⑲安全生产费用管理;
⑳职业健康安全管理;
㉑生产安全事故报告;
㉒应急管理。

(4)监理单位的安全管理制度应包含但不局限于以下内容:
①全员安全生产责任制;
②安全生产会议;
③安全教育培训;
④施工组织设计与专项施工方案审查;
⑤安全生产费用审查;
⑥船机设备、人员进(退)场审核;
⑦特种设备复核检查;
⑧安全生产检查;
⑨事故隐患排查治理;
⑩平安工地建设现场监督管理;
⑪生产安全事故报告;
⑫应急管理。

2. 制度实施

(1)从业单位应定期组织安全管理制度实施情况检查。

(2)施工单位应遵守安全管理制度,制止和纠正违章指挥、违章作业、违反劳动纪律等行为。

五、安全技术保障

1. 安全风险预控

(1)公路水运工程建设项目应开展施工安全风险评估,编制风险评估报告。

(2)建设单位应根据施工安全总体风险评估结论,向施工单位与监理单位提出相应的风险控制要求。

(3)施工单位应根据施工安全专项风险评估结论,制定风险预控措施,确定不同风险等级的管理要求,并将重大风险的名称、位置、可能导致的生产安全事故及管控措施等及时告知直接影响范围内的相关单位或人员。

2. 施工组织设计和专项施工方案

(1)施工组织设计应明确安全技术措施和保障措施,并结合施工安全风险评估结论进行完善。

(2)施工单位应按照现行《公路工程施工安全技术规范》(JTG F90)及《水运工程施工安全防护技术规范》(JTS 205—1)的相关要求,结合施工安全风险评估结论,编制危险性较大分部分项工程专项施工方案,并附安全验算结果。超过一定规模的危险性较大分部分项工程的专项施工方案应通过专家论证。

(3)分部分项工程与关键工序开工前,施工单位应按照相关要求,组织做好分级安全技术交底。

(4)施工单位应按照批准的专项施工方案组织施工,专项施工方案确需调整的,应重新审批后实施。

3. 隐患排查治理

(1)施工单位应全员参与事故隐患排查治理,建设单位与监理单位应定期组织开展事故隐患排查,督促施工单位完善排查机制。

(2)重大事故隐患治理应明确责任、措施、资金、时限、预案等相关要求,整改过程中应采取相应的安全防范措施,整改治理完成后应通过验收。

六、应急管理

1. 应急准备

(1)从业单位应建立预警机制,接收气象、水利、自然资源等机构发布的气象、海况、地质、水文等预警信息,及时对预警信息进行分析研判并传达给项目相关部门及人员。

(2)从业单位应有计划地开展应急宣传教育与培训工作,使从业人员熟悉应急管理要求及紧急避险措施。

(3)施工单位应开展应急资源调查,配备必要的应急救援设备、物资及器材,建立使用档案,并定期维护保养。

(4)施工单位应建立兼职应急救援队伍,兼职救援人员应经过相应应急救援能力培训,宜与工程所在地应急救援机构签订应急救援服务协议。

(5)建设单位应掌握各标段应急资源及应急救援队伍情况,根据应急工作需要协调调度应急资源。

2. 预案编制

(1)建设单位应根据工程项目施工安全生产的特点与风险评估结论,编制项目综合应急预案。

(2)施工单位应结合合同段施工安全风险评估结论,编制合同段施工专项应急预案或现场处置方案,宜结合特定场所、重点岗位风险特点编制应急处置卡。

(3)建设单位和施工单位编制的应急预案应与上级单位、项目属地负有安全生产监督管理职责的交通运输管理部门和应急管理部门等相关单位的应急预案保持衔接。

(4)建设单位和施工单位应建立应急预案定期评估机制,对预案内容的针对性和实用性进行分析评估,并及时修订和更新。

3. 应急演练

(1)建设单位应结合本项目特点,制订项目综合应急预案演练计划,并组织实施。

(2)施工单位应制订本合同段的应急预案演练计划,组织合同段施工专项应急预案或现场处置方案应急演练。

(3)应急预案演练组织单位应对应急预案演练效果进行评估,编写应急预案演练评估报告,分析存在的问题,提出应急预案修订意见。

七、临时设施与设备

1. 两区三厂

根据交通运输部《"两区三厂"建设安全标准化指南》,两区三厂的建设和管理应符合下列要求:

(1)两区三厂选址应符合安全性要求,考虑周边地形地质、水文气象、既有建(构)筑物、线路管道等因素,在滑坡、崩塌等不良地质区域施工的应开展地质灾害危险性评估,采取有效安全防护措施。两区三厂不应设置在已发现的泥石流影响区、滑坡体等危险区域。

(2)两区三厂应进行总体布局规划,生活区、办公区与施工现场应分开设置并保持安全距离,钢筋加工厂、拌和厂和预制厂厂内应合理分区。两区三厂的厂房设计应满足当地防风、防雪、防汛、防雷、防风暴潮等相关要求,防火措施应符合现行《建设工程施工现场消防安全技术规范》(GB 50720)的规定,生活区、办公区用房建筑构件其芯材的燃烧性能等级应为A级。

(3)两区三厂重要结构、设施设备应编制专项施工方案。

(4)两区三厂宜实施视频监控与封闭管理,对存在物体打击、机械伤害、车辆伤害等事故风险的作业区域应采取隔离、警示、防护等措施。

(5)两区三厂应验收合格后投入使用。

(6)其他内容详见《"两区三厂"建设安全标准化指南》。

2. 临时用电

(1)施工现场应根据工程规模、场地特点、负荷性质、用电容量、供电条件等编制临时用电组织设计,经审核批准后实施。

(2)施工现场临时用电应实行三级配电,设置逐级回路保护,并应符合现行《建设工程施工现场供用电安全规范》(GB 50194)、《公路水运工程临时用电技术规程》(JT/T 1499—2024)的规定。用电设备应满足"一机一闸一漏"的要求,动力开关箱与照明开关箱应分别设置,定期维修检查。

(3)水上或潮湿地带电缆线应绝缘良好并具有防水功能,船舶进出的通行航道、抛锚区和锚缆摆动区不应架设或布设临时电缆线。

3. 便道便桥、临时码头

(1)便道便桥、临时码头应根据施工荷载、使用功能、环境条件等进行设计,便道宜避开不良地质地段,便桥应考虑洪水、风浪、潮汐、通航等因素的影响,临时码头宜选址在岸坡稳定、波浪和流速较小的岸段。

(2)便道便桥、临时码头安全防护设施设置应满足使用要求。便道应对不良地质地段进行地基处理或边坡防护,在急弯或特殊路段增设减速、防撞等设施及警示标志。便桥应设置限高、限宽、限载及通航水域航行警示标志。临时码头应设置救生设施。

(3)便道便桥、临时码头使用过程中应进行定期检查、设施维护及结构安全监测,验收合格后方可使用。

4. 施工船舶、机械设备

(1)施工单位应配备施工船舶、机械设备专职管理人员,建立分类管理台账,将外租或分包单位的机械设备纳入项目部统一管理,定期检查、维护保养。

(2)船机设备进场前应根据使用要求对机械设备证件、安全装置、机械性能和状况等进行查验。

(3)特种设备应经检验检测机构定期检验,使用单位应办理使用登记,并将使用登记标志、定期检验标志置于该特种设备的显著位置。

(4)施工单位应对使用的特种设备进行风险辨识,明确预防和控制特种设备事故发生的技术和管理措施。

(5)内河砂石运输船、施工船和交通船等应在船舶适航证书规定的航区作业,不应超出适航区域。

(6)船机设备退场应及时办理退场手续。

八、通用作业

1. 高处作业

(1)高处作业人员身体状况应满足工作要求,作业时个人防护用品和用具的佩戴和使用应符合现行《公路工程施工安全技术规范》(JTG F90)与《水运工程施工安全防护技术规范》(JTS 205—1)的有关规定。

(2)高处作业应设置专门的上下通道。墩柱及盖(系)梁施工、跨越式支架搭设、围堰拼装、设备安装等高处作业应设置作业平台,作业平台应进行设计验算,不应超载使用。

(3)高处作业下方应设置警戒区,不应同时上下交叉作业。

2. 吊装作业

（1）起重吊装的地基基础、起重设备附着处应经承载力验算并满足使用说明书要求。起重机械的索具、卡环、绳扣等的规格应符合起吊能力的要求，起吊作业前应检查起重设备的滑轮、吊索、卡环和地锚等主要构件的完好状况。

（2）起重吊装作业应明确专人统一指挥，明确警戒区设置要求，多台机械在同一区域作业时应保持安全距离，并采取防碰撞安全技术措施。

（3）吊装施工材料、构件、设施设备前应计算确定吊点的数量、位置和捆绑方法。吊装大型及重型结构构件和采用新的吊装工艺时，应先进行试吊。

（4）六级及六级以上大风或大雨、大雪、大雾等恶劣天气时，不应进行露天起重吊装作业。

3. 钢筋（钢绞线）作业

（1）钢筋（钢绞线）张拉作业前，张拉机具设备应校验标定。

（2）钢筋与钢绞线机械加工作业应遵守安全操作规程，张拉时非作业人员不应进入警戒区内。

（3）预制的钢筋骨架和钢筋网应具有足够的刚度和稳定性，高度超过2m的钢筋骨架应采取防倾覆措施。

4. 有限空间作业

（1）人员进入密闭船舱、钢箱梁、桩孔、管道井等有限空间作业前应先通风后检测，气体检测合格后方可作业。

（2）有限空间作业应为作业人员配备防中毒窒息的防护装备，制订应急处置措施并向作业人员交底。

（3）有限空间内实施焊接及切割作业应采取防火、防爆措施，并配备消防器材。

5. 支架及模板作业

（1）支架整体、杆配件、节点应进行强度和稳定性计算，地基或基础承载力应满足安全使用要求。水中支架基础应考虑水流冲刷影响。

（2）钢管支架及构配件使用前应抽检合格，承重支架安装完成后应进行预压。

（3）大体积混凝土浇筑应按照专项施工方案要求的顺序进行，并对模板支撑体系进行过程监测。

（4）支架和模板拆除应按照专项施工方案要求的顺序进行，作业时应设立警戒区。承重模板及支架应在混凝土强度达到设计或规范要求后拆除。

6. 基础工程作业

（1）基础施工前应现场核对地质勘察资料符合性，临近建（构）筑物的基础施工应采取安全保护措施。

（2）基础施工作业区域应设置警戒区，四周应设置护栏及明显的警示标志。

（3）基坑施工应采取措施控制地表和地下水，并对施工现场降（排）水系统进行检查和维护，保证降水、排水畅通。深基坑施工应先支护后开挖，未达到拆除条件时不应拆除支撑支护，不应随意削弱支撑支护。应对基坑进行监测和检查，周边荷载不应超过设计要求的地面荷载限值。

(4)沉井施工过程中应进行沉降和倾斜观测,发现异常应停止作业并采取相应措施。

(5)围堰内作业应及时掌握水文、气象等信息,遇有洪水、风暴潮等异常情况,应提前做好人员与机械撤离和加固工作。临近航道的围堰作业区应设置防止船舶撞击的装置。

(6)钢围堰应对内外侧壁、斜撑、内撑、围檩等受力构件及整体稳定性进行计算,围堰内外水位变化时应进行变形动态监测。

7. 爆破作业

(1)大型土石方爆破、水下爆破、重要设施附近及技术要求高的爆破作业应编制爆破设计方案,制订相应的安全技术措施。

(2)爆破作业中民用爆炸物品的运输、存放和使用应符合现行《爆破安全规程》(GB 6722)的规定。

(3)爆破作业应设置警戒区并安排警戒人员,水下爆破作业应在现场设置禁航信号与警戒船。

(4)水下爆破作业应进行作业区域及周围环境状况调查,爆破影响范围内有水下管线、堤防等重要构筑物时,应进行试爆并监测。起爆前应检查药包布设位置,投药船离开投药地点后应检查船底、船舵及船桨有无缠绕的爆破导线或药包。

8. 水上水下作业

(1)水上水下作业前应办理水上水下施工作业许可证,制订施工通航安全保障方案,发布航行警告、航行通告。

(2)水上水下作业应考虑洪水、台风、波浪、水流、潮汐、通航等因素影响,作业区域应设置安全警示标志,与作业无关的船舶、人员及设施不应进入作业区域。

(3)施工船舶号灯号型应满足作业要求,作业时应与施工水域的掩护条件、水深、风浪、水流及其变化等工况条件相适应,不应超出核定航区作业,在狭窄水道或来往船舶较多的水域应明确船舶避让规则。

(4)陆上施工机械上驳船组合作业应编制专项施工方案,进行船舶稳性和结构强度验算。

(5)潜水作业前应了解现场的水文、气象、施工船舶锚缆布设及移动范围等情况,制订安全保障措施。无关船只不应进入潜水作业水域。

9. 涉路作业

(1)涉路施工应针对施工作业与交通运营相互干扰的风险制订预防预控措施,设置施工作业控制区,做好施工交通组织管理。施工作业控制区临时交通安全设施设置应满足工程实际需要。

(2)桥梁跨线施工应搭设安全防护棚,安全防护棚应具备足够的抗砸与抗冲击能力。

(3)作业车辆、机械设备宜设置安全警示灯。

九、公路工程(仅供公路工程专业的考生学习参考)

1. 路基路面工程

(1)路基工程开工前,应进行现场施工调查与核对,掌握施工范围内地形、地质、水文、气象以及地下埋设的各种管线等情况,制定安全防护措施。

(2)取(弃)土场(坑)施工作业应设置警示标志和安全防护设施,不应危及既有建(构)筑物等设施的安全。

(3)高边坡工程应按设计要求逐级开挖、逐级防护,并开展边坡稳定性监测,及时设置截、排水设施,临近建(构)筑物作业时应采取隔离、保护措施。

(4)特殊路基工程应按设计要求采取合理的整治方案,明确施工安全防护、过程监测等工程措施。

(5)路面施工现场出入口、未施工完成的下承层沟槽及伸缩缝处应设置警示标志及临时封闭设施。

(6)现场非作业车辆和人员未经同意不应进入路面施工作业区。

(7)隧道沥青路面施工应采用机械通风排烟,应对隧道内空气中有毒气体和可燃气体进行监测。

2. 桥梁工程

(1)翻模、爬模等自升式架设设施,以及自行设计、组装或者改装的施工挂(吊)篮、移动模架、非定型桥面悬臂式起重机等设施在投入使用前,施工单位应组织有关单位进行验收,或者委托具有相应资质的检验检测机构进行验收,验收合格后方可使用。

(2)爬模预埋件设置应符合设计要求,施工前应对工作平台、液压系统、滑升装置、模板系统等进行检查。

(3)桥梁悬浇不应采用配重式挂篮设备。挂篮结构应满足强度、刚度和稳定性要求,挂篮移动、锚固应安全可靠,施工荷载不应超过挂篮设计的允许荷载,两端悬臂荷载不平衡偏差应满足设计要求。

(4)移动模架应由设计制造厂家派专人现场指导安装与调试,使用前应进行试拼装和静载试验,并按设计要求进行预压。

(5)悬臂拼装起吊作业应符合《公路桥涵施工技术规范》(JTG/T 3650—2020)的有关规定,梁、墩临时锚固或墩顶临时支撑的设置及拆除应满足设计要求。

(6)架桥机轨道应设置限位器、缓冲器等安全装置,支腿处应铺设垫木,垫木应使用硬杂木,一般不多于3层。纵向移动应设专人指挥,不应中途停顿,宜对架桥机关键受力结构进行变形监测,停止作业的架桥机应临时锚定。

(7)大跨径拱桥施工应开展施工过程监测与控制,应对拱桥形成过程中结构的变形、应力等进行分析评价和适时调整,使其控制在设计计算允许范围内。

(8)拱架浇(砌)筑拱圈应按照《公路工程施工安全技术规范》(JTG F90—2015)的相关要求,对拱架进行专项设计,施工前应进行预压。

(9)采用少支架或无支架施工修建拱桥时,应按设计和施工方法选定适宜的吊装机具设备。作业中应监控塔架、缆(索)、动力装置、锚固系统等工作状态以及通信、指挥系统的通畅性能。

(10)桥梁索塔及横梁施工应设置环绕塔身的封闭作业系统,索塔施工范围内应配备消防器材,建立区域通信联络系统。

(11)桥梁缆(索)安装应根据塔高、缆(索)长度、起重设备性能等综合因素选择架设方法。缆(索)作业前应对施工平台、张拉机具及塔顶卷扬机等设施设备的吊点、连接处进行检查。

(12)悬索桥施工应对桥梁的线形、应力、索力等进行实时监控,确保桥梁结构在施工中应力、变形与稳定状态在设计计算允许范围内。

(13)悬索桥猫道应专门设计,其强度、刚度和抗风稳定性应符合要求。猫道架设与拆除应满足《公路工程施工安全技术规范》(JTG F90—2015)的相关要求。

(14)桥梁拆除作业应按专项施工方案要求的顺序进行,不应立体交叉作业。拆除施工现场应划定警戒区,设置安全警示标志。采用爆破拆除时,应在倒塌范围铺设缓冲材料或开挖防震沟。

3. 隧道工程

(1)隧道施工掘进前应开展超前地质预报和监控量测工作,并纳入施工工序进行管理。

(2)隧道洞口边、仰坡应按设计要求及时完成加固防护与截、排水系统设置。

(3)隧道施工应建立洞内外通信联络系统,并设置门禁系统、视频监控系统和人员识别定位系统与逃生通道。

(4)隧道施工通风、照明、消防设施应满足施工作业要求,洞内有毒有害气体和粉尘浓度不应超标。

(5)洞身开挖施工应结合超前地质预报和监控量测结果及时调整开挖循环进尺,开挖安全步距应按经审核后的专项施工方案控制。

(6)隧道初支应及时施作并封闭成环,拱架施工锁脚锚杆应按设计要求实施,拱脚不应脱空,不应有积水浸泡,支垫应安装牢固。

(7)富水软弱破碎围岩隧道施工中应开展隧道围岩和支护结构变形、地下水变化的监测,依据监测结论合理控制开挖循环进尺。

(8)瓦斯隧道应采用防爆电器和设备、煤矿许用炸药和雷管,并实施瓦斯监测预警与动火作业管理,通风应符合《公路工程施工安全技术规范》(JTG F90—2015)和专项施工方案的要求。

(9)岩爆隧道施工应开展围岩特性、岩爆强度等级等预报预测,对可能发生的岩爆应及时采取施工对策。

(10)盾构法施工应结合工程地质条件、作业环境等因素合理确定盾构机选型,盾尾密封应进行专门设计。盾构始发、到达施工应做好土体加固、防渗、防突涌等防护措施。掘进过程应开展关键指标的监测监控,控制好掘进参数。

(11)沉管隧道管节出运前应对管节进行试漏检查。管节出运、安装作业应对作业水域进行航道管制,设置施工警戒区及禁航区。沉放过程应采取措施防止钢封门受损,对接完成后应按设计要求实施锁定回填。

十、水运工程(仅供水运工程专业的考生学习参考)

1. 港口工程

(1)沉箱预制模板应设工作平台,并按沉箱高度设置稳固的人行塔梯。

(2)沉箱出运前,施工单位应对顶升、承重、牵引、制动系统进行检查验收和试运转,并对移运通道或台车轨道进行验收。采用气囊移运,还应在气囊充气嘴前设置安全防护挡板。

(3)沉箱上驳、运输、起浮、安装时的气象、水文工况条件应符合现行《水运工程施工安全防护技术规范》(JTS 205—1)的有关规定。出运码头及下潜坑水深应满足半潜驳(浮船坞)性能要求,应有富余水深。

(4)沉箱起浮或近程浮运拖带,施工单位应对沉箱吃水、压载和浮游稳定进行验算。沉箱浮游稳定不满足要求时,应向沉箱各舱格内注水或进行固体压载。宜设置舱格自动水位监测报警装置。

(5)已安装沉箱段和水上沉桩被水淹没的边缘角点应及时设置高潮时不被水淹没、昼夜能显示的安全警示标志。

(6)沉桩前应调查分析沉桩对岸坡稳定和邻近建(构)筑物安全的影响,制定安全保证措施,沉桩结束后应及时夹桩。

(7)岸坡开挖应设置沉降与位移观测点,并进行观测与分析。

(8)水上现浇横梁、桩帽和墩台等底模支承系统和作业平台应进行设计计算。平台使用前应对支承系统承载能力进行试验,使用过程中应定期对平台支承系统的焊缝、紧固螺栓等进行检查。

2. 航道工程

(1)航道整治工程应结合工程特点明确度汛、防台、防冰凌、防风暴潮等措施。

(2)潜坝施工应设置高出水面的安全警示标志。

(3)施工船舶靠近航道一侧的锚缆不应超出施工区域,因条件限制超出施工作业区域的锚缆应采用沉链方式抛锚并标识锚位。

(4)疏浚与吹填作业区域应设置安全警示标志和安全防护设施,与施工无关的船舶、人员及设施不应进入,作业区碍航的水上水下设施应设置警示标志及警示照明灯。

(5)水上排泥管线应设置标志灯,固定浮管的锚应设置锚标并显示灯号。水下管线跨越航道的应保证航道水深足够,管线两端应下锚固定并设置明显标志。陆上出泥管口应稳固,并设置警告标志。

(6)吹填施工前应对围堰结构稳定性进行验算,控制吹填速率,确定吹填间歇期。

(7)码头、护岸及其他水工建(构)筑物前沿疏浚与后方吹(抛)填作业应严格按设计要求控制超挖和填高,并采取措施保证建(构)筑物结构安全。

3. 船闸工程

(1)船闸工程勘察设计应满足结构安全稳定性、耐久性的相关要求。

(2)船闸大体积混凝土模板应进行专项设计,模板安装验收合格后方可浇筑混凝土。拆除模板时,浇筑层混凝土强度应达到规定要求。

(3)船闸施工应制订安全度汛方案,调查收集施工区域及河流上游水文、气象资料,建立与航道管理部门、水利部门、上游水库与水文站间的预警联动机制。

十一、特殊季节与特殊环境施工

1. 特殊季节施工

(1)台风、季风期间,施工单位应密切关注气象和海浪预报信息,提早选定船舶避风锚地和人员避风场所,适时采取防风加固或避风措施。

(2)台风、雨季(汛期)期间,易发生洪水、泥石流、滑坡、崩塌等灾害的施工现场应加强观测、预警,发现危险预兆应及时撤离作业人员和施工机械设备。

(3)强风、暴雨前施工单位应检查防风锚定,对机械设备、施工船舶、临时设施进行全面检查,对防排水设施、支架、起重设备、临时房屋等进行完善或加固。

(4)雨季(汛期)应经常检查和确保现场电气设备的电线绝缘、接地保护、漏电保护等装置有效可靠,拌和站、塔式起重机等高大的设施设备应设置防雷装置。

(5)夏季高温施工作业应合理安排作业时间,并采取合理的防暑、降温措施,为作业人员提供相应的个体防护用品。

(6)冬季施工作业,施工单位应落实人员防寒、防冻、防滑措施,做好船机设备及临时设施的防风、防火工作。

2. 特殊环境施工

(1)夜间施工作业场所或工程船舶机械作业应设置满足作业要求的照明设备和警示标识,作业人员应穿戴反光警示服。

(2)沙漠地区施工应及时了解风沙情况、沙丘变化及天气预报,为作业人员提供口罩、护目镜、防尘帽等相应的个体防护用品。沙暴和龙卷风易发地区应设置应急避险场所。

(3)高海拔地区施工应组织从业人员进行健康体检,并在施工现场设立医疗机构和氧疗室,为作业人员配备供氧器等医疗应急物品与相应的个体防护用品。

(4)无掩护水域或远离陆地的海上施工现场应配备通信设备、救生设施和应急船舶,及时收集气象及海况预报。

第三节　平安工地建设

为深入贯彻落实《中华人民共和国安全生产法》《建设工程安全生产管理条例》《公路水运工程安全生产监督管理办法》等法律法规和规章,加强公路水运工程平安工地建设,提升工程安全管理水平,交通运输部办公厅印发了《关于加强公路水运工程平安工地建设的指导意见》(交办安监〔2023〕64号),主要内容如下:

一、总体要求

1. 指导思想

以习近平新时代中国特色社会主义思想为指导,全面贯彻党的二十大精神,深入贯彻习近平总书记关于安全生产的重要指示批示精神,坚持"安全第一、预防为主、综合治理"的方针,更好统筹发展和安全,加快推动工程建设安全治理模式向事前预防转型,推行"零死亡"安全管理目标,推进平安工地建设全覆盖,落实全员安全生产责任制,改善安全生产条件,强化风险分级管控和隐患排查治理,确保公路水运工程建设领域安全生产形势持续稳定。

2. 工作原则

(1)坚持人民至上、生命至上。牢固树立以人民为中心的发展思想,始终把保障人民生命财产安全作为公路水运工程建设高质量发展的基础和前提,全面推行工程建设"零死亡"安全管理目标。

(2)坚持问题导向和目标导向。坚持把隐患当事故,聚焦作业人员集中的施工场地和施工驻地,加强安全风险管控,完善应急机制。加强顶层设计和系统谋划,加快推进平安工地建设全覆盖。

(3)强化责任落实和督导检查。严格落实参建单位责任,定期开展平安工地建设自查自纠、考核评价,保障安全生产条件落地落细,推动安全生产标准化。强化行业监管责任,加强监督检查和服务引导。

(4)注重科技创新和精细管理。鼓励优先选用先进适用、安全可靠的技术工艺、设备设施,推进危险作业机械化换人、自动化减人,提升工程项目工厂化、装配化、智能化和精细化管理水平。

3.主要目标

公路水运工程平安工地建设全覆盖加快实现,二级及以上公路和大中型水运工程等新改扩建重点工程项目全面开展平安工地建设工作,二级以下公路和小型水运工程等新改扩建项目逐步实施平安工地建设管理。平安工地建设取得积极成效,构建全员、全过程工程建设安全责任链条,健全现代化工程安全管理体系,保障安全生产条件,夯实安全生产基础,较大以上事故得到有效遏制,事故总量持续下降,涌现一大批安全技术与管理成效显著的"零死亡"平安工程,以高水平的安全管理效能保障交通基础设施建设高质量发展。

二、重点任务

1.深入推进施工安全标准化

参建单位应扎实推进施工场地布设、现场安全防护、施工方法与工艺、应急处置措施、岗位操作行为、施工安全管理活动记录等方面的安全生产标准化建设;科学合理布置施工现场,施工现场的办公、生活区与作业区应当分开设置,并保持安全距离;严格执行《公路水运工程淘汰危及生产安全施工工艺、设备和材料目录》有关规定,严禁使用"禁止"类施工工艺、设备和材料,不得在限制的条件和范围内使用"限制"类施工工艺、设备。参建单位应积极推广工厂化生产、装配化施工,全面推动工程安全防护设施的定型化设计、规范化使用;加大先进工艺技术推广应用,推动施工现场安全管理可视化、数字化转型发展。

2.加强施工安全风险分级管控

建设、施工单位应按规定开展施工安全风险评估,明确不同风险等级的防范措施及责任部门、责任人,并依据评估结论完善施工组织设计、专项施工方案及应急预案。较大及以上风险设置安全警戒和风险告知牌,做好风险提示和风险区域隔离措施,并指定专人进行安全检查。针对高大桥墩(柱、塔)、不良地质区段的隧道和高边坡工程、大型围堰、边通车(航)边施工路段(航道)等重点作业环节,积极采用远程监控和信息化管理技术手段,加强安全管控。

3.严格专项施工方案编审执行

参建单位应加强专项施工方案编制内审,落实方案审批及专家论证流程,规范施工工序管理,按照方案开展安全技术交底、施工和验收工作;建立健全方案落实监督和纠正机制,强化关键工序作业许可管控和施工现场监督检查,督促作业班组严格执行方案,防止方案和现场施工"两张皮";严格落实方案变更论证审查程序,严防以"设计优化""工艺变更"等名义变相降低标准,导致安全风险增大。

4. 深化事故隐患排查治理

施工、监理和建设单位应建立健全并落实事故隐患排查治理制度,明确事故隐患排查、告知(预警)、整改、评估验收等内容,实行常态化、闭环化、动态可追溯管理;加强施工现场排查治理,及时制止和纠正违章指挥、强令冒险作业、违反操作规程的行为。鼓励施工现场一线人员积极参与隐患排查治理,推进网格化安全治理。突出公路水运工程重大事故隐患治理,重大事故隐患整改应当制定专项方案,确保责任、措施、资金、时限、预案到位,重大事故隐患治理情况应当按规定向行业监管部门报告。

5. 强化施工驻地安全防范

施工、监理和建设单位应按规定开展施工驻地选址初筛及安全评估,将驻地设置在地质良好的地段,严禁在已发现的滑坡体、泥石流或山洪影响区等危险区域设置驻地;施工驻地使用前组织进行验收,鼓励有条件的实行打卡制度并远程监控,确保符合安全性要求。督促施工单位汛期以及台风等恶劣气候来临前,及时研判灾害发生趋势,在主汛期加强临灾预警"叫应",对驻地附近的山体滑坡、上游水位等实施持续监测,收到撤离预警信息坚决撤离人员;加强燃气和临时用电安全管理,提高临建设施结构耐火等级,配备符合规定要求的消防设备设施。

6. 加强大型临时设施安装拆卸管理

施工单位应按规定在施工便桥和临时码头设置临边防护和水上救生等设施,安装、拆卸大型水上临时作业平台要编制施工方案、制定安全措施,并安排专业技术人员现场监督,同时开展定期观测、检查维护。钢筋加工棚、作业平台等大型临时设施采用钢结构进行建设的,由具有相应资质的设计单位进行设计和验算,明确地基承载力,并具有一定的防风、抗震能力。

7. 保障施工设备机具安全运行

施工、监理和建设单位应加强施工现场的施工设备机具的管理,安排专人负责,定期进行检查、维修和保养,建立相应的资料档案,并按规定及时报废。自有或租赁的施工设备机具,应当具有生产(制造)许可证、产品合格证或者法定检验检测合格证明。使用承租的机械设备和施工机具及配件的,由施工总承包单位、分包单位、出租单位和安装单位共同进行验收。特种设备应依法取得使用登记证书。承重支架、挂篮及未列入国家特种设备目录的非标设备应组织专项验收。架桥机、架梁起重设备转场作业,或架设梁片达到一定数量时,按规定进行架桥机使用状态安全评估。

8. 提高作业人员安全意识和技能水平

施工单位应制定年度安全教育培训计划,规范作业人员安全培训要求,新职工上岗前进行三级安全教育,转岗、复岗人员重新接受教育,采用新工艺、新技术前或使用新设备、新材料前对作业人员进行专门的安全培训;建立健全施工班组管理制度,严格班组人员实名制和档案记录管理;保障作业人员合法权益,按规定投保工伤保险,注重人文关怀,及时关注作业人员身体与心理健康状况。现场作业人员及时参与班前教育,结合季节特点、施工特点、安全形势等开展经常性教育和警示教育。

9. 规范安全生产费用使用管理

建设单位在工程招标时做到所列安全生产费用不低于国家规定标准。督促施工、监理和建设单位严格依法依规、依合同管理,科学规范使用安全生产费用,不得挪用;制定安全生产费用使用计划,建立台账,严格管理,及时按程序计量核算。依法进行工程分包的,总包单位应当将安全生产费用按比例计列,并监督使用,分包单位不再重复提取。建设、监理单位应加强安全生产费用使用审核把关,重点核查超范围使用、套取、虚支冒领等违规行为,规范防灾减灾费用使用。

10. 提升防灾减灾和应急处置能力

建设、施工单位应按规定制定项目综合应急预案、合同段施工专项应急预案和现场处置方案,针对工作岗位特点编制应急处置卡;制定应急预案演练计划并定期组织演练,应急演练科目应覆盖危大工程可能发生的典型事故场景,根据演练情况及时健全完善应急预案,明确突发情况下紧急撤离的条件和要求;依法建立项目应急救援组织或者指定工程现场兼职的、具有一定专业能力的应急救援人员,定期开展专业培训;结合工程实际编制应急资源清单,配备必要的应急救援器材、设备和物资,进行经常性维护、保养和更新;注意接收工程所在地气象、水利、自然资源、应急等部门各类防灾减灾预警信息,完善施工现场临灾预警"叫应"机制,做好工程防灾减灾准备。

三、落实平安工地建设责任

建设、施工和监理单位应严格落实平安工地建设责任。建设单位要切实落实安全生产管理责任,按照《公路水运工程安全生产条件通用要求》(JT/T 1404—2022)建立健全平安工地建设、考核、奖惩等制度,将平安工地建设情况纳入工程合同履约管理,对项目平安工地建设负总责;施工单位要切实落实安全生产主体责任,将平安工地建设作为施工组织设计必要组成部分,明确建设内容、实施主体和工作要求,定期开展自查自纠、自我评价;监理单位要按规定将平安工地建设作为安全监理的主要内容,严格安全生产条件、专项施工方案和应急预案审核把关,对施工单位平安工地建设情况进行监督检查,督促问题整改落实。

第四节 危险源辨识

一、危险源的概念和分类

(一) 危险源的概念

根据《职业健康安全管理体系 要求及使用指南》(GB/T 45001—2020),危险源是指可能导致人身伤害和(或)健康损害的根源、状态或行为,或其组合。危险源辨识是指识别危险源的存在并确定其特性的过程。

风险是指发生危险事件或有害暴露的可能性,与随之引发的人身伤害或健康损害的严重性的组合。风险评价是指对危险源导致的风险进行评估、对现有控制措施的充分性加以考虑以及对风险是否可接受予以确定的过程。

(二)危险源的分类

在一般情况下,对危险因素和有害因素不加以区分,统称为危险、有害因素。危险、有害因素主要是指客观存在的危险、有害物质或能量超过一定限值的设备、设施和场所,也就是所谓危险源。

事故发生的本质是存在有能量、有害物质以及由于失去控制导致能量意外释放或有害物质的泄漏。危险源分为第一类(根源性)危险源和第二类(状态性)危险源。第一类危险源是指生产或活动过程中存在的可能发生意外释放的能量或危险物质,如机械能、电能、热能、化学能、声能、光学能、生物能和辐射能等。第二类危险源主要指导致能量或危险物质的约束或限制措施破坏或失效的各种因素,包括生产活动中的人、物、环境、管理几个方面的问题。

一起事故的发生往往是两类危险源共同作用的结果所造成的。两类危险源相互关联、相互依存。第一类危险源的存在是事故发生的前提,在事故发生时释放出的危险、有害物质和能量是导致人员伤害或财物损坏的主体,决定事故后果的严重程度;第二类危险源是第一类危险源造成事故的必要条件,决定事故发生的可能性。因此,危险源辨识的首要任务是识别第一类危险源,在此基础上再识别第二类危险源。

危险源的分类是为了便于对危险源进行辨识和分析,危险源的分类方法有多种。

1. 按诱发危险、有害因素失控的条件分类

危险、有害物质和能量失控主要体现在人的不安全行为、物的不安全状态和管理缺陷等三个方面。

在《企业职工伤亡事故分类》(GB 6441—1986)中,将人的不安全行为分为操作失误、造成安全装置失效、使用不安全设备等13大类;将物的不安全状态分为4大类。

1)人的不安全行为分类

操作失误(忽视安全、忽视警告);安全装置失效;使用不安全设备;手代替工具操作;物体存放不当;冒险进入危险场所;攀坐不安全位置;在起吊物下作业(停留);机器运转时加油(修理、检查、调整、清扫等);有分散注意力的行为;不使用必要的个人防护用品或用具;不安全装束;对易燃易爆等危险品处理错误。

2)物的不安全状态分类

防护、保险、信号等装置缺乏或有缺陷;设备、设施、工具、附件有缺陷;个人防护用品、用具缺少或有缺陷;生产(施工)场地环境不良。

3)管理缺陷

(1)对物(含作业环境)性能控制的缺陷,如设计、监测和不符合处置方面要求的缺陷。

(2)对人的失误控制的缺陷,如教育、培训、指示、雇佣选择、行为监测方面的缺陷。

(3)工艺过程、作业程序的缺陷,如工艺、技术错误或不当,无作业程序或作业程序有错误。

(4)用人单位的缺陷,如人事安排不合理、负荷超限、无必要的监督和联络、禁忌作业等。

(5)对来自相关方(供应商、施工单位等)的风险管理的缺陷,如合同签订、采购等活动中忽略了安全健康方面的要求。

(6)违反安全人机工程原理,如使用的机器不适合人的生理或心理特点。此外一些客观因素,如温度、湿度、风雨雪、照明、视野、噪声、振动、通风换气、色彩等也会引起设备故障或人员失误,是导致危险、有害物质和能量失控的间接因素。

2. 按导致事故和职业危害的直接原因进行分类

根据《生产过程危险和有害因素分类与代码》(GB/T 13861—2022)的规定,将生产过程中的危险、有害因素分为四大类、四个层次,四大类分别是"人的因素""物的因素""环境因素"和"管理因素";四个层次分为大、中、小、细四类。

1)人的因素

心理、生理性危险有害因素;行为性危险和有害因素。

2)物的因素

物理性危险和有害因素;化学性危险和有害因素;生物性危险和有害因素。

3)环境因素

室内作业场所环境不良;室外作业场地环境不良;地下(含水下)作业环境不良;其他作业环境不良。

4)管理因素

职业安全卫生管理机构设置和人员配备不健全;职业安全卫生责任制不完善或未落实;职业安全卫生投入不足;应急管理缺陷其他管理因素缺陷。

3. 按引起的事故类型分类

参照《企业职工伤亡事故分类》(GB 6441—1986),综合考虑事故的起因物、致害物、伤害方式等特点,将危险源及危险源造成的事故分为20类。分类方法所列的危险源与企业职工伤亡事故处理调查、分析、统计、职业病处理及职工安全教育的口径基本一致,也易于接受和理解,便于实际应用。

(1)物体打击。指落物、滚石、锤击、碎裂崩块、碰伤等伤害,包括因爆炸而引起的物体打击。

(2)车辆伤害。指企业机动车辆在行驶中引起的人体坠落和物体倒塌、飞落、挤压伤亡事故,不包括起重设备提升、牵引车辆和车辆停驶时发生的事故。

(3)机械伤害。指机械设备运动(静止)部件、工具、加工件直接与人体接触引起的夹击、碰撞、剪切、卷入、绞、碾、割、刺等伤害,不包括车辆、起重机械引起的机械伤害。

(4)起重伤害。指各种起重作用(包括起重机安装、检修、试验)中发生的挤压、坠落、(吊具、吊重)物体打击和触电。

(5)触电。电流流经人体,造成生理伤害的事故。适用于触电、雷击伤害。如人体接触带电的设备金属外壳,裸露的临时线,漏电的手持电动工具;起重设备误触高压线,或感应带电;雷击伤害;触电坠落等事故。

(6)淹溺。包括高处坠落淹溺,不包括矿山、井下透水淹溺。

(7)灼烫。火焰烧伤、高温物体烫伤、化学灼伤(酸、碱、盐、有机物引起的体内外灼伤)、物理灼伤(光、放射性物质引起的体内外灼伤),不包括电灼伤和火灾引起的烧伤。

(8)火灾。造成人身伤亡的企业火灾事故。不适用于非企业原因造成的火灾,比如,居民火灾蔓延到企业,此类事故属于消防部门统计的事故。

(9)高处坠落。指在高处作业中发生坠落造成的伤亡事故,不包括触电坠落事故。

(10)坍塌。指物体在外力或重力作用下,超过自身的强度极限或因结构稳定性破坏而造成的事故,如挖沟时的土石塌方、脚手架坍塌、堆置物倒塌等,不适用于矿山冒顶片帮和车辆、起重机械、爆破引起的坍塌。

(11)冒顶片帮。矿井工作面、巷道侧壁由于支护不当、压力过大造成的坍塌,称为片帮;顶板垮落为冒顶。两者常同时发生,简称为冒顶片帮。适用于矿山、地下开采、掘进及其他坑道作业发生的坍塌事故。

(12)透水。矿山、地下开采或其他坑道作业时,意外水源带来的伤亡事故。适用于井巷与含水岩层、地下含水带、溶洞或被淹巷道、地面水域相通时,涌水成灾的事故。不适用于地面水害事故。

(13)放炮。指爆破作业中发生的伤亡事故;适用于各种爆破作业。如:采石、采矿、采煤、开山、修路、拆除建筑物等工程进行的放炮作业引起的伤亡事故。

(14)火药爆炸。生产、运输、储藏过程中发生的爆炸;适用于火药与炸药生产在配料、运输、储藏、加工过程中,由于震动、明火、摩擦、静电作用,或因炸药的热分解作用,储藏时间过长或因存药过多发生的化学性爆炸事故;以及熔炼金属时,废料处理不净,残存火药或炸药引起的爆炸事故。

(15)瓦斯爆炸。指可燃性气体瓦斯、煤尘与空气混合形成了浓度达到燃烧极限的混合物,接触火源时,引起的化学性爆炸事故。主要适用于煤矿,同时也适用于空气不流通,瓦斯、煤尘积聚的场合。

(16)锅炉爆炸。锅炉发生的物理性爆炸事故。适用于使用工作压力大于 0.07MPa、以水为介质的蒸汽锅炉(以下简称锅炉),但不适用于铁路机车、船舶上的锅炉以及列车电站和船舶电站的锅炉。

(17)容器爆炸。容器(压力容器的简称)是指比较容易发生事故,且事故危害性较大的承受压力载荷的密闭装置。容器爆炸是压力容器破裂引起的气体爆炸,即物理性爆炸,包括容器内盛装的可燃性液化气,在容器破裂后,立即蒸发,与周围的空气混合形成爆炸性气体混合物,遇到火源时产生的化学爆炸,也称容器的二次爆炸。

(18)其他爆炸。凡不属于上述爆炸的事故均列为其他爆炸事故。

(19)中毒和窒息。包括中毒、缺氧窒息、中毒性窒息。

(20)其他伤害。指除上述以外的危险因素,如摔、扭、挫、擦、刺、割伤和非机动车碰撞、轧伤等。(矿山、井下、坑道作业还有冒顶片帮、透水、瓦斯爆炸危险因素)

4.按对职业健康的影响分类

参考《职业病分类和目录》(国卫疾控〔2013〕48号),可以分为生产性粉尘、毒物、噪声和振动、高温、低温、辐射(电离辐射、非电离辐射)及其他危险、有害因素分等7类。

二、危险源的辨识

危险源辨识应坚持"横向到边、纵向到底、不留死角"的原则;应做到"三个所有",考虑所有的人员,考虑所有的活动,考虑所有的设备设施。

1. 危险源辨识的方法

识别施工现场危险源方法有许多,如现场调查、工作任务分析、安全检查表、危险与可操作性研究、事件树分析、故障树分析等,现场调查法是安全管理人员采取的主要方法。

(1) 现场调查方法。通过询问交谈、现场观察、查阅有关记录,获取外部信息,加以分析研究,可识别有关的危险源。

(2) 工作任务分析。通过分析施工现场人员工作任务中所涉及的危害,可识别出有关的危险源。

(3) 安全检查表。运用编制好的安全检查表,对施工现场和工作人员进行系统的安全检查,可识别出存在的危险源。

(4) 危险与可操作性研究。危险与可操作性研究是一种对工艺过程中的危险源实行严格审查和控制的技术。它是通过指导语句和标准格式寻找工艺偏差,以识别系统存在的危险源,并确定控制危险源风险的对策。

(5) 事件树分析。事件树分析是一种从初始原因事件起,分析各环节事件"成功(正常)"或"失败(失效)"的发展变化过程,并预测各种可能结果的方法,即时序逻辑分析判断方法。应用这种方法,通过对系统各环节事件的分析,可识别出系统的危险源。

(6) 故障树分析。故障树分析是一种根据系统可能发生的或已经发生的事故结果,去寻找与事故发生有关的原因、条件和规律。通过这样一个过程分析,可识别出系统中导致事故的有关危险源。

上述几种危险源辨识方法从着眼点和分析过程上,都有其各自特点,也有各自的适用范围或局限性。因此,安全管理人员在识别危险源的过程中,往往使用一种方法,还不足以全面地识别其所存在的危险源,必须综合地运用两种或两种以上方法。

2. 危险源辨识的步骤

危险源辨识的步骤可分为以下几步:

(1) 划分作业活动。

(2) 危险源辨识。

(3) 风险评价。

(4) 判断风险是否容许。

(5) 制订风险控制措施计划。

3. 危险源辨识应注意事项

应充分了解危险源的分布。

(1) 从范围上讲,应包括施工现场内受到影响的全部人员、活动与场所,以及受到影响的社区、排水系统等,也包括分包商、供应商等相关方的人员、活动与场所可施加的影响。

(2) 从状态上,应考虑以下三种状态:

①正常状态,指固定、例行性且计划中的作业与程序。

②异常状态,指在计划中,但不是例行性的作业。

③紧急状态,指可能或已发生的紧急事件。

(3)从时态上,应考虑到以下三种时态:
①过去,以往发生或遗留的问题。
②现在,正在发生的,并持续到未来的问题。
③将来,不可预见什么时候发生且对安全和环境造成较大的影响。
(4)从内容上,应包括涉及所有可能的伤害与影响,包括人为失误,物料与设备过期、老化、性能下降造成的问题。
①弄清危险源伤害与影响的方式或途径。
②确认危险源伤害与影响的范围。
③要特别关注重大危险源与重大环境因素,防止遗漏。
④对危险源与环境因素保持高度警觉,持续进行动态识别。
⑤充分发挥全体员工对危险源辨识的作用,广泛听取意见和建议。

第五节 工程施工安全风险评估

《公路水运工程施工安全风险评估指南 第1部分:总体要求》(JT/T 1375.1—2022)规定了公路水运工程施工安全风险评估的术语和定义、基本要求、总体风险评估、专项风险评估、风险控制措施、风险评估报告等要求。主要内容如下:

一、主要术语和定义

(1)风险事件:导致工程发生人员伤亡、经济损失、工程耐久性降低以及生态环境、社会、工期影响等不利后果的事件。
(2)风险:公路水运工程建设中潜在风险事件的可能性及其不利后果的组合。
(3)施工安全风险评估:针对施工过程潜在的风险进行辨识、分析、估测,并提出控制措施建议的系列工作。
(4)总体风险评估:以工程项目或具有独立使用功能的主体结构、作业单元为评估对象,根据工程特点、施工环境、地质条件、气象水文、资料完整性等,评估其施工的整体风险,确定风险等级并提出控制措施建议。
(5)专项风险评估:以作业活动或施工区段为评估对象,根据其施工技术复杂程度、施工工艺成熟度、施工组织便利性、施工环境条件匹配性以及类似工程事故案例等,进行风险辨识与风险分析、风险估测,确定风险等级,提出相应的风险控制措施建议。

二、基本要求

1.评估阶段划分

施工安全风险评估分为总体风险评估和专项风险评估两个阶段。总体风险评估宜在项目施工招标前完成。专项风险评估包括施工前专项风险评估、施工过程专项风险评估和风险控制预期效果评价等环节,贯穿整个施工过程。

2. 评估方法选择

施工安全风险评估方法应根据工程的特点和实际进行选择。总体风险评估宜采用专家调查法和指标体系法等方法;专项风险评估可综合采用安全检查表法、作业条件危险性评价法(LEC法)、专家调查法、指标体系法、风险矩阵法等方法,必要时宜采用两种以上方法比对验证风险评估结果,当采用不同方法得出的评估结果出现较大差异时,应分析导致较大差异的原因,确定合理的评估结果。

3. 评估实施步骤

施工安全风险评估工作包括以下几个步骤:前期准备、现场调查、总体风险评估、专项风险评估、风险评估报告编制、风险评估报告评审。

4. 风险等级划分

总体风险评估和专项风险评估等级均分为四级:

(1)低风险(Ⅰ级);

(2)一般风险(Ⅱ级);

(3)较大风险(Ⅲ级);

(4)重大风险(Ⅳ级)。

5. 评估结论应用

总体风险评估结论可为建设单位的项目组织实施、安全管理力量投入、资源配置和施工单位选择等方面决策提供支持,可作为施工单位编制施工组织设计和开展专项风险评估的依据。专项风险评估结论应作为施工单位完善施工组织设计、编制完善专项施工方案的依据。

6. 评估工作要求

开展施工安全风险评估工作应成立评估小组,评估小组成员应严格按照评估流程和要求开展评估工作,评估结果应通过评估小组集体讨论确定。桥梁工程、隧道工程、边坡工程、港口工程、航道工程和船闸工程施工安全风险评估工作还应符合各类工程的具体要求。

7. 风险控制要求

工程施工应实施全过程风险分级管控和风险警示告知、监控预警制度。在项目实施前期阶段,应根据总体风险评估结果采取相应措施,并在后续项目施工阶段根据专项风险评估结果采取事前预控、事中监控、事后评价的方式,实施动态、循环的风险控制,直至将风险至少降低到可接受的程度。施工过程中的风险监控宜采用信息化、智能化、可视化方式。

三、总体风险评估

1. 一般要求

(1)公路工程施工安全总体风险评估应将整个工程项目按照桥梁工程、隧道工程、边坡工程、基坑工程、大型临时工程和"两区三厂"(生活区、办公区、钢筋加工厂、拌和厂及预制厂)等重点区域划分为相互独立的作业单元,作为总体风险评估对象。

(2)水运工程中功能相同、位置相邻、条件相似的两个或多个水工主体结构可作为一个总体风险评估对象。

（3）总体风险评估应依据项目前期立项批复文件、环评报告、地质勘察报告、水文气象资料、设计风险评估报告(如有)、初步设计文件、施工图设计文件、评估人员的现场调查资料等开展。

2. 专家调查法

（1）评估小组成员应不少于5位专家，且为单数。每位专家应独立、客观给出评估结果及信心指数。

（2）专家应具备高级及以上技术职称，并具有15年及以上公路水运工程建设管理、施工、监理、勘察设计或风险评估等工作经历，其中，组长应选择专业技术能力强、施工管理经验丰富的专家担任。

3. 指标体系法

（1）评估小组应根据影响施工安全风险的主要因素，将其分为工程特点、施工环境、地质条件、气象水文、资料完整性等项别，对每个项别细分提出若干评估指标，并确定指标的分级区间及对应的基本分值范围，从而建立评估指标体系。

（2）评估指标取值应首先由评估小组根据工程实际情况和指标分级情况，确定指标所在的分级区间，在分级区间的分值范围内，采用插值法等方法，集体讨论确定指标的分值。在确定指标所在的分级区间时，应遵循最不利原则，越不利的情况取值越大。

（3）评估应采用权重系数对各评估指标重要性进行区分。权重系数可采用重要性排序法、层次分析法、复杂度分析法等方法确定，必要时可综合运用多种方法进行比对后确定。

四、专项风险评估

1. 一般要求

（1）公路水运工程施工安全专项风险评估的基本程序应包括风险辨识与风险分析、风险估测、风险控制。

（2）分部分项工程开工前，应完成施工前专项风险评估。施工前专项风险评估结论及重大作业活动清单应作为专项施工方案的专篇，在此基础上细化改进施工安全风险监测与控制措施。

（3）施工过程中，出现如下情况之一的，应开展施工过程专项风险评估：

①重大作业活动存在遗漏；

②经项目建设、施工、监理单位或评估单位提出并经论证出现了新的重大作业活动；

③经项目建设、施工、监理单位或评估单位发现并提出原有的作业活动发生了重大变化，如现场揭示水文地质条件与事前判别的水文地质条件相差较大且趋于劣化、主要施工工艺发生实质性改变、发生对施工安全风险产生较大影响的设计变更、发生重大险情或生产安全事故等情况；

④有关法律、法规、标准提出了新的要求。

⑤对于较大风险(Ⅲ级)和重大风险(Ⅳ级)的作业活动，应在实施风险控制措施、完成典型施工或首件施工后，开展风险控制预期效果评价。

2. 风险辨识与风险分析

(1)风险辨识与风险分析应包括5个步骤:工程资料的收集整理、施工现场地质水文条件和环境条件的调查(或补充勘察)、施工队伍素质和管理制度调查、施工作业程序分解和风险事件辨识、致险因素及风险事件后果类型分析。

(2)风险辨识与风险分析需收集、整理的相关工程资料应包括:

①本工程的可行性研究报告、环评报告、地质勘察报告、设计风险评估报告(如有)、初步设计文件、施工图设计文件、施工组织设计文件、总体风险评估报告(如有)及海事、港航、水利、环保等部门作出的与工程建设安全相关的文件;

②工程区域内的环境条件,包括建筑物、构筑物、通航船舶、埋藏物、管道、缆线、民防设施、铁路、公路、外电架空线路、饮用水源、养殖区、生态保护区等可能造成事故的环境要素;

③工程区域内地质、水文、气象等灾害事故资料;

④同类工程事故资料;

⑤其他与风险辨识对象相关的资料;

⑥施工过程专项风险评估时,除(1)~(5)资料外还应收集重要设计变更资料、施工记录文件、监控量测资料、质量检测报告等;

⑦风险控制预期效果评价时,除(1)~(5)资料外还应收集典型施工或首件施工情况、风险控制措施落实情况等。

(3)施工现场地质水文条件和环境条件调查应包括:

①工程地质条件;

②气候水文条件;

③周边环境条件;

④施工过程专项风险评估的调查除(1)~(3)外,还应调查补充地质勘察结果(如有)、现场开挖揭露地质情况的差异、周边环境的变化情况。

(4)施工队伍素质和管理制度调查应包括:

①企业近五年业绩、近三年信用等级,同类工程经验和施工事故及处理情况;

②施工队伍素质,施工队伍的专业化作业能力、施工装备和技术水平;

③项目各种管理制度是否齐全,是否适用和具有针对性;

④专职安全管理人员配置情况;

⑤施工过程专项风险评估的调查除(1)~(4)外,还应调查人员队伍变化情况、施工装备进出场情况、管理制度落实情况等。

(5)施工作业程序分解和风险事件辨识应包括:

①依据施工图设计文件以及施工组织设计等,通过现场调查、评估小组讨论、专家咨询等方式,将施工过程划为不同的作业活动;

②辨识各作业活动中可能发生的典型风险事件类型。

(6)致险因素及风险事件后果类型分析应包括:

①从物的不安全状态(如地质条件、施工方案、施工环境、施工机械、自然灾害等方面)和人的不安全行为(如施工操作、作业管理等方面)分析致险因素;

②从人员伤亡和直接经济损失等方面分析风险事件后果类型,其中,可能受到风险事件

伤害的人员类型应包括作业人员自身、同一作业场所的其他作业人员、作业场所周围其他人员。

（7）各作业活动的致险因素和风险事件后果类型分析通过评估小组讨论会的形式实施，宜采用风险传递路径法、鱼刺图法、故障树分析法等安全系统工程理论进行分析。

（8）风险辨识与风险分析结果应填入表5-1。

风险辨识与风险分析表　　　　　　　表5-1

作业活动	风险事件类型	致险因素		风险事件后果类型			
		物的不安全状态	人的不安全行为	受伤害人员类型	人员伤亡	直接经济损失	……
作业活动1							
作业活动2							
……							
作业活动N							

3．风险估测

1）风险估测方法

（1）桥梁工程、边坡工程、港口工程、航道工程和船闸工程风险估测方法应结合作业活动的复杂程度、潜在风险事件的特点等因素确定，隧道工程风险估测方法按相关要求确定。

（2）作业活动按照复杂程度分为一般作业活动和重大作业活动。桥梁工程、边坡工程、港口工程、航道工程和船闸工程应分别确立常见重大作业活动清单。具体桥梁工程项目、边坡工程项目、港口工程项目、航道工程项目和船闸工程项目应对照常见重大作业活动清单，结合风险辨识与风险分析结果，确定一般作业活动和重大作业活动。

2）一般作业活动风险估测

（1）一般作业活动风险估测可采用定性（如检查表法）或半定量方法（如LEC法）。

（2）检查表法把检查对象加以分解，将大系统分割成若干子系统，以提问或打分的形式，将检查项目列表逐项检查。

（3）LEC法根据作业人员在具有潜在危险性环境中作业，用与作业风险有关的三种因素指标值的乘积来评价风险。

（4）以风险描述方式将一般作业活动的风险估测情况汇总，填入表5-2。

一般作业活动风险估测汇总表　　　　　　　表5-2

一般作业活动	风险描述	理由
作业活动1		
作业活动2		
……		
作业活动N		

3）重大作业活动风险估测

（1）重大作业活动风险估测可采用定性与定量相结合方法。风险事件后果严重程度的估测方法宜采用专家调查法，风险事件可能性的估测方法宜采用指标体系法。

(2)物的不安全状态、人的不安全行为以及两者的组合所导致的风险事件可能性等级分为5级,见表5-3。

风险事件可能性等级标准　　　　　表5-3

概率等级描述	概率等级	概率等级描述	概率等级
很可能	5	可能性很小	2
可能	4	几乎不可能	1
偶然	3		

(3)风险事件后果严重程度的等级分为5级,主要考虑人员伤亡和直接经济损失。当多种后果同时产生时,应采用就高原则确定风险事件后果严重程度等级。

①人员伤亡程度等级划分应依据人员伤亡的类别和严重程度进行分级,见表5-4。

人员伤亡程度等级标准(单位为人)　　　　　表5-4

等级	定性描述	死亡人数 ND	重伤人数 NSI
1	小	—	$1 \leq NSI < 5$
2	一般	$1 \leq ND < 3$	$5 \leq NSI < 10$
3	较大	$3 \leq ND < 10$	$10 \leq NSI < 50$
4	重大	$10 \leq ND < 30$	$50 \leq NSI < 100$
5	特大	$ND \geq 30$	$NSI \geq 100$

②直接经济损失程度等级划分可依据经济损失或经济损失占项目建安费的比例进行分级;对于工程造价较低的公路水运工程,宜采用"经济损失占项目建安费的比例"这一相对指标进行判定。经济损失和经济损失占项目建安费的比例的等级划分见表5-5。

直接经济损失程度等级标准　　　　　表5-5

等级	定性描述	经济损失 Z（万元）	经济损失占项目建安费的比例 p_r（%）
1	小	$Z < 100$	$p_r < 1$
2	一般	$100 \leq Z < 1000$	$1 \leq p_r < 2$
3	较大	$1000 \leq Z < 5000$	$2 \leq p_r < 5$
4	重大	$5000 \leq Z < 10000$	$5 \leq p_r < 10$
5	特大	$Z \geq 10000$	$p_r \geq 10$

(4)物的不安全状态引起的风险事件可能性评估指标,应根据可能发生的风险事件类型,从本质安全的角度出发,分析可能导致风险事件发生的致险因素,在此基础上选取提出。评估指标宜从工程自身特点、地质条件、气象水文条件、施工方案、施工作业环境等方面提出。评估指标权重系数的确定应符合(二)3.中3)的要求。

(5)人的不安全行为引起的风险事件可能性评估指标采用安全管理评估指标,宜从企业资质、分包情况、作业班组及技术管理人员经验、安全管理人员配备、安全生产费用、机具设备船舶配置及管理、施工组织设计、专项施工方案、企业工程业绩及信用情况等方面提出。

(6)根据风险事件发生的可能性、后果严重程度等级,可采用风险矩阵法等方法确定重大作业活动的施工安全风险等级,风险等级取值区间表见表5-6。将专项风险评估的风险等级用不同颜色在施工形象进度图中标识出来,形成"红橙黄蓝"四色施工安全风险分布图,并附在评估报告中,同时以列表方式汇总重大作业活动风险等级,填入表5-7。

风险等级取值区间表　　　　　　　　表5-6

风险等级	风险等级取值区间	风险等级	风险等级取值区间
重大风险	(55,100]	一般风险	(5,20]
较大风险	(20,50]	低风险	(0,5]

注:区间符号"[　]"包括等于,"(　)"不包括等于,如:区间(0,5]表示0＜取值≤5。

重大作业活动风险等级汇总表　　　　　　　　表5-7

重大作业活动	风险事件可能等级	风险事件后果严重程度			风险等级	评价理由
		人员伤亡	直接经济损失	…… 风险事件后果严重程度等级		
重大作业活动1						
重大作业活动2						
……						
重大作业活动N						

4. 风险控制预期效果评价

(1)风险控制预期效果评价包括对风险控制措施落实情况的确认评价以及采取风险控制措施后预期风险的评价。

(2)对风险控制措施落实情况的确认评价,宜通过对典型施工或首件施工的总结与分析,采用检查表法针对风险控制措施落实情况进行检查、确认,以确认风险控制措施是否得到完整实施,分析风险控制措施实施过程中的问题和不足,进一步完善风险控制措施。

(3)采取风险控制措施后预期风险的评价宜采取专家评审方式,成立专家组,专家组成员不应少于3人,专家应具备高级及以上技术职称,并具有10年及以上公路水运工程建设管理、施工、监理、勘察设计或风险评估等工作经历。

(4)专家组根据典型施工或首件施工情况,针对风险控制措施落实情况,对采取措施后的风险事件可能性以及后果严重程度进行集体评定,在此基础上通过风险矩阵法,确定采取措施后预期风险的等级。

五、风险控制措施

1. 一般要求

(1)应根据总体风险评估结果与接受准则,提出风险控制措施,见表5-8。

总体风险接受准则与控制措施　　　　　　　　表5-8

风险等级	接受准则	控制措施
等级Ⅰ(低风险)	可忽略	维持日常安全生产管理工作,不需采取附加的风险防控措施
等级Ⅱ(一般风险)	可接受	需采取风险防控措施;加强安全管理力量,严格日常安全生产管理工作

续上表

风险等级	接受准则	控制措施
等级Ⅲ（较大风险）	不期望	应采取措施降低风险；采取加大安全管理力量投入、强化安全资源配置、选择有经验及自控能力强的施工单位、增加工程保险投保等措施
等级Ⅳ（重大风险）	不可接受	应采取一整套的措施降低风险；采取优化工程设计方案或设计阶段的施工指导方案，高度重视项目的后续组织实施，加大安全管理力量和资金投入、强化安全资源配置、选择有经验及自控能力强的施工单位、增加工程保险投保等措施

（2）应根据专项风险评估结果与接受准则，提出风险控制措施。对于重大作业活动，还应根据不同的风险等级提出分级控制措施，确定层级责任和责任人，实施现场管理和监控预警，见表5-9。

专项风险接受准则与控制措施　　　　表5-9

风险等级	接受准则	控制措施	分级控制措施			
等级Ⅰ（低风险）	可忽略	不需采取特别的风险防控措施	日常管理	—		
等级Ⅱ（一般风险）	可接受	需采取风险防控措施，严格日常安全生产管理，加强现场巡视	日常管理	监控预警	专项整治	—
等级Ⅲ（较大风险）	不期望	应采取措施降低风险，将风险至少降到可接受的程度	日常管理	监控预警	多方面专项整治	应急预案、应急准备
等级Ⅳ（重大风险）	不可接受	应暂停开工或施工，同时采取措施，综合考虑风险成本、工期及规避效果等，按照最优原则，将风险至少降到可接受的程度，并加强监测和应急准备	日常管理	监控预警	暂停开工或施工、全面整治	应急预案、应急准备

2．风险控制措施建议

（1）总体风险评估和专项风险评估均应提出风险控制措施建议。

（2）总体风险评估应提出主要风险控制措施建议，重点提出风险控制总体思路，以及安全管理力量投入、资源（财、物）配置、施工单位选择的建议。

（3）专项风险评估应针对作业活动或施工区段提出系统全面、重点突出的风险控制措施建议，为现场安全管理、专项施工方案编制和完善、安全技术交底、应急处置提供依据。专项风险评估中风险等级为Ⅲ级（较大风险）及以上时，应分析找出导致较大或重大风险的关键指标，提出有针对性的措施降低风险。

（4）施工前和施工期间宜采取的风险控制措施包括调整施工方案、加强安全措施、提高管理水平和人员的素质等。

（5）调整施工方案主要包括：

①合理调整施工顺序。对施工工序从时间顺序和空间次序上进行合理安排或调整，降低施工安全风险。

②改进施工工艺。从专用设备、施工方法、工艺参数上改进，预防和减少施工事故发生。

（6）加强安全措施，除应执行现行的有关标准、规范外，还应根据实际工程特点，采取有效、可操作性强的安全措施，降低施工安全风险。主要包括：

①现场安全管理措施。包括监测预警、对不安全场所进行安全隔离或加固防护、设立警告标志、人工警戒或专人指挥等。

②安全替代措施。对人工直接操作有较大风险的，宜用机械或其他方式替代人工操作。

③应急救援措施。制定应急预案和做好应急准备，明确关键岗位应急职责、危险作业应急处置措施。

（7）从管理和人员等方面控制安全风险主要包括：

①提高管理水平。强化安全管理目标管理，重点是强化安全管理人员落实、安全管理制度落实、安全资金投入落实和现场安全防护措施落实，同时，对重大作业活动安排人员巡逻检查。

②提高人员素质。主要是进行经常性的安全教育和培训，强化安全意识和观念，提高安全操作技能；对特种作业人员进行专门培训，做到持证上岗；施工人员身体健康状况应符合上岗要求；施工前做好安全技术交底。

六、风险评估报告

1. 一般要求

（1）风险评估报告应反映风险评估过程的全部工作，将风险评估过程中的工作记录、采用的评估方法、获得的评估结果、风险控制措施建议等都应写入评估报告。

（2）风险评估报告应客观科学、内容全面、文字简洁、数据完整，提出的风险控制措施具有可操作性。

（3）风险评估报告应进行归档管理。

2. 风险评估报告编制内容

1）总体风险评估报告应包含以下内容：

（1）编制依据。

①相关的国家和行业标准、规范；

②项目批复文件；

③项目可行性研究报告、工程地质勘察报告、初步设计文件、施工图设计文件以及海事、港航、水利、环保等部门作出的与工程建设安全有关的文件等；

④现场调查资料。

（2）工程概况。

（3）评估过程和评估方法。

（4）评估内容。

（5）风险控制措施建议。

（6）评估结论。

①风险等级(各评估对象)；

②重要性指标清单(指标体系法)；

③专项风险评估对象；

④风险控制措施建议；
⑤评估结果自我评价及遗留问题说明。
(7)附件(评估计算过程、评估人员信息表等)。
2)施工前专项风险评估报告应包含以下内容：
(1)编制依据。
①相关的国家和行业标准、规范；
②项目可行性研究报告、工程地质勘察报告、初步设计文件、施工图设计文件以及审查意见等；
③总体风险评估成果及工程前期的风险评估成果；
④现场调查资料；
⑤第三方检测监测资料。
(2)工程概况。
(3)评估过程和评估方法。
(4)评估内容，包括风险事件辨识、致险因素分析以及风险估测。
(5)风险控制措施建议。
(6)评估结论。
①风险等级汇总；
②重要性指标清单(指标体系法)；
③风险控制措施建议；
④评估结果自我评价及遗留问题说明。
(7)附件(评估计算过程、评估人员信息表等)。
3)总体风险评估报告和施工前专项风险评估报告的格式应包括：
(1)封面(包括评估项目名称、评估单位、报告完成日期)；
(2)著录项(评估人员名单，并应亲笔签名)；
(3)目录；
(4)正文；
(5)附件。
4)施工过程专项风险评估应形成评估报表，格式由评估小组制定，应包含以下内容：
(1)施工作业变化情况；
(2)重新评估的风险等级及计算过程；
(3)拟建议的风险控制措施等内容；
(4)评估人员信息表。
5)风险控制预期效果评价应形成评价报表，格式由评价专家组自定，应包含以下内容：
(1)典型施工或首件施工安全风险控制情况；
(2)采取措施后预期风险的等级；
(3)风险控制措施的完善建议；
(4)评估人员信息表。

3. 风险评估报告评审

(1) 总体风险评估报告或专项风险评估报告(包括施工前专项风险评估报告、施工过程专项风险评估报表和风险控制预期效果评价报表)编制完成后,应组织评审。

(2) 总体风险评估报告应由建设单位组织评审,专项风险评估报告应由施工单位组织评审。评审应邀请设计、监理(如有)等单位代表和专家参加,专家人数应不少于3人,专家及专家组长条件应符合要求。评估小组应根据评审意见对评估报告进行修改,形成最终报告。

第六节 安全风险管控和隐患排查、重大事故隐患判定

一、构建安全风险管控和隐患排查治理双重预防机制

为构建安全风险分级管控和隐患排查治理双重预防机制(以下简称"双重预防机制"),国务院安委会办公室于2016年4月印发了《标本兼治遏制重特大事故工作指南》(安委办〔2016〕3号),10月9日又印发了《关于实施遏制重特大事故工作指南构建双重预防机制的意见》(安委办〔2016〕11号),就构建双重预防机制提出了以下意见:

1. 总体思路和工作目标

1) 总体思路

准确把握安全生产的特点和规律,坚持风险预控、关口前移,全面推行安全风险分级管控,进一步强化隐患排查治理,推进事故预防工作科学化、信息化、标准化,实现把风险控制在隐患形成之前、把隐患消灭在事故前面。

2) 工作目标

尽快建立健全安全风险分级管控和隐患排查治理的工作制度和规范,完善技术工程支撑、智能化管控、第三方专业化服务的保障措施,实现企业安全风险自辨自控、隐患自查自治,形成政府领导有力、部门监管有效、企业责任落实、社会参与有序的工作格局,提升安全生产整体预控能力,夯实遏制重特大事故的坚强基础。

2. 着力构建企业双重预防机制

1) 全面开展安全风险辨识

各地区要指导推动各类企业按照有关制度和规范,针对本企业类型和特点,制定科学的安全风险辨识程序和方法,全面开展安全风险辨识。企业要组织专家和全体员工,采取安全绩效奖惩等有效措施,全方位、全过程辨识生产工艺、设备设施、作业环境、人员行为和管理体系等方面存在的安全风险,做到系统、全面、无遗漏,并持续更新完善。

2) 科学评定安全风险等级

企业要对辨识出的安全风险进行分类梳理,参照《企业职工伤亡事故分类》(GB 6441—1986),综合考虑起因物、引起事故的诱导性原因、致害物、伤害方式等,确定安全风险类别。对不同类别的安全风险,采用相应的风险评估方法确定安全风险等级。安全风险评估过程要

突出遏制重特大事故,高度关注暴露人群,聚焦重大危险源、劳动密集型场所、高危作业工序和受影响的人群规模。安全风险等级从高到低划分为重大风险、较大风险、一般风险和低风险,分别用红、橙、黄、蓝四种颜色标示。其中,重大安全风险应填写清单、汇总造册,按照职责范围报告属地负有安全生产监督管理职责的部门。要依据安全风险类别和等级建立企业安全风险数据库,绘制企业"红橙黄蓝"四色安全风险空间分布图。

3)有效管控安全风险

企业要根据风险评估的结果,针对安全风险特点,从组织、制度、技术、应急等方面对安全风险进行有效管控。要通过隔离危险源、采取技术手段、实施个体防护、设置监控设施等措施,达到回避、降低和监测风险的目的。要对安全风险分级、分层、分类、分专业进行管理,逐一落实企业、车间、班组和岗位的管控责任,尤其要强化对重大危险源和存在重大安全风险的生产经营系统、生产区域、岗位的重点管控。企业要高度关注运营状况和危险源变化后的风险状况,动态评估、调整风险等级和管控措施,确保安全风险始终处于受控范围内。

4)实施安全风险公告警示

企业要建立完善安全风险公告制度,并加强风险教育和技能培训,确保管理层和每名员工都掌握安全风险的基本情况及防范、应急措施。要在醒目位置和重点区域分别设置安全风险公告栏,制作岗位安全风险告知卡,标明主要安全风险、可能引发事故隐患类别、事故后果、管控措施、应急措施及报告方式等内容。对存在重大安全风险的工作场所和岗位,要设置明显警示标志,并强化危险源监测和预警。

5)建立完善隐患排查治理体系

风险管控措施失效或弱化极易形成隐患,酿成事故。企业要建立完善隐患排查治理制度,制定符合企业实际的隐患排查治理清单,明确和细化隐患排查的事项、内容和频次,并将责任逐一分解落实,推动全员参与自主排查隐患,尤其要强化对存在重大风险的场所、环节、部位的隐患排查。要通过与政府部门互联互通的隐患排查治理信息系统,全过程记录报告隐患排查治理情况。对于排查发现的重大事故隐患,应当在向负有安全生产监督管理职责的部门报告的同时,制定并实施严格的隐患治理方案,做到责任、措施、资金、时限和预案"五落实",实现隐患排查治理的闭环管理。事故隐患整治过程中无法保证安全的,应停产停业或者停止使用相关设施设备,及时撤出相关作业人员,必要时向当地人民政府提出申请,配合疏散可能受到影响的周边人员。

3. 健全完善双重预防机制的政府监管体系

1)健全完善标准规范

国务院安全生产监督管理部门要协调有关部门制定完善安全风险分级管控和隐患排查治理的通用标准规范,其他负有安全生产监督管理职责的行业部门要根据本行业领域特点,按照通用标准规范,分行业制定安全风险分级管控和隐患排查治理的制度规范,明确安全风险类别、评估分级的方法和依据,明晰重大事故隐患判定依据。各省级安全生产委员会要结合本地区实际,在系统总结本地区行业标杆企业经验做法基础上,制定地方安全风险分级管控和隐患排查治理的实施细则;地方各有关部门要按照有关标准规范组织企业开展对标活动,进一步健全完善内部安全预防控制体系,推动建立统一、规范、高效的安全风险分级管控和隐患排查治理双重预防机制。

2) 实施分级分类安全监管

各地区、各有关部门要督促指导企业落实主体责任,认真开展安全风险分级管控和隐患排查治理双重预防工作。要结合企业风险辨识和评估结果以及隐患排查治理情况,组织对企业安全生产状况进行整体评估,确定企业整体安全风险等级,并根据企业安全风险变化情况及时调整;推行企业安全风险分级分类监管,按照分级属地管理原则,针对不同风险等级的企业,确定不同的执法检查频次、重点内容等,实行差异化、精准化动态监管。对企业报告的重大安全风险和重大危险源、重大事故隐患,要通过实行"网格化"管理明确属地基层政府及有关主管部门、安全监管部门的监管责任,加强督促指导和综合协调,支持、推动企业加快实施管控整治措施,对安全风险管控不到位和隐患排查治理不到位的,要严格依法查处。要制定实施企业隐患自查自治的正向激励措施和职工群众举报隐患奖励制度,进一步加大重大事故隐患举报奖励力度。

3) 有效管控区域安全风险

各地区要组织对公共区域内的安全风险进行全面辨识和评估,根据风险分布情况和可能造成的危害程度,确定区域安全风险等级,并结合企业报告的重大安全风险情况,汇总建立区域安全风险数据库,绘制区域"红橙黄蓝"四色安全风险空间分布图。对不同等级的安全风险,要采取有针对性的管控措施,实行差异化管理;对高风险等级区域,要实施重点监控,加强监督检查。要加强城市运行安全风险辨识、评估和预警,建立完善覆盖城市运行各环节的城市安全风险分级管控体系。要加强应急能力建设,健全完善应急响应体制机制,优化应急资源配备,完善应急预案,提高城市运行应急保障水平。

4) 加强安全风险源头管控

各地区要把安全生产纳入地方经济社会和城镇发展总体规划,在城乡规划建设管理中充分考虑安全因素,尤其是城市地下公用基础设施如石油天然气管道、城镇燃气管线等的安全问题。加强城乡规划安全风险的前期分析,完善城乡规划和建设安全标准,严格高风险项目建设安全审核把关,严禁违反国家和行业标准规范在人口密集区建设高风险项目,或者在高风险项目周边设置人口密集区。制定重大政策、实施重大工程、举办重大活动时,要开展专项安全风险评估,根据评估结果制定有针对性的安全风险管控措施和应急预案。要明确高危行业企业最低生产经营规模标准,严禁新建不符合产业政策、不符合最低规模、采用国家明令禁止或淘汰的设备和工艺要求的项目,现有企业不符合相关要求的,要责令整改。要积极落实国家关于淘汰落后、化解过剩产能的政策,推进提升企业整体安全保障能力。

4. 强化政策引导和技术支撑

1) 完善相关政策措施

各地区、各有关部门要加大政策引导力度,综合运用法律、经济和行政手段支持推动遏制重特大事故工作,以重点行业领域、高风险区域、生产经营关键环节为重点,支持、推动建设一批重大安全风险防控工程、保护生命重点工程和隐患治理示范工程,带动企业强化安全工程技术措施。要鼓励企业使用新工艺、新技术、新设备等,推动高危行业企业逐步实现"机械化换人、自动化减人",有效降低安全风险。要大力推进实施安全生产责任保险制度,将保险费率与企业安全风险管控状况、安全生产标准化等级挂钩,并积极发挥保险机构在企业构建风险管控体系中的作用;加强企业安全生产诚信制度建设和部门联合惩戒,充分发挥市场机制作用,促进企业主动开展双重预防机制建设。

2）深入推进企业安全生产标准化建设

要引导企业将安全生产标准化创建工作与安全风险辨识、评估、管控,以及隐患排查治理工作有机结合起来,在安全生产标准化体系的创建、运行过程中开展安全风险辨识、评估、管控和隐患排查治理。要督促企业强化安全生产标准化创建和年度自评,根据人员、设备、环境和管理等因素变化,持续进行风险辨识、评估、管控与更新完善,持续开展隐患排查治理,实现双重预防机制的持续改进。

3）充分发挥第三方服务机构作用

要积极培育扶持一批风险管理、安全评价、安全培训、检验检测等专业服务机构,形成全链条服务能力,并为其参与企业安全管理和辅助政府监管创造条件。要加强对专业服务机构的日常监管,建立激励约束机制,保证专业服务机构从业行为的规范性、专业性、独立性和客观性。要支持建设检验检测公共服务平台,推动实施第三方检验检测认证结果采信制度。要加快安全技术标准研制与实施,推动标准研发、信息咨询等服务业态发展。政府、部门和企业在安全风险识别、管控措施制定、隐患排查治理、信息技术应用等方面可通过购买服务的方式,委托相关专家和第三方服务机构帮助实施。

4）强化智能化、信息化技术的应用

各地区、各有关部门要抓紧建立功能齐全的安全生产监管综合智能化平台,实现政府、企业、部门及社会服务组织之间的互联互通、信息共享,为构建双重预防机制提供信息化支撑。要督促企业加强内部智能化、信息化管理平台建设,将所有辨识出的风险和排查出的隐患全部录入管理平台,逐步实现对企业风险管控和隐患排查治理情况的信息化管理。要针对可能引发重特大事故的重点区域、重点单位、重点部位和关键环节,加强远程监测、自动化控制、自动预警和紧急避险等设施设备的使用,强化技术安全防范措施,努力实现企业风险防控和隐患排查治理异常情况自动报警。

二、公路水运工程施工安全重大事故隐患判定

为进一步提高风险隐患排查整治质量,持续推动重大事故隐患动态清零,国务院安委会办公室2024年4月9日印发了《关于学好用好重大事故隐患判定标准的通知》(安委办〔2024〕2号,以下简称《通知》)。

《通知》指出,国务院安委会有关成员单位(包括交通运输部)通过深入剖析重特大生产安全事故,对易导致群死群伤的"人的不安全行为""物的不安全状态"和"安全管理缺陷"等关键因素进行梳理归纳,修订了51个行业领域重大事故隐患判定标准或重点检查事项(包括交通运输部的公路、水运工程),用于更好指导生产经营单位开展重大事故隐患自查自改、指导有关部门开展监督检查和监管执法。

《通知》要求,各地区、各有关部门要督促各行业领域生产经营单位将学好用好重大事故隐患判定标准,作为防范遏制重特大事故的重要举措。督促指导生产经营单位将学好用好重大事故隐患判定标准纳入事故隐患排查治理制度,重大事故隐患排查治理情况应当及时向负有安全生产监督管理职责的部门和职工大会或职工代表大会报告。督促指导主要负责人将学习掌握重大事故隐患判定标准,纳入本单位安全生产教育和培训计划并组织实施,带头开展学

习。按照有关规定,对照重大事故隐患判定标准,对本单位重大事故隐患排查治理情况开展检查。督促指导分管负责人以及安全生产管理人员带头主动学习研究重大事故隐患判定标准,将有关内容作为本单位安全生产检查和事故隐患排查的重点。组织开展多种形式宣讲,通过"告知卡""张贴画""口袋书"等形式,营造学好用好重大事故隐患判定标准的良好氛围。安全生产管理人员在检查中发现的重大事故隐患应当及时向本单位有关负责人报告,有关负责人不及时处理或生产经营单位不能自行处理的,可以向主管的负有安全生产监督管理职责的部门报告,避免重大事故隐患漏管失控。督促指导班组和从业人员结合生产环节、作业环境等岗位特点,熟练掌握重大事故隐患判定标准,发现重大事故隐患,应当立即向安全生产管理人员或者本单位负责人报告。

《通知》要求,国务院安委会有关成员单位要将推动学好用好重大事故隐患判定标准,作为本行业领域安全生产治本攻坚三年行动重要内容和安全生产年度重点工作,加强组织领导和统筹协调,认真谋划、扎实推进。要结合行业领域实际情况,针对性制修订重大事故隐患判定标准解读、检查指引指南等配套文件,组织开展宣讲解读活动,规范事故隐患排查工作流程、提升排查治理质量。要将重大事故隐患判定标准纳入由本部门组织实施的有关人员安全生产培训大纲、考核标准和考试题库中。要结合本行业领域安全生产工作实际,广泛听取各方面意见建议,及时修订完善重大事故隐患判定标准,针对新问题、新风险补充完善标准要求,确保实用、好用、管用。

《通知》中附列了交通运输部修订后的《公路工程建设项目施工安全重大事故隐患基础清单(试用)》和《水运工程建设项目施工安全重大事故隐患基础清单(试用)》,见表5-10、表5-11。

公路工程建设项目施工安全重大事故隐患基础清单(试用) 表5-10

工程类别	施工环节	隐患编号	隐患内容	易引发事故类型
基础管理	方案管理	GJ-001	未按规定编制或未按程序审批危险性较大工程专项施工方案;超过一定规模的危险性较大工程的专项施工方案未组织专家论证、审查;未按照专项施工方案组织施工;不配备应急救援队伍,不开展应急演练	坍塌等
辅助施工	施工驻地及场站建设(含临时设施搭设)	GF-001	在大型设备设施倾覆影响范围内设置办公区、生活区;临时驻地或场站建设不符合规范要求设置在危险区域	坍塌、起重伤害
辅助施工	施工驻地及场站建设(含临时设施搭设)	GF-002	生活区、办公区等人员密集场所与集中爆破区、易燃易爆物、危化品库、高压电力线的安全距离不足	火灾、爆炸
辅助施工	施工驻地及场站建设(含临时设施搭设)	GF-003	生活、办公用房、易燃易爆危险品库等重点部位消防安全距离不符合要求且未采取有效防护措施;生活、办公用房、易燃易爆危险品库等建筑构件的燃烧性能等级未达到A级,不符合GB 8624和GB/T 23932要求	火灾、爆炸
辅助施工	钢围堰施工	GF-004	未定期开展围堰监测监控,工况发生变化时未及时采取有效的管控措施;碰撞、随意拆除、擅自削弱围堰内部支撑杆件或在其上堆放重物,碰撞造成杆件变形等缺陷未及时修复;水上钢围堰未科学设置船舶驻泊位置随意驻泊施工船舶,无船舶防撞措施;未进行焊缝检验及水密试验	坍塌、淹溺

续上表

工程类别	施工环节	隐患编号	隐患内容	易引发事故类型
通用作业	模板工程	GT-001	爬模、翻模施工脱模或混凝土承重模板拆除时,混凝土强度未达到设计或规范要求;拆除顺序未按施工方案要求进行;模板支架承受的施工荷载超过设计值;预埋件和锚固点未按设计或方案布置、数量不足;紧固螺栓安装数量不足,材质不符合要求或紧固次数超过产品使用要求	坍塌
	支架作业	GT-002	支架的地基或基础未按要求处理;支架未按要求预压、验收;支架搭设使用明令淘汰的钢管材料,无产品合格证、未经检验或检验不合格的管材、构件	坍塌
	作业平台	GT-003	墩柱及盖(系)梁施工、跨越式支架搭设、围堰拼装、设备安装等高处作业和水上作业施工未按要求设置作业平台或使用登高设备;高处作业平台未按要求设置平台上下通道;作业平台未按规定进行设计验算,或超载使用	坍塌、高处坠落
	设备设施作业和特种作业	GT-004	使用未经检验或验收不合格的起重机械,未按要求安装、拆除起重设备,使用汽车式起重机、塔式起重机等起重机械吊运人员;隧道场内运输车辆未年检,人货混装;隧道场内特种作业人员无证上岗,违规动火作业,无专人监护	起重伤害、车辆伤害、火灾
	爆破作业	GT-005	路基爆破作业未设置警戒区;隧道内存放、加工、销毁民用爆炸物品;使用非专用车辆运输民用爆炸物品或人药混装运输;在爆破15分钟后,未检查盲炮立即施工的	火灾、爆炸
	改扩建工程	GT-006	未按施工区交通组织方案实施	车辆伤害、物体打击、坍塌
路基工程	高边坡施工	GL-001	含岩堆、松散岩石或滑坡地段的高边坡开挖、排险防护措施不足;未按照自上而下的顺序逐级开挖、逐级防护;未有效开展边坡稳定性监测;靠近交通要道作业时不设置隔离防护、警示标志等措施	坍塌
桥梁工程	深基坑施工	GQ-001	深基坑未按要求逐级开挖逐级支护;未按要求进行降(排)水、放坡;未按要求开展变形监测,出现大量渗水、流土、管涌等情况未及时处理	坍塌
	大型沉井下沉	GQ-002	邻近建(构)筑物、地下管线、沉井箱体未监测或监测出现异常并超过预警值;未按既定开挖范围和深度进行开挖;不排水下沉时沉井内水头高度不按要求控制;水中沉井初沉未考虑水流对河床冲刷影响	坍塌
	移动模架施工	GQ-003	移动模架支撑系统未按设计或方案施工造成承载能力不足;移动模架拼装完毕或过孔后未进行验收;浇筑前未要求进行预压或预压不合格即使用	

续上表

工程类别	施工环节	隐患编号	隐患内容	易引发事故类型
桥梁工程	架桥机施工	GQ-004	架桥机经过改装等情形,但未按规定检测;架桥机未调平即开展架梁作业;横坡、高差、重量等架梁工况超过或濒临架桥机允许值;在道路、航道上方进行梁板安装或架桥机移动过孔期间,未采取临时管控措施	坍塌
桥梁工程	挂篮施工	GQ-005	两端悬臂上荷载的实际不平衡偏差超过设计规定值或梁段重的1/4;挂篮拼装后未预压、锚固不规范;混凝土强度、弹性模量等未达到要求或恶劣天气时移动挂篮	坍塌
隧道工程	洞内施工	GS-001	未按规范或方案要求开展超前地质预报;未监控围岩变形和有毒有害气体,浓度超标时施工作业	坍塌、突水涌泥
隧道工程	洞内施工	GS-002	勘察设计与实际地质条件不符,没有进行动态设计;未按规范或方案要求开挖支护;地质条件改变,隧道开挖方法与围岩不适应	坍塌、突水涌泥
隧道工程	洞内施工	GS-003	仰拱一次开挖长度不符合方案要求;仰拱与掌子面的距离、二次衬砌与掌子面的距离不符合设计、标准规范或专项论证要求;仰拱未及时封闭成环	坍塌、突水涌泥
隧道工程	盾构隧道	GS-004	盾构盾尾密封失效;盾构未按规定带压开仓检查换刀	坍塌、突水涌泥
隧道工程	瓦斯隧道施工	GS-005	瓦斯检测与防爆设施不符合方案要求,未根据瓦斯等级要求采用防爆供配电系统和设备;爆破作业未按规定采用煤矿许用炸药和雷管;高瓦斯隧道或瓦斯突出隧道未按设计或方案进行揭煤防突、设置风电闭锁和甲烷电闭锁设施;工区任意位置瓦斯浓度超过设计规定限值	瓦斯爆炸

注:其他严重违反公路工程施工安全生产法律法规、部门规章及强制性标准,且存在危害程度较大、可能导致群死群伤或造成重大经济损失的现实危险,应判定为重大事故隐患

水运工程建设项目施工安全重大事故隐患基础清单(试用) 表5-11

工程类别	施工环节	隐患编号	隐患内容	易引发事故类型
基础管理	方案管理	SJ-001	未按规定编制或未按程序审批危险性较大工程专项施工方案;超过一定规模的危险性较大工程的专项施工方案未组织专家论证、审查;不配备应急救援队伍,不开展应急演练	各类事故
辅助施工	施工驻地及场站建设(含临时设施搭设)	SF-001	在大型设备设施倾覆影响范围内设置办公区、生活区;临时驻地或场站建设不符合规范要求设置在危险区域	坍塌、倾覆
辅助施工	施工驻地及场站建设(含临时设施搭设)	SF-002	生活区、办公区等人员密集场所与集中爆破区、易燃易爆物、危化品库、高压电力线的安全距离不足	火灾、爆炸
辅助施工	施工驻地及场站建设(含临时设施搭设)	SF-003	生活、办公用房、易燃易爆危险品库等重点部位消防安全距离不符合要求且未采取有效防护措施;生活、办公用房、易燃易爆危险品库等建筑构件的燃烧性能等级未达到A级,不符合GB 8624和GB/T 23932要求	火灾、爆炸

续上表

工程类别	施工环节	隐患编号	隐患内容	易引发事故类型
辅助施工	围堰施工	SF-004	未定期开展围堰监测监控,工况发生变化时未及时采取有效的管控措施;碰撞、随意拆除、擅自削弱围堰内部支撑杆件或在其上堆放重物,碰撞造成杆件变形等缺陷未及时修复	坍塌、淹溺
通用作业	支架作业	ST-001	支架的地基或基础未按要求处理;支架未按要求预压、验收;支架搭设使用明令淘汰的钢管材料,无产品合格证、未经检验或检验不合格的管材、构件	坍塌
通用作业	模板作业	ST-002	未按规范或方案要求安装或拆除沉箱、胸墙、闸墙等处的模板	坍塌
通用作业	特种设备和特种作业	ST-003	使用未经检验或验收不合格的起重机械;特种作业人员无证上岗	起重伤害
通用作业	施工船舶作业	ST-004	运输船舶无配载图,超航区运输,上下船设施不安全稳固;工程船舶防台防汛防突风无应急预案,或救生设施、应急拖轮等配备不足;工程船舶改造、船舶与陆用设备组合作业未按规定验算船舶稳定性和结构强度等	淹溺
码头工程	水下爆夯	SM-001	爆破器材无公安机关核定的准用手续,无领用退库等台账资料	爆炸
码头工程	沉箱出运	SM-002	沉箱浮运未验算稳定性;沉箱安装前,助浮使用的起重机吊力未复核	淹溺
码头工程	深基坑施工	SM-003	深基坑未按要求逐级开挖逐级支护;未按要求进行降(排)水、放坡;未按要求开展变形监测,出现大量渗水、流土、管涌等情况未及时处理	坍塌
航道整治、防波堤及护岸工程	铺排施工	SH-001	人员站立于正在溜放的软体排上方	淹溺

注:其他严重违反水运工程施工安全生产法律法规、部门规章及强制性标准,且存在危害程度较大、可能导致群死群伤或造成重大经济损失的现实危险,应判定为重大事故隐患。

第七节 淘汰危及生产安全的施工工艺、设备和材料

一、国家对严重危及生产安全的工艺、设备实行淘汰制度

《中华人民共和国安全生产法》第三十八条规定:国家对严重危及生产安全的工艺、设备实行淘汰制度,具体目录由国务院应急管理部门会同国务院有关部门制定并公布。生产经营单位不得使用应当淘汰的危及生产安全的工艺、设备。

二、公路水运工程淘汰危及生产安全施工工艺、设备和材料目录

为防范化解公路水运重大事故风险,推动相关行业淘汰落后工艺、设备和材料,提升本质安全生产水平,交通运输部会同应急管理部于2020年10月发布了《公路水运工程淘汰危及生产安全施工工艺、设备和材料目录》(以下简称《目录》),具体见表5-12。

各公路水运工程从业单位要采取有力措施,全面停止使用该《目录》所列"禁止"类施工工艺、设备和材料,不得在限制的条件和范围内使用本《目录》所列"限制"类施工工艺、设备。

公路水运工程淘汰危及生产安全施工工艺、设备和材料目录　　　　　表5-12

序号	名称	简要概述	淘汰类型	限制条件和范围	可替代的施工工艺、设备、材料(供参考)
一、通用(公路、水运)工程					
施工工艺					
1	卷扬机钢筋调直工艺	利用卷扬机拉直钢筋	禁止		普通钢筋调直机、数控钢筋调直切断机的钢筋调直工艺等
2	现场简易制作钢筋保护层垫块工艺	在施工现场采用拌制砂浆,通过切割成型等方法制作钢筋保护层垫块	禁止		专业化压制设备和标准模具生产垫块工艺等
3	空心板、箱形梁气囊内模工艺	用橡胶充气气囊作为空心梁或箱形梁的内模	禁止		空心板、箱形梁预制刚性(钢质、PVC、高密度泡沫等)内模工艺等
4	人工挖孔桩手摇井架出渣工艺	采用人工手摇井架吊装出渣	禁止		带防冲顶限位器、制动装置的卷扬机吊装出渣工艺等
5	基桩人工挖孔工艺	采用人工开挖进行基桩成孔	限制	存在下列条件之一的区域不得使用:(1)地下水丰富、孔内空气污染物超标准、软弱土层等不良地质条件的区域;(2)机械成孔设备可以到达的区域	冲击钻、回转钻、旋挖钻等机械成孔工艺
6	"直接凿除法"桩头处理工艺	在未对桩头凿除边线采用割刀等工具进行预先切割处理的情况下,直接由人工采用风镐或其他工具凿除基桩桩头混凝土	限制	在下列工程项目中,均不得使用:(1)二级及以上公路工程;(2)独立大桥,特大桥;(3)水运工程	"预先切割法+机械凿除"桩头处理工艺、"环切法"整体桩头处理工艺等

续上表

序号	名称	简要概述	淘汰类型	限制条件和范围	可替代的施工工艺、设备、材料（供参考）
7	钢筋闪光对焊工艺	人工操作闪光对焊机进行钢筋焊接	限制	同时具备以下条件时不得使用：(1)在非固定的专业预制厂（场）或钢筋加工厂（场）内进行钢筋连接作业；(2)直径大于或等于22mm的钢筋连接	套筒冷挤压连接、滚压直螺纹套筒连接等机械连接工艺等
8	水泥稳定类基层、垫层拌和料"路拌法"施工工艺	采用人工辅以机械（如挖掘机）就地拌和水泥稳定混合料	限制	在下列工程项目中，均不得使用：(1)二级及以上公路工程；(2)大、中型水运工程	水泥稳定类拌和料"厂拌法"施工工艺等
施工设备					
9	竹（木）脚手架	采用竹（木）材料搭设的脚手架	禁止		承插型盘扣式钢管脚手架、扣件式非悬挑钢管脚手架等
10	门式钢管满堂支撑架	采用门式钢管架搭设的满堂承重支撑架	禁止		承插型盘扣式钢管支撑架、钢管柱梁式支架、移动模架等
11	扣件式钢管满堂支撑架、普通碗扣式钢管满堂支撑架（立杆材质为Q235级钢，或构配件表面防腐处理采用涂刷防锈漆、冷镀锌）	采用扣件式钢管架搭设的满堂承重支撑架。采用普通碗扣式钢管架搭设的满堂承重支撑架；普通碗扣式钢管架指的是具备以下任一条件的碗扣式钢管架：(1)立杆材质为Q235级钢；(2)构配件表面采用涂刷防锈漆或冷镀锌防腐处理	限制	具有以下任一情况的混凝土模板支撑工程不得使用：(1)搭设高度5m及以上；(2)搭设跨度10m及以上；(3)施工总荷载（荷载效应基本组合的设计值，以下简称设计值）10kN/m² 及以上；(4)集中线荷载（设计值）15kN/m及以上；(5)高度大于支撑水平投影宽度且相对独立无联系构件的混凝土模板支撑工程	Q355及以上等级材质并采用热浸镀锌表面处理工艺的碗扣式钢管脚手架、承插型盘扣式钢管支撑架、钢管柱梁式支架、移动模架等
12	非数控预应力张拉设备	采用人工手动操作张拉油泵，从压力表读取张拉力，伸长量靠尺量测的张拉设备	限制	在下列工程项目预制场内进行后张法预应力构件施工时，均不得使用：(1)二级及以上公路工程；(2)独立大桥，特大桥；(3)大、中型水运工程	数控预应力张拉设备等

续上表

序号	名称	简要概述	淘汰类型	限制条件和范围	可替代的施工工艺、设备、材料(供参考)
13	非数控孔道压浆设备	采用人工手动操作进行孔道压浆的设备	限制	在下列工程项目预制场内进行后张法预应力构件施工时,均不得使用:(1)二级及以上公路工程;(2)独立大桥,特大桥;(3)大、中型水运工程	数控压浆设备等
14	单轴水泥搅拌桩施工机械	采用单轴单方向搅拌土体、喷浆下沉、上提成桩的施工机械	限制	在下列工程项目中,均不得使用:(1)二级及以上公路工程;(2)大、中型水运工程	双轴多向(双向及以上)水泥搅拌桩施工机械、三轴及以上水泥搅拌桩施工机械、三轴及以上智能数控打印型水泥搅拌桩施工机械等
15	碘钨灯	施工工地用于照明等的碘钨灯	限制	不得用于建设工地的生产、办公、生活等区域的照明	节能灯、LED灯等
工程材料					
16	有碱速凝剂	氧化钠当量含量大于1.0%且小于生产厂控制值的速凝剂	禁止		溶液型液体无碱速凝剂、悬浮液型液体无碱速凝剂等
二、公路工程					
施工工艺					
17	盖梁(系梁)无漏油保险装置的液压千斤顶卸落模板工艺	盖梁或系梁施工时底模采用无保险装置液压千斤顶做支撑,通过液压千斤顶卸压脱模	禁止		砂筒、自锁式液压千斤顶等卸落模板工艺等
18	高墩滑模施工工艺	采用滑升模板进行墩柱施工,模板沿着(直接接触)刚成型的墩柱混凝土表面进行滑动、提升	限制	不同时具备以下条件时不得使用:(1)专业施工班组(50%及以上工人施工过类似工程);(2)施工单位具有三个项目以上施工及管理经验	翻模、爬模施工工艺等
19	隧道初期支护混凝土"潮喷"工艺	将集料预加少量水,使之呈潮湿状,再加水泥拌和后喷射黏结到岩石或其他材料表面	限制	非富水围岩地质条件下不得使用	隧道初期支护喷射混凝土台车、机械手湿喷工艺等

续上表

序号	名称	简要概述	淘汰类型	限制条件和范围	可替代的施工工艺、设备、材料(供参考)
20	桥梁悬浇挂篮上部与底篮精轧螺纹钢吊杆连接工艺	采用精轧螺纹钢作为吊点吊杆,将挂篮上部与底篮连接	限制	在下列任一条件下不得使用:(1)前吊点连接;(2)其他吊点连接:①上下钢结构直接连接(未穿过混凝土结构);②与底篮连接未采用活动铰;③吊杆未设外保护套	挂篮锰钢吊带连接工艺等
施工设备					
21	桥梁悬浇配重式挂篮设备	挂篮后锚处设置配重块平衡前方荷载,以防止挂篮倾覆	禁止		自锚式挂篮设备等
三、水运工程					
施工工艺					
22	沉箱气囊直接移运下水工艺	沉箱下水浮运前,通过延伸至水中一定深度的斜坡道,用充气气囊在水中移运直至将沉箱移运到满足浮运的水深	禁止		起重船起吊、半潜驳或浮船坞下水、干浮船坞预制出坞、滑道下水工艺等
23	沉箱、船闸闸墙混凝土木模板(普通胶合板)施工工艺	沉箱、船闸闸墙采用木模板(普通胶合板)浇筑混凝土	禁止		钢模、新型材料模板工艺等
24	沉箱预制"填砂底模+气囊顶升"工艺	沉箱预制时采用钢框架内填砂形成底模,沉箱移运前用人工掏出(或高压水冲)型钢间的砂,穿入气囊顶升沉箱	限制	单个沉箱质量超过300t时不得使用	自升降可移动钢结构底模工艺、预留混凝土沟槽的千斤顶(自锁式或机械式)顶升工艺等
25	沉箱预制滑模施工工艺	采用滑升模板进行沉箱预制,模板沿着(直接接触)刚成型的混凝土表面滑动、提升	限制	不同时具备以下条件时不得使用:(1)正规或固定的沉箱预制场;(2)专业施工班组(50%及以上工人施工过类似工程);(3)施工单位具有三个项目以上施工及管理经验	整体模板、大模板分层预制工艺等

续上表

序号	名称	简要概述	淘汰类型	限制条件和范围	可替代的施工工艺、设备、材料(供参考)
26	纳泥区围堰埋管式和溢流堰式排水工艺	埋管式排水口工艺是指通过埋设不同高程的多组排水管,将堰内水直接排出的工艺;溢流堰式排水口工艺是指设置顶高程比围堰顶低的排水口,通过漫溢将堰内水直接排出	限制	在大、中型水运工程项目中均不得使用	设置防污帘的纳泥区薄壁堰式排水闸、闸管组合式排水工艺等
27	透水框架杆件组合焊接工艺	透水框架由多根杆件组合焊接而成	限制	在大、中型水运工程项目中均不得使用	透水框架一次整体成型工艺、透水框架非焊接式组合制作工艺等
28	人工或挖掘机抛投透水框架施工工艺	采用人工或挖掘机逐个抛投透水框架	限制	在大、中型水运工程项目中均不得使用	透水框架群抛(一次性抛投不少于4个)工艺等
29	甲板驳双边抛枕施工工艺	采用甲板驳在船舶两侧同时进行抛枕施工	限制	在大、中型水运工程项目中均不得使用	滑枕施工工艺、专用抛枕船抛枕施工工艺等
备注	(一)大、中型水运工程等级划分范围: 1.港口工程:沿海1万吨级及以上,内河300吨级及以上; 2.航道工程:沿海1万吨级及以上,内河航道等级Ⅴ级(300吨级)及以上; 3.通航建筑:航道等级Ⅴ级(300吨级)及以上; 4.防波堤、导流堤等水工工程 (二)可替代的工艺、设备、材料包括但不限于表格中所列名称 (三)《目录》中列出的工艺、设备、材料淘汰范围(禁止或限制使用),不包含除临时码头、临时围堰外的小型临时工程、养护工程				

第八节 危大工程专项施工方案

《公路水运危险性较大工程专项施工方案编制审查规程》(JT/T 1495—2024),自2024年7月1日起实施,该文件给出了危险性较大工程(简称"危大工程")、超过一定规模的危险性较大工程(简称"超危大工程")等术语,还给出了危大工程专项施工方案的编制审查、超危大工程专项施工方案的论证,以及危大工程专项施工方案的实施规定。主要内容如下:

一、主要术语和定义

危大工程:在施工过程中存在的可能导致人员群死群伤或造成重大的财产损失、环境破坏或其他损失的分部分项工程。

超危大工程:工程条件复杂、技术难度大、安全风险高的危险性较大工程。

安全技术措施：运用技术手段消除或减少工程中不安全因素的措施。

二、一般要求

（1）建设单位应在工程开工前组织参建各方建立危大工程清单，制定相应的安全技术措施。

（2）建设单位应向施工单位提供工程地质、气象和水文资料，以及地下管线、相邻建筑物和构筑物、地下工程等工程周边环境资料。如有必要，应委托有资质的单位进行补充勘察。

（3）勘察单位应在勘察文件中说明可能存在的工程风险。

（4）设计单位应在设计文件中注明涉及危大工程的重点部位和环节，提出保障工程周边环境安全和工程施工安全的意见，并依据设计风险评估结论对设计方案进行修改完善，必要时进行专项设计。

（5）监理单位应建立危大工程安全监理制度，明确审查、现场巡视、监督检查等内容。编制监理计划和监理实施细则时应明确工作流程、方法和措施。

（6）施工单位应建立危大工程安全管理制度，编制危大工程清单并落实安全技术措施。

（7）施工单位应明确危大工程性质、范围，分析研究危大工程涉及的安全技术条件，做好现场踏勘、核实等工作。

三、危大工程专项施工方案的编制

（1）施工单位应在危大工程施工前组织工程技术人员编制危大工程专项施工方案。

（2）实行施工总承包的，应由施工总承包单位组织编制；实行专业工程分包的，其专项施工方案可由专业承包单位组织编制。

（3）专项施工方案应包括的内容：

①编制依据：法律依据（包括相关法律、法规、规范性文件、标准等）、项目文件（包括施工合同、勘察文件、施工图纸及其他技术文件）、施工组织设计、施工安全风险评估报告等。

②工程概况：工程基本情况、工程地质与水文气象、周边环境、施工平面及立面布置、施工要求和技术保证条件、风险辨识与分级、相关参建单位；

③施工计划：施工进度计划、劳动力计划、材料与设备计划、安全生产费用使用计划；

④施工工艺技术：技术参数、标准化工序工艺流程、施工方法及操作要求、检查要求等；

⑤安全保证措施：组织保障（包括安全组织机构、安全保证体系及相关人员安全职责等）、技术保证措施、检查与验收、监测监控措施、应急处置措施等；

⑥质量保证措施：质量目标、工程创优规划、质量保证体系、质量控制程序与具体措施等；

⑦环境保护措施：环境保护组织机构、环境保护及文明施工措施等；

⑧施工管理人员配备及分工：施工管理人员、专职安全生产管理人员、特种作业人员、其他作业人员等；

⑨验收要求：验收标准、验收程序、验收内容、验收人员等；

⑩其他资料：计算书及相关图纸等。

（4）专项施工方案编制时，应根据危大工程的特点和要求进行必要的设计和安全验算，对所引用的计算方法和数据应说明其来源和依据。方案中应有文字说明和必要的图示,图文应清晰明了,图示应标注规范。

四、危大工程专项施工方案的审核、超危大工程专项施工方案的论证

(1)专项施工方案应由施工单位组织本单位技术、安全、质量、材料、设备等相关专业人员进行审核。经审核合格的,由施工单位技术负责人签字并加盖单位公章。实行专业分包并由专业分包单位编制专项施工方案的,专项施工方案应由总承包单位技术负责人及相关专业分包单位技术负责人共同签字并加盖所属单位公章。

(2)不需专家论证的危大工程专项施工方案,经施工单位审核合格和签字后报监理单位,由总监理工程师审查批准、签字后并加盖项目监理机构公章后方可实施。

(3)对于超危大工程或未达到超危大工程要求但参建方认为有必要论证的,施工单位应组织专家对专项施工方案进行论证。实行施工总承包的,由施工总承包单位组织召开专家论证会。专家论证前,专项施工方案应通过施工单位审核和项目总监理工程师审查。

参加专家论证会的人员包括:专家组成员;建设单位项目负责人或技术负责人;监理单位项目总监理工程师及相关人员;施工单位技术负责人或授权委派的专业技术人员,项目经理、项目安全负责人、项目技术负责人、专项方案编制人员、项目相关安全生产管理人员;勘察、设计单位项目技术负责人或授权委派的相关人员;涉及既有铁路、公路、海事和构筑物保护区安全等情况的,应邀请权属单位和监管部门代表参加方案论证会。

专家组应由不少于5名专家组成。专家应具备以下基本条件:诚实守信、作风正派、学术严谨;从事相关专业工作15年及以上并具有丰富的专业经验;具有高级专业技术职称。项目利害相关方的人员,不应以专家身份参加专家论证会。

专家论证的主要内容应满足以下要求:专项施工方案内容完整、可行;专项施工方案有计算书和验算依据;专项施工方案满足现场实际情况,保证施工安全。

专项施工方案经论证后,专家组应提交论证报告,对论证的内容提出明确的意见和结论,与会全体专家在论证报告上签字。该报告作为专项施工方案修改完善的参考依据。

超危大工程专项施工方案经专家论证后结论为"通过"的,施工单位可参考专家意见自行修改完善;结论为"修改后通过"的,专家意见应明确具体修改内容,施工单位应按照专家意见进行修改,并履行有关审核和审查手续后方可实施,修改情况应及时告知专家,由专家组长签字确认;结论为"不通过"的,施工单位应重新编制专项施工方案,履行审核、审查及专家论证流程。

施工单位应根据论证报告修改、完善专项施工方案,并经施工单位技术负责人、项目总监理工程师签字。实行施工总承包的,由施工总承包单位技术负责人签字;实行专业分包的,由专业分包单位、施工总承包单位技术负责人签字。

(4)监理单位审查的主要内容应满足以下要求:
①编审程序及内容符合本文件要求;
②技术措施符合相关工程建设标准;
③按专家论证意见修改和完善。

五、危大工程专项施工方案的实施

（1）专项施工方案完成上述审核、审查、论证要求的程序后，监理单位应对安全生产条件进行核查，并报建设单位备案，经核查符合条件后方可下达开工令。

（2）专项施工方案实施前，施工单位应在施工现场显著位置公告危大工程名称、风险等级、防范注意事项、施工时间和具体责任人，并在危险区域设置安全警示标志。

（3）专项施工方案实施前，项目技术负责人或编制人员应组织对现场管理人员进行专项施工方案交底，交底双方签字确认；现场管理人员应对作业人员进行安全防护措施和操作规程交底，项目专职安全管理人员和交底双方共同签字确认。

（4）施工单位应严格按照专项施工方案组织施工，不得擅自修改、调整专项施工方案。

（5）专项施工方案在实施过程中需要作局部调整的，应说明修改原因并提交施工单位技术负责人审批。

超危大工程专项施工方案，书面提交原专家论证会专家和参与论证各方单位审核同意后，可不再重新组织专家论证会。因规划、设计、结构、地质以及环境等因素，专项施工方案需做重大变更的，施工单位应重新履行审核、审查、论证程序。涉及资金或者工期调整的，建设单位应按照约定予以调整。

（6）超危大工程施工时，施工单位分管领导应对施工项目进行巡查，施工单位应有项目负责人在施工现场带班履职，由专职安全生产管理人员进行现场监督。

（7）施工单位管理人员发现不按照专项施工方案施工的，应要求其立即整改；情节严重的，应要求其暂停施工；发现有危及人身安全紧急情况的，应立即组织作业人员撤离危险区域。

（8）需要进行第三方检测的危大工程，应满足以下要求：

①委托具有相应资质或能力等级的单位对危大工程施工进行第三方监测；

②监测单位编制的监测方案，由监测单位技术负责人审核签字并加盖单位公章，报送监理单位同意后方可实施，必要时进行监测方案论证；

③监测单位按照监测方案开展监测，及时向委托单位报送监测结果，并对监测结果负责；发现异常时，及时向委托单位报告，委托单位立即采取相关措施处置。

（9）监理单位应对危大工程施工实施专项巡视，必要时进行旁站监督；实施监理过程中，发现存在安全事故隐患的，应要求施工单位整改；情况严重的，应要求施工单位暂时停止施工，并及时报告建设单位。施工单位拒不整改或者不停止施工的，监理单位应及时向有关主管部门报告。

（10）对需要验收的危大工程，验收合格后，方可进入下一道工序。

（11）建设单位应建立危大工程台账，定期组织开展危大工程隐患排查治理。

（12）危大工程应落实首件工程或典型施工验收制度。危大工程施工验收合格后，应编写专项施工总结报告。

（13）建设、施工、监理单位应建立危大工程安全管理档案：

①建设单位应将专项施工方案清单、管理措施及隐患排查治理等情况纳入档案管理。

②施工单位应将专项施工方案及审核、审查、论证、交底、现场检查、验收及整改等资料纳入档案管理。

③监理单位应将监理实施细则、专项施工方案审查资料、现场巡查、验收及整改资料等纳入档案管理。

六、公路工程的危大工程、超危大工程范围(仅供公路工程专业的考生学习参考)

根据《公路水运危险性较大工程专项施工方案编制审查规程》(JT/T 1495—2024)给出的规范性附录 A、附录 B，公路工程的危大工程、超危大工程范围如表 5-13 所示。

公路工程的危大工程、超危大工程范围表　　　　　表 5-13

工程名称	危大工程范围	超危大工程范围
1. 基坑开挖、支护、降水工程	(1)开挖深度 3m 及以上的基坑(槽)的土(石)方开挖、支护、降水工程。 (2)开挖深度 3m 以下但地质条件和周边环境复杂的基坑(槽)的土(石)方开挖、支护、降水工程	(1)开挖深度 5m 及以上的基坑(槽)的土(石)方开挖、支护、降水工程。 (2)开挖深度虽在 5m 以下，但地质条件、周边环境和地下管线复杂，或影响毗邻建(构)筑物安全，或存在有毒有害气体分布的基坑(槽)的开挖、支护、降水工程
2. 滑坡处理和填、挖方路基工程	(1)滑坡处理。 (2)边坡高度 20m 及以上的路堤或地面斜坡坡度高于 1∶2.5 的路堤，或不良地质地段、特殊岩土地段的路堤。 (3)土质挖方边坡高度 20m 以上、岩质挖方边坡高度 30m 以上，或不良地质、特殊岩土地段的挖方边坡	(1)中型及以上滑坡体处理。 (2)边坡高度 20m 及以上的路堤，或地面斜坡坡度高于 1∶2.5 的路堤，且处于不良地质地段、特殊岩土地段的路堤。 (3)土质挖方边坡高度 20m 以上、岩质挖方边坡高度 30m 以上，且处于不良地质、特殊岩土地段的挖方边坡
3. 基础工程	(1)桩基础。 (2)挡土墙基础。 (3)沉井等深水基础	(1)受地形限制需要采取人工挖孔桩时，开挖深度 15m 及以上的人工挖孔桩或开挖深度不超过 15m，但地质条件复杂的人工挖孔桩工程。 (2)平均高度 6m 及以上且面积 1200m² 及以上的砌体挡土墙的基础工程。 (3)水深 20m 及以上的各类深水基础工程
4. 大型临时工程	(1)围堰工程。 (2)各类工具式模板工程。 (3)支架高度 5m 及以上、跨度 10m 及以上，施工总荷载 10kN/m² 及以上，集中线荷载 15kN/m 及以上。 (4)用于钢结构安装等满堂承重支撑体系。 (5)搭设高度 24m 及以上的落地式钢管脚手架工程，附着式升降脚手架工程，悬挑式脚手架工程，高处作业吊篮，自制卸料平台、移动操作平台工程，新型及异型脚手架工程。 (6)挂篮。 (7)便桥、临时码头。 (8)水上作业平台	(1)水深 10m 及以上的围堰工程。 (2)高度 40m 及以上墩柱，高度 100m 及以上索塔的滑模、爬模、翻模工程。 (3)支架高度 8m 及以上；跨度 18m 及以上；施工总荷载 15kN/m² 及以上；集中线荷载 20kN/m 及以上。 (4)用于钢结构安装等满堂承重支撑体系，承受单点集中荷载 7kN 及以上。 (5)50m 及以上落地式钢管脚手架工程。 (6)提升高度在 150m 及以上的附着式升降脚手架工程或附着式升降操作平台工程。 (7)分段架体搭设高度在 20m 及以上的悬挑式脚手架工程。 (8)猫道、移动模架。 (9)栈桥、码头、平台

续上表

工程名称	危大工程范围	超危大工程范围
5.桥涵工程	(1)桥梁工程中的梁、拱、柱等构件施工。 (2)打桩船、半浅驳等施工船作业。 (3)边通航边施工作业。 (4)水下工程中的水下焊接、混凝土浇筑等。 (5)顶进工程。 (6)上跨或下穿既有线、管线和建(构)筑物施工	(1)长度40m及以上梁的制造与运输、拼装与吊装。 (2)跨度150m及以上的钢管拱安装施工。 (3)高度40m及以上的墩柱、高度100m及以上的索塔等的施工。 (4)跨径超过200m或最大块重超过250t的悬浇、悬拼施工工程。 (5)离岸无掩护条件下的桩基施工。 (6)开敞式水域大型预制构件的运输与吊装作业。 (7)在三级及以上通航等级的内河航道上进行的水上水下施工。 (8)转体、顶推、箱涵顶进施工。 (9)斜拉桥、悬索桥塔、索施工工程及悬索桥的锚定施工。 (10)跨高速公路、一级公路、铁路的跨线桥梁工程
6.隧道工程	(1)不良地质洞段。 (2)特殊地质洞段。 (3)浅埋、偏压及邻近建筑物等特殊环境条件隧道。 (4)Ⅳ级及以上软弱围岩地段的大跨度隧道。 (5)小净距洞段。 (6)瓦斯洞段。 (7)水下隧道。 (8)隧道穿越既有线、重要管线和建(构)筑物的。 (9)采用矿山法、盾构法、顶管法、桩基托换、冷冻法、帷幕注浆等工法施工的	(1)隧道穿越岩溶发育区、富水带、高风险断层、沙层、采空区、岩爆区等工程地质或水文地质条件复杂的地质环境,Ⅴ级围岩连续长度占总隧道长度10%以上且连续长度超过100mⅥ级围岩的隧道工程。 (2)软岩地区的高地应力区、膨胀岩、黄土、冻土等地段。 (3)埋深小于1倍跨度的浅埋地段,可能产生坍塌或滑坡的偏压地段,隧道上部存在需要保护的建(构)筑物地段,隧道下穿水库或河沟地段。 (4)Ⅳ级及以上软弱围岩地段跨度在18m及以上的特大跨度隧道。 (5)连拱隧道,中夹岩柱小于1倍隧道开挖跨度的小净距隧道,长度大于100m的偏压棚洞。 (6)瓦斯洞段。 (7)水下隧道。 (8)采用矿山法、盾构法、顶管法、桩基托换、冷冻法、帷幕注浆等工法施工的。 (9)竖井、斜井、通风井等辅助坑道施工
7.起重吊装工程	(1)采用非常规起重设备、方法,且单件起吊重量在10kN及以上的起重吊装工程。 (2)采用起重机械进行安装的工程。 (3)起重机械设备自身的安装、运架、拆卸	(1)采用非常规起重设备、方法,且单件起吊重量在100kN及以上的起重吊装工程,2台及以上轮式或履带式起重机起吊同一吊物的起重吊装工程。 (2)起重量在300kN及以上,搭设总高度在200m及以上,搭设基础高程在200m及以上的起重设备安装、运架、拆卸工程

续上表

工程名称	危大工程范围	超危大工程范围
8.拆除、爆破工程	(1)桥梁、隧道拆除工程。 (2)爆破工程	(1)大桥及以上桥梁拆除工程。 (2)一级及以上公路隧道拆除工程。 (3)C级及以上爆破工程、水下爆破工程。 (4)火工品临时储存库达到临界量。 (5)桥梁换索、换墩等工程。 (6)重要建筑物、构筑物影响范围内的拆除工程
9.其他	(1)钢结构、网架和索膜结构安装工程。 (2)其他有必要编制专项施工方案的工程	(1)跨度36m及以上的钢结构安装工程,或跨度60m及以上的网架和索膜结构安装工程。 (2)采用新技术、新工艺、新材料、新设备及尚无相关技术标准的危大工程。 (3)其他有必要开展专家论证的工程

七、水运工程的危大工程、超危大工程范围(仅供水运工程专业的考生学习参考)

根据《公路水运危险性较大工程专项施工方案编制审查规程》(JT/T 1495—2024)给出的规范性附录C、附录D,水运工程的危大工程、超危大工程范围如表5-14所示。

水运工程的危大工程、超危大工程范围表 表5-14

工程名称	危大工程范围	超危大工程范围
1.基坑开挖、支护、降水工程	(1)开挖深度3m及以上的基坑(槽)的土(石)方开挖、支护、降水工程。 (2)开挖深度3m以下但地质条件和周边环境复杂的基坑(槽)的土(石)方开挖、支护、降水工程	(1)开挖深度5m及以上的基坑(槽)的土(石)方开挖、支护、降水工程。 (2)开挖深度虽在5m以下,但地质条件、周边环境和地下管线复杂,或影响毗邻建(构)筑物安全,或存在有毒有害气体分布的基坑(槽)的开挖、支护、降水工程。
2.基础工程	(1)桩基础。 (2)挡土墙基础。 (3)沉井等深水基础	(1)开挖深度15m及以上的人工挖孔桩或开挖深度不超过15m,但地质条件复杂的人工挖孔桩工程。 (2)打入桩桩长超过50m,钻孔桩桩长超过100m,桩径大于3.5m的桩基础工程。 (3)平均高度6m及以上且面积1200m²及以上的砌体挡土墙的基础工程。 (4)水深20m及以上的各类深水基础工程。 (5)离岸无掩护条件下的桩基施工

续上表

工程名称	危大工程范围	超危大工程范围
3. 大型临时工程	(1) 围堰工程。 (2) 各类工具式模板工程。 (3) 支架高度5m及以上，跨度10m及以上，施工总荷载10kN/m²及以上，集中线荷载15kN/m及以上。 (4) 用于钢结构安装等满堂承重支撑体系。 (5) 搭设高度24m及以上的落地式钢管脚手架工程，附着式升降脚手架工程，悬挑式脚手架工程，高处作业吊篮，自制卸料平台、移动操作平台工程，新型及异型脚手架工程。 (6) 便桥、临时码头。 (7) 水上作业平台。 (8) 陆地机械设备上船进行施工	(1) 水深10m及以上的围堰工程。 (2) 支架高度8m及以上，跨度18m及以上，施工总荷载15kN/m²及以上，集中线荷载20kN/m及以上。 (3) 用于钢结构安装等满堂承重支撑体系，承受单点集中荷载7kN及以上。 (4) 50m及以上落地式钢管脚手架工程。 (5) 提升高度在150m及以上的附着式升降脚手架工程或附着式升降操作平台工程。 (6) 分段架体搭设高度在20m及以上的悬挑式脚手架工程
4. 疏浚、吹填工程	(1) 开挖深度5m及以上的岸坡开挖工程。 (2) 围堰吹填及吹填造陆工程	(1) 开挖深度20m及以上的岸坡开挖工程。 (2) 围堰高度超过5m的吹填工程。 (3) 内河疏浚与吹填工程大于或等于100万m³，沿海疏浚与吹填工程大于或等于500万m³的远海疏浚与吹填作业
5. 码头工程	(1) 无掩护条件水上作业工程。 (2) 预制预应力构件工程。 (3) 水下基床爆破夯实。 (4) 水上、水下混凝土构件安装工程。 (5) 钢引桥安装工程。 (6) 码头拆除工程	(1) 水上、水下5000kN及以上混凝土构件安装工程。 (2) 跨径30m及以上钢引桥安装工程
6. 防波堤及护岸工程	(1) 内河深水超过2m的作业工程。 (2) 水深超过10m且海况恶劣的抛石工程。 (3) 爆破挤淤工程	水深超过20m且海况恶劣的抛石工程
7. 船闸工程	总水头5m及以上闸阀门安装工程	总水头20m及以上大型闸阀门安装工程
8. 起重吊装工程	(1) 无掩护水域吊装工程。 (2) 陆上采用非常规起重设备、方法，且单件起吊重量在10kN及以上的起重吊装工程。 (3) 水上吊装1000kN及以上的吊装工程。 (4) 水上吊装跨距30m及以上，且重量在500kN及以上的吊装工程。 (5) 采用起重机械进行安装的工程。 (6) 起重机械设备自身的安装、运架、拆卸	(1) 采用非常规起重设备、方法，且单件起吊重量在100kN及以上的起重吊装工程，2台及以上轮式或履带式起重机起吊同一吊物的起重吊装工程。 (2) 水上吊装5000kN及以上的吊装工程。 (3) 水上吊装跨距50m及以上，且重量500kN及以上的吊装工程。 (4) 水上结构高度30m以上吊装作业工程。 (5) 起重量在300kN及以上，搭设总高度在200m及以上，搭设基础高程在200m及以上的起重设备安装、运架、拆卸工程。 (6) 临水起重设备的安装、拆卸工程

续上表

工程名称	危大工程范围	超危大工程范围
9.其他	(1)爆破工程。 (2)打桩船、铺排船、半浅驳等施工船作业。 (3)边通航边施工作业。 (4)潜水作业工程。 (5)水下焊接、切割工程。 (6)水下混凝土浇筑工程。 (7)水上构件出运及安装工程。 (8)毗邻燃气、石油、电力、通信等地下管线的水上施工工程。 (9)其他有必要编制专项施工方案的工程	(1)C级及以上爆破工程、水下爆破工程。 (2)在三级及以上通航等级的航道上进行的水上水下施工。 (3)水深30m及以上潜水作业。 (4)无掩护水域大型预制构件的出运及安装作业。 (5)采用新技术、新工艺、新材料、新设备及尚无相关技术标准的危大工程。 (6)其他有必要开展专家论证的工程

第九节 生产安全事故应急预案

《公路水运工程项目生产安全事故应急预案编制要求》(JT/T 1405—2022)(以下简称《要求》)规定了公路水运工程项目生产安全事故应急预案的体系和项目综合应急预案、合同段施工专项应急预案、现场处置方案的编制要求。主要内容如下：

一、主要术语和定义

(1)应急预案：针对公路水运工程项目可能发生的生产安全事故，为最大程度减少事故损害而预先制定的应急准备工作方案。

(2)应急响应：针对事故险情或事故，依据应急预案采取的应急行动。

(3)应急处置：针对施工过程中工程部位或作业环节产生的险情或事故，采取的紧急处理措施或行动。

(4)应急演练：针对可能发生的事故情景，依据应急预案而开展模拟的应急准备活动。

二、应急预案体系

(1)公路水运工程项目生产安全事故应急预案体系一般由项目综合应急预案、合同段施工专项应急预案与现场处置方案组成。建设单位应组织项目参建单位，根据项目组织管理体系、建设规模和风险特点等科学合理确定公路水运工程项目应急预案体系。

(2)项目综合应急预案是建设单位为应对项目可能发生的各种生产安全事故而制定的总体工作方案，应从总体上阐述项目应急领导机构、预警预防、应急联动、现场救援、应急资源调配等要求。

(3)合同段施工专项应急预案是施工单位为应对单位工程、分部分项工程施工中某一种或者多种类型的生产安全事故而制订的专项应对方案，重点规范应急组织机构以及应急救援处置程序和措施。

(4)现场处置方案是施工单位根据不同生产安全事故类型，针对具体部位、作业环节和设施设备等制定的应急处置措施，重点分析风险事件，规范应急工作职责、处置措施和注意事项，应突出班组自救互救与先期处置的特点。

(5)对危险性较大工程与《公路水运工程施工安全风险评估指南 第1部分:总体要求》(JT/T 1375.1—2022)确定的风险等级较大及以上作业活动,应组织编制合同段施工专项应急预案与现场处置方案。对风险等级较小及以下作业活动的合同段,可只编制现场处置方案。

(6)在合同段施工专项应急预案或现场处置方案的基础上,施工单位宜针对工作岗位特点编制应急处置卡。

(7)项目综合应急预案、合同段施工专项应急预案和现场处置方案之间应相互衔接,项目综合应急预案还应与本单位的上级部门、项目属地负有安全生产监督管理职责的交通运输管理部门和应急管理部门等相关单位的应急预案相衔接,合同段施工专项应急预案应与本企业的应急预案相衔接。不同应急预案衔接内容主要包括:

①应急救援领导组织机构和工作机构的协同机制、执行程序等;
②应急预案内部和外部信息报告(程序、方式、时限)、信息共享及信息研判机制等;
③应急救援队伍、应急救援物资装备等调度机制。

三、应急预案编制步骤

1. 编制工作小组成立

(1)应急预案编制应成立编制工作小组,编制工作小组应由项目或合同段主要负责人牵头,生产负责人、安全负责人和技术负责人参与,由安全、工程技术、船机、物资、财务、计划合同等相关部门人员组成。

(2)项目综合应急预案编制工作小组可邀请施工、监理等参建单位代表参加,合同段施工专项应急预案和现场处置方案编制工作小组可邀请现场经验丰富的班组代表参加。编制工作小组还可邀请外部相关专家参加。

2. 资料收集

编制工作小组应安排专人负责资料的收集,资料应包含但不限于以下方面的内容:

(1)相关的法律法规、部门规章、地方规章、标准规范;
(2)上级单位及其他相关单位的应急预案等;
(3)项目所在地医院、交通、公安、消防、通信、高危行业企业与人员密集场所、乡镇街道、应急管理等单位联络方式等信息;
(4)项目区域气象、水文、地质等自然环境和管线、交通、建(构)筑物等周边环境信息;
(5)施工安全风险评估报告、施工组织设计等项目资料及自有机械设备等应急资源信息;
(6)本单位历史事故、相邻或相似工程施工事故及国内外类似项目典型事故案例。

3. 风险评估

公路水运工程项目应按《公路水运工程施工安全风险评估指南 第1部分:总体要求》(JT/T 1375.1—2022)的要求开展施工安全风险评估,包括但不限于以下内容:

(1)辨识施工作业活动中存在的致险因素,预测可能发生的风险事件;风险事件分析应明确风险事件名称、易发部位(场所、环节等)等内容,公路水运工程典型风险事件清单见《要求》附录A;

(2)分析各种风险事件发生的可能性与后果严重程度；

(3)估测相应的风险等级；

(4)制定相应的风险预控措施。

4. 应急资源调查

(1)根据风险预控措施明确项目或合同段应急资源配置需求,开展专(兼)职应急救援队伍、应急物资与装备等应急资源的内部调查,并对周边可借助的医院、消防、专业应急救援队伍等社会应急资源分布情况、联系方式等进行外部调查,明确可调用的应急资源数量、种类、功能与存储方式等信息。

(2)应急资源调查宜按照《生产经营单位生产安全事故应急预案编制导则》(GB/T 29639—2020)附录 B 的要求,结合实际编制应急资源调查报告,编制项目或合同段应急资源清单和应急资源分布图,并根据应急资源变化情况进行动态更新。

5. 应急预案编制

(1)应急预案编制应以应急处置为核心,体现自救互救和先期处置的特点,做到职责明确、程序规范、措施科学,尽可能简明化、图表化、流程化。应急预案编制格式见《要求》附录 B。

(2)项目综合应急预案的内容应包括总则、风险事件描述、应急组织机构、预警信息、事故报告、应急响应、善后处置、应急保障、应急预案管理与附件。

(3)合同段施工专项应急预案的内容应包括适用范围、风险事件描述、应急组织机构、处置程序、处置措施与应急预案管理。

(4)现场处置方案的内容应包括风险事件描述、应急工作职责、处置措施与注意事项。

(5)编制工作小组应按《生产安全事故应急演练规范》(AQ/T 9007—2019)的要求,对应急预案组织开展桌面演练验证,并根据验证情况修改完善。

6. 应急预案评审

(1)应急预案编制单位应根据工程实际情况,组织开展应急预案评审。评审可邀请工程技术、安全生产、应急管理等有关专家参加。

(2)应急预案评审时应考虑应急预案基本要素的完整性、组织体系的科学性、应急预案间的衔接性、响应程序的可操作性、主要事故风险分析的合理性、应急资源配置的全面性、应急措施的针对性、应急预案管理要求符合性等内容。

(3)应急预案评审的目的、依据、形式、内容、程序等应符合相关规定。

7. 应急预案发布

应急预案评审通过后,应由编制单位主要负责人签发实施,以正式文件向项目或合同段全体人员公开发布。

四、项目综合应急预案

1. 总则

1)编制依据

简述项目综合应急预案编制依据的法律、法规、规章、标准和规范性文件,以及建设单位的上级主管部门、项目属地负有安全生产监督管理职责的交通运输管理部门、应急管理部门等相关单位的应急预案等。

2）适用范围

明确本应急预案适用的公路水运工程项目及适用周期。

3）应急预案体系

简述公路水运工程项目生产安全事故应急预案体系的组成，明确项目综合应急预案、合同段施工专项应急预案和现场处置方案的主要构成情况，可用结构图的形式表示。

2. 风险事件描述

根据公路水运工程项目施工安全风险分析结果，描述项目施工过程中可能发生的风险事件。

3. 应急组织机构

(1) 明确公路水运工程项目应急组织机构的组织形式、构成部门及相关人员，并明确构成部门及相关人员的主要职责，可用结构图的形式表示。

(2) 根据公路水运工程应急工作需要，应急组织机构可根据综合协调、技术支持、工程抢险、善后处置等设置相应的工作组，并明确各工作组的组成人员、主要职责，以及所采取的具体措施。

4. 预警信息

(1) 简述公路水运工程项目的监测预警机制，明确预警信息的来源、发布的责任部门与职责、发布的对象与方式等。

(2) 简述公路水运工程项目预警信息的收集方式、接收反馈要求与防控措施，明确预警解除(终止)的条件。

5. 事故报告

(1) 明确生产安全事故信息上报的对象、程序、方式及时限，可用流程图的形式表示，并明确需要越级上报的条件、程序。

(2) 项目生产安全事故信息报告应包括下列内容：

①事故发生项目及单位概况；

②事故发生的时间、地点以及事故现场情况；

③事故的简要经过；

④事故已经造成或者可能造成的伤亡人数（包括下落不明的人数）和初步估计的直接经济损失；

⑤已经采取的措施；

⑥其他应当报告的情况。

6. 应急响应

1）响应分级

根据事故性质、危害后果（包括严重程度、影响范围、被困与受伤及遇难人员数量等），以及参建单位控制事故事态的能力与应急工作职责，对项目应急响应进行分级。上级部门启动应急响应后,项目应急响应级别不能低于上级部门的应急响应级别。

2)响应启动

根据项目应急响应分级要求,明确应急响应启动条件以及指挥协调与会商、应急工作组运行、信息沟通与反馈等响应程序。其中,未达到应急响应启动条件时,应明确响应准备与实时跟踪事态发展的要求;应急响应启动后,根据事态发展及时调整应急响应级别。应急响应程序可用流程图的形式表示,流程图示例见《要求》附录C。

3)处置措施

针对公路水运工程可能发生的生产安全事故风险、危害程度和影响范围,制订相应的自救互救等先期应急处置措施、扩大应急处置措施等,并明确应急处置的原则和具体要求。

4)响应终止

明确应急响应终止的条件与要求。

7. 善后处置

应明确以下内容:

(1)受伤人员救治措施、被困人员家属接待安置措施及遇难人员善后工作措施;

(2)污染物处理;

(3)事故后果影响消除和施工恢复措施;

(4)善后赔偿措施;

(5)事故调查和应急处置工作总结评估。

8. 应急保障

1)通信信息保障

明确公路水运工程项目应急组织机构相关部门或人员通信联系方式和方法,并有备用方案,明确合同段通信信息保障工作要求。

2)应急队伍保障

明确项目应急响应的人力资源,包括应急专家、专(兼)职应急救援队伍、社会救援队伍等,明确相关人员基本信息与通信联络方式。

3)物资装备保障

(1)明确施工单位应急物资装备储备类型、数量、性能、存放位置、运输及使用条件、更新及补充时限、管理责任人及其联系方式等要求。应急物资装备配置清单示例见《要求》附录D。

(2)明确项目内应急物资装备的调用机制,并根据项目周边社会物资配置情况,提出项目应急物资装备组成、维护更新等管理要求。

4)经费保障

明确项目应急经费的来源、使用范围、数量和监督管理措施。

5)其他保障

(1)交通运输保障。

明确应急交通工具优先安排、优先调度等要求,以及与属地负有安全生产监督管理职责的交通运输管理部门、公安交管部门、应急管理部门、海事监督管理部门等的协调机制。

（2）治安保障。

明确应急现场治安保障要求，包括现场秩序管理、与属地公安部门协调衔接等措施。

（3）医疗保障。

明确项目属地卫生健康部门和对应医疗机构，并明确应急现场医疗救助、疾病预防控制等协助措施。

（4）后勤保障。

明确应急现场供水、供电、通信等后勤保障措施。

9. 应急预案管理

1）应急预案培训

明确对项目相关人员开展应急预案培训的计划、内容、方式和要求，并满足以下要求：

（1）应急预案培训应纳入项目安全生产培训工作计划；

（2）项目综合应急预案培训应侧重项目应急预案体系、应急组织机构、预警信息、应急响应、应急保障等；

（3）应结合项目实际，明确专题培训、全员培训、案例研讨等培训方式及培训时间等要求，如涉及沿线附近社会公众，施工单位应明确做好宣传和公示告知等工作。

2）应急演练

明确应急预案演练目的与形式、演练组织机构构成与职责、演练方案制订、演练内容与实施、演练频次、演练记录、演练评估总结等要求，应急演练的计划、准备、实施、评估总结和持续改进等应满足相关要求。

3）应急预案修订

明确应急预案修订原则、修订条件、修订周期、动态更新与管理要求，其中，修订条件应包含但不限于以下要求：

（1）依据的有关法律、法规、规章、标准及相衔接应急预案中的有关规定发生重大变化的；

（2）应急组织机构及其职责调整发生重大变化的；

（3）施工安全风险发生重大变化的；

（4）重要公路水运工程应急资源发生重大变化的；

（5）在应急演练和事故应急救援中发现问题需要修订的；

（6）其他认为应当修订的情况。

4）应急预案备案

按规定明确应急预案的报备部门。

10. 附件

应急预案附件应包含但不限于以下方面的内容：

（1）内部应急机构、人员通讯录；

（2）外部协作单位的联系方式；

（3）应急资源的清单与分布图；

（4）现场疏散路线、救援队伍行动路线等关键的路线；

（5）现场集结点、警戒范围与重要地点等标识；

(6)附近交通图、医院地理位置图和路线图等图纸;
(7)与相关应急救援部门签订的应急救援协议或备忘录(如有)。

五、合同段施工专项应急预案

1. 适用范围

说明合同段施工专项应急预案的适用范围。

2. 风险事件描述

根据施工安全专项风险评估结论,分析合同段施工专项应急预案适用的风险事件,包括名称、可能发生的工程部位或作业环节、影响程度与范围等。

3. 应急组织机构

(1)明确合同段应急组织机构的构成、各职能部门与工程区段参加人员与职责要求,可用结构图的形式表示。

(2)应急组织机构可结合合同段实际设置相应的应急工作组,工作组主要工作内容可以包含但不限于以下方面:

①综合协调组主要负责与外部救援力量、地方政府相关部门等协调救援及事故调查处理、事故信息的收集、报告,以及提供工程抢险通信、物资、人员等资源保障等工作;

②技术支持组主要负责工程抢险技术方案支持等工作;

③工程抢险组主要负责事故现场人员搜救及工程本身抢险等工作;

④善后处置组主要负责事故伤亡人员医疗救护、被困及伤亡人员医疗救护、善后处理和家属接待安置等工作。

4. 处置程序

(1)明确事故信息报告的程序、方式、时限及内容等。

(2)明确应急响应分级、响应启动、响应终止等程序要求,并明确与项目综合应急预案应急响应相衔接要求。

5. 处置措施

(1)应针对合同段可能发生的风险事件,制订相应的处置措施,明确处置原则和具体要求。

(2)应急处置措施应包含但不局限于以下要求:

①坍塌处置措施应结合桥梁基坑、隧道洞口、半成洞及掌子面、护岸等施工部位,或者模板、脚手架、支架等作业环节制订,明确结构监测、防护加固、人员搜救、应急通信保障等要求;

②高处坠落处置措施应结合公路工程桥墩(柱、塔)、盖梁以及水运工程码头上部结构、闸首边墩等施工部位或者作业环节制订,明确现场临边防护、人员抢救等要求;

③起重伤害处置措施应结合施工升降机、塔式和门式起重机、起重船等不同起重机械类型制订,明确机械关停、作业停止、人员抢救、安全转移等要求;

④淹溺处置措施应结合施工水域掩护条件、水深、风浪、水流及其变化、搜救资源等情况制订,明确人员营救、水上救援交通组织等要求;

⑤防台防汛处置措施应结合台风预警、潮汐水位变化、防台拖带能力、航道通航和锚地选择、人员驻地防护等情况制订,明确监测预警、作业停止、设施设备稳固、船舶避风、人员撤离、驻地防洪等要求;
⑥其他风险事件处置措施应根据发生部位或作业环节、施工环境特点制订。
(3)明确与处置措施相匹配的应急物资装备名称、型号及性能、数量、存放地点及保管人员等,并要求动态更新管理,物资装备保障应满足要求。

6.应急预案管理

合同段施工专项应急预案的培训应按照项目综合应急预案的要求明确培训的计划、内容和方式,并侧重现场前期处置措施、自救互救基本知识、应急物资使用等要求;应急演练、应急预案修订与备案应分别符合项目综合应急预案的相关要求。

六、现场处置方案

1.风险事件描述

(1)根据施工工艺、作业环节与岗位特点等实际情况,分析合同段现场处置方案适用的风险事件,风险事件类型见《要求》附录A。
(2)风险事件描述应包含但不局限于以下内容:
①类型名称;
②发生的具体工程部位或作业环节、设施设备名称;
③可能的危害程度及其影响范围;
④发生前可能出现的应力、变形指标异常等征兆信息;
⑤可能引发的次生、衍生事故。

2.应急工作职责

结合工程部位或作业环节班组管理人员与作业人员工作职责,明确现场应急处置的工作分工和职责要求。

3.处置措施

(1)根据工作岗位分工与涉及的施工工艺、物资设备等,明确现场应急处置措施确定的原则和自救互救的基本要求。
(2)现场应急处置措施要求应包含但不局限于以下内容:
①应急处置程序。明确事故上报要求、现场管控要求、防止事故扩大要求等内容。
②现场处置措施。简述作业人员避险方式及撤离时机、人员搜救、医疗救治、设施加固、现场监测与防护、防止事故扩大等处置措施。
③外部救援处置措施。明确外部救援的要求,所需的应急队伍、物资与装备,以及与外部救援到达现场前的准备工作方案与到达后的配合工作方案。
④应急物资装备配置应满足项目综合应急预案的相关要求。

4.注意事项

简述现场应急处置过程中现场安全防护、抢险救援设施设备使用、救援人员防护装备使用等方面应采取的自救互救、避免事故扩大等相关措施。

5. 应急处置卡

宜根据合同段现场应急处置岗位分工编制作业岗位应急处置卡,应包含但不限于以下内容:

(1) 工程部位或作业环节;
(2) 作业岗位名称;
(3) 不同风险事件的应急处置措施;
(4) 应急电话。

第十节 生产安全事故等级划分和事故报告、调查处理

一、生产安全事故的等级划分

公路水运工程生产安全事故是指经依法审批、核准或者备案的公路水运工程项目新建、改建和扩建活动中发生的生产安全事故。

根据 2018 年 3 月 27 日交通运输部办公厅发布的《公路水运工程生产安全事故应急预案》规定,公路水运工程生产安全事故按照人员伤亡(含失踪)、涉险人数、直接经济损失、影响范围等因素,分为四级:Ⅰ级(特别重大)事故、Ⅱ级(重大)事故、Ⅲ级(较大)事故和Ⅳ级(一般)事故。

根据现行《生产安全事故报告和调查处理条例》,安全事故划分为:

(1) 特别重大事故:死亡 30 人以上;或重伤 100 人以上;或直接经济损失 1 亿元以上。
(2) 重大事故:死亡 10~30 人;或重伤 50~100 人;或直接经济损失 5000 万~1 亿元。
(3) 较大事故:死亡 3~10 人;或重伤 10~50 人;或直接经济损失 1000 万~5000 万元。
(4) 一般事故:死亡 3 人以下;或重伤 10 人以下;或直接经济损失 1000 万元以下。

二、生产安全事故的报告与调查处理

《建设工程安全生产管理条例》第五十条规定:施工单位发生安全生产事故,应当按照国家有关伤亡事故报告和调查处理的规定,及时、如实地向负责安全生产监督管理的部门、建设行政主管部门或者其他有关部门报告;特种设备发生事故的,还应当同时向特种设备安全监督管理部门报告。接到报告的部门应当按照国家有关规定,如实上报。实行施工总承包的建设工程,由总承包单位负责上报事故。

一旦发生安全生产事故,及时报告有关部门是及时组织抢救的基础,也是认真进行调查分清责任的基础。因此施工单位在发生安全生产事故时,不能隐瞒事故情况。

1. 事故报告

工地发生安全生产事故后,企业、项目部除立即组织抢救伤员,采取有效措施防止事故扩大和保护事故现场,做好善后处理工作外,还应按表 5-15 规定报告有关部门。

事故报告规定 表 5-15

事故类型	上报部门	时限	报告有关部门
一般事故	施工企业	1h 内（单位负责人接到报告后）	向事故发生地县级以上人民政府应急管理部门和负有安全生产监督管理职责的有关部门报告。上报至设区的市级人民政府应急管理部门和负有安全生产监督管理职责的有关部门
较大事故	施工企业	1h 内（单位负责人接到报告后）	向事故发生地县级以上人民政府应急管理部门和负有安全生产监督管理职责的有关部门报告。逐级上报至省、自治区、直辖市人民政府应急管理部门和负有安全生产监督管理职责的有关部门
特别重大事故、重大事故	施工企业	1h 内（单位负责人接到报告后）	向事故发生地县级以上人民政府应急管理部门和负有安全生产监督管理职责的有关部门报告。逐级上报至国务院应急管理部门和负有安全生产监督管理职责的有关部门

1）施工单位事故报告要求

事故发生后，事故现场有关人员应当立即向施工单位负责人报告；施工单位负责人接到报告后，应当于 1h 内向事故发生地县级以上人民政府应急管理部门和交通运输主管部门报告。情况紧急时，事故现场有关人员可以直接向事故发生地县级以上人民政府应急管理部门和交通运输主管部门报告。实行施工总承包的建设工程，由总承包单位负责上报事故。

2）交通运输主管部门事故报告要求

《交通运输行业建设工程生产安全事故统计报表制度》有关规定：

（1）发生的生产安全事故经核实清楚后，事故单位应向建设单位、项目的安全监管机构、当地人民政府交通运输部门、应急管理部门等部门报告。

（2）发生 1 人以上（含 1 人）死亡的生产安全事故，事故单位应在 1h 内按照《交通运输行业建设工程生产安全事故统计快报表》的要求向建设单位、项目的安全监管机构、当地人民政府交通运输部门报告。项目的安全监管机构、当地人民政府交通运输部门报告应逐级上报至省级交通运输主管部门，每级不超过 2h。

（3）省级交通运输主管部门应在接到报告后 2h 内，按照《交通运输行业建设工程生产安全事故统计快报表》的要求及时统计，上报交通运输部，并及时续报事故救援进展、事故调查处理及结案情况。

（4）省级交通运输主管部门必须于次月 5 日前，将本月本辖区发生的伤亡事故（包括人员死亡、重伤以及经济损失等事故）统计汇总后，按《交通运输行业建设工程生产安全事故统计月报表》要求上报交通运输部。已上报《交通运输行业建设工程生产安全事故统计快报表》的事故应将最新情况继续填报，没有发生生产安全事故的省份统计零事故报送月报表。

（5）快报表报送超过规定时限，视为迟报。月报表于次月 5 日前未报送的，应说明情况，无故超过 24h，视为迟报。快报表和月报表因过失未填写报送有关重要项目的，视为漏报；故意不属实上报有关重要内容的，经查证属实的，视为谎报；故意隐瞒已发生的事故，经有关部门查证属实的，视为瞒报；存在以上行为的，视情节在行业内给予通报，构成犯罪的，依法追究刑事责任。

（6）上报过程出现错报的情况，发现后应及时报送更正后的报表。如超过 48h，一经发现，视为谎报。

3）事故报告内容

（1）事故发生单位概况；

（2）事故发生的时间、地点以及事故现场情况；

（3）事故的简要经过；

（4）事故已经造成或者可能造成的伤亡人数（包括下落不明的人数）和初步估计的直接经济损失；

（5）已经采取的措施；

（6）其他应当报告的情况。

自事故发生之日起 30 日内，事故造成的伤亡人数发生变化的，应当及时补报。道路交通事故、火灾事故自发生之日起 7 日内，事故造成的伤亡人数发生变化的，应当及时补报。

2. 调查处理

1）事故调查权限

特别重大事故由国务院或者国务院授权有关部门组织事故调查组进行调查。

重大事故、较大事故、一般事故分别由事故发生地省级人民政府、设区的市级人民政府、县级人民政府负责调查，可以直接调查，也可以授权有关部门组织事故调查组进行调查。

未造成人员伤亡的一般事故，县级人民政府也可以委托事故发生单位事故调查组进行调查。

2）事故处理

重大事故、较大事故、一般事故负责调查的人民政府应当自收到事故调查报告之日起 15 日内做出批复；特别重大事故 30 日内做出批复，特殊情况下，可以延长，但延长的时间不得超过 30 日。安全生产事故处理依据如下：

（1）安全事故实况资料（时间、地点、描述、记录、照片、录像等）；

（2）有关合同及合同文件；

（3）有关技术文件和档案；

（4）相关建设工程法律法规和标准规范。

三、事故处理的"四不放过"原则

根据《国务院关于进一步加强安全生产工作的决定》（国发〔2004〕2 号），生产安全事故处理的"四不放过"原则是：事故原因未查清不放过；责任人员未处理不放过；整改措施未落实不放过；有关人员未受到教育不放过。

四、事故处理的监理工作程序

（1）监理工程师下达监理指令暂停施工，并督促施工单位采取安全措施，防止事故进一步扩大。

（2）要求施工单位进行调查，提交事故报告，并报告建设单位和监理机构。

(3)监理机构审核施工单位提交的事故处理方案,参加论证或要求相关单位完善处理方案。

(4)事故处理方案批准后,监督施工单位处理。

(5)事故处理完成后,监理工程师进行工程检查和验收。具备复工条件的,监理工程师审查并报建设单位同意后,签发复工令,督促施工单位及时复工。

第十一节　安全生产管理的监理工作

一、监理工作依据

交通运输工程安全生产管理的监理工作依据包括有关安全生产、劳动保护、环境保护、消防等的法律法规和标准规范,建设工程批准文件和设计文件,建设工程委托监理合同和有关的建设工程合同等。

1. 有关安全生产、劳动保护等的法律法规和标准规范

有关交通建设工程安全生产、劳动保护等的法律法规和标准规范包括:《中华人民共和国安全生产法》《中华人民共和国公路法》《中华人民共和国港口法》《中华人民共和国劳动法》《中华人民共和国环境保护法》《中华人民共和国消防法》《建设工程安全生产管理条例》《生产安全事故报告和调查处理条例》《生产安全事故应急条例》《公路水运工程安全生产监督管理办法》等法律法规,《公路建设市场管理办法》《水运建设市场管理办法》《公路建设监督管理办法》等部门规章以及地方性法规等,《建设工程安全生产管理条例》《工程建设标准强制性条文》《公路水运工程生产安全事故等级标准》《公路工程施工监理规范》《水运工程施工监理规范》《公路水运工程生产安全事故应急预案》以及有关的工程安全技术标准、规范、规程等。

2. 建设工程批准文件

建设工程批准文件包括:批准的可行性研究报告、建设项目选址意见书、建设用地规划许可证、建设工程规划许可证、施工许可证以及初步设计文件、施工图设计文件等。

3. 委托监理合同和有关的建设工程合同文件

工程监理单位应当根据两类合同进行安全监理。这两类合同包括:工程监理单位与建设单位签订的建设工程委托监理合同,建设单位与施工单位签订的有关建设工程合同。

二、主要监理工作任务

工程监理单位应当按照法律、法规和工程建设强制性标准进行监理,对工程安全生产承担监理责任。应当编制安全生产监理计划,明确监理人员的岗位职责、监理内容和方法等。对危险性较大的工程作业加强巡视检查。

工程监理单位应当审查施工组织设计中的安全技术措施或者专项施工方案是否符合工程建设强制性标准。在实施监理过程中,发现存在安全事故隐患的,应当要求施工单位整改,必要时,可下达施工暂停指令并向建设单位和有关部门报告。

工程监理单位应当填报安全监理日志和监理月报。

《建设工程安全生产管理条例》规定了工程监理单位安全生产管理的工作范围：

(1)审查施工组织设计中安全技术措施或专项施工方案。

(2)在实施监理过程中,发现存在安全事故隐患的,应当要求施工单位整改。

(3)情况严重的,应当要求施工单位暂时停止施工,并及时报告建设单位。

(4)施工单位拒不整改或者不停止施工的,应当及时向有关主管部门报告。

(5)应当按照法律、法规和工程建设强制性标准实施监理。

三、安全生产管理的监理工作制度

1. 监理工作制度

安全生产管理的监理工作制度是安全管理的基本制度,现行法律、法规、规章和规范性文件等明确的监理机构安全监理责任均必须建立相应的管理制度。同时,应根据项目特点、公司的相关规定、业主的相关规定制定必要的制度。其内容必须全面涵盖,否则就不健全。监理机构建立的安全管理制度包括但不限于下列制度：

(1)根据法律法规、行政规章规定制定的安全管理制度。

①安全监理责任制度及考核制度；

②安全教育培训制度；

③安全生产条件审核制度；

④人员安全管理制度；

⑤安全技术措施和临时用电方案审查制度；

⑥专项施工方案审批制度；

⑦安全生产费用审核制度；

⑧安全隐患处理和报告制度；

⑨依法监理和监理报告制度。

(2)根据公路水运工程监理规范制定的安全管理制度。

①安全监理计划细则编审制度；

②风险评估报告审查制度；

③事故应急预案审查制度；

④安全生产检查评价制度；

⑤安全管理、特种作业人员管理制度；

⑥施工机械审查及特种设备审核制度；

⑦安全设施验收制度；

⑧工程分包审查制度；

⑨安全巡视与旁站监理制度；

⑩安全事故报告和处理制度；

⑪安全监理会议制度；

⑫安全监理交底制度；

⑬安全监理台账及档案制度;
⑭安全监理日志和月报制度。
(3)根据交通运输主管部门文件制定的安全管理制度。
①平安工地建设考核评价制度;
②安全生产标准化建设考核制度。
(4)工地试验室安全管理制度及操作规程。
(5)监理机构还应根据日常安全卫生等管理要求,建立内部管理及卫生管理制度;按监理单位管理要求,建立考勤管理及请销假制度。

2. 监理工作制度的管理

监理机构安全监理组织每年应至少一次对安全管理制度执行情况进行检查、评审,并根据检查、评审结论及时进行修订,确保其有效性、适应性和符合性。安全管理制度修订应符合下列规定:

(1)在发生下列情况时,应及时对相关的管理制度进行评审、修订。
①国家相关法律、法规、规程、标准废止、修订或新颁布;
②监理单位归属、体系、规模及管理制度发生重大变化;
③所监理工程的规模、作业环境,建设单位安全管理办法等发生重大变化;
④政府相关行政部门提出整改意见;
⑤制度执行过程中发现存在明显问题;
⑥其他相关事项。
(2)安全管理制度的修订应有记录,并注明修订内容、时间等信息。
(3)安全管理制度的修订应按其制定的程序和要求重新审批、发布、报备、宣贯。

四、施工准备阶段安全生产管理的监理工作

(一)监理自身的准备工作

1. 开展安全教育,确定工作内容

(1)监理单位应根据工程规模和特点,派出能满足施工现场安全管理要求的相关监理人员进驻现场。并对安全监理人员进行培训教育。

①安全监理人员管理工作内容。

工作内容主要是安全监理人员配备及持证、监理人员花名册及人员变动情况,安全培训教育、安全监理日志等。

②安全监理人员管理工作职责。

(2)建立监理安全监理的相关组织结构,在编制监理计划中确定安全监理方案,明确各级监理人员安全职责范围,与建设单位、施工单位建立正常的工作程序和联系渠道。

(3)监理工程师应组织监理人员熟悉设计文件和施工周边环境,学习施工、监理合同文件,熟悉掌握合同文件中的安全监理工作内容和要求,并按照监理计划中的安全监理方案和专项安全监理细则中的内容对监理人员进行安全交底和进入工地现场的自身安全教育。

(4)监理人员应参加技术单位组织的设计交底会,了解设计对结构安全的技术要求和施工过程的安全注意事项。

(5)监理工程师编制的监理计划应包括安全监理方案,并根据工程特点和高危作业的施工,编制专项安全监理细则。

(6)建立和完善安全监理组织网络,确定各项安全监理管理工作内容,指定安全监理责任制及各级监理岗位安全职责,将安全监理责任分解到各个监理岗位,纳入监理工作质量考核办法并进行定期检查考核。

(7)审核专项安全施工方案。施工单位编制的专项安全施工方案应由施工单位专业技术人员编制,项目负责人审核,并经施工单位技术负责人批准(对规定应组织专家论证的,需附专家论证意见),在项目开工前,报监理机构,先由专业监理工程师核查,然后由总监理工程师(或驻地监理工程师)审核签字。

(8)审查分包单位安全生产资质。分包工程开工前,安全监理人员应审查施工单位报送的分包单位安全生产许可证、三类人员的安全资格证书及特殊工种作业人员上岗资格证书。

(9)核查进场机械设备及安全设施。施工单位应对进场设备、安全设施的验收(检测)合格证及导致人员的上岗证进行自检验收,自检合格后,报安全监理核查,安全监理核查同意后,方可投入现场使用。

(10)审查工程开工申请报告。工程开工前,施工单位要提出书面开工申请报告,然后由监理工程师审查现场准备情况,如各项安全工作审批手续是否完善;现场技术、管理、施工作业等人员是否到位;机械设备及安全设施等是否已到达现场,并处于安全状态。符合开工条件时,监理工程师批准开工申请,并报建设单位备案。

(11)制定安全监理程序、记录方法和表格。监理工程师应组织相关监理人员根据施工合同文件中安全生产的要求并结合工程项目设计制定安全监理程序。

2. 编制安全监理计划、实施细则

1)编制安全监理计划

监理工程师在编制项目监理计划中,应将安全监理计划单独列为一个章节,且应具有对安全监理工作的指导性。安全监理计划的编制应根据法律法规、委托合同中安全监理约定的要求,以及工程项目特点、施工现场的实际情况,明确项目监理机构的安全监理工作目标,确定安全监理工作制度、方法和措施,并根据施工情况的变化予以补充、修改和完善。

安全监理计划编制内容必须合规。至少包含以下章节及主要内容:

(1)工程概况。

(2)监理依据。

(3)安全监理工作范围、内容、目标及目标分解。

(4)安全监理组织机构、监理岗位职责。

(5)监理工作制度建设。

(6)安全监理工作计划。

(7)安全监理人员与设备设施进退场计划。

(8)安全监理控制清单,包含初步认定的危险性较大的分部分项工程一览表;初步认定须复核安全许可验收手续的大中型施工机械和安全设施一览表;初步确定须编制的专项安全监理细则一览表;监理方法与措施。

(9)监理程序及表格。

2)编制专项安全监理细则

对危险性较大的分部分项工程必须在施工开始前编制专项安全监理细则。安全监理细则由驻地监理工程师主持编制,驻地办安全监理工程师和专业监理工程师参与并经总监理工程师(或驻地监理工程师)审核批准后实施。实施过程中,如施工条件、施工方案或工艺发生重大变化,应做相应补充、调整、修改和完善,并按规定重新报批。

(1)编制专项安全监理实施细则的依据:

①已批准的包含安全监理方案的监理计划;

②相关的法规、工程建设强制性标准和设计文件;

③施工组织设计;

④其他规范性文件等。

(2)安全监理细则的内容。

安全监理细则编制内容必须合规。其至少包含以下章节及内容:

①危险性较大分部分项工程施工现场环境状况和安全监理工作特点;

②相关安全技术规范及强制性标准内容;

③风险分析及施工控制措施;

④安全监理工作的内容、流程、方法和手段;

⑤安全监理检查要点、方法、频率及验收。

a.监理要点:针对施工现场的施工作业,规定监理机构对各重要工序、危险作业过程、关键节点和事故易发点的监理内容。

b.检查方法:采取的检查形式(各类数据与记录的审查、现场巡视与观察、专项检查与抽查等)和必要的检查手段(见证、平行检测和按比例抽测等)。

c.检查频率:按作业进度、工序作业顺序和关键节点的要求,规定阶段性时间内最少检查次数。

d.监理措施:为消除安全事故隐患而应采取的具体措施,包括监理指令、工地会议、监理报告及通报等。

e.验收检查:对按规定需要验收的危险性较大工程、关键设施,应规定验收的程序、节点、方法和条件及资料要求等。

⑥安全监理人员安排与分工。

⑦检查记录(表)和资料。

(二)审查施工单位的安全生产管理体系和安全管理制度

(1)检查施工单位安全管理体系中的管理机构,总、分包现场项目经理和专职安全生产管理人员持证上岗、安全员数量配备情况。

①检查内容。

在开工令下达之前完成(一般在进场后一个月内完成)检查工作。主要检查施工单位安全生产管理人员履约到位、持证情况。

a.检查企业主要负责人、项目负责人、专职安全生产管理人员(简称三类人员)持证合规性。施工单位填写施工单位安全生产管理体系审查台账,并提交以下资料:企业主要负责人安全证件、项目负责人、专职安全生产管理人员安全证件彩印件一式三份,并加盖项目经理部公章。

b.检查安全证件合规性。三类人员必须取得交通运输主管部门颁发的安全生产考核合格证书,三类人员有一个无证的,则不合格。

c.检查项目负责人授权合规性。有公司书面授权书。

d.检查专职安全生产管理人员配备数量合规性。根据《公路水运工程安全生产监督管理办法》(中华人民共和国交通运输部令2017年第25号)的规定,按照年度施工产值配备专职安全生产管理人员,不足5000万元的至少配备1名;5000万元以上不足2亿元的按每5000万元不少于1名的比例配备;2亿元以上的不少于5名,且按专业配备。

②安全培训检查内容。

在施工单位提交交底核查申请后3天内完成检查工作。主要核查施工单位从业人员安全生产培训教育计划及落实情况。工作要点如下:

a.核查从业人员是否全员先培训后上岗。安全培训教育的分类:三类人员培训教育、特种作业人员培训教育、进场安全教育、三级安全教育、班前安全教育等。三级安全教育,"三级"指的是"公司级""项目部级""班组级"三级。

b.核查受教育人是否亲笔签名及培训记录。

c.核查培训教育后的考核结果。

d.核查施工单位是否制订安全生产培训教育计划,培训教育学时是否符合要求。

(2)检查施工单位的安全生产责任制度、安全生产教育培训制度、安全生产规章制度和操作规程、消防安全责任制度、安全生产事故应急救援预案、安全施工技术交底制度以及设备的租赁、安装拆卸、运行维护保养、自检验收管理制度等是否健全和完善。

安全技术交底的核查在工程开工前完成。分管安全副总监组织安全专监检查施工单位安全交底;施工单位未进行安全交底或交底不符合要求的,不得开工。总监办安全专监建立安全技术交底核查台账,分管安全副总监检查台账建立情况。

①安全技术交底的内容。

a.施工部位、内容和环境条件。

b.专业分包单位、施工作业班组应掌握的相关现行标准规范、安全生产、文明施工规章制度和操作规程。

c.资源的配备及安全防护、文明施工技术措施等。

d.动态监控以及检查、验收的组织、要点、部位及节点等相关要求。

e.与之衔接、交叉的施工部位、工序的安全防护、文明施工技术措施。

f.潜在事故应急措施及相关注意事项。

②安全技术交底的程序。

a.分部分项工程开工前,施工单位应编制施工方案,编制人员向项目职能部门、分包单位或作业班组负责人交底。

b.危险性较大分部分项工程开工前,施工单位应编制专项方案,编制人员会同施工员,向参加施工的全体管理人员、作业人员交底。

c.各工种作业安全技术交底采用层级交底制,主要工序和特殊工序由项目总工向施工员交底,施工员向班组负责人交底,班组负责人向作业人员交底。

d.按工种、不同作业内容编制安全作业指导书,进行书面交底;按分项工程编制安全防范技术措施,进行书面交底。

e.交底人与接受交底人分别在交底作业指导书上签名。安全技术交底到具体作业人员。

f.检查施工单位安全技术交底是否全面,施工单位项目总工负责技术交底,交底至各职能部门、班组作业人员。

③检查的内容。

a.核查安全施工技术交底内容是否齐全。

b.核查施工单位交底程序是否符合要求。

c.核查施工单位提交安全技术交底时间是否符合要求。

④分部分项工程施工前,施工单位填写安全技术交底核查台账,向监理提交安全技术交底记录。

班组安全技术交底的主要内容:

a.告知施工过程中的危险作业特点、重大危险源及危害因素;

b.针对危险点和重大危险源制订具体的预防措施;

c.作业过程中应注意的安全事项;

d.特殊工序的操作方法和相应的安全操作规程与标准要求;

e.发生安全生产事故后应采取的自救方法、紧急避险和紧急救援措施等。

(3)检查施工现场各种安全标志和临时设施的设置。

(4)检查、督促施工单位与分包单位之间签订施工安全生产协议书。

(5)检查施工单位安全技术措施或文明施工措施费用的使用计划。

(6)督促施工单位制订安全事故应急救援方案,监控对重点部位和重点环节制订的工程项目危险源监控措施和应急救援方案的实施。

(7)对施工单位安全生产管理体系的检查项目,由项目监理机构在第一次工地会议上,向施工单位书面告知。

(8)明确本项目工程安全事故上报与处理程序,要求事故单位在第一时间内,按预定程序上报建设单位、所在地安全生产监督管理部门、交通主管部门、公安部门、工会等相关部门,不得隐瞒和拖延上报。

(三)审查施工单位的特种作业人员、施工机械设备、设施管理

1.特种作业人员管理

施工提交工程开工申请后,在合同规定时限内完成检查工作。主要核查施工单位特种人员持证上岗情况。其要点如下:

(1)特种作业人员种类。

(2)核查施工单位提交特种作业人员进场审查时间是否符合规定。在合同段工程开工前及该工程开工前,施工单位以特种作业人员进场审查表向监理报检。

（3）核查特种作业人员证件合规性。施工单位提供特种作业人员花名册，证件与花名册人员相符；核查证件时间有效性以及证件作业范围有效性（注：施工单位提供的材料复印件，要注明"经核实，该复印件与原件相符"，并加盖施工单位项目部公章）。

（4）核查安全培训教育、考核情况。检查培训教育记录、考核结果。

（5）检查特种作业安全交底。

（6）检查施工单位特种作业人员台账更新情况。

2. 特种（专用）设备管理

在施工单位提交分部分项工程开工申请后，在合同规定的时限内完成核查工作。主要核查特种设备（专用）使用登记情况、特种（专用）设备管理、特种设备操作人员持证情况。其要点如下：

（1）核查特种设备进场许可。工程施工前，施工单位填写进场机械设备进场审批表，逐台将设备的型号、规格名称、购置时间等内容填入特种设备使用登记表。

（2）核查特种设备使用许可。是否有资质单位的检验合格证或使用登记证书。特种设备使用单位应当在特种设备投入使用前或者投入使用后三十日内，向负责特种设备安全监督管理的部门办理使用登记，取得使用登记证书。登记标志应当置于该特种设备的显著位置。特殊设备未经检验、检测，未取得检测合格证的，则不合格。

（3）核查特种设备管理台账。是否按"一机一档"建立管理档案。

（4）核查承担特种设备的安装调试、拆除等工作的单位资质是否符合要求。拆装方案是否符合要求，需经专家论证的，检查是否有专家论证结果及施工单位方案落实情况。

（5）核查操作人员安全培训教育、持证上岗、安全交底情况。

（6）特种设备管理制度、特种设备事故应急救援预案制定情况。

3. 施工机械设备管理

在施工单位提交工程开工申请后，在合同规定时限内完成核查工作。主要核查施工设备管理、操作人员持证情况。其要点如下：

（1）核查施工设备进场许可。工程施工前，施工单位填写进场机械设备进场审批表。

（2）核查机械设备使用许可。是否有产品合格证或检测合格证。未经检验、检测，未取得检测合格证的，则不合格。

（3）核查施工设备管理台账。是否按"一机一档"建立管理档案。

（4）核查操作人员安全培训教育、持证上岗、安全交底情况。

（5）设备操作规程制定情况。

（四）审批安全技术措施或专项施工方案

1. 审查安全技术措施

安全技术措施包括：防火、防毒、防爆、防尘、防洪、防触电、防坍塌、防物体打击、防机械伤害、防溜车、防高空坠落、防交通事故、防寒、防暑、防疫、防环境污染等方面的措施。

施工安全技术措施是针对每项工程在施工过程中可能发生的事故隐患和可能发生安全问题的环节进行预测，从而在技术上和管理上采取措施，消除或控制施工过程中的危险因素，防范安全事故的发生。

监理工程师在审查施工单位编制的施工组织设计时,应根据工程项目的特点制定相应的安全监理措施。因此,施工安全技术是工程施工安全生产的指令性文件,是施工现场安全管理和监理的重要依据。

1)施工安全技术措施

(1)进入施工现场的安全规定。

(2)地面、深坑、隧道施工作业的防护。

(3)水上、高处及立体交叉施工作业的防护。

(4)施工用电安全技术措施。

(5)机械、机具使用过程中的安全防护及夜间施工安全防护。

(6)为确保安全,对于采用新工艺、新材料、新技术制定的专项安全技术措施。

(7)预防自然灾害(台风、雷击、洪水、地震、高温、寒冻、泥石流等)的措施。

2)安全技术措施的内容

(1)安全管理目标。

(2)安全生产组织体系、责任体系以及安全生产条件。

(3)安全生产责任制、安全生产管理制度、施工作业操作规程。

(4)符合有关安全要求的施工场地布置图及说明。

(5)符合国家有关安全规定的安全防护用具、机械设备、施工机具清单。

(6)施工现场防火措施。

(7)危险性较大工程及施工现场重大危险源清单及监控措施。

(8)项目安全技术要点。

(9)生产安全事故应急预案。

(10)施工人员安全教育计划、安全技术交底安排。

(11)安全生产专项费用使用计划。

3)安全技术措施审查内容

(1)审查安全技术措施编制内容合规性。

(2)审查施工单位报审时间合规性:在合同段工程开工之前,施工单位按合同规定时限填写总体施工组织设计报审表,将总体施工组织设计报总监办审批。

(3)审查施工单位内部编制与审批程序合规性:总体施工组织设计是否经施工单位技术、安全、质量部门审核,是否由施工单位技术负责人签字,是否为手签,是否加盖施工单位公章。

(4)审查安全技术措施合规性:安全技术措施是否符合强制性标准。

有一项不符合要求,监理工程师不得同意工程开工。

2.审批专项施工方案

监理工程师应依据交通运输部《公路水运工程安全生产监督管理办法》(中华人民共和国交通运输部令2017年第25号)督促施工单位编制专项施工方案。

另外,根据《公路水运工程临时用电技术规程》(JT/T 1499—2024)第4.1.1条的规定,施工单位应按照工程特点、安全生产和环境保护的要求(而非按照施工现场临时用电设备数量在5台以上,或用电设备容量在50kW及以上的要求)编制临时用电施工组织设计(或方案)。

1)需要编制专项施工方案的工程

(1)危险性较大工程。

(2)采用新技术、新工艺、新材料和新设备的工程。

(3)专业性强、技术复杂、施工难度大且施工单位编制了专项施工方案的工程。

(4)其他需要编制专项监理细则的安全监理工作。

2)专项施工方案的内容

见本章第八节。

其中,临时用电施工组织设计(或方案)的内容,根据《公路水运工程临时用电技术规程》(JT/T 1499—2024)第4.1.2条,包括下列内容:

(1)编制依据;

(2)工程概况;

(3)适用范围;

(4)现场踏勘情况;

(5)用电容量统计、负荷计算、变压器、发电机组选择;

(6)设计配电系统:变电室或配电室、配电线路、选择导线或电缆、配电装置、选择电气元件、接地装置、临时用电工程图纸;

(7)系统接地、防雷装置布置情况;

(8)临时用电管理组织机构;

(9)安全用电措施、防护措施和防火措施;

(10)应急救援预案。

3)监理工程师对专项安全方案的审查

见本章第八节。

(五)审查施工安全风险评估报告

施工安全风险评估报告的核查在工程开工之前完成。分管安全副总监、安全专监核查并形成书面核查意见填入专项施工方案报审表,报总监审批;总监将监理书面核查意见填入专项施工方案报审表并加盖总监办公章向建设单位报备;没有专项风险评估报告的或未按风险评估报告进行改进的,总监办不得签发开工令。

(1)核查专项风险评估报告内容合规性。

(2)审查报审时间合规性。在工程开工之前,施工单位填写专项施工方案报审表,一式三份,将施工安全风险评估报总监办审批。

(3)审查施工单位内部编制与审核程序合规性。施工安全风险评估是否由施工单位(中标单位)技术负责人组织编审,其签名是否为手签,是否加盖施工单位(中标单位)公章。

(4)核查专项风险在Ⅲ级及以上的施工作业活动风险控制,是否符合以下规定:

①重大风险源的监控与防治措施、应急预案经施工单位(中标单位)和项目总监审批,建设单位组织的专家或安全评价机构进行论证或复评估后才能实施。

②施工单位应建立重大危险源的监测及验收、日常巡查、定期报告等工作制度,并组织

实施。

③施工单位项目负责人或技术负责人在工程施工前进行安全技术教育与交底。

④风险等级为Ⅳ级且无法降低时,必须提高现场防护标准,视情况开展第三方施工监测;未采取有效措施的,不得施工。

⑤核查风险评估报告是否有结论。

⑥核查施工单位是否按风险评估报告的修改意见进行修正、改进,未修正改进的,不得施工。

(六)判定重大事故隐患、排查治理重大事故隐患

1. 公路水运工程建设重大事故隐患的界定

根据国务院安委办2023年5月印发的《重大事故隐患判定标准汇编》,公路水运工程施工安全重大事故隐患是指在建设过程中,可能导致发生重大及以上等级的生产安全事故的环境或物的不安全状态、人的不安全行为及管理存在的缺陷。

2. 判定重大事故隐患,编制重大事故隐患清单

根据国务院安委会办公室2024年4月9日印发的《关于学好用好重大事故隐患判定标准的通知》(安委办〔2024〕2号)的要求,施工单位在工程开工前应识别并编制工程项目的施工安全重大事故隐患清单,由施工单位项目负责人审核后发布,并向施工企业法人单位备案,纳入岗前教育培训,并在相应作业区域公示。

具体内容,详见本章第六节风险分级管控和隐患排查、重大事故隐患清单判定。

3. 排查治理重大事故隐患

公路水运工程施工企业是公路水运工程施工项目安全重大事故隐患排查治理的责任主体。

施工企业法人单位、建设单位、监理机构应对施工单位的工程项目施工安全重大事故隐患清单管理工作进行检查,督促施工单位及时排查治理重大事故隐患。

重大事故隐患未经排查治理,易引发坍塌、火灾、爆炸、起重伤害等事故。

具体内容,详见本章第六节风险分级管控和隐患排查、重大事故隐患清单判定。

(七)审批应急预案

1. 审查施工合同段专项应急预案

总监办应在监理合同规定时限内,且在合同段工程开工之前完成。分管安全副总监、安全监理工程师核查并形成书面意见填入专项施工方案报审表,报总监办审批;总监将监理书面审批意见填入专项施工方案报审表,并加盖总监办公章向建设单位报备;安全监理工程师将总监办核查工作填入安全应急预案管理台账,分管安全副总监检查记录情况。

1)专项应急预案内容
2)审查的内容
(1)核查施工合同段专项应急预案内容是否齐全。

(2)核查施工单位报审时间是否符合要求,在合同段工程开工之前,施工单位填写专项施工方案报审表,将施工合同段专项应急预案报总监办审批。

(3)核查施工合同段专项应急预案施工单位内部编制与审核程序是否符合要求,施工合同段专项应急预案是否由施工单位项目技术负责人组织编制,其签名是否为手签,是否加盖施工单位项目部公章。

(4)核查应急演练方案、安全技术交底、演练记录、演练总结、修改完善及再交底情况。

2. 审查现场处置方案

总监办应在现场应急处置方案收悉后,在监理合同规定时限内进行审查,且在该工程开工之前完成。分管安全副总监、安全监理工程师核查并形成书面意见,填入专项施工方案报审表,报总监审批;总监将监理书面审批意见填入专项施工方案报审表并加盖总监办公章向建设单位报备。安全监理工程师将总监办核查工作填入安全应急预案管理台账,分管安全副总监检查工作记录情况。分管安全副总监、安全监理工程师检查施工单位演练情况。

1)现场处置方案内容

2)审查的内容

(1)核查现场应急处置方案编制内容是否齐全。

(2)核查施工单位报审时间是否符合要求:在该工程开工之前,施工单位填专项施工方案报审表,一式三份,将现场应急处置方案报总监办审批。

(3)核查现场应急处置方案施工单位内部编制与审核程序合规性。现场应急处置方案是否由施工单位项目技术负责人组织编制,其签名是否为手签,是否加盖施工单位项目部公章。

五、施工阶段安全生产管理的监理工作

在施工阶段,监理机构应派专人对施工现场安全情况巡视检查,对发现的各类安全隐患,应书面通知施工单位,并督促其立即整改;情况严重的,监理机构应及时下达工程停工令,要求施工单位停工整改,并同时报告建设单位。隐患消除后,监理机构应检查整改结果,签署复查或复工意见。施工单位拒不整改的,监理机构应当及时向建设单位或工程所在地交通运输主管部门报告。

(一)施工现场日常安全监理的工作程序和内容

1. 日常安全监理

1)加强监督

(1)监督施工单位按照国家有关法律、法规、工程建设强制性标准和经审查同意的施工组织设计或专项施工方案组织施工,制止违规作业。

(2)监督施工单位定期进行安全生产自查、工作班组检查、项目部检查、公司检查,并将检查结果报送项目监理部。

(3)督促施工单位定期进行自查自评。工程监理单位根据现场安全实况和自查自评情况,认真、公正地进行审查评价,填写有关报表,并报送当地交通运输主管部门或其授权的建设工程安全监督管理机构(部门)备案。

2）巡视检查

监理工程师对施工现场安全生产情况进行巡视检查时,应检查安全保证体系的运行情况,特别是质量、安全人员是否到位,特种作业人员是否持证上岗;应检查安全技术措施和施工方案执行情况和安全防护设施情况。

对施工的主要工程、危险性较大工程每天不少于 1 次,并填写巡视记录。发现有违规施工和存在安全事故隐患的,应要求施工单位整改,并跟踪整改结果;情况严重的,由总监理工程师下达工程停工令,并报建设单位。施工单位拒不整改或不停止施工的,应及时向当地政府有关部门书面报告。

3）工地例会

(1) 在定期召开的工地例会上,将安全生产列入会议主要内容之一,评述现场安全生产现状和存在问题,提出整改要求,制定预防措施,使安全生产工作落到实处。

(2) 发现施工单位违反安全施工有关要求时,应在会上提出或签发监理工程师通知单,责成施工单位整改。

(3) 在监理月报中向建设单位汇报安全、文明施工情况。

2. 日常安全监理实施程序

(1) 发出口头通知,开具监理通知单。

在日常的现场巡视、检查工作中,若发现存在违反强制性建设标准的现象,或安全事故隐患,应签发监理通知单,要求立即采取措施整改。未按期整改且无整改措施时,专业监理工程师或总监理工程师应及时向施工方实施签发监理工作指令。在签发监理工作指令时,应注意文件的时效性。

(2) 召开专题会议。

当签发监理工作指令后,仍未采取措施整改的,应当组织建设单位、施工单位及其他有关单位召开专题会议,对书面通知、指令中的内容,结合强制性建设标准加以强调。要求责任方说明原因,落实整改措施,明确计划整改完成的时间,同时要求责任方明确在后续工作中对类似问题的预控措施,并形成会议纪要。

(3) 签发工程停工令。

在签发监理通知单或召开工地例会、专题会议后,仍未及时整改或拒不整改,情况严重的,应当要求施工方暂时停止施工,并由总监签发工程停工令,同时报告建设单位。"停工"的部位视工程的情况,可以是整个工程暂停,也可以是局部工程暂停。若工程停工令发出后执行效果不佳,可进一步向建设单位提出,加强与施工企业管理部门协调,要求其参与执行。

(4) 向建设主管部门报告。

若施工单位拒不整改或者不停止施工的,总监理工程师应及时向有关交通运输主管部门以书面形式报告。

(二) 监督施工单位按已批准的施工方案组织施工

1. 监督施工安全技术措施实施

1）安全生产责任制

监理工程师应根据通过审核后的施工组织设计中的施工安全技术措施,对项目施工单位安全生产责任制建立和落实情况进行监督检查,检查范围包括项目负责人、其他负责人、安全职能结构负责人或专职施工安全管理人员、班组长、岗位工人等。

2) 安全管理结构的建立及人员配备

施工单位应当按照有关法律、法规的规定设立安全生产管理机构,配备专职安全生产管理人员。监理工程师应当依据通过审核后的施工组织设计中的施工安全技术措施,对施工项目安全生产管理机构的建立、专职安全生产管理人员的配置情况进行监督检查。

3) 对分包单位安全生产的管理

总承包单位依法将建设工程分包给其他单位的,分包合同中应当明确各自在安全生产方面的权利和义务。总承包单位和分包单位对分包工程的安全生产承担连带责任。分包单位应当服从总承包单位的安全生产管理。分包单位不服从管理导致生产安全事故的,由分包单位承担主要责任。

总承包单位不得向不具备安全生产条件的施工单位发包工程。总包单位和分包单位在签订工程分包合同的同时,必须签订总分包安全生产协议书,以进一步明确双方的权利、义务和责任。总分包安全生产协议书应由双方法人代表或委托人签字,单位盖章之后生效,并送政府有关部门备案。

4) 安全生产教育培训制度落实

监理工程师应对施工单位管理人员和作业人员安全生产教育培训制度落实情况进行审查。

5) 应急救援人员和物资、器材的配备

监理工程师应依据通过审核后的施工组织设计或应急预案、专项施工方案等文件,对施工单位应急救援预案的人员组织落实,必要的应急救援器材、设备配备,以及应急救援预案的定期演练进行监督检查。

2. 监督专项施工方案实施

危险性较大的分部分项工程必须按照批准的专项施工方案进行施工,在施工过程中需要对专项施工方案进行修改的,必须报原批准部门同意,不得擅自修改。监理工程师应对危险性较大的分部分项工程专项施工方案的实施进行重点监督检查。

3. 及时制止违规行为

监理工程师在施工现场实施监理工作中,发现施工单位有违反国家法规、标准、安全操作规程的行为,应及时制止并采取以下措施:

(1) 发现严重冒险作业和严重安全事故隐患的,应指令其暂时停工进行整改。

(2) 下达隐患整改通知单,要求施工单位整改事故隐患,并复查整改结果情况。

(3) 向建设单位报告督促施工单位整改情况。

(4) 向工程所在地政府有关部门报告施工单位拒不整改或不停止施工情况。

(三) 核查现场机械和安全设施的验收手续并签署意见

监理工程师应对施工现场使用的施工机械和设施的采购、租赁,起重机械的现场安装和拆卸,起重机械的检测与验收等情况进行检查验收。监理单位核查施工单位提交的有关施工机械、安全设施等验收记录,并由项目总监在验收记录上签署意见。

1. 施工机械、机具的采购和租赁

(1)施工单位采购、租赁的安全防护用具、机械设备、施工机具及配件,应当具有生产(制造)许可证、产品合格证,并在进入施工现场前由使用单位或承租单位、出售单位或出租单位、安装单位共同进行验收查验,验收合格的方可使用。验收合格后30日内,应当向当地交通运输主管部门登记。对于尚无相关国家标准或行业标准的设备和设施,应当保障其质量和安全性能。

(2)施工现场的机械设备、施工机具及配件必须由专人管理,定期进行检查、维修和保养,建立相应的资料档案,并按照国家有关规定及时报废。

(3)为建设工程提供机械设备和配件的单位,应当按照安全施工的要求配备齐全有效的保险、限位等安全设施和装置。

(4)出租单位应当对出租的机械设备和施工机具及配件的安全性能进行检测,在签订租赁协议时,应当出具检测合格证明。

(5)严禁出租检测不合格的机械设备和施工机具及配件。

2. 起重机械和设施的现场安装与拆卸

(1)在施工现场安装、拆卸施工起重机械和整体提升式脚手架、爬模类模架、架桥机等自行式架设设施,必须由具有相应资质的单位承担。

(2)安装、拆卸施工起重机械和整体提升式脚手架、爬模类模架、架桥机等自行式架设设施,应当编制拆装方案、制订安全施工措施,并由专业技术人员现场监督。

(3)施工起重机械和整体提升式脚手架、爬模类模架、架桥机等自行式架设设施安装完毕后,安装单位应当自检,出具自检合格证明,并向施工单位进行安全使用说明,办理验收手续并签字。

3. 起重机械和设施的检测与验收

(1)在施工现场安装、拆卸施工起重机械和整体提升式脚手架、爬模类模架、架桥机等自行式架设设施,必须由具有相应资质的单位承担。

(2)安装、拆卸施工起重机械和整体提升式脚手架、爬模类模架、架桥机等自行式架设设施,应当出具安全合格证明文件,并对检测结果负责。

(3)施工单位在使用施工起重机械和整体提升式脚手架、爬模类模架、架桥机等自行式架设设施前,应当组织有关单位进行验收,也可委托具有相应资质的检测机构进行验收;使用承租的机械设备和施工机具及配件的,由施工总承包单位、分包单位、出租单位和安装单位共同进行验收,验收合格的方可使用。对于尚无相关国家标准或行业标准的设备和设施,应当保障其质量和安全性能。

(4)《特种设备安全监察条例》规定的施工起重机械,在验收前应当经由相应资质的检验检测机构监督检验合格。

(5)施工单位应当自施工起重机械和整体提升式脚手架、爬模类模架、架桥机等自行式架设设施验收合格之日起30日内,向交通运输主管部门备案或者在其他有关部门登记。登记标志应当置于或者附着于该设备的显著位置。

4. 施工机械使用的安全监督

施工机械应当按照施工总平面布置图规定的位置和线路设置，不得任意侵占场内道路。施工机械进场必须经过安全检查，经检查合格的方可使用。施工机械操作人员必须建立机组责任制，并依照有关规定持证上岗，严禁无证人员操作。

(四) 检查现场安全防护设施

1. 安全防护用品

施工单位应当向作业人员提供安全防护用具和安全防护服装，并书面告知危险岗位的操作规程和违章操作的危害。作业人员应当遵守安全施工的强制性标准、规章制度和操作规程，正确使用安全防护用具、机械设备等。

1）劳动防护用品的发放

(1) 根据工作场所中的职业危害因素及危害程度，按照法律、法规、标准的规定，为从业人员免费提供符合国家规定的防护用品。

(2) 应到定点经营单位或者生产企业购买特种劳动防护用品。防护用品必须具有"三证"，即生产许可证、产品合格证和安全鉴定证。购买的防护用品必须经本单位安全管理部门验收，并在使用前对其防护功能进行检验。

(3) 应教育从业人员，按照防护用品的使用规则和防护要求，正确使用防护用品。职工做到"三会"，即会检查防护用品的可靠性，会正确使用防护用品，会正确维护保养防护用品。

(4) 应按照产品说明书的要求，及时更换、报废过期和失效的防护用品。

(5) 应建立健全防护用品的购买、验收、保管、发放、使用、更换、报废等管理制度和使用档案。

2）正确使用劳动防护用品的要求

(1) 使用前应首先做外观检查。检查的目的是认定用品对有害因素防护效能程度，用品外观有无质量缺陷或损坏，各部件组装是否严密，启动是否灵活等。

(2) 劳动防护用品的使用必须在其性能范围内，不得超极限使用；不得使用未经国家指定检测部门认可或检测达不到标准的产品；不得随便代替，更不能以次充好。

(3) 严格按照使用说明书正确使用劳动防护用品。

2. 安全标志

(1) 施工现场出入口、施工起重机械等设备出入通道口和沿线各交叉口应设置安全标志，安全标志包括禁止标志、警告标志、指令标志和提示标志。其使用按照现行《安全标志及其使用导则》(GB 2894)规定执行。

(2) 标牌用于工程驻地、施工现场明示相关信息，主要包括工程概况牌、质量安全目标牌、管理人员名单及监督电话牌、安全文明施工牌、重大风险源告知牌、施工现场布置图等。

(3) 标志应采用坚固耐用的材料制作。有触电危险的场所应使用绝缘材料。边缘和尖角应适当倒棱，呈圆滑状，带有毛刺处应打磨光滑。

(4)标志的设置位置应合理、醒目,能使观察者引起注意、迅速判读、有必要的反应时间或操作距离。主要机具、设备及施工工序操作规程牌,应设置在操作室或操作区域。

(5)标志不应设在门、窗、架等可移动的物体上。标志前不得放置妨碍认读的障碍物。

(6)经常检查标志的状态,保持清洁醒目、完整无损。如发现有破损、变形、褪色等不符合要求的情况时,应及时修整或更换。

(7)根据工程特点和不同的施工阶段,现场安全标志标牌要及时准确地增补、删减或变动,实施动态管理。

3. 安全防护设施

施工单位应当在施工现场做好各项施工的安全防护,配备必要的防护设施。这些防护设施主要包括:高处作业防护,临边作业防护,洞口作业防护,攀登作业防护,悬空作业防护,移动式操作平台防护,交叉作业防护,特殊季节、气候条件施工防护,临时用电防护,对毗邻构筑物的专项防护等。

(五)审核签认安全生产专项费用

1. 安全生产专项费用清单

根据《中华人民共和国安全生产法》《公路水运工程安全生产监督管理办法》《企业安全生产费用提取和使用管理办法》规定,结合交通工程特点,安全生产专项费用清单如表5-16所示。

安全生产专项费用清单 表5-16

序号	类别	清单细目
1	设置、完善、改造和维护安全防护设施设备支出	(1)施工现场安全防护费。施工现场安全防护设施包括:临边、临口、临水等危险部位防坠、防滑、防溺水等设施;防止物体、人员坠落而设的安全网、棚;其他与工程有关的交叉作业防护、防火、防爆、防尘、防毒、防风、防汛、防台、防地质灾害、有害气体监测、通风、临时安全防护等。(2)警示、照明等灯具费。警示、照明等灯具包括:施工车辆、船舶、机械、构造物的警示、危险报警闪光灯、施工区域夜间警示灯、照明灯等灯具。(3)警示标志、标牌费。警示标志、标牌包括:各种警告、提醒、指示等。(4)安全用电防护费。安全用电防护设施包括:各种用电专用开关、室外使用的开关、防水电箱、高压安全用具、漏电保护等设施。(5)施工现场维护费。施工现场围护设施主要包括:改扩建工程施工围挡;施工现场高压电塔、杆围护;施工现场光缆围护等。对施工围挡有特殊要求路段的围挡费用不在此列。(6)其他安全防护设备与设施费。应计入安全生产费用的其他安全防护设备与设施的完善、改造和维护等费用
2	配备、维护、保养应急救援器材、设备支出和应急演练支出	(1)应急救援器材和设备的配备(或租赁)、维护、保养费。不包括:灭火器、消防斧等小型消防器材;急救箱、急救药品、救生衣、救生圈、应急灯具、救援梯、救援绳等小型救生器材与设备。特殊季节或环境下轮船调遣费用、警戒船只的租赁费用。救生船、消防车、救护车等大型专业救援设备发生的相关费用不在此列。(2)应急演练费。由建设单位或施工单位依据应急预案,模拟应对突发事件组织的应急救援活动,由施工单位分担或由施工单位自行负责的部分或全部费用

续上表

序号	类别	清单细目
3	重大风险源和安全事故隐患评估、监控和整改支出	(1)重大风险源和安全事故隐患评估费。由建设单位、相关行政主管部门组织的，或者施工单位委托专业安全评估单位对重大风险源、重大事故隐患进行评估所发生的相关费用。(2)重大危险源监控费。对项目重大危险源进行日常监控所发生的相关费用。施工监控不在此列。(3)重大安全隐患整改费。根据建设单位、相关行政主管部门或者专业安全评估单位出具的评估报告，对重大事故隐患进行整改发生的相关费用
4	安全生产检查、评价、咨询和标准化建设支出	(1)日常检查费。施工单位专职安全生产管理人员日常巡视所发生的车辆与相关器材使用费，车辆与器材的购置费不在此列。(2)专项安全检查费。施工单位聘请专业安全机构或专家对项目安全生产过程中的特殊部位、特殊工艺、特别设备的施工安全检查所支付的相关费用。(3)安全生产评价费。施工单位聘请专业安全机构或专家对项目专项施工方案、风险评估进行讨论、论证、评估、评价所支付的相关费用，不包括新建、改建、扩建项目安全评价。(4)安全生产咨询、风险评估费。施工单位就安全生产工作中存在问题向相关专业安全机构、咨询单位或专家进行咨询所发生的相关费用。按规定开展施工安全风险评估管理费用。(5)安全生产标准化建设费。施工单位按有关规定或合同约定开展安全生产方面的标准化建设费用
5	配备和更新现场作业人员安全防护用品支出	(1)安全防护物品配备费。施工单位根据有关规定在日常施工中必须配备的安全帽、安全带、手套、雨鞋、工作服、口罩、防毒面具、防护药膏等安全防护物品的购置费。(2)安全防护药品更新费。施工单位对安全防护物品的正常损耗进行必要的补充所产生的费用
6	安全生产宣传、教育、培训支出	(1)安全生产宣传费。包括安全宣传标语、条幅、图片、视频等宣传资料所发生的费用。(2)安全生产培训教育费。包括施工单位对施工人员进行安全技术交底、安全操作规程培训、安全知识教育等支出的课时费;安全报纸、杂志订阅或购置费;安全知识竞赛、技能竞赛、安全专题会议等活动费用;安全经验交流、现场观摩等费用
7	"四新"的推广应用支出	增设隧道门禁系统、隧道内风险控制监控系统、桥梁作业远程监控系统等所发生的相关费用
8	安全设施及特种设备检测检验支出	(1)安全设施检测检验费。施工单位将拟投本项目的安全设施送交或邀请具有相关资质的检测验证机构进行检测检验，并出具相关报告所发生的费用。(2)特种设备检测检验。施工单位根据有关规定对拟投本项目的特种设备邀请具有相关资质的检测验证机构进行检测检验，并出具相关报告所发生的费用
9	其他安全生产费用支出	(1)办公用品费。专职安全生产管理人员办公用计算机、照相器材等办公必需的设施配备费用。(2)雇工费。保障施工安全、对施工现场进出口部位进行交通管制而雇用交通协管人员进行看护所支出的人工费用。(3)其他费用。招标时不可预见的，在施工过程经建设单位与监理单位认可，可在安全生产费列支的其他与安全生产直接相关的费用

2.审查安全生产专项费用投入计划

1)工作内容

主要审核施工单位安全生产费用投入计划和使用范围的合规性。其要点如下：

(1)编制施工合同段总体安全生产费用使用计划、年度安全生产费用使用计划、安全技术措施,立项正确,符合国家安全生产费用的使用范围。

(2)编制安全生产费用月度使用计划,且按时报总监办审批。

(3)安全生产费用计划(年度、月度)的内容应包括措施立项、费用使用部门、执行部门、费用预算,实际使用监督部门等。

(4)安全生产费用使用范围符合《公路水运工程施工安全标准化指南》表3.2-1规定。

2)工作职责

总体、年度安全生产费用使用计划收悉后7天内批复;月度安全生产费用使用计划收悉后3天内批复。

(1)施工合同段总体安全生产费用使用计划由安全专监、分管安全副总监审核,总监审批。

(2)年度安全生产费用使用计划由安全专监、分管安全副总监审核,总监审批。

(3)月度安全生产费用使用计划由安全专监审核,分管安全副总监审批。

(4)安全生产专项费用计划由监理审核后,向建设单位报备。

3. 安全生产专项费用计量支付

1)工作内容

主要核查安全生产费用计提、审查安全生产费用凭证、现场核查使用情况、计量与支付。其要点如下:

(1)审查施工单位月度安全生产费用清单合规性。

(2)监理审核当月实际使用安全经费台账;使用明细、金额、发票证明材料等。

(3)现场核查施工单位安全生产费用实际使用情况。

(4)建立安全生产费用监理审核台账。

2)工作职责

施工单位提交计量申请后7天内完成审查、审批工作。

(1)监理审核安全经费使用原则:一是安全措施立项正确,符合国家安全经费的使用范围;二是购买的安全物品真正用在工地上,监理现场核实;三是凭有效票据作凭证。

(2)安全费用不得挪用或变相挪用。

(3)分管安全副总监组织安全专监、计量专监现场核实安全生产费用使用情况(若建设单位规定需要一同到现场进行核实的,由监理负责通知建设单位)。

(4)分管安全副总监组织安全专监、计量专监核查安全生产费用计提是否符合要求;安全生产费用计量清单是否符合要求。

(5)总监办签认后,报建设单位审批。

(六)督促施工单位安全自检,参与安全生产专项检查

1. 督促施工单位进行安全自检

工程项目安全检查的目的是消除隐患、防止事故,是安全控制工作的一项重要内容。施工项目的安全自检应由项目经理定期进行,安全自检可分为日常性检查、专业性检查、季节性检查、节假日前后的检查和不定期检查等。

(1)日常性检查,即经常的、普遍的检查。企业一般每年进行1~4次;工程项目组、车间、

科室每月至少进行1次;班组每周、每班次都应进行检查。专职安全技术人员的日常检查应该有计划,针对重点部位周期性地进行。

(2)专业性检查,是针对特种作业、特种设备、特殊场所进行的检查,如电焊、气焊、起重设备、运输车辆、锅炉压力容器、易燃易爆场所等。

(3)季节性检查,是指根据季节特点,为保障安全生产的特殊要求的检查。如:春季风大,要着重防火、防爆;夏季高温多雨,要着重防暑、降温、防汛、防雷击、防触电;冬季着重防寒、防冻等。

(4)节假日前后的检查,是针对节假日期间容易产生麻痹思想的特点而进行的安全检查,包括节假日前进行安全生产综合检查,节假日后也要进行检查等。

(5)不定期检查,是指在工程或设备开工和停工前、检修中、工程或设备竣工及试运转时进行的安全检查。

六、验收和缺陷责任期阶段安全生产管理的监理工作

(一)建设项目"三同时"

1. 建设项目"三同时"的定义

建设项目"三同时"是指生产性基本建设项目中的劳动安全卫生设施必须符合国家规定的标准,必须与主体工程同时设计、同时施工、同时投入生产和使用,以确保建设项目竣工投产后,符合国家规定的劳动安全卫生标准,保障劳动者在生产过程中的安全与健康。

2. "三同时"的内容和要求

(1)可行性研究:劳动安全卫生论证,将劳动安全卫生设施所需投资纳入投资计划。

(2)初步设计:严格遵守有关劳动安全卫生的法规、标准,编制《劳动安全卫生专篇》。

(3)施工:落实"三同时"规定的具体要求;施工单位应对建设项目的劳动安全卫生设施的工程质量负责;监理工程师应对建设项目的劳动安全卫生设施的工程质量检查与验收。

(4)试运营:对劳动安全卫生设施进行调试与考核,对其效果做出评价。

(二)审查交工验收申请

(1)驻地办应参加施工单位的支架、模板、挂篮、便桥、便道、临时码头、临时用电工程、临时安全设施和安全防护设施等部位、工序、设施的安全检查验收;审查分部(项)工程交工验收申请,组织分部(项)工程交工验收;协助总监办进行单位工程交工验收,参建建设单位组织的本驻地监理合同段交工验收和工程项目交工验收,并接受建设单位对安全监理工作情况的检查。

(2)总监办应审查单位工程交工验收申请,组织单位工程交工验收;协助建设单位审查合同段交工验收申请,协助建设单位进行合同段交工验收;参加建设单位组织的工程项目交工验收,并接受建设单位对安全监理工作情况的检查。

(3)支架、模板、挂篮、便桥、便道、临时码头、临时用电工程、临时安全设施和安全防护设施等部位、工序、设施,未经安全检查验收或验收不合格的,不得同意投入使用,并应指令施工单位整改。

（4）施工单位拒不执行监理指令、工程产品不符合结构安全要求、现场存在事故隐患或安全事故的现场处理未完成的，不得签发《分项工程（中间）交工证书》，不得批准分部工程、单位工程、合同段的交工验收申请。

（三）编写监理工作报告

（1）工程项目完成后，监理机构应编写含有施工安全监理内容的监理工作报告，分析总结安全监理工作情况和施工现场安全生产情况。

（2）监理报告由总监理工程师组织编写，工程项目完成后提交给监理单位，工程项目竣工时由监理单位向建设单位提交。设立驻地办时，驻地监理工程师应单独组织编写本驻地监理标段的监理工作报告，在提交监理单位同时报送总监办，工程项目竣工时由监理单位向建设单位提交。

（3）监理工作报告应按规定格式编写，并包括下列安全监理相关内容：

①安全监理工作概况，包括安全监理组织机构、人员、安全防护用具、安全环境监测工具等情况。

②安全监理工作成效，包括安全监理工作开展与计划执行情况，安全监理措施，施工过程中安全检查情况，安全隐患及事故处理情况。

③对安全生产标准化、平安工地建设的评价。

④安全监理工作体会、说明和建议。

（四）缺陷和问题修复作业安全监理工作

1. 路面修复作业（仅供公路工程专业的考生学习参考）

（1）作业人员必须穿着有反光标志的橘红色工作装，管理人员必须穿着有反光标志的橘红色背心。

（2）按作业控制区交通控制标准设置相关的渠化装置和标志，并指派专人负责维持交通。

（3）在高速公路和一级公路上修复作业必须用车辆接送，不得在控制区外活动或堆放物体。

（4）在山体滑坡、塌方、泥石流等路段作业必须有专人观察险情。

（5）在高路堤路肩、陡边坡等路段作业时，应采取防滑坠落措施，并注意防止危岩、浮石滚落。

（6）坑槽必须当天完成，若不能完成必须布置作业控制区。

（7）夜间作业，应设置照明设施。照明必须满足作业要求，并覆盖整个工作区域。

（8）当进行修复作业时，应顺着交通流方向设置安全设施。当作业完成后，应逆着交通流方向撤除为修复作业而设置的有关安全设施，恢复正常交通。

2. 桥梁修复作业（仅供公路工程专业的考生学习参考）

（1）公路桥梁、涵洞现场要专门设置修复作业时的交通标志。桥面应按作业控制区布置要求设置相关的渠化装置和标志，并设专人负责维持交通。

（2）桥梁修复作业时，应首先了解架设在桥面上下的各种管线，并注意保护公用设施（煤气、水管、电缆、架空线等），必要时应与有关单位联系，取得配合。

(3)在栏杆外进行作业必须设置悬挂式吊篮等防护设施,作业人员必须系安全带。

(4)桥墩、桥台修复时,应在上、下游航道两段设置安全设施,夜间必须设置警示标志信号。必要时应与有关单位取得联系,相互配合。

3.隧道修复作业(仅供公路工程专业的考生学习参考)

(1)应按作业控制区布置要求设置相关的渠化装置和标志,并设专人负责维持交通。在修复明洞和半山洞前,应及时清除山体边坡或洞顶危石。

(2)在隧道内进行登高堵漏作业或修复照明设施时,登高设施的周围应设醒目的安全设施。

(3)对隧道衬砌局部坍塌进行修复作业时,应采取措施保证人员安全。

(4)当实测的隧道内 CO 浓度或烟尘浓度高于规定的容许浓度时,作业人员应及时撤离,并开启通风设备进行通风。

(5)隧道内不得堆放易燃易爆物品,严禁明火作业或取暖。

(6)作业宜选择在交通量较小时段进行。作业前,应做好以下工作:

①检测隧道内 CO、烟雾等有害气体的浓度及能见度是否会影响施工安全;

②检测结构状况是否会影响作业安全,如有危险,应先处理后作业;

③检查施工信道信号灯是否准确、明显,施工标志设置是否规范;

④对养护机械、台架进行全面的安全检查,并应在机械上设置明显的反光标志,在台架周围设置防眩灯,以反映作业现场的轮廓。

(7)隧道内作业时,应遵守以下规定:

①修复作业控制区经划定不得随意变更;

②作业人员不得在工作区外活动或将任何机具、材料置于工作区之外;

③施工路段内的照明应满足要求。

(8)电力设施等有特别要求的维护,应按有关部门的安全操作规程执行。

(9)隧道内发生交通事故时,应通知并配合交通安全管理部门到现场处理交通事故。

(10)事故发生后,应尽快清理现场,排除路障,恢复隧道正常行车,并登记相关损失,应认真分析事故原因,恢复或改善隧道的防灾能力。

4.检测作业

(1)严禁在能见度差(如夜晚、大雾天)的条件下进行作业。

(2)道路、桥梁检测车在高速公路、一级公路进行检测时,当行进速度低于 50km/h 时,均应按临时定点或移动修复作业控制区布置,应在检测设备尾部安装发光可变标志牌,或按规定设置安全警戒区。

第六章 环境保护管理的监理工作

> **学习备考要点**
> 1. 环境保护管理的法律、法规和管理办法的主要条款。
> 2. 环境影响评价和水土保持。
> 3. 绿色交通建设。
> 4. 突发环保事件的分级标准和报告处理。
> 5. 环境保护管理的监理工作。

第一节 环境保护管理的法律、法规和管理办法的主要条款

一、《中华人民共和国环境保护法》的主要条款

1989年12月26日第七届全国人民代表大会常务委员会第十一次会议通过,2014年4月24日第十二届全国人民代表大会常务委员会第八次会议修订。

第二条 本法所称环境,是指影响人类生存和发展的各种天然的和经过人工改造的自然因素的总体,包括大气、水、海洋、土地、矿藏、森林、草原、湿地、野生生物、自然遗迹、人文遗迹、自然保护区、风景名胜区、城市和乡村等。

第五条 环境保护坚持保护优先、预防为主、综合治理、公众参与、损害担责的原则。

第十二条 每年6月5日为环境日。

第十九条 编制有关开发利用规划,建设对环境有影响的项目,应当依法进行环境影响评价。未依法进行环境影响评价的开发利用规划,不得组织实施;未依法进行环境影响评价的建设项目,不得开工建设。

第四十一条 建设项目中防治污染的设施,应当与主体工程同时设计、同时施工、同时投产使用。防治污染的设施应当符合经批准的环境影响评价文件的要求,不得擅自拆除或者闲置。

第五十六条 对依法应当编制环境影响报告书的建设项目,建设单位应当在编制时向可能受影响的公众说明情况,充分征求意见。

二、《建设项目环境保护管理条例》的主要内容

《建设项目环境保护管理条例》经 1998 年 11 月 29 日中华人民共和国国务院令第 253 号发布,根据 2017 年 7 月 16 日《国务院关于修改〈建设项目环境保护管理条例〉的决定》修订,自 2017 年 10 月 1 日起施行。交通运输部《交通建设项目环境保护管理办法》已经于 2017 年 5 月 23 日废止。

第七条 国家根据建设项目对环境的影响程度,按照下列规定对建设项目的环境保护实行分类管理:

(一)建设项目对环境可能造成重大影响的,应当编制环境影响报告书,对建设项目产生的污染和对环境的影响进行全面、详细的评价;

(二)建设项目对环境可能造成轻度影响的,应当编制环境影响报告表,对建设项目产生的污染和对环境的影响进行分析或者专项评价;

(三)建设项目对环境影响很小,不需要进行环境影响评价的,应当填报环境影响登记表。

第八条 建设项目环境影响报告书,应当包括下列内容:

(一)建设项目概况;

(二)建设项目周围环境现状;

(三)建设项目对环境可能造成影响的分析和预测;

(四)环境保护措施及其经济、技术论证;

(五)环境影响经济损益分析;

(六)对建设项目实施环境监测的建议;

(七)环境影响评价结论。

建设项目环境影响报告表、环境影响登记表的内容和格式,由国务院环境保护行政主管部门规定。

第九条 依法应当编制环境影响报告书、环境影响报告表的建设项目,建设单位应当在开工建设前将环境影响报告书、环境影响报告表报有审批权的环境保护行政主管部门审批;建设项目的环境影响评价文件未依法经审批部门审查或者审查后未予批准的,建设单位不得开工建设。

依法应当填报环境影响登记表的建设项目,建设单位应当按照国务院环境保护行政主管部门的规定将环境影响登记表报建设项目所在地县级环境保护行政主管部门备案。环境保护行政主管部门应当开展环境影响评价文件网上审批、备案和信息公开。

第十条 国务院环境保护行政主管部门负责审批下列建设项目环境影响报告书、环境影响报告表:

(一)核设施、绝密工程等特殊性质的建设项目;

(二)跨省、自治区、直辖市行政区域的建设项目;

(三)国务院审批的或者国务院授权有关部门审批的建设项目。前款规定以外的建设项目环境影响报告书、环境影响报告表的审批权限,由省、自治区、直辖市人民政府规定。建设项目造成跨行政区域环境影响,有关环境保护行政主管部门对环境影响评价结论有争议的,其环境影响报告书或者环境影响报告表由共同上一级环境保护行政主管部门审批。

第十一条 建设项目有下列情形之一的,环境保护行政主管部门应当对环境影响报告书、环境影响报告表作出不予批准的决定:

(一)建设项目类型及其选址、布局、规模等不符合环境保护法律法规和相关法定规划;

(二)所在区域环境质量未达到国家或者地方环境质量标准,且建设项目拟采取的措施不能满足区域环境质量改善目标管理要求;

(三)建设项目采取的污染防治措施无法确保污染物排放达到国家和地方排放标准,或者未采取必要措施预防和控制生态破坏;

(四)改建、扩建和技术改造项目,未针对项目原有环境污染和生态破坏提出有效防治措施;

(五)建设项目的环境影响报告书、环境影响报告表的基础资料数据明显不实,内容存在重大缺陷、遗漏,或者环境影响评价结论不明确、不合理。

第十二条 建设项目环境影响报告书、环境影响报告表经批准后,建设项目的性质、规模、地点、采用的生产工艺或者防治污染、防止生态破坏的措施发生重大变动的,建设单位应当重新报批建设项目环境影响报告书、环境影响报告表。建设项目环境影响报告书、环境影响报告表自批准之日起满5年,建设项目方开工建设的,其环境影响报告书、环境影响报告表应当报原审批部门重新审核。原审批部门应当自收到建设项目环境影响报告书、环境影响报告表之日起10日内,将审核意见书面通知建设单位;逾期未通知的,视为审核同意。审核、审批建设项目环境影响报告书、环境影响报告表及备案环境影响登记表,不得收取任何费用。

第十五条 建设项目需要配套建设的环境保护设施,必须与主体工程同时设计、同时施工、同时投产使用。

第十六条 建设项目的初步设计,应当按照环境保护设计规范的要求,编制环境保护篇章,落实防治环境污染和生态破坏的措施以及环境保护设施投资概算。建设单位应当将环境保护设施建设纳入施工合同,保证环境保护设施建设进度和资金,并在项目建设过程中同时组织实施环境影响报告书、环境影响报告表及其审批部门审批决定中提出的环境保护对策措施。

第十七条 编制环境影响报告书、环境影响报告表的建设项目竣工后,建设单位应当按照国务院环境保护行政主管部门规定的标准和程序,对配套建设的环境保护设施进行验收,编制验收报告。建设单位在环境保护设施验收过程中,应当如实查验、监测、记载建设项目环境保护设施的建设和调试情况,不得弄虚作假。除按照国家规定需要保密的情形外,建设单位应当依法向社会公开验收报告。

第十八条 分期建设、分期投入生产或者使用的建设项目,其相应的环境保护设施应当分期验收。

第十九条 编制环境影响报告书、环境影响报告表的建设项目,其配套建设的环境保护设施经验收合格,方可投入生产或者使用;未经验收或者验收不合格的,不得投入生产或者使用。前款规定的建设项目投入生产或者使用后,应当按照国务院环境保护行政主管部门的规定开展环境影响后评价。

第二十条 环境保护行政主管部门应当对建设项目环境保护设施设计、施工、验收、投入生产或者使用情况,以及有关环境影响评价文件确定的其他环境保护措施的落实情况,进行监督检查。环境保护行政主管部门应当将建设项目有关环境违法信息记入社会诚信档案,及时向社会公开违法者名单。

第二十一条　建设单位有下列行为之一的,依照《中华人民共和国环境影响评价法》的规定处罚:

(一)建设项目环境影响报告书、环境影响报告表未依法报批或者报请重新审核,擅自开工建设;

(二)建设项目环境影响报告书、环境影响报告表未经批准或者重新审核同意,擅自开工建设;

(三)建设项目环境影响登记表未依法备案。

第二十二条　违反本条例规定,建设单位编制建设项目初步设计未落实防治环境污染和生态破坏的措施以及环境保护设施投资概算,未将环境保护设施建设纳入施工合同,或者未依法开展环境影响后评价的,由建设项目所在地县级以上环境保护行政主管部门责令限期改正,处5万元以上20万元以下的罚款;逾期不改正的,处20万元以上100万元以下的罚款。违反本条例规定,建设单位在项目建设过程中未同时组织实施环境影响报告书、环境影响报告表及其审批部门审批决定中提出的环境保护对策措施的,由建设项目所在地县级以上环境保护行政主管部门责令限期改正,处20万元以上100万元以下的罚款;逾期不改正的,责令停止建设。

三、《突发环境事件信息报告办法》(环境保护部令第17号)的主要条款

见本章第四节。

四、《突发环境事件应急管理办法》(环境保护部令第34号)的主要条款

见本章第四节。

第二节　环境影响评价和水土保持

一、环境影响评价报告

1. 基本概念

(1)环境影响评价的定义。

《中华人民共和国环境影响评价法》规定:"本法所称环境影响评价,是指对规划和建设项目实施后可能造成的环境影响进行分析、预测和评估,提出预防或者减轻不良环境影响的对策和措施,进行跟踪监测的方法与制度。"法律中规定了规划环境影响评价和建设项目环境影响评价两项基本内容。公路建设项目环境影响评价属于建设项目环境影响评价的范畴。

《中华人民共和国环境保护法》和其他环境保护法律还规定建设项目中防治污染的设施,应当与主体工程同时设计、同时施工、同时投产使用(称为"三同时"制度)。防治污染的设施

必须经原审批环境影响报告书的环境保护行政主管部门验收合格后,建设项目方可投入生产或者使用。"三同时"制度和环境保护设施竣工验收是对环境影响评价中提出的预防和减轻不良环境影响对策和措施的具体落实和检查,是环境影响评价的延续。从广义上讲,也属于环境影响评价范畴。

(2)环境影响评价的分类。

按照评价对象,环境影响评价可以分为规划环境影响评价和建设项目环境影响评价。

按照环境要素,环境影响评价可以分为大气环境影响评价、水环境影响评价、声环境影响评价、生态环境影响评价和固体废物环境影响评价。

按照时间顺序,环境影响评价可以分为回顾性评价、环境质量现状评价、环境影响预测评价和环境影响后评价。

环境监理是环境影响评价过程的延续。

2. 环境影响评价分类管理

在中华人民共和国境内建设的对环境有影响的建设项目必须编制环境影响评价文件。环境影响评价文件的编制实行分类管理的办法。

可能造成重大环境影响的,应当编制环境影响报告书,对产生的环境影响进行全面评价。

可能造成轻度环境影响的,应当编制环境影响报告表,对产生的环境影响进行分析或者专项分析。

对环境影响很小,不需要进行环境影响评价的,应当填报环境影响登记表。

依照《建设项目环境影响评价分类管理名录》的分类:

(1)公路建设项目。(仅供公路工程专业的考生学习参考)

①新建30km以上的三级以上等级公路、新建涉及环境敏感区的1000m以上的独立隧道、新建涉及环境敏感区的主桥长度1000m以上的独立桥梁需编制环境影响报告书。

②涉及环境敏感区的三级以下等级公路(不涉及环境敏感区的四级公路除外)需编制环境影响报告表。

③不涉及环境敏感区的四级公路,填报环境影响登记表。

(2)水运工程项目。(仅供水运工程专业的考生学习参考)

①全部油气、液体化工码头,涉及环境敏感区的单个泊位1000t级以上内河港口和单个泊位1万t级以上沿海港口的干散货、件杂、多用途码头,涉及环境敏感区的单个泊位3000t级以上内河港口和单个泊位3万t级以上海港的集装箱专用码头,以及涉及环境敏感区的年客流量20万人次以上或年通过能力10万台(辆)以上的客运滚装码头等项目,需编制环境影响报告书。

②除了①规定以外的其他项目编制需环境影响报告表。

2018年12月29日,第十三届全国人民代表大会常务委员会第七次会议对《中华人民共和国环境影响评价法》进行了第二次修正,取消了环评资质,建设单位可自行委托技术单位编写环评报告。

3. 环境影响评价程序

环境影响评价工作分为三个阶段,其工作程序如图6-1所示。

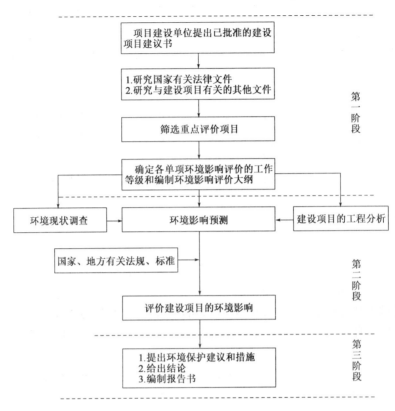

图 6-1 环境影响评价工作程序

4．环境影响评价报告书的编制内容

(1) 总则。

①编制环境影响报告书的目的。

②编制依据。

③采用标准。

④环境影响评价范围。

⑤环境影响评价工作等级、评价年限。

⑥项目建设控制污染与环境保护的目标。

(2) 项目工程概况。

(3) 项目地区环境(现状)概况。

包括自然环境、生态环境、社会环境的概况。

(4) 地区环境质量现状评价。

包括生态环境现状评价、声环境质量现状评价、水环境质量现状评价、环境空气质量现状评价、土壤中铅含量现状评价。

(5) 项目环境影响预测评价及减缓措施建议。

(6) 路线方案比选分析。

(7) 公众参与。

(8)环保计划、环境监测计划。
(9)环境经济损益分析。
包括环保经费估算和环保投资经济损益分析。
(10)环境影响评价结论。
①项目地区环境质量现状评价结论。
②公路建设各环境要素影响评价结论。
③路线布设是否符合环保要求。
④环境影响评价结论。
(11)存在的问题及建议。
主要针对环境影响的关键问题或对环境潜在的重大隐患等提出工程设计及环保设计建议。

5. 环境影响评价文件的审批

建设单位应当在公路水运建设项目可行性研究阶段报批环境影响评价文件。经交通环境保护机构审核，并经有权审批的环境保护行政部门同意，可在初步设计完成前报批环境影响评价文件。不需要进行可行性研究的公路水运建设项目，建设单位应当在项目开工前报批。

在环境影响评价文件经批准后，建设项目的性质、规模、地点、采用的施工工艺发生重大变动或者超过5年后开工建设的，建设单位应当重新办理报批手续。

6. 环境影响评价文件的执行

环境影响评价对建设项目的可行性结论是经过科学的分析、预测得出的，报告书中提出的预防减少不良影响的对策与措施是保证项目建设可行性的前提和条件，所以报告书提出预防措施需要在设计、施工和运营中加以落实。建设项目的环境影响报告书一经环境保护主管部门批复，则环境影响报告书和环境影响报告书的批复文件一起成为建设项目环境管理的法律性文件，需要在建设项目实施过程中落实执行，作为环境保护监理的实施依据之一。

二、水土保持

1. 公路水运工程水土保持的方针、原则和目标

1）水土保持的指导方针

《中华人民共和国水土保持法》确定了"预防为主、防治结合"的水土流失治理方针，以及"谁开发谁保护，谁造成水土流失谁治理""因地制宜、因害设防""重点治理与一般防护相结合"的原则。

2）水土保持的原则

(1)预防为主，开发建设与防治并重。
(2)积极采取综合的工程措施及生物措施，因地制宜，因害设防。
(3)可根据其工程建设特点采取分区分散防治，重点治理与一般防护相结合。
(4)水土保持与工程建设相结合，恢复和改善工程范围内及周边影响环境范围内的水土保持设施，保证主体工程安全运行。
(5)交通建设水土保持管理与地方水土保持管理相结合。

3)水土保持的预期目标

(1)工程与生物措施相结合,综合防治。

(2)取土场全部防护处理,开挖坡面不裸露,并覆土加以利用。

(3)弃土、石渣得到有效拦挡或利用。

(4)最大限度控制泥沙不进入下游河道和海域,减少对河流正常行洪能力和各项生态功能的不利影响。

(5)做好公路、港口和航道绿化工程的养护,优化生态环境。

4)水土保持的责任范围

根据水土保持法律法规规定的"谁开发谁保护,谁造成水土流失谁治理"的原则,按照《生产建设项目水土保持方案管理办法》(水利部令2023年第53号)的规定,交通建设项目水土流失防治责任范围包括项目建设区和直接影响区。

2. 水土保持方案的分类管理

建设项目水土保持方案文件分为水土保持方案报告书和水土保护方案报告表。

根据《生产建设项目水土保持方案管理办法》(水利部令2023年第53号)的规定,征占地面积在5公顷以上或者挖填土石方总量在50000m^3以上的生产建设项目,应当编制水土保持方案报告书。征占地面积0.5公顷以上、不足5公顷或者挖填土石方总量1000m^3以上、不足50000 m^3的生产建设项目,应当编制水土保持方案报告表。

3. 水土保持方案的主要内容

(1)建设项目概况。

(2)建设项目周围环境概况。

(3)项目建设过程中的水土流失预测。

(4)水土流失防治责任范围、防治分区、水保功能评价、水土保持措施及设计。

(5)水土保持方案实施进度安排。

(6)水土保持工程投资概算及效益分析。

(7)水土保持方案实施保证措施。

4. 水土保持方案的审批

(1)行业归口管理。

各级水行政主管部门和地方政府设立的水土保持机构负责审批建设项目的水土保持方案。

(2)分级审批制度。

国家审批立项的项目,其方案由水利部审批(含报部委的项目);地方审批立项的项目,其方案由相应级别的水行政主管部门审批;乡镇、集体、个体项目的方案由所在地县级水行政主管部门审批;跨地区项目的方案由上一级水行政主管部门审批。

(3)修改申报制度。

经审批的水土保持方案,如项目性质、规模、地点等发生变化,应及时修改方案,并报原审批单位审批。

5. 水土流失防治目标

水土流失防治总目标为：因地制宜采取各类水土流失防治措施，全面控制工程建设中可能造成的新的水土流失，恢复和保护区域的植被和其他水土保持设施，有效治理防治责任范围内的水土流失，达到水土流失量显著减少，绿化、美化项目区生态环境，促进工程建设和生态环境协调发展的目标。

水土流失防治一般以扰动土地整治率、水土流失总治理度、土壤流失控制比、拦渣率、林草植被恢复率、林草覆盖率等作为指标要求，并作为水保设施竣工验收的依据。

6. 水土保持文件的执行

建设项目水土保持方案是经过科学分析、预测后编制的，所以项目水土保持方案报告书提出的水土保持措施需要在设计、施工和运营中加以落实。建设项目的水土保持方案报告书一经水行政主管部门批准就具有强制实施的法律效力，要列入生产建设项目的总体安排和计划中，按方案有计划、有组织地实施。水保文件也就成为环境保护监理的实施依据之一。

依据工可或初设文件编制的交通建设项目水土保持方案，在施工期，取、弃土场，料场等易形成水土流失场所的位置、规模、防护措施等可能部分发生变化，环境监理工程师有责任对其变化后的水保设施防治效果进行评价，并按原定水土保持方案的总体目标（如扰动土地治理率、拦渣率、林草覆盖率等）进行监督管理。

7. 水土保持设施验收

满足"三同时"制度的要求，验收应有水行政主管部门水土保持监督管理机构参加，并签署意见。按照水利部相关文件的要求，在进行项目总体竣工验收之前，应完成水土保持设施验收，验收合格条件包括：

（1）建设项目水土保持方案审批手续完备，水土保持工程设计、施工、监理、财务支出、水土流失监测报告等资料齐全。

（2）水土保持设施按批准的水土保持方案报告书和设计文件的要求建成，符合主体工程和水土保持的要求。

（3）治理程度、拦渣率、水土流失控制量等指标达到批准的水土保持方案和批复文件及国家和地方有关技术标准的要求。

（4）水土保持设施具备正常运行条件，且能持续、安全、有效运转，符合交付使用要求。水土保持设施的管理、维护措施落实。

水土保持设施验收工作的主要内容为：检查水土保持设施是否符合设计要求，检查施工质量，检查投资使用和管理维护责任落实情况，评价防治水土流失效果，对存在的问题提出处理意见等。

第三节 绿色交通建设

一、总体要求

1. 指导思想

以习近平新时代中国特色社会主义思想为指导，紧紧围绕统筹推进"五位一体"总体布局和协调推进"四个全面"战略布局,坚持人与自然和谐共生的基本方略,牢固树立社会主义生态文明观,践行"绿水青山就是金山银山"的理念,以交通强国战略为统领,以深化供给侧结构性改革为主线,着力实施交通运输结构优化、组织创新、绿色出行、资源集约、装备升级、污染防治、生态保护七大工程,加快构建绿色发展制度标准、科技创新和监督管理三大体系,实现绿色交通由被动适应向先行引领、由试点带动向全面推进、由政府推动向全民共治的转变,推动形成绿色发展方式和生活方式,为建设美丽中国、增进民生福祉、满足人民对美好生活的向往提供坚实支撑和有力保障。

2. 基本原则

(1)生态优先,绿色发展。坚持尊重自然、顺应自然、保护自然,把绿色发展摆在更加突出的位置,落实最严格的生态环境保护制度,全方位、全地域、全过程推进交通运输生态文明建设,全面提升交通基础设施、运输装备和运输组织的绿色水平。

(2)深化改革,创新驱动。坚持体制机制创新、管理创新、技术创新和方式创新,着眼于建设现代化经济体系的战略目标,着力深化交通运输供给侧结构性改革,加快推进综合交通管理体制等重点领域改革,转变交通发展方式,优化交通运输结构,推广绿色出行方式,推动形成交通运输绿色发展长效机制。

(3)重点突破,系统推进。坚持抓重点、补短板、强弱项,针对绿色交通发展制约性强、群众反映突出的问题,在重点领域和关键环节集中发力,打好污染防治攻坚战,以点带面,示范引领,不断拓展绿色交通发展的广度和深度,形成交通运输发展与生态文明建设相互促进的良好局面。

(4)多方参与,协同治理。坚持政府为主导、企业为主体、社会组织和公众共同参与,通过法律、经济、技术和必要的行政手段,着力构建约束和激励并举的绿色交通制度体系,努力建设政府企业公众共治的绿色交通行动体系。积极参与全球环境治理,加强交通运输应对气候变化等领域的国际合作与交流。

3. 发展目标

到2020年,初步建成布局科学、生态友好、清洁低碳、集约高效的绿色交通运输体系,绿色交通重点领域建设取得显著进展。在交通建设领域:

(1)资源利用效率明显提高。港口岸线资源、土地资源和通道资源的利用效率明显提高,交通运输废旧材料循环利用率和利用水平稳步提升。

(2)生态保护取得积极成效。交通基础设施建设全面符合生态功能保障基线要求。建成一批绿色交通基础设施示范工程,实施一批交通基础设施生态修复项目。

到2035年,形成与资源环境承载力相匹配、与生产生活生态相协调的交通运输发展新格局,绿色交通发展总体适应交通强国建设要求,有效支撑国家生态环境根本好转、美丽中国目标基本实现。

二、全面推进实施绿色交通发展重大工程

在交通建设领域全面推进实施绿色交通发展重大工程。

1. 运输结构优化工程

统筹交通基础设施布局。在国土主体功能区和生态功能保障基线要求下,进一步优化公路、水运、铁路、民航、邮政等规划布局,加快完善公路网,大力推进内河高等级航道建设,扩大铁路网覆盖面,统筹布局综合交通枢纽,完善港口、机场等重要枢纽集疏运体系,提升综合交通运输网络的组合效率。

2. 交通运输资源集约利用工程

集约利用通道岸线资源。推动公路、铁路和市政道路统筹集约利用线位、桥位等交通通道资源,改扩建和升级改造工程充分利用既有走廊。加强港口岸线使用监管,严格控制开发利用强度,促进优化整合利用。深入推进区域港口协同发展,促进区域航道、锚地和引航等资源共享共用。提高交通基础设施用地效率。推进交通基础设施科学选线选址,避让基本农田,禁止耕地超占,减少土地分割。积极推进取土、弃土与造地、复垦综合施措,因地制宜采取低路基、以桥代路、以隧代路等措施,严格控制互通立交规模,提高土地节约集约利用水平。

促进资源综合循环利用。积极推动废旧路面、沥青等材料再生利用,推广钢结构的循环利用,扩大煤矸石、矿渣、废旧轮胎等工业废料和疏浚土、建筑垃圾等综合利用。推进钢结构桥梁建设,提升基础设施品质和耐久性,降低全寿命周期成本。积极推广温拌沥青等技术应用,在桥梁、隧道等交通基础设施中全面推广节能灯具、智能通风控制等新技术与新设备。

3. 交通基础设施生态保护工程

推进绿色基础设施创建。将生态保护理念贯穿于交通基础设施规划、设计、建设、运营和养护全过程,强力开展绿色公路、绿色航道、绿色港口等创建活动。在公路沿线开展路域环境综合整治。积极推行生态环保设计,倡导生态选线选址,严守生态保护红线。完善生态保护工程措施,合理选用降低生态影响的工程结构、建筑材料和施工工艺,尽量少填少挖,追求取弃平衡。落实生态补偿机制,降低交通建设造成的生态影响。

实施交通廊道绿化行动。落实国土绿化行动,大力推广公路边坡植被防护,在公路、航道沿江沿线大力开展绿化美化行动,提升生态功能和景观品质,支撑生态廊道构建。

开展交通基础设施生态修复。针对早期建设不能满足生态保护要求的交通基础设施,推进生态修复工程建设。重点针对高寒高海拔、水源涵养生态功能区、水土流失重点治理区等重点生态功能区,结合国省道改扩建项目推进取弃土场生态恢复、动物通道建设和湿地连通修复。针对涉及自然保护区、世界自然文化遗产、风景名胜区的国省道改扩建项目,推进路域沿线生态改善和景观升级。在环渤海、长三角、珠三角等港航产业应用滩涂湿地恢复、生境营造、增殖放流等生态修复技术。在长江经济带内河高等级航道、西江干线航道等实施生态护岸、人工鱼巢等航道生态恢复措施。

三、加快构建绿色交通发展制度保障体系

1. 绿色交通制度标准体系

加快构建绿色交通规划政策体系。研究制定绿色交通中长期发展战略,建立分层级、分类别、分方式的绿色交通规划体系。将生态文明建设目标纳入综合交通运输规划,推动构建科学

适度有序的国土空间布局体系和绿色循环低碳发展的产业体系。修订交通运输节能环保领域相关管理办法。

完善绿色交通标准体系。逐步构建基础设施等方面的绿色交通标准体系,配套制定绿色交通相关建设和评价标准,积极参与绿色交通国际标准制定,提升国际影响力。

2. 绿色交通科技创新体系

强化绿色交通科技研发。强化科研单位、高校、企业等创新主体协同,开展以绿色交通新技术、新产品、新装备为重点的科技联合攻关,在特长隧道节能、自动驾驶、无人船、自动化码头、数字航道、公路发电等领域尽快取得一批突破性科研成果。

推动绿色交通科技成果转化与应用。完善绿色交通科技创新成果的评价与转化机制,加快先进成熟适用绿色技术的示范、推广与应用。

3. 绿色交通监督管理体系

提升行业节能环保管理水平。健全绿色交通管理体制机制,推动各级交通运输主管部门加强绿色交通管理力量配备。严格执行国家环保"三同时"制度,深入开展交通运输规划环境影响评价工作。加强与发展改革、环保等部门及地方政府协同合作,按照大气、水污染防治协作机制分工,配合完成大气、水污染治理攻坚任务。

四、绿色公路建设(仅供公路工程专业的考生学习参考)

实施绿色公路建设是公路行业落实创新、协调、绿色、开放、共享五大发展理念,推进"四个交通"发展的生动实践和有力抓手;是公路建设新理念的升级版;是实现公路建设可持续科学发展的新跨越。

1. 绿色公路建设的基本内涵

绿色公路建设是按照系统论和全生命周期成本思想,以工程质量、安全、耐久、服务为根本,坚持"两个统筹",把握"四大要素",以理念提升、创新引领、示范带动、制度完善为途径,推动公路建设发展的转型升级。

坚持"两个统筹"是绿色公路建设的思想精髓。一方面要坚持统筹公路资源利用、能源消耗、污染排放、生态影响、运行效率、功能服务之间的关系,寻求公路、环境、社会等方面的系统平衡与协调;另一方面要坚持统筹公路规划、设计、建设、运营、管理、服务全过程,以最少的资源占用、能源耗用、污染排放、环境影响,实现外部刚性约束与公路内在供给之间的均衡和协调。

把握"四大要素"是推动绿色公路建设的关键。在绿色公路建设过程中,要坚持以质量优良、安全耐久为前提,重点在"资源节约、生态环保、节能高效、服务提升"四方面实现突破,以控制资源占用、减少能源消耗、降低污染排放、保护生态环境、拓展公路功能、提升服务水平为具体抓手,全面提升公路工程建设水平。

2. 绿色公路建设五大任务

立足绿色公路基本特征,落实"两个统筹"和把握"四大要素"的要求,绿色公路建设面临五个方面的具体任务。

(1)统筹资源利用,实现集约节约。

绿色公路是基于资源及能源节约型的公路。绿色公路发展中资源节约的对象是能源、土地、水、材料等主要资源。绿色公路应体现对自然资源尤其是稀缺资源的减量利用、有效利用和循环利用,重点解决长期以来我国公路建设普遍存在的资源统筹利用不足、循环利用率较低、能源耗用较高等问题。当前,绿色公路建设要以统筹资源利用、集约节约资源、降低能源耗用为重点,从规划设计、施工组织及运营维护等多个方面进行统筹考虑,在整个公路建设过程中融入节约资源、降低能耗的绿色理念。

(2)加强生态保护,注重自然和谐。

绿色公路是可持续发展的低碳环保公路。环境友好涉及的对象包括大气、水、声、生态等环境因素。修建公路不可避免要对原有生态系统产生影响,包括减少耕地面积、改变水系结构以及原生植被减损等。尊重自然、保护自然、恢复自然是绿色公路建设的重要目标。绿色公路应具有良好的环境协调性,加强生态保护、注重自然和谐是绿色公路建设的核心要义。

(3)着眼全寿命周期成本,强化建养并重。

全寿命周期成本思想是指在产品生命周期内尽量降低资源的消耗,提高产品的效能。要把公路产品作为一个整体、一个系统去考虑,把系统全过程的最优作为整体的最优目标来实现。对规划设计、建设施工和养护管理全过程进行统筹考虑和系统管理,实现公路质量和效益的双赢。

(4)实施创新驱动,实现科学高效。

创新是公路发展的强大驱动力,要将创新贯穿于绿色公路建设的各环节,大力推进理念创新、技术创新、管理创新和制度创新,强化科技创新引领作用,为绿色公路发展注入强大动力。面对这些新形势与新要求,绿色公路建设应顺应时代潮流,要以信息化技术为依托,实现管理效能、服务载体和服务水平的全面提升,支撑多元化的交通出行需求。

(5)完善标准规范,推动示范引领。

绿色公路行动在已开展的相关工作基础上,进一步丰富了内涵,拓展了领域,明确了要求。因此,需要在总结、继承已有成果及经验的基础上,做好相关标准规范的修订,研究出台适应不同地区绿色公路建设的技术指南,完善相应的评价标准指标。此外,为充分调动各地积极性,打造公路建设新亮点,提出创建绿色公路示范工程,积极探索和总结经验,充分发挥示范作用,以点带面,推动绿色公路快速发展。

3.绿色公路建设五个专项行动

(1)着力实现"零弃方、少借方"。

(2)实施改扩建工程绿色升级。

(3)积极应用建筑信息模型(BIM)新技术。

BIM技术是应用于工程设计、建造、管理的三维数字化技术,可实现项目策划、建设、运行和维护全寿命周期的信息共享和传递,具有可视化、可模拟、可出图等特点。应进一步探索将BIM技术应用于公路建设项目的规划、设计、施工和运营维护全过程,拓展BIM技术在高精度项目空间场景、模拟设计选线和结构物选型、精细化管理、远程实时监控、工程施工组织设计、可视化分析控制工程进度以及管理信息公开透明等方面的应用,加速推动公路建设全方位的技术创新与管理创新,实现工程无痕化、智能化建设。

(4)推进绿色服务区建设。
(5)着力拓展公路旅游功能。

4.多举措并举开创新局面

实施绿色公路建设作为公路行业未来较长时期的重要发展任务,需要加强组织领导,转变固有观念,不断提升建设理念,完善制度建设,强化行业内外合作,形成合力,实现共赢。要加强制度建设,应制定本地区的绿色公路建设激励约束机制,建立健全绿色公路建设综合评价制度,完善绿色公路评价指标,构建绿色公路建设可控、可量化、可考核的制度体系。要充分发挥专家的智慧和行业指导作用,为推进绿色公路建设提供技术支持和保障。同时,要做好宣传和推广工作,让绿色公路建设理念深入人心。

五、绿色航运建设(仅供水运工程专业的考生学习参考)

航运具有占地少、能耗低、运能大等比较优势,经济高效、节能环保。为贯彻落实《中共中央 国务院关于加快推进生态文明建设的意见》《长江经济带发展规划纲要》,推进长江经济带绿色航运发展,交通运输部于2017年8月印发了《关于推进长江经济带绿色航运发展的指导意见》(交水发〔2017〕114号),要求坚持生态优先、绿色发展,以推进供给侧结构性改革为主线,以长江生态环境承载力为约束,以资源节约集约利用为导向,以绿色航道、绿色港口、绿色船舶、绿色运输组织方式为抓手,努力推动形成绿色发展方式,促进航运绿色循环低碳发展。在水运工程建设领域重点做好以下工作:

(1)推进生态友好的绿色航道建设。优先采用生态影响较小的航道整治技术与施工工艺,积极推广生态友好型新材料、新结构在航道工程中的应用,加强疏浚土等资源综合利用。在航电枢纽建设和运营中采取修建过鱼设施、营造栖息生境和优化运营调度等生态环保措施。推动开展造成显著生态影响的已建航道工程与航电枢纽工程的生态修复。建设智能化、绿色化水上服务区。

(2)高标准建设绿色码头。因地制宜制定老旧码头的升级改造方案,鼓励有条件的港区或港口整体创建绿色港区(港口)。

(3)坚持问题导向,全面排查船舶污染风险隐患。紧抓船舶航行与作业安全这一源头,加强风险防控。坚持系统治理,建立与完善船舶污染"防、治、赔"的综合治理机制,船舶污染物全部接收或按规定处置;新建大型煤炭、矿石码头堆场100%建设防风抑尘等设施,主要港口既有大型煤炭、矿石码头堆场建设防风抑尘等设施,使船舶污染物排放得到全面有效控制。

第四节 突发环境事件分级标准和事件报告、应急管理

一、突发环境事件分级标准

根据《突发环境事件应急管理办法》(环境保护部令第34号,自2015年6月5日起施行),突发环境事件是指由于污染物排放或者自然灾害、生产安全事故等因素,导致污染物或者放射性物质等有毒有害物质进入大气、水体、土壤等环境介质,突然造成或者可能造成环境

质量下降,危及公众身体健康和财产安全,或者造成生态环境破坏,或者造成重大社会影响,需要采取紧急措施予以应对的事件。

根据《突发环境事件信息报告办法》(环境保护部令第17号,自2011年5月1日起施行),按照突发事件严重性和紧急程度,突发环境事件分为特别重大(Ⅰ级)、重大(Ⅱ级)、较大(Ⅲ级)和一般(Ⅳ级)四级。核与辐射突发环境事件的信息报告按照核安全有关法律法规执行。具体的分级标准如下:

1. 特别重大(Ⅰ级)突发环境事件

凡符合下列情形之一的,为特别重大突发环境事件:

(1)因环境污染直接导致10人以上死亡或100人以上中毒的;

(2)因环境污染需疏散、转移群众5万人以上的;

(3)因环境污染造成直接经济损失1亿元以上的;

(4)因环境污染造成区域生态功能丧失或国家重点保护物种灭绝的;

(5)因环境污染造成地市级以上城市集中式饮用水水源地取水中断的;

(6)1、2类放射源失控造成大范围严重辐射污染后果的;核设施发生需要进入场外应急的严重核事故,或事故辐射后果可能影响邻省和境外的,或按照"国际核事件分级(INES)标准"属于3级以上的核事件;台湾核设施中发生的按照"国际核事件分级(INES)标准"属于4级以上的核事故;周边国家核设施中发生的按照"国际核事件分级(INES)标准"属于4级以上的核事故;

(7)跨国界突发环境事件。

2. 重大(Ⅱ级)突发环境事件

凡符合下列情形之一的,为重大突发环境事件:

(1)因环境污染直接导致3人以上10人以下死亡或50人以上100人以下中毒的;

(2)因环境污染需疏散、转移群众1万人以上5万人以下的;

(3)因环境污染造成直接经济损失2000万元以上1亿元以下的;

(4)因环境污染造成区域生态功能部分丧失或国家重点保护野生动植物种群大批死亡的;

(5)因环境污染造成县级城市集中式饮用水水源地取水中断的;

(6)重金属污染或危险化学品生产、贮运、使用过程中发生爆炸、泄漏等事件,或因倾倒、堆放、丢弃、遗撒危险废物等造成的突发环境事件发生在国家重点流域、国家级自然保护区、风景名胜区或居民聚集区、医院、学校等敏感区域的;

(7)1、2类放射源丢失、被盗、失控造成环境影响,或核设施和铀矿冶炼设施发生的达到进入场区应急状态标准的,或进口货物严重辐射超标的事件;

(8)跨省(区、市)界突发环境事件。

3. 较大(Ⅲ级)突发环境事件

凡符合下列情形之一的,为较大突发环境事件:

(1)因环境污染直接导致3人以下死亡或10人以上50人以下中毒的;

(2)因环境污染需疏散、转移群众5000人以上1万人以下的;

(3)因环境污染造成直接经济损失 500 万元以上 2000 万元以下的；
(4)因环境污染造成国家重点保护的动植物物种受到破坏的；
(5)因环境污染造成乡镇集中式饮用水水源地取水中断的；
(6)3 类放射源丢失、被盗或失控，造成环境影响的；
(7)跨地市界突发环境事件。

4．一般（Ⅳ级）突发环境事件

除特别重大突发环境事件、重大突发环境事件、较大突发环境事件以外的突发环境事件。

二、突发环境事件信息报告

根据《突发环境事件信息报告办法》（环境保护部令第 17 号，自 2011 年 5 月 1 日起施行）的规定，突发环境事件的信息报告按照以下程序进行：

(1)突发环境事件发生地设区的市级或者县级人民政府环境保护主管部门在发现或者得知突发环境事件信息后，应当立即进行核实，对突发环境事件的性质和类别做出初步认定。

对初步认定为一般（Ⅳ级）或者较大（Ⅲ级）突发环境事件的，事件发生地设区的市级或者县级人民政府环境保护主管部门应当在 4 小时内向本级人民政府和上一级人民政府环境保护主管部门报告。

对初步认定为重大（Ⅱ级）或者特别重大（Ⅰ级）突发环境事件的，事件发生地设区的市级或者县级人民政府环境保护主管部门应当在 2 小时内向本级人民政府和省级人民政府环境保护主管部门报告，同时上报环境保护部。省级人民政府环境保护主管部门接到报告后，应当进行核实并在 1 小时内报告环境保护部。

突发环境事件处置过程中事件级别发生变化的，应当按照变化后的级别报告信息。

(2)发生下列一时无法判明等级的突发环境事件，事件发生地设区的市级或者县级人民政府环境保护主管部门应当按照重大（Ⅱ级）或者特别重大（Ⅰ级）突发环境事件的报告程序上报：

①对饮用水水源保护区造成或者可能造成影响的；
②涉及居民聚居区、学校、医院等敏感区域和敏感人群的；
③涉及重金属或者类金属污染的；
④有可能产生跨省或者跨国影响的；
⑤因环境污染引发群体性事件，或者社会影响较大的；
⑥地方人民政府环境保护主管部门认为有必要报告的其他突发环境事件。

(3)突发环境事件的报告分为初报、续报和处理结果报告。

初报在发现或者得知突发环境事件后首次上报；续报在查清有关基本情况、事件发展情况后随时上报；处理结果报告在突发环境事件处理完毕后上报。

初报应当报告突发环境事件的发生时间、地点、信息来源、事件起因和性质、基本过程、主要污染物和数量、监测数据、人员受害情况、饮用水水源地等环境敏感点受影响情况、事件发展趋势、处置情况、拟采取的措施以及下一步工作建议等初步情况，并提供可能受到突发环境事件影响的环境敏感点的分布示意图。

续报应当在初报的基础上,报告有关处置进展情况。

处理结果报告应当在初报和续报的基础上,报告处理突发环境事件的措施、过程和结果,突发环境事件潜在或者间接危害以及损失、社会影响、处理后的遗留问题、责任追究等详细情况。

(4)突发环境事件信息应当采用传真、网络、邮寄和面呈等方式书面报告;情况紧急时,初报可通过电话报告,但应当及时补充书面报告。

书面报告中应当载明突发环境事件报告单位、报告签发人、联系人及联系方式等内容,并尽可能提供地图、图片以及相关的多媒体资料。

三、突发环境事件的应急管理

根据《突发环境事件应急管理办法》(环境保护部令第34号,自2015年6月5日起施行),突发环境事件应急管理工作坚持"预防为主、预防与应急相结合"的原则,应急管理包括风险控制、应急准备、应急处置、事后恢复等工作。

1. 应急管理体制

突发环境事件应对,应当在县级以上地方人民政府的统一领导下,建立分类管理、分级负责、属地管理为主的应急管理体制。

企业事业单位应当按照相关法律法规和标准规范的要求,履行下列义务:
(1)开展突发环境事件风险评估;
(2)完善突发环境事件风险防控措施;
(3)排查治理环境安全隐患;
(4)制定突发环境事件应急预案并备案、演练;
(5)加强环境应急能力保障建设。

发生或者可能发生突发环境事件时,企业事业单位应当依法进行处理,并对所造成的损害承担责任。

2. 应急管理流程

(1)风险控制。

企业事业单位应当按照国务院环境保护主管部门的有关规定开展突发环境事件风险评估,确定环境风险防范和环境安全隐患排查治理措施,完善突发环境事件风险防控措施。

突发环境事件风险防控措施应当包括有效防止泄漏物质、消防水、污染雨水等扩散至外环境的收集、导流、拦截、降污等措施。

企业事业单位应当按照有关规定建立健全环境安全隐患排查治理制度,建立隐患排查治理档案,及时发现并消除环境安全隐患。

对于发现后能够立即治理的环境安全隐患,企业事业单位应当立即采取措施,消除环境安全隐患。对于情况复杂、短期内难以完成治理,可能产生较大环境危害的环境安全隐患,应当制定隐患治理方案,落实整改措施、责任、资金、时限和现场应急预案,及时消除隐患。

(2)应急准备。

企业事业单位应当按照国务院环境保护主管部门的规定,在开展突发环境事件风险评估和应急资源调查的基础上制定突发环境事件应急预案,并按照分类分级管理的原则,报县级以上环境保护主管部门备案。

突发环境事件应急预案制定单位应当定期开展应急演练，撰写演练评估报告，分析存在问题，并根据演练情况及时修改完善应急预案。

企业事业单位应当将突发环境事件应急培训纳入单位工作计划，对从业人员定期进行突发环境事件应急知识和技能培训，并建立培训档案，如实记录培训的时间、内容、参加人员等信息。

企业事业单位应当储备必要的环境应急装备和物资，并建立完善相关管理制度。

(3) 应急处置。

企业事业单位造成或者可能造成突发环境事件时，应当立即启动突发环境事件应急预案，采取切断或者控制污染源以及其他防止危害扩大的必要措施，及时通报可能受到危害的单位和居民，并向事发地县级以上环境保护主管部门报告，接受调查处理。

应急处置期间，企业事业单位应当服从统一指挥，全面、准确地提供本单位与应急处置相关的技术资料，协助维护应急现场秩序，保护与突发环境事件相关的各项证据。

(4) 事后恢复。

应急处置工作结束后，县级以上地方环境保护主管部门应当及时总结、评估应急处置工作情况，提出改进措施，并向上级环境保护主管部门报告。

3. 其他

(1) 信息公开。

企业事业单位应当按照有关规定，采取便于公众知晓和查询的方式公开本单位环境风险防范工作开展情况、突发环境事件应急预案及演练情况、突发环境事件发生及处置情况，以及落实整改要求情况等环境信息。

(2) 罚则。

《突发环境事件应急管理办法》(环境保护部令第 34 号，自 2015 年 6 月 5 日起施行) 第三十八条规定，企业事业单位有下列情形之一的，由县级以上环境保护主管部门责令改正，可以处一万元以上三万元以下罚款：未按规定开展突发环境事件风险评估工作，确定风险等级的；未按规定开展环境安全隐患排查治理工作，建立隐患排查治理档案的；未按规定将突发环境事件应急预案备案的；未按规定开展突发环境事件应急培训，如实记录培训情况的；未按规定储备必要的环境应急装备和物资；未按规定公开突发环境事件相关信息的。

四、突发环境事件的调查处理

参照生产安全事故调查处理的有关程序和要求进行。

第五节　环境保护管理的监理工作

一、环境保护监理的依据

(1) 国家有关法律、法规。
(2) 国家有关条例、办法、规定等。

(3)地方性法规、文件。
(4)国家环境保护、水土保持标准、规范。
(5)公路、水运工程行业标准、规范。
(6)环境影响评价和水土保持报告及批复、环境行动计划等。
(7)工程设计文件。
(8)监理合同、施工合同以及有关补充协议。
(9)施工过程的会议纪要、文件。

二、环境保护监理的工作程序、主要工作内容和工作方式

1. 施工环境保护监理的工作程序

(1)审批施工环境保护方案、水土保持方案。

(2)依据监理合同、设计文件、环评报告与水土保持方案及批复,以及施工合同、施工组织设计等编制环境保护监理计划、监理细则。

(3)开展施工期环境保护监理,巡视检查施工单位制定的环境保护措施的落实情况,进行验收。

(4)监理工程师发现施工单位违反有关环保法律、法规、未按合同要求落实环保措施的,应要求施工单位整改;情况严重的,应签发暂停令要求施工单位停工,并报告建设单位;施工单位拒不停工整改的,监理机构应书面报告建设单位和建设主管部门。

(5)编写施工环境保护监理总结报告,整理环境保护监理档案资料,提交建设单位。

(6)参与工程竣工环境保护验收和水土保持验收。

2. 施工准备阶段的环境保护监理工作

(1)参加设计交底,熟悉环评报告和设计文件,了解工程建设项目的具体环保目标。

(2)审查施工单位的施工组织设计和开工报告,对环保实施方案提出审查意见,包括施工中需保护的环境敏感点、具体的环保措施、环保管理制度和环保专业人员等。

(3)审查施工单位的临时用地方案是否符合环保要求,临时用地的恢复计划是否可行。

(4)审查施工单位的环保管理体系是否责任明确、切实有效。

(5)参加第一次工地会议,对工程建设项目的环保目标和环保措施提出要求。

3. 施工阶段的环境保护监理工作

(1)对工程施工过程中的环保情况进行巡视。

(2)向施工单位发出环保工作指令。

(3)检查环境保护措施和成果。

(4)协助环保主管部门和建设单位预防和处理突发环保事件。

(5)建立、保管环境保护监理资料档案。

(6)召开工地例会、专题会议。

4. 验收及缺陷责任期阶段的环境保护监理工作

(1)参加交工验收,确认现场清理工作、临时用地的恢复和取(弃)土场的复绿等是否达到

环保要求。

(2) 评估环保任务或环保目标的完成情况,对尚存的主要环境问题提出继续监测或处理的方案和建议。

(3) 检查施工单位对环保遗留问题整改计划的实施,并根据工程具体情况,建议施工单位对整改计划进行调整。

(4) 检查已实施的环保达标工程和环保工程,对交工验收后发生的环保问题或工程质量缺陷及时进行调查和记录,并指示施工单位进行环境恢复或工程修复。

(5) 检查施工单位的环保资料是否满足竣工环保验收的要求。

(6) 整理施工环境保护方面的监理竣工资料。

(7) 参与竣工环境保护(包括水土保持)验收。

5. 其他

1) 环境监测的内容

(1) 空气质量。监测项目有 NO_2、CO、总悬浮颗粒物(TSP)三项,必要时还可监测 SO_2。

(2) 地表水水质。一般监测项目有 pH、悬浮物(SS)、化学需氧量(COD)、生化需氧量(BOD_5)、氨氮、石油类六项。根据工程实际情况,还可视需要监测水温、色度、重金属、总磷(TP)、总氮(TN)、砷(As)、氰化物、挥发酚、活性剂、硫化物、溶解氧(DO)等项目。

(3) 海水水质。一般监测项目有 pH、悬浮物(SS)、化学需氧量(COD)、生化需氧量(BOD_5)、无机氮、石油类等。根据工程实际情况,还可视需要监测水文气象,包括风速、风向、水温、水深、透明度、海况和水色等;水质,包括溶解氧(DO)、活性磷酸盐等;沉积物,包括汞、铜、铅、镉、锌、铬、总磷(TP)、总氮(TN)和其他有机质等。

(4) 声环境质量。监测环境噪声、施工场界噪声、车辆交通噪声,以及声屏障等环保设施的降噪效果等。监测点位应根据施工过程中的重点和施工进度进行安排。

2) 施工环境保护监理的工作方式

监理工程师对施工活动的环境保护工作实施动态管理,其工作方式以巡视、检查验收、指令、记录、报告为主。

三、《标准施工招标文件》中"环境保护"和"竣工清场"的规定内容

《中华人民共和国标准施工招标文件 2007 年版》通用合同条款中给出了包括施工单位(承包人)的义务和监理机构(监理人)的工作内容,也适用于公路工程、水运工程。现将主要内容摘录如下:

1. 第 9.4 款"环境保护"的主要内容

(1) 承包人应按合同约定的环保工作内容,编制施工环保措施计划,报送监理人审批。

(2) 承包人应按批准的施工环保措施计划有序地堆放和处理施工废弃物,避免对环境造成破坏。

(3) 承包人应按合同约定采取有效措施,对施工开挖的边坡及时进行支护,维护排水设施,并进行水土保护,避免因施工造成的地质灾害。

(4) 承包人应按国家饮用水管理标准定期对饮用水源进行监测,防止施工活动污染饮用

水源。

(5)承包人应按合同约定,加强对噪声、粉尘、废气、废水和废油的控制,努力降低噪声,控制粉尘和废气浓度,做好废水和废油的治理和排放。

2. 第18.7款"竣工清场"的主要内容

除合同另有约定外,工程接收证书颁发后,承包人应按以下要求对施工现场进行清理,直至监理人检验合格为止。竣工清场费用由承包人承担。

(1)施工场地内残留的垃圾已全部清除出场。

(2)临时工程已拆除,场地已按合同要求进行清理、平整或复原。

(3)按合同约定应撤离的承包人设备和剩余材料,包括废弃的施工设备和材料,已按计划撤离施工现场。

(4)工程建筑物周边及其附近道路、河道的施工堆积物,已按监理人指示全部清理。

(5)监理人指示的其他场地清理工作已全部完成。

四、公路工程施工环境保护管理工作以及环保工程的质量监理

见本套参考书之《交通运输工程目标控制(公路工程专业知识篇)》。

五、水运工程施工环境保护管理工作以及环保工程的质量监理

见本套参考书之《交通运输工程目标控制(水运工程专业知识篇)》。

编 后 记

一、编写依据和编写分册情况

全国监理工程师(交通运输工程)职业资格考试参考用书(以下简称"本套参考书")由交通运输部职业资格中心组织并依据《全国监理工程师职业资格考试交通运输工程专业科目考试大纲(2024年修订版)》编写而成,目前编写出版了以下6册:

(1)《交通运输工程目标控制(基础知识篇)》;
(2)《交通运输工程目标控制(公路工程专业知识篇)》;
(3)《交通运输工程目标控制(水运工程专业知识篇)》;
(4)《交通运输工程监理案例分析(公路工程专业篇)》;
(5)《交通运输工程监理案例分析(水运工程专业篇)》;
(6)《交通运输工程监理相关法规文件汇编(公路工程专业篇)》。

本套参考书可作为有志于从事交通运输工程(公路/水运)监理工作的技术人员的学习用书、备考应试参考书。有更高职业能力提升追求或应试预期的技术人员可进一步学习交通运输部颁发的公路/水运行业的工程施工技术规范(规程、指南)、监理规范,以及质量检验标准、部门规章和规范性文件等。

二、学习和备考的说明

(1)拟从事公路/水运工程监理工作、准备参加全国监理工程师(交通运输工程)职业资格考试的考生,应选择"基础知识篇"和"公路/水运工程专业知识篇"进行学习。进入考场、应试作答之前,应首先阅读考试注意事项,在答题卡/纸的相应位置明确涂选其中的一个专业,并按照涂选专业对应的试卷/题目在对应的答题区域作答。

(2)本套参考书中的《交通运输工程目标控制(基础知识篇)》,可供选择公路/水运工程专业的考生参考使用;《交通运输工程目标控制(公路工程专业知识篇)》《交通运输工程监理案例分析(公路工程专业篇)》《交通运输工程监理相关法规文件汇编(公路工程专业篇)》可供拟选公路工程专业的考生参考使用;《交通运输工程目标控制(水运工程专业知识篇)》《交通运输工程监理案例分析(水运工程专业篇)》可供拟选水运工程专业的考生参考使用。

(3)参加专业科目"目标控制"考试的考生,应学习《交通运输工程目标控制(基础知识篇)》;同时,拟选公路工程专业的考生还应学习《交通运输工程目标控制(公路工程专业知识篇)》《交通运输工程监理相关法规文件汇编(公路工程专业篇)》,拟选水运工程专业的考生还应学习《交通运输工程目标控制(水运工程专业知识篇)》。

(4)参加专业科目"监理案例分析"考试的考生,应学习《交通运输工程目标控制(基础知识篇)》;拟选公路工程专业的考生还应学习《交通运输工程目标控制(公路工程专业知识篇)》《交通运输工程监理案例分析(公路工程专业篇)》《交通运输工程监理相关法规文件汇编(公路工程专业篇)》等专业知识;拟选水运工程专业的考生还应学习《交通运输工程目标控制(水运工程专业知识篇)》《交通运输工程监理案例分析(水运工程专业篇)》等专业知识。另外,还应掌握中国建设监理协会组织编写的《建设工程监理概论》《建设工程合同管理》中的基础知识。

三、其他说明

本套参考书的使用过程中,如发现错误或需要增减的内容,请将修订意见和建议告知交通运输部职业资格中心公路处,以便修订时研用。

编写组

2025 年 1 月